MW01227719

FARHANG MOASER

School

Dictionary

English - Persian

Compiled in the Research
Unit of Farhang Moaser

Nargues Entekhabi

Farhang Moaser Publishers
Tehran 2010

Farhang Moaser Publishers
154 Khiaban Daneshgah
Tehran 1314764668, Iran.
Tel. (+ 9821) 66465520, 66952632
Fax: (+ 9821) 66417018
E-mail: info@farhangmoaser.com
Visit us at: www.farhangmoaser.com

First published 2003
Fourth impression 2010

- This dictionary was developed and compiled in the Research Unit of Farhang Moaser.
- Typeset in the Computer Unit of Farhang Moaser.

تقدیم به بچّه‌های فرهنگ معاصر :

کاوان اسعدی، آریا و آیدا امینی، هانی و سامی برگ نیسی، پوریا پارسایار، بهرنگ و بهداد پورغفاری، مهرداد و مهرنوش تاجیک، صمد و صفا تندرست، آرین ریاضی‌دوست، سیاوش سامعی، سورنا سلطانی صبح، کمند سنمّار، کیانوش و فرنوش شاپوری، شیما شاکری، رهی علیزاده، کاوه و دارا غروی، پریا و آتوسا کریمی، علیرضا موسایی، مریم‌بانو موسایی، نیلوفر و مهرداد موسایی، نگین و ندا موسوی، ترانه میرزاحصاری، سولماز و سهیل وهّابیان، کیمیا و کمند هادی گوهری و ...

ن. ا.

ناشر وظیفهٔ خود می‌داند از افرادی که در تألیف و تولید این اثر
همکاری داشته‌اند صمیمانه سپاسگزاری کند.

مؤلف:

نرگس انتخابی

نسخه‌پردازان

عاطفه قنبری
مریم رسولیان

حروف‌نگاری و اجرای کامپیوتری

لیداخمّر

Author

Nargues Entekhabi

Proof-readers

Atefeh Ghanbari
Maryam Rassoulian

Computer Operator

Lida Khemmar

سخنی با بزرگترها

حوزهٔ آموزشِ زبانهای خارجی با تمامِ اهمیّتی که در عصرِ ارتباطات دارد، در کشورِ ما با خلاءها و کمبودهای بسیاری مواجه است: از آن جمله فرهنگهایی که مخصوصِ استفادهٔ کودکانِ ایرانی تهیّه شده باشند و به اصطلاح «ترجمه» یا «کپیِ» فرهنگهای خارجی نباشند. تدوین و تألیف این فرهنگ بر اثر مشاهدهٔ این اشکالات صورت پذیرفت.

همان طور که یک کودکِ ده ساله لباسی می‌خواهد که طرح و شکل و رنگ و اندازه‌اش مناسبِ سنّش باشد، و با فرهنگ و آداب و سننِ کشورش هم‌خوانی داشته باشد؛ کتابی هم می‌خواهد که متناسب با نیازهای او تهیّه شده باشد و فرهنگی که اطّلاعاتش برای او دست‌چین شده باشد و مراجعه به آن ساده و بی‌دردسر باشد، زبانش ابهام نداشته باشد، در حدِّ تجربهٔ زبانی و علمیِ او باشد و البتّه شکلی جذّاب و گیرا داشته باشد.

کارِ تألیفِ این فرهنگ در خردادِ ۱۳۷۸ در واحدِ پژوهشِ موسسهٔ فرهنگ معاصر آغاز گردید. هدف تهیّهٔ فرهنگی بود که پاسخگوی نیازهای دانش‌آموزانِ ایرانیِ ۹ تا ۱۴ ساله در زمینهٔ واژگانِ زبانِ انگلیسی باشد. علاوه بر این، امرِ آموزشِ مراجعه به فرهنگ را نیز که سنگِ بنای روشِ درستِ پژوهش است، از نظر دور نداشته باشد.

این فرهنگ دارای حدودِ ۳۵۰۰ مدخل است که از میانِ واژگانِ پایه و پربسامدِ زبانِ انگلیسی در متونِ ویژهٔ کودکان برگزیده شده‌اند. واژه‌های این فرهنگ یک نظامِ بسته را می‌سازند یعنی هیچ کلمهٔ انگلیسی و هیچ معنایی در مثالها یا اصطلاحهای این فرهنگ نیست که در جای خود سرمدخل نشده باشد و معادل و نوعِ دستوریِ آن نیامده باشد؛ به جز چند اسمِ خاص که به خاطرِ حجمِ کوچکِ این فرهنگ در بدنهٔ اصلی آن نیامده‌اند. مقوله‌های دستوری در این فرهنگ به ساده‌ترین شکل ممکن عرضه شده‌اند و از مفاهیمِ دستوری، آنهایی آمده‌اند که برای دانش‌آموزانِ سالهای پایانیِ دورهٔ ابتدایی و دورهٔ راهنمایی آشنا هستند. این فرهنگ افزون بر جنبهٔ معناشناختیِ واژگان، گوشهٔ چشمی هم به آموزشِ زبان دارد. توضیحاتِ دستوری، رسم‌الخطّی و کاربردیِ ارائه شده در حاشیهٔ بعضی از صفحات از این دست هستند.

چند تن در تألیفِ این فرهنگ نقشِ کلیدی داشته‌اند. از ایشان از جان و از دل سپاسگزارم.

استاد، همکار و دوستِ دانشمندم آقای دکتر علی‌محمد حق‌شناس که از ابتدای کار هیچگونه راهنمایی و مشکل‌گشایی را از من دریغ نداشتند و همواره با روی باز پذیرای من بودند؛

همکار و دوستِ گرانقدرم آقای دکتر حسین سامعی که سؤالاتِ من را به ویژه در زمینهٔ دستورِ زبانِ فارسی بزرگوارانه پاسخگو بودند؛

کاوه غروی و گروهی دیگر از دانش آموزانِ مقاطعِ مختلفِ تحصیلی که مشاوران من بودند و ذکرِ نامِ یکایکشان امکان‌پذیر نیست. محبّتهای معصومانه و تشویقهای این دانش‌آموزان مایهٔ دلگرمی من در این کار بود.

بدیهی است که تمامِ کاستیها و لغزشهای احتمالیِ این کار متوجّهِ نگارنده است.

امید است با نقدِ سازندهٔ صاحب نظران در آینده فرهنگهای موثّق و متنوعی برای گروه‌های سنّیِ مختلف و در زمینه‌های متفاوت در اختیارِ فرزندانِ ایران قرار دهیم. اگر گامِ کوچکی در راهِ پرکردنِ خلاءِ کتابهای مرجع و بهبودِ آموزشِ زبانهای خارجی برداشته باشیم، از کارِ انجام شده خشنود و راضی هستیم.

نرگس انتخابی

فرهنگ معاصر

تیر ۱۳۸۱

چگونه کلمهٔ موردِ نظر را در فرهنگ پیدا کنیم؟

هر کلمه‌ای در هر زبانی با یک حرف شروع می‌شود؛ مثلاً کلمهٔ فارسیِ «پسر» با حرفِ «پ» و کلمهٔ انگلیسیِ "boy" با حرفِ "b" شروع می‌شود. کلماتِ هر فرهنگ را ـ که در اصطلاح **سَرمَدخل** می گویند ـ اکثراً به ترتیبِ حروفِ الفبا تنظیم می کنند. تمامِ سرمدخلهای این فرهنگ هم به ترتیبِ حروفِ الفبای انگلیسی تنظیم شده‌اند.

فرض کنید می‌خواهیم کلمهٔ "good" را پیدا کنیم. اوّل قسمتِ "G" را در فرهنگ باز می‌کنیم. می‌بینیم کلماتِ زیادی با این حرف شروع می‌شوند. چه طور کلمهٔ "good" را از میانِ این همه پیدا کنیم؟ حالا به حرفِ دومِ این کلمه توجّه می‌کنیم و می‌بینیم از لحاظِ ترتیبِ الفبایی در کجا قرار گرفته است. حرفِ دوم کلمهٔ "good" حرفِ "o" است، پس "good" بعد از تمامِ کلماتی قرار می‌گیرد که حرفِ دومِ آنها "a" یا "e" یا "i" یا "l" یا "n" است. اوّلین سرمدخلی که حرفِ دومش "o" باشد، کلمهٔ "go" است. حالا به حرفِ سوم نگاه می‌کنیم. "good" حتماً بعد از کلماتِ "goat" و "gold" و "gone" است چون حرفِ سومِ آن یعنی "o" بعد از "a" و "l" و "n" قرار می‌گیرد. همچنین "good" حتماً قبل از "gorilla" و "got" است زیرا "o" پیش از "r" و "t" است. حالا اگر بخواهیم ببینیم اوّل "good" قرار می‌گیرد یا "goodby" به حرفِ پنجم توجّه می‌کنیم زیرا چهار حرفِ اوّل مثلِ هم هستند. چون "good" حرفِ پنجمی ندارد، جلوتر از "goodby" می‌آید.

برای سهولتِ کار، بالای هر دو صفحهٔ فرهنگ که روبروی هم قرار گرفته‌اند، دو کلمهٔ **راهنما** نوشته شده است. این دو کلمه اوّلین و آخرین کلماتِ آن دو صفحه هستند. اگر شما دنبالِ سرمدخلِ "reflect" می‌گردید و دو کلمهٔ راهنمای صفحات "raid - razor" است، فوراً متوجّه می‌شوید که باید از این دو صفحه رد شوید زیرا "-re" بعد از "-ra" است. اگر راهنمای دو صفحهٔ بعدی "reach - reindeer" باشد، آیا کلمهٔ "reflect" در این دو صفحه است؟ بله، زیرا "-ref" بعد از "-rea" و قبل از "-rei" است. کلماتِ راهنما سرعتِ کارِ شما را بیشتر می‌کنند، تنها باید ترتیبِ حروفِ الفبای انگلیسی را بلد باشید.

راهنمای تلفّظ چه کمکی به ما می‌کند؟

آیا تا به حال در خواندنِ کلماتِ انگلیسی دچارِ مشکل شده‌اید؟ فرض کنید کلمهٔ "gentle" را برای اوّلین بار در کتابی می‌بینیم. از کجا می‌توانیم بدانیم این کلمه را چه طور باید خواند؟ آیا حرفِ "g" در این کلمه صدای «ج» می‌دهد یا صدای «گ»؟ در کلمهٔ "look" دو حرفِ "o" چه صدایی می‌دهند؟ در کلمهٔ "laugh"، حروفِ "gh" یا "au" نمایانگرِ چه صداهایی هستند؟

در انگلیسی هم مثلِ فارسی ممکن است کلمه را دقیقاً آن طور که می‌نویسیم تلفّظ نکنیم. مثلاً در فارسی می‌نویسیم «خواب» ولی می‌خوانیم «خاب». راهنمای تلفّظِ فرهنگ به کمکِ نشانه‌های تلفّظ امکانِ اشتباه و تردید را به حدّاقل می‌رساند. پیش از این که جدولِ راهنما را بخوانید، به نکاتِ زیر توجّه کنید:

۱. در انگلیسی صداهایی وجود دارد که در فارسی نیست. این صداها با این علامت (✻) مشخّص شده‌اند. سعی کرده‌ایم به کمکِ شکلِ دهان و زبان و لبها و همچنین کمک گرفتن از لهجه‌ها و زبانهای آشنا، تلفّظِ صحیحِ این صداها را به دست دهیم. به یاد داشته باشید که اگر به عنوانِ مثال دو کلمهٔ "tree" و "three" را مثلِ هم تلفّظ کنید، یک انگلیسی زبان منظورِ شما را نمی‌فهمد. پس تلفّظِ صحیح یکی از بخشهای مهمّ یادگیریِ زبانِ خارجی است.

۲. در خطِّ انگلیسی و در نشانه‌های تلفّظ ممکن است یک صدا با دو حرف نشان داده شود؛ مثلِ صدای «ش» که بیشترِ اوقات در خطِّ انگلیسی با دو حرفِ "sh" نشان داده می‌شود.

۳. چند تایی از نشانه‌های تلفّظ شکلهای ناآشنایی دارند مثل "ʌ" و "ə". این نشانه‌ها معمولاً به صداهایی برمی‌گردند که در فارسی نیستند.

۴. در قسمتِ تلفّظ بخشی را که این علامت (ˈ) را دارد باید با شدّتِ بیشتری تلفّظ کرد. اگر کلمهٔ «فردا» را بخش کنیم، متوجّه می‌شویم که بخشِ دومِ آن یعنی «ـ دا» را با تأکید بیشتری می‌گوییم. این شدّت یا تأکید را **تکیه** می‌نامند. همین وضع در کلماتِ انگلیسی هم وجود دارد. مثلاً کلمهٔ "chimney" از دو بخشِ /ˈchim ـ/ و /ـ ni/ تشکیل شده است که بخشِ اوّلِ آن تکیه دارد.

۵. نشانه‌های به کار رفته در این فرهنگ صورتِ ساده شدهٔ «الفبای آوانگارِ بین المللی» است که در فرهنگهای بزرگتر با آن آشنا می‌شوید. فعلاً به کمکِ این نشانه‌های قراردادی تلفّظِ صحیحِ کلمات را یاد می‌گیرید. نشانه‌های قراردادی یعنی این که قرار می‌گذاریم که هر جا /j/ دیدیم بخوانیم «ج»، هر جا /ɑ/ دیدیم بخوانیم «آ» و غیره.

۶. همان‌طور که متوجّه شده‌اید، قسمتِ تلفّظ داخلِ / / قرار می‌گیرد. این علامت به شما کمک می‌کند که تلفّظِ کلمه را با املای آن در خطِّ انگلیسی اشتباه نکنید.

راهنمای تلفّظ

حروفِ بی‌صدا

معادلِ تقریبی در فارسی	مثال در خطِّ انگلیسی	نشانه در تلفّظ
صدای **پ** در **پدر**	**p**arty, li**p**	/p/
صدای **ب** در **بابا**	**b**us, ri**b**	/b/
صدای **ت** در **توت**	**t**oy, ma**tt**er	/t/
صدای **د** در **دیوار**	**d**oor, sa**d**	/d/
صدای **ک** در **کیف**	**k**ind, e**ch**o, **c**at, **q**ui**ck**	/k/
صدای **گ** در **گاو**	**g**as, bi**g**	/g/
صدای **چ** در **چوب**	**ch**icken, pin**ch**, na**t**ure	/ch/
صدای **ج** در **جوجه**	**j**ump, **g**entle	/j/
صدای **ف** در **فردا**	**f**at, cou**gh**, **ph**oto	/f/
صدای **و** در **واکس**	**v**an, mo**v**e	/v/
صدای **ث** وقتی تُکِ زبان را وسطِ دندانها قرار می‌دهیم؛ مثلِ **ث** در تلفّظِ عربیِ **ثور**	**th**ick, ma**th**ematics	/th/*
صدای **ذ** وقتی تُکِ زبان را وسطِ دندانها قرار می‌دهیم، مثلِ **ذ** در تلفّظِ عربیِ **ذکر**	**th**is, **th**e	/dh/*
صدای **س** در ساک	ma**s**t, fa**c**e	/s/
صدای **ز** در **زرد**	**z**ebra, plea**s**e	/z/
صدای **ش** در **شمال**	**sh**ell, ma**ch**ine, **s**ure	/sh/
صدای **ژ** در **ژاله**	plea**s**ure	/ž/
صدای **ه** در **هاله**	**h**at	/h/
صدای **م** در **موش**	**m**an, co**mb**	/m/
صدای **ن** در **نان**	**n**eedle, **n**oo**n**	/n/
صدای **ل** در **لوله**	**l**amp, co**l**d	/l/
صدای **ر** در **راه**	**r**ain, ca**r**	/r/
صدای **ی** در **یاس**	**y**es, **y**ou	/y/
صدای **و** وقتی لبها را گرد می‌کنیم؛ مثلِ **و** در تلفّظِ عربیِ **والسّلام**	**w**ater, **w**ave	/w/*

حروفِ صدادار

نشانه در تلفّظ	مثال در خطِّ انگلیسی	معادلِ تقریبی در فارسی
/i:/	**bean, meet**	مشابهِ صدای کشیدهٔ **ی** در **بیست**
/i/	**big**	مشابهِ صدای کوتاهِ **ی** در **سی**
/e/	**bed**	مشابهِ صدای **ـِ** در **مِهر**
/a/	**man**	مشابهِ صدای **ـَ** در **مَرد**
/ɑ/	**car, father**	مشابهِ صدای کشیدهٔ **آ** در **آب**
/o/	**corn**	مشابهِ صدای تا حدودی کشیدهٔ **ـُ** در **بُرد**
/u/	**book, pull**	مشابهِ صدای کوتاهِ **و** در **کو**
/u:/	**rule**	مشابهِ صدای کشیدهٔ **و** در **سوخت**
/ʌ/ *	**bud**	مشابهِ صدای **آ** وقتی دهان نیمه‌باز است؛ مثلِ تلفّظِ گیلکیِ **شما**
/ə/ *	**ability**	مشابهِ صدای **آ** وقتی دهان نیمه‌بسته است؛ مثلِ تلفّظِ گیلکیِ **اِمروز**
/ey/	**may, grey**	مشابهِ صدای **ـِی** در **نِی**
/ō/	**bone**	مشابهِ صدای **ـُو** در **موج**
/ɑy/	**size, pie**	مشابهِ صدای **آی** در **جای**
/ɑo/ *	**now**	مشابهِ صدای **آ**+**ـُ** که بلافاصله پشتِ سرِ هم تلفّظ شوند؛ مثلِ تلفّظِ عربیِ **اولیا**
/oy/	**boy, coin**	مشابهِ صدای **ـُی** در **خُوْی**

* این علامت نشان می‌دهد که این صدا در زبانِ فارسی نیست و برای شناختنِ آن باید از لهجه‌ها و زبانهای آشنای دیگر مثلِ عربی کمک بگیریم.

/ / این علامت نشان می‌دهد که این قسمت مربوط به تلفّظ است.

این علامت در بخشِ تلفّظ نشان می‌دهد که تکیهٔ اصلیِ کلمه روی آن بخش قرار دارد؛ یعنی در تلفظ آن بخش را با شدّتِ بیشتری تلفّظ می‌کنیم.

راهنمای استفاده از فرهنگِ معاصرِ مدرسه

فرهنگِ معاصرِ مدرسه چه اطّلاعاتی در اختیارِ ما قرار می‌دهد؟

۱. فرهنگ املای صحیحِ کلماتِ انگلیسی را به ما نشان می‌دهد. مثلاً با مراجعه به فرهنگ متوجّه می‌شویم که کلمهٔ "paddle" را با دو "d" می‌نویسند.

paddle /'padl/

۲. اگر کلمه‌ای دو املای مختلف داشته باشد، فرهنگ هر دو املا را به ما نشان می‌دهد. در این فرهنگ املای رایج در آمریکا را املای اصلیِ کلمه گرفته‌ایم و املای دیگر را مساویِ آن قرار داده‌ایم. یعنی اطّلاعاتی که زیرِ املای اوّل آمده در موردِ دومی هم درست است.

goodby /gud'bay/
[عبارتِ تعجّبی] خداحافظ
goodbye /gud'bay/
= goodby

۳. فرهنگ تلفّظِ صحیحِ کلماتِ انگلیسی را به ما نشان می‌دهد. با توجّه به راهنمای تلفّظ که در مقدّمه آمده و به صورتِ مختصر در تمامِ صفحاتِ فرهنگ تکرار شده، نوشتهٔ داخلِ / / را می‌خوانیم. گاهی اوقات یک کلمه چند تلفّظ دارد که پشتِ سرِ هم آورده شده‌اند.

reptile /'reptl, 'reptayl/

۴. فرهنگ نوع یا انواعِ دستوریِ کلمه را نشان می دهد.

mean /mi:n/
۱. [فعل]
۲. [صفت]

۵. فرهنگ معادلِ فارسیِ کلماتِ انگلیسی را مشخّص می‌سازد؛ یعنی می‌فهمیم که مثلاً در برابرِ کلمهٔ "fish" در زبانِ انگلیسی، کلمهٔ «ماهی» در زبانِ فارسی به کار می‌رود. گاهی اوقات یک کلمه چند معادل در فارسی دارد. معادلهای مثلِ هم را به کمکِ علامتِ ، از هم جدا کرده‌ایم. معادلهایی را که کمی از نظرِ معنایی باهم فرق دارند به کمک علامتِ ؛ از هم جدا کرده‌ایم و معادلهای کاملاً متفاوت را در شماره‌های مختلف آورده‌ایم.

fun /fʌn/ [اسم] تفریح، سرگرمی؛ مایهٔ تفریح، باعثِ سرگرمی

garage /gə'raž/
۱. [اسم] گاراژ، پارکینگ
۲. [اسم] پمپِ بنزین
۳. [اسم] تعمیرگاه

۶. فرهنگ با توضیحاتی که داخلِ پرانتز پیش از معادلِ فارسی می‌آورد، معنی و کاربردِ کلمهٔ انگلیسی را محدود می‌کند.

rib /rib/
[اسم] (در بدن) دنده

توضیحِ بالا نشان می‌دهد که کلمهٔ انگلیسی به دنده در بدنِ موجوداتِ زنده محدود می‌شود و مثلاً به دندهٔ اتومبیل "rib" نمی‌گویند.

۷. فرهنگ برای روشنتر کردنِ معنیِ کلماتِ ناآشنا در فارسی، توضیحی داخلِ پرانتز و بعد از معادل می‌آورد.

minor /ˈmɑynər/

۱. [اسم] صغیر (به اشخاصی که زیرِ سنِّ قانونی هستند صغیر می‌گویند. سنِّ قانونی در خیلی از کشورها ۱۸ سال است.)

۸. فرهنگ باآوردنِ جملاتی به صورتِ مثال از زبانِ انگلیسی، نحوهٔ کاربردِ کلمه را در جمله نشان می‌دهد. همچنین با ترجمهٔ جمله، شیوهٔ بیانِ همان مفهوم را به فارسی مشخّص می‌کند.

idea /ɑyˈdiə/ [اسم] فکر، ایده

That's a good idea!

فکرِ خوبی است! چه فکر خوبی!

در این جمله اگر کلماتِ انگلیسی را تک تک معنی کنیم می‌شود: «آن هست یک خوب فکر» که البتّه هیچ فارسی زبانی این طور صحبت نمی‌کند!

thunder /ˈthʌndər/

[اسم] رعد، آسمان غرنبه

There's thunder in the air.

انگار دارد آسمان غرنبه می‌شود.

در جملهٔ روبرو نیز دانستنِ معنیِ کلمات کمکِ چندانی به فهمِ جمله نمی‌کند.

در جملهٔ روبرو فارسی زبان به جای صفتِ «دردناک» از فعلِ «درد کردن» استفاده می‌کند.

sore /sor/ [صفت] دردناک

Her throat was sore.

گلویش درد می‌کرد.

۹. فرهنگ ما را با بعضی از اصطلاحهای زبانِ انگلیسی آشنا می‌کند. این جور کاربردهای اصطلاحی با حروفِ پررنگتر مشخّص شده‌اند.

tooth /tu:th/ [اسم] دندان

The baby ***is cutting a tooth.***

بچّه کوچولو دارد دندان در می‌آورد.

۱۰. عکسهای فرهنگ به روشنتر شدنِ معنیِ کلمه کمک می‌کنند.

flipper /ˈflipər/

۱۱. توضیحاتِ دستوری، رسم الخطّی یا کاربردی در حاشیهٔ بعضی از صفحاتِ فرهنگ آورده شده است.

صورتِ کامل	***had***
صورتِ کوتاه شده	***'d***
صورتِ منفی	***had not***
صورتِ کوتاه شدهٔ منفی	***hadn't***

۱۲. فرهنگ صورتهای بی‌قاعدهٔ کلمات را در اختیارِ ما می‌گذارد، مثلاً:

جمعِ بی‌قاعدهٔ اسمها:

children /'childrən/
(جمعِ بی‌قاعدهٔ ***child***)

صورتِ تفضیلیِ صفتهای بی‌قاعده:

worse /wərs/
(صورتِ تفضیلیِ ***bad***)

صورتِ عالیِ صفتهای بی‌قاعده:

worst /wərst/
(صورتِ عالیِ ***bad***)

گذشتهٔ بی‌قاعدهٔ فعلها:

went /went/
(زمانِ گذشتهٔ فعلِ بی‌قاعدهٔ ***go***)

صورتِ فاعلیِ بی‌قاعده:

lying /'lɑying/
۱. (صورتِ فاعلیِ فعلِ بی‌قاعدهٔ ***lie***^{1})
۲. (صورتِ فاعلیِ فعلِ بی‌قاعدهٔ ***lie***^{2})

صورتِ مفعولیِ بی‌قاعده:

taken /'teykən/
(صورتِ مفعولیِ فعلِ بی‌قاعدهٔ ***take***)

فهرستِ صورتهای بی‌قاعدهٔ یک کلمه در ضمیمهٔ آخرِ فرهنگ آورده شده است.

FARHANG MOASER

School

Dictionary

English - Persian

A,a

a /ə, ey/ [حرفِ تعریف] یک، ـــ ی، یک ـــ ی، (گاهی بدونِ معادل در فارسی)

A boy is sitting on the chair.

پسری روی صندلی نشسته است.

His father is a teacher.

پدرش معلّم است.

حـرفِ تـعریفِ **a** پیش از اسمهایی می‌آید که به یک شخص یا یک چیزِ نامشخص اشاره می‌کنند. جلوی اسمهایی که با صداهای ***a, e, i, o, u*** شروع می‌شوند، حرفِ تعریفِ ***an*** می‌آید.

ability /ə'biliti/ [اسم] توانایی، قدرت، توان

He has the ability to run fast.

قـدرتِ ایـن را دارد کـه تـند بـدود. می‌تواند تند بدود.

about /ə'baot/

۱. [حرفِ اضافه] دربـارهٔ، در مـوردِ، راجع به

This book is about football.

این کتاب دربارهٔ فوتبال است. ایـن کتاب راجع به فوتبال است.

۲. [قید] در حـدودِ، حـدودِ، تـقریباً، حدوداً

It's about four o'clock.

ساعت تقریباً چهار است.

We went about forty miles.

در حدودِ چهل مایل رفتیم.

above /ə'bʌv/ ۱. [قید] بالا

Put them on the shelf above!

بگذارشان طبقهٔ بالا! آنها را بگـذاریـد طبقهٔ بالا!

۲. [حرفِ اضافه] بـالاتـر از، بـالای، برفرازِ

The bird flew above the clouds.

پرنده بالای ابرها پرواز کرد.

abroad /ə'brɑd, ə'brod/ [قید] خارج، خارج از کشور، در یک کشورِ خارجی، فرنگ

My brother lives abroad.

برادرم خارج زندگی می‌کند. برادرم در یک کشورِ خارجی زندگی می‌کند.

absent /'absənt/ [صفت] غایب

Who is absent today?

امروز کی غایب است؟

absent

accident /'aksidənt/

[اسم] تصادف، حادثه، سانحه، پیشامَد

He was killed in the accident.

در تصادف کشته شد.

*We met **by accident**.*

تصادفاً به هم برخورد کردیم. اتّفاقاً همدیگر را دیدیم.

accident

ache /eyk/ ۱. [اسم] درد

He has an ache in his chest.

قفسهٔ سینه‌اش درد می‌کند.

۲. [فعل] درد کردن

My head aches. سرم درد می‌کند.

acorn /'eykorn/ [اسم] میوهٔ بلوط

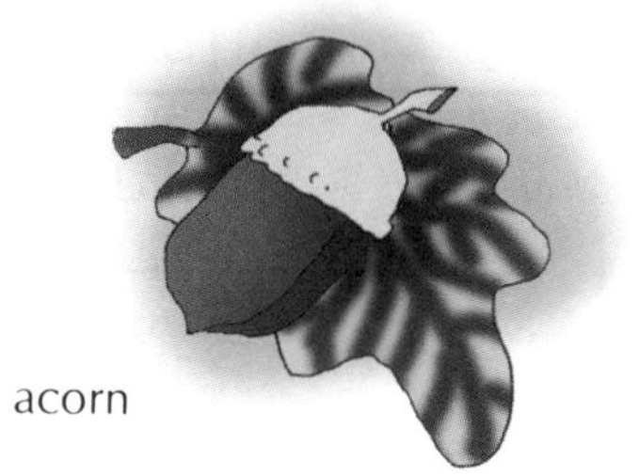
acorn

across /ə'kras/

[حرفِ اضافه] از یک طرف به طرفِ دیگرِ، از این ورِ (چیزی) به آن ورش، در عرضِ

I swam across the river.

از یک طرف به طرفِ دیگرِ رودخانه شنا کردم. از این ورِ رودخانه به آن ورش شنا کردم. در عرضِ رودخانه شنا کردم.

act /akt/ ۱. [فعل] عمل کردن، اقدام کردن

He acted quickly. زود اقدام کرد.

۲. [فعل] (در نمایشنامه یا فیلم) بازی کردن

Who acts in this film?

چه کسی در این فیلم بازی می‌کند؟

۳. [اسم] عمل، اقدام، کار

His violent act surprised me.

کارِ خشنش باعثِ تعجّبِ من شد. عملِ خشونت‌آمیزش مرا به تعجّب انداخت.

۴. [اسم] پرده (هر نمایشنامه به چند بخش تقسیم می‌شود که به آن پرده می‌گویند.)

active /'aktiv/ [صفت] فعّال، پُرجنب و جوش

My grandfather is still active.

پدربزرگم هنوز فعّال است.

active

address /'adres/ [اسم] آدرس، نشانی

What is your address?

آدرست چی است؟ نشانیِ شما چیست؟

adjective /'ajiktiv/

[اسم] (در دستورِ زبان) صفت

across

صفت همراهِ اسم می‌آید و دربارهٔ آن توضیحی می‌دهد و یکی از ویژگیهای آن مثلِ اندازه، رنگ یا جنس را بیان می‌کند.

That house is ***small***.
It is a ***small*** house.

admire /əd'mɑyr/

۱. [فعل] تحسین کردن

The teacher admired them.

معلّم آنان را تحسین کرد.

۲. [فعل] از (چیزی) لذّت بردن

They were admiring the view.

از منظره لذّت می‌بردند.

adult /'adʌlt, ə'dʌlt/

[اسم] آدم بزرگ، آدمِ بالغ؛ حیوانِ بالغ

That bear was an adult.

آن خرس بالغ بود. آن خرس حیوانِ بالغی بود.

adventure /əd'venchər/

[اسم] ماجرا

He had a lot of adventures.

ماجراهای زیادی داشت. ماجراهای زیادی را از سر گذراند.

adverb/'advərb/

[اسم] (در دستورِ زبان) قید

قید کلمه‌ای است که مفهوم جدیدی را به فعلِ جمله یا به صفت یا قیدِ دیگری اضافه می‌کند.

He walked ***slowly***.

He is ***too*** old.

He eats ***very*** fast.

aerial /'eriəl/ [اسم] آنتن

aeroplane /'erpleyn/

= **airplane**

aerosol /'erəsɑl/ [اسم] اسپری

aerosol

affection /ə'fekshən/

[اسم] علاقه؛ محبّت؛ عشق؛ عاطفه

She showed much affection.

علاقهٔ زیادی نشان داد.

He has no affection.

هیچ عاطفه ندارد.

afford /ə'ford/

[فعل] پولِ (چیزی) را داشتن، امکاناتِ مالیِ (چیزی) را داشتن

I can't afford to buy a car.

پولِ خریدِ ماشین را ندارم. امکاناتِ مالیِ خریدنِ اتومبیل را ندارم.

afraid /ə'freyd/ [صفت] ترسیده

I was afraid. ترسیده بودم.

I am afraid of snakes.

من از مار می‌ترسم.

afraid

Africa /'afrikə/ [اسم] آفریقا، قارّهٔ آفریقا

African /'afrikən/

۱. [صفت] آفریقایی، ـِ آفریقا

African people مردمِ آفریقا

African violet بنفشهٔ آفریقایی

۲. [اسم] آفریقایی

She's an African. آفریقایی است.

after /'aftər/ [حرفِ اضافه] بعد از، پس از

You finished after me.

تو بعد از من تمام کردی. شما پس از من تمام کردید.

afternoon /aftər'nu:n/
[اسم] بعدازظهر؛ عصر (از ساعتِ ۱۲ ظهر تا ۶ بعدازظهر)
Good afternoon!
(موقعِ سلام یا خداحافظی) عصر به خیر! عصرتان به خیر!

again /ə'gen/ [قید] دوباره، یک‌بارِ دیگر، باز هم
He said it again.
دوباره آن حرف را زد.

against /ə'genst/
۱. [حرفِ اضافه] در برابرِ، مقابلِ
Who played against your team?
کی در برابرِ تیم شما بازی کرد؟ کی با تیم شما بازی کَرد؟
۲. [حرفِ اضافه] به
He leant against the wall.
به دیوار تکیه داد.

age /eyj/ ۱. [اسم] سن
What is your age?
چند سالت است؟ چند سال دارید؟ سنِّ شما چقدر است؟
۲. [اسم] عصر (به یک دورهٔ به خصوص در تاریخ عصر می‌گویند.)
the Stone Age عصرِ حَجَر

ago /ə'gō/ [قید] قبل، پیش
I started school five years ago.
پنج سال پیش مدرسه را شروع کردم. پنج سال پیش رفتم مدرسه.

aim /eym/ [فعل] هدف گرفتن، نشانه گرفتن، نشانه رفتن
He aimed the gun at the target.
تفنگ را به سوی هدف نشانه گرفت.

aim

air /er/ [اسم] هوا
Let's get some fresh air!
بیا برویم کمی هوای تازه بخوریم! بیایید برویم کمی هوای تازه بخوریم!
*She went **by air**.* با هواپیما رفت. هوایی رفت.

aircraft /'erkraft/ [اسم] هواپیما
(به طورِ کلّی هر وسیلهٔ نقلیّهٔ هوایی)

aircraft

airplane /'erpleyn/
[اسم] هواپیما
The airplane landed.
هواپیما به زمین نشست.

airport /'erport/ [اسم] فرودگاه
Where's the airport?
فرودگاه کجاست؟

alarm /ə'lɑrm/

۱. [اسم] وحشت، ترس

She jumped up in alarm.

با وحشت از جایش پرید.

۲. [اسم] زنگ؛ آژیر

The alarm started ringing.

آژیر به صدا درآمد.

۳. [اسم] ساعتِ شمّاطه‌دار

The alarm woke her up.

زنگِ ساعت از خواب بیدارش کرد. ساعتِ شمّاطه‌دار از خواب بیدارش کرد.

album

album /'albəm/ [اسم] آلبوم

alive /ə'lɑyv/ [صفت] زنده

My grandfather is still alive.

پدربزرگم هنوز زنده است.

all /ɑl/ ۱. [صفت] همهٔ، تمامِ، کلِّ

All the children helped.

تمامِ بچّه‌ها کمک کردند. همهٔ بچّه‌ها کمک کردند.

۲. [ضمیر] همه

All helped. همه کمک کردند.

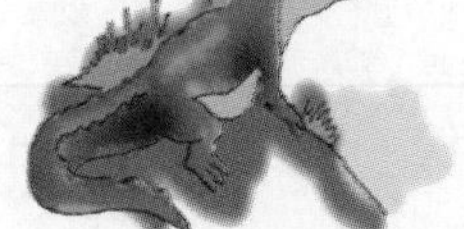

alligator

alligator /'aligeytər/

[اسم] تمساح، سوسمارِ آبی (جانوری خزنده با پاهای کوتاه که در آمریکا و چین زندگی می‌کند و طولِ بدنش به سه متر می‌رسد)

allow /ə'lɑo/

[فعل] به (کسی) اجازه دادن، گذاشتن

I allowed her to watch TV.

بهش اجازه دادم تلویزیون تماشا کند.

all right /ɑl 'rɑyt/

[صفت] خوب، نسبتاً خوب، قابلِ قبول

This restaurant is all right.

این رستوران قابلِ قبول است. این رستوران بد نیست.

almost /'ɑlmōst/ [قید] تقریباً، حدوداً، کمابیش

It's almost dark.

هوا تقریباً تاریک شده است.

alone /ə'lōn/ ۱. [صفت] تنها

He is alone at home.

در خانه تنها است.

۲. [قید] تک و تنها، به تنهایی، تنها، تنهایی

She lives alone.

تک و تنها زندگی می‌کند.

alone

along /ə'lɑng/

[حرفِ اضافه] در طولِ، در امتدادِ

He ran along the fence.

در امتدادِ نرده دوید.

Come along! زودباش! بجنب! زود باشید!

along

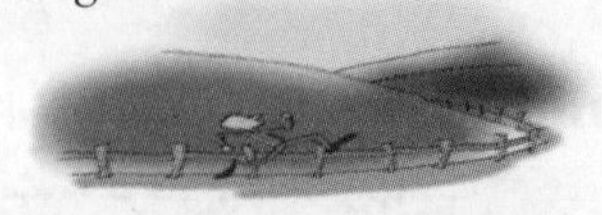

a = اَ   ɑ = آ   ʌ = آ (با دهانِ نیمه‌باز)   ə = آ (با دهانِ نیمه‌بسته)   e = اِ   i = ای (کوتاه)

i: = ای (کشیده)   o = اُ (تا حدودی کشیده)   ō = و (در کلمهٔ موج)   u = او (کوتاه)   u: = او (کشیده)   ey = اِی

aloud /ə'laod/ [قید] بلند، با صدای بلند

Read the story aloud!

داستان را بلند بخوان! داستان را با صدای بلند بخوانید!

alphabet /'alfəbet/ [اسم] الفبا

alphabet

already /al'redi/ ۱. [قید] قبلاً، پیش از این

I have already done my work.

کارم را قبلاً انجام داده‌ام.

۲. [قید] هم‌اکنون، همین حالا، الان

I have already had lunch.

همین حالا ناهار خوردم.

also /'alsō/ [قید] هم، نیز

Her first child is also fat.

بچهٔ اوّلش هم چاق است.

*She is **not only** young **but also** very attractive.*

نه تنها جوان است بلکه خیلی هم جذّاب است.

alter /'altər/ [فعل] عوض کردن، تغییر دادن

She altered her clothes.

لباسهایش را عوض کرد.

always /'alweyz/

۱. [قید] همیشه

Always lock your bicycle!

همیشه دوچرخه‌ات را قفل کن! همیشه دوچرخه‌تان را قفل کنید!

۲. [قید] تا اَبَد، تا آخرِ عمر

I shall always remember you.

تا ابد تو را به یاد خواهم داشت. تا آخرِ عمر شما را فراموش نمی‌کنم.

am /əm, am/ [فعل] هستم، ـَـم (اوّل شخصِ مفردِ زمانِ حالِ فعلِ ***be***)

I am young. من جوان هستم. من جوانم.

am	صورتِ کامل
'm	صورتِ کوتاه شده
am not	صورتِ منفی

ambulance /'ambyuləns/ [اسم] آمبولانس

ambulance

America /ə'merikə/

۱. [اسم] آمریکا

۲. [اسم] قارّهٔ آمریکا

American /ə'merikən/

۱. [صفت] آمریکایی، ـِ آمریکا

American writer نویسندهٔ آمریکایی

American universities

دانشگاههای آمریکا

۲. [اسم] آمریکایی

I met two Americans.

با دو نفر آمریکایی ملاقات کردم. دو تا آمریکایی دیدم.

among /ə'mʌng/ [حرفِ اضافه] در میانِ، میانِ، وسطِ، بینِ

I found it among the books.

در میانِ کتابها پیدایش کردم.

از حرفِ اضافهٔ ***among*** موقعی استفاده می‌شود که در موردِ بیشتر از دو چیز یا دو شخص صحبت در میان باشد. در صورتی که منظور فقط دو چیز یا دو شخص باشد، از حرفِ اضافهٔ ***between*** استفاده می‌شود.

amount /ə'mɑont/
[اسم] مقدار؛ مقدارپول، مبلغ
He's a large amount of money.
پولِ زیادی دارد.

amuse /ə'myu:z/
[فعل] سرگرم کردن، باعثِ سرگرمیِ (کسی) شدن
My pictures amused them.
عکسهایم سرگرمشان کرد. عکسهایم باعثِ سرگرمیِ آنها شد.

an /ən, an/ [حرفِ تعریف] یک، ـــ ی، یک ـــ ی. (گاهی بدونِ معادل در فارسی)
An umbrella is on the table.
چتری روی میز است. یک چتر روی میز است.
He ate an apple. سیب خورد.

پیش از اسمهایی که به یک شخص یا یک چیزِ نامشخص اشاره می کنند و با صداهای **a, e, i, o, u** شروع می‌شوند، حرفِ تعریفِ **an** می‌آید.

ancient /'eynshənt/
[صفت] قدیمی، باستانی، باستان، قدیم
Rome is an ancient city.
رُم شهری باستانی است.

and /ənd, ən, and/ [حرفِ ربط] وَ
He closed the door and went.
در را بست و رفت.

angle /'angəl/ [اسم] زاویه، گوشه

angle

angry /'angri/ [صفت] عصبانی، خشمگین
Are you angry? عصبانی هستی؟ عصبانی هستید؟

animal /'animəl/ [اسم] حیوان، جانور
Some animals are wild.
بعضی از حیوانات وحشی هستند.

ankle /'ankəl/ [اسم] قوزکِ پا

annoy /ə'noy/
[فعل] ناراحت کردن، اذیّت کردن، عصبانی کردن
Don't annoy me!
این‌قدر مرا اذیّت نکن! من را عصبانی نکنید!

annual /'anyuəl/
۱. [صفت] سالانه، سالیانه
I saw him at the annual party.
در مهمانیِ سالانه دیدمش.
۲. [اسم] سالنامه (کتابی که سالی یک‌بار منتشر می‌شود)

another /ə'nʌdhər/
۱. [صفت] دیگر
Choose another one!
یکی دیگر انتخاب کن! یکی دیگر انتخاب کنید!
*They looked at **one another**.*
به همدیگر نگاه کردند.
۲. [صفت] یک (چیزِ) دیگر
You can't have another cake.
نمی توانی یک کیکِ دیگر بخوری. یک کیکِ دیگر نمی توانید بردارید.
۳. [ضمیر] یکی دیگر
Please have another!
خواهش می‌کنم یکی دیگر بخور! لطفاً یکی دیگر بردارید!

---

a = اَ　ɑ = آ　ʌ = آ (با دهانِ نیمه‌باز)　ə = آ (با دهانِ نیمه‌بسته)　e = اِ　i = ای (کوتاه)
i: = ای (کشیده)　o = اُ (تا حدودی کشیده)　ō = و (در کلمهٔ موج)　u = او (کوتاه)　u: = او (کشیده)　ey = اِی

answer /'ansər/

۱. [اسم] جواب، پاسخ

Do you know the answer?

جواب را بلدی؟ پاسخ را می‌دانید؟

۲. [فعل] جواب دادن، پاسخ دادن

I answered all the questions.

من به تمامِ سؤالها جواب دادم.

ant /ant/ [اسم] مورچه

antelope /'antəlōp/ [اسم] آهو (جانوری شبیهِ گوزن با شاخهای کوچک که خیلی سریع می‌دود)

antelope

antenna /an'tenə/ [اسم] آنتن

antennae /an'teni:/ (جمعِ بی‌قاعدهٔ **antenna**)

anxiety /ang'zayiti/

[اسم] نگرانی، دلواپسی، ناراحتی

anxious /'ankshəs/

[صفت] نگران، دلواپس، ناراحت

Your mother will be anxious.

مادرت نگران می‌شود. مادرتان دلواپس می شود.

anxiously /'ankshəsli/

[قید] با نگرانی، با دلواپسی، بااضطراب، بابی‌قراری، مضطربانه

any /'eni/ ۱. [صفت] هر

Take any book you like!

هر کتابی را که دوست داری بردار! هر کتابی را که می‌خواهید بردارید!

۲. [صفت] هیچ (در جمله‌های سؤالی و منفی)

Do you know any French?

فرانسه هیچ بلدی؟ هیچ فرانسه بلدید؟

I don't know any French.

فرانسه هیچ بلد نیستم. هیچ فرانسه بلد نیستم.

anybody /'enibadi/

۱. [ضمیر] هرکس، هرکسی

You can ask anybody.

می‌توانی از هرکس بپرسی. می‌توانید از هرکسی بپرسید.

۲. [ضمیر] هیچ‌کس، کسی (در جمله‌های سؤالی و منفی)

He didn't speak to anybody.

با هیچ‌کس حرفی نزد. حرفی با کسی نزد.

antenna

anyone /'eniwʌn/

۱. [ضمیر] هرکس، هرکسی

Anyone can do that.

هر کسی می تواند این کار را بکند.

۲. [ضمیر] هیچ‌کس، کسی (در جمله‌های سؤالی و منفی)

Do you know anyone here?

کسی را اینجا می‌شناسی؟ هیچ کس را اینجا می‌شناسید؟

آپاستروف نشان دهندهٔ حالت ملکیِ اسمها است.

the boy's mother

the boys' mother

آپاستروف همچنین نشان دهندهٔ حرف یا حروفی است که در صورتِ کوتاه شدهٔ کلمه حذف شده‌اند.

aren't = are not

anything /'enithing/

۱. [ضمیر] هرچیز، هرچیزی

I can eat anything.

من می‌توانم هر چیزی بخورم.

۲. [ضمیر] هیچ‌چیز، چیزی (در جمله‌های سؤالی و منفی)

It's dark, I can't see anything.

تاریک است، من نمی‌توانم هیچ‌چیز ببینم. هوا تاریک است، من چیزی نمی‌بینم.

anywhere /'eniwer/

۱. [قید] هرجا، هرجایی

Anywhere I go, he follows me.

هرجا می‌روم تعقیبم می‌کند.

۲. [قید] هیچ‌جا، هیچ‌کجا، جایی (در جمله‌های سؤالی و منفی)

I don't know anywhere here.

من اینجا هیچ‌کجا را نمی‌شناسم. من اینجا جایی را نمی‌شناسم.

apartment /ə'partmənt/

[اسم] آپارتمان

Do you live in an apartment?

در آپارتمان زندگی می‌کنی؟ در آپارتمان زندگی می‌کنید؟

ape /eyp/ [اسم] میمونِ آدم‌نما

(به میمونهای بزرگتر و بدونِ دم مثلِ شامپانزه، گوریل و اورانگ‌اوتان، میمونِ آدم‌نما می‌گویند.)

ape

apostrophe /ə'pastrəfi/

[اسم] آپاستروف، علامتِ **'**

appearance /ə'pirəns/

[اسم] سر و وضع، وضعِ ظاهر، ظاهر

He checked his appearance.

سر و وضعش را وارسی کرد.

*They **made an appearance**.*

ناگهان سر و کلّه‌شان پیدا شد. یکهو پیدایشان شد.

appearance

appetite /'apitayt/ [اسم] اشتها

She is ill and has no appetite.

مریض است و اشتها ندارد.

apple /'apəl/ [اسم] سیب

He ate an apple. سیب خورد.

apricot /'aprikat, 'eyprikat/

[اسم] زردآلو

April /'eypril/ [اسم] آوریل، ماهِ آوریل (چهارمین ماهِ سالِ میلادی، از دوازدهمِ فروردین تا دهمِ اردیبهشت؛ این ماه سی روز دارد.)

Today is April 1st.
امروز روزِ اوّلِ آوریل است.

aquaria /ə'kweriə/
(جمعِ بی‌قاعدهٔ **aquarium**)

aquarium /ə'kweriəm/
[اسم] آکواریوم (محفظه‌ای شیشه‌ای برای نگهداریِ انواعِ ماهی)

Arab /'arəb/ [اسم] عرب

Arabic /'arəbik/ [اسم] عربی، زبانِ عربی

arch /ɑrch/ [اسم] طاق، قوس
(قسمتی از ساختمان یا پل که به شکلِ هلال است)

arch

are /ər, ɑr/ ۱. [فعل] هستی، ـــ ی
(دوم شخصِ مفردِ زمانِ حالِ فعلِ **be**)
You are intelligent.
تو باهوش هستی. تو باهوشی.

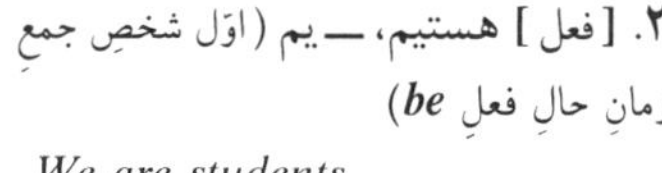

۲. [فعل] هستیم، ـــ یم (اوّل شخصِ جمعِ زمانِ حالِ فعلِ **be**)
We are students.
ما دانش‌آموز هستیم. ما دانش‌آموزیم.
۳. [فعل] هستید، ـــ ید (دوم شخصِ جمعِ زمانِ حالِ فعلِ **be**)
Are you ready? آماده هستید؟ آماده‌اید؟
۴. [فعل] هستند، ـــ ند (سوم شخصِ جمعِ زمانِ حالِ فعلِ **be**)
They are lazy. تنبل هستند. آنها تنبلند.

are	صورتِ کامل
're	صورتِ کوتاه شده
are not	صورتِ منفی
aren't	صورتِ کوتاه شدهٔ منفی

area /'eriə/ ۱. [اسم] مساحت
What's the area of this room?
مساحتِ این اتاق چقدر است؟
۲. [اسم] منطقه، ناحیه
There are no shops in this area.
در این ناحیه مغازه‌ای نیست. در این منطقه هیچ مغازه‌ای نیست.

aren't /'ɑrənt/
(صورتِ کوتاه شدهٔ منفیِ **are**)

argue /'ɑrgyu:/
[فعل] بحث کردن، جرّ و بحث کردن
Don't argue with your sister!
با خواهرت جرّوبحث نکن! با خواهرتان بحث نکنید!

argue

arithmetic /ə'rithmətik/
[اسم] (علم یا درس) حساب
I am good at arithmetic.
حسابم خوب است.
We have arithmetic today.
امروز حساب داریم.

arm /ɑrm/ ۱. [اسم] بازو، دست (از شانه تا مچ)

She put her arms around me.

دستهایش را انداخت دورم. مرا در آغوش گرفت.

۲. [فعل] مسلّح کردن

They armed the country.

کشور را مسلّح کردند.

army /ˈɑrmi/ [اسم] ارتش

*His brother **is in the army**.*

برادرش در ارتش کار می‌کند. برادرش ارتشی است.

army

around /əˈraond/ ۱. [قید] دورِ، اطرافِ، دور و برِ

There's a wall around here.

دیواری دورِ اینجا کشیده بودند. دیواری اطرافِ اینجا بود.

۲. [قید] این وَر و آن وَر، اینجا و آنجا، این طرف و آن طرف

I looked around for my book.

این وَر و آن وَر دنبالِ کتابم گشتم.

arrange /əˈreynj/

۱. [فعل] ترتیب دادن، تدارک دیدن

He arranged a birthday party.

جشنِ تولّدی تدارک دید.

۲. [فعل] مرتّب کردن، جمع و جور کردن، چیدن

Please arrange the books!

لطفاً کتابها را مرتّب کن! خواهش می‌کنم کتابها را جمع و جور کنید!

arrive /əˈrayv/ ۱. [فعل] رسیدن

What time did you arrive?

کِی رسیدی؟ چه موقع رسیدید؟

۲. [فعل] آمدن

A letter has arrived for you.

نامه‌ای برایت آمده است. برایتان نامه‌ای آمده است.

arrow /ˈarō/

۱. [اسم] (در تیر و کمان) تیر

۲. [اسم] فلش، پیکان

The arrow shows you the way.

فلش راه را بهت نشان می‌دهد. فلش راه را به شما نشان می‌دهد.

arrow

art /ɑrt/ [اسم] هنر

(هنر شاملِ رشته‌های نویسندگی، شاعری، نقّاشی، مجسّمه سازی، موسیقی، تئاتر و سینما است.)

He studies art. دانشجوی هنر است.

asleep /ə'sli:p/ [صفت] خوابیده، خواب

The baby is asleep.

بچّه خوابیده است. بچّه خواب است.

*He will **fall asleep** very soon.*

خیلی زود خوابش خواهد برد. چیزی نمانده که خوابش ببرد.

asleep

ass /as/ [اسم] خر، الاغ

ass

astonish /ə'stɑnish/

[فعل] متعجّب کردن، به حیرت انداختن، حیرت‌زده کردن

The news astonished me.

آن خبر مرا متعجّب کرد. آن خبر مرا حیرت‌زده کرد.

astronaut /'astrənɑt/

[اسم] فضانورد

astronaut

at /ət, at/ ۱. [حرفِ اضافه] در، تو

I saw him at my house.

در خانهٔ خودم دیدمش.

۲. [حرفِ اضافه] در ساعتِ، ساعتِ

School starts at 8.

مدرسه ساعتِ ۸ شروع می‌شود.

۳. [حرفِ اضافه] به؛ به طرفِ

Look at that cat!

به آن گربه نگاه کن! به آن گربه نگاه کنید!

He threw the ball at the wall.

توپ را به طرفِ دیوار پرتاب کرد.

as /əz, az/

۱. [حرفِ ربط] همان‌طور که

Leave your books as they are!

کتابهایت را همان‌طور که هست بگذار! کتابهایتان را همان‌طور که هستند بگذارید! دست به کتابهایتان نزنید!

۲. [حرفِ ربط] از آنجایی‌که، چون

As he's ill, he may need help.

چون مریض است ممکن است به کمک احتیاج داشته باشد.

*My brother is not **as** fat **as** me.*

برادرم به چاقیِ من نیست. برادرم قدِ من چاق نیست.

ash /ash/ ۱. [اسم] خاکستر

۲. [اسم] درختِ زبان گنجشک

Asia /'eyžə, 'eyshə/ [اسم] آسیا، قارّهٔ آسیا

Asian /'eyžən, 'eyshən/

۱. [صفت] آسیایی، ـِ آسیا

Asian countries کشورهای آسیایی

Asian people مردمِ آسیا

۲. [اسم] آسیایی

He's an Asian. آسیایی است.

ask /ask/ ۱. [فعل] پرسیدن، از (کسی) سؤال کردن

I asked him his name.

اسمش را ازش پرسیدم.

۲. [فعل] از (کسی) خواستن، از (کسی) تقاضا کردن

He asked me for a sandwich.

ازم ساندویچ خواست. ازم خواست بهش ساندویچ بدهم.

ate /eyt/

(زمانِ گذشتهٔ فعلِ بی‌قاعدهٔ ***eat***)

atlas /'atləs/ [اسم] اطلس، کتابِ نقشه

atmosphere /'atməsfir/

[اسم] جَوّ، آتمسفر (هوایی که دورِ کرهٔ زمین را گرفته است)

atom /'atəm/ [اسم] اَتُم

(کوچکترین جزء هر عنصر که تمامِ خواصِ آن عنصر را داراست)

attack /ə'tak/

[فعل] به (کسی) حمله کردن

The thieves attacked her.

دزدها بهش حمله کردند.

attic /'atik/

[اسم] اتاقِ زیر شیروانی

attic

attractive /ə'traktiv/

[صفت] زیبا، خوشگل، جذّاب

Your sister is very attractive.

خواهرت خیلی جذّاب است.
خواهرتان خیلی خوشگل است.

audience /'ɑdiəns/

[اسم] تماشاچیان، تماشاگران، حُضّار

August /'ɑgəst/ [اسم] اوت، ماهِ اوت (هشتمین ماهِ سالِ میلادی، از دهمِ مرداد تا نهمِ شهریور؛ این ماه سی و یک روز دارد.)

Yesterday was August 31st.

دیروز سی و یکمِ ماهِ اوت بود.

aunt /ant/ ۱. [اسم] خاله؛ عمّه

How is your aunt?

حالِ خاله‌ات چطور است؟ حالِ عمّه‌تان چطور است؟

۲. [اسم] زن‌عمو؛ زن‌دایی

My aunt is very kind.

زن‌عمویم خیلی مهربان است.
زن‌دایی‌ام خیلی مهربان است.

Australia /ɑ'streyliə/

[اسم] استرالیا

They live in Australia.

در استرالیا زندگی می‌کنند.

Australian /ɑ'streyliən/

۱. [صفت] استرالیایی، ـِ استرالیا

Australian English

انگلیسیِ استرالیایی

Australian people مردمِ استرالیا

۲. [اسم] استرالیایی

She's an Australian.

استرالیایی است.

Austria /ɑ'striə/

[اسم] اتریش

Austrian /ɑ'striən/

۱. [صفت] اتریشی، ـِ اتریش
۲. [اسم] اتریشی

autumn /'ɑtəm/ [اسم] پاییز، فصلِ پاییز

Autumn comes after summer.

بعد از تابستان، فصلِ پاییز فرا می‌رسد.

autumn

auxiliary verb /ɑg'ziləri vərb/ [اسم] فعلِ کمکی

avalanche /'avəlanch, 'avəlānsh/ [اسم] بهمن

(برف و یخِ عظیمی که از کوهها سقوط می‌کند)

avalanche

avenue /'avinu:, 'avinyu:/ [اسم] خیابان

awake /ə'weyk/ [صفت] بیدار

Are you asleep or awake?

خوابی یا بیدار؟ خواب هستید یا بیدار؟

away /ə'wey/ ۱. [قید] دور

The people went away.

مردم دور شدند.

۲. [قید] بیرون

He is away. رفته بیرون. بیرون است.

awful /'ɑfəl/ [صفت] بد، افتضاح

The weather was awful.

هوا افتضاح بود.

awkward /'ɑkwərd/

۱. [صفت] دست و پا چلفتی، ناشی

The new student was awkward.

شاگردِ جدید دست و پا چلفتی بود.

۲. [صفت] ناجور، نامناسب

He came at an awkward time.

وقتِ نامناسبی آمد. بی‌موقع آمد.

۳. [صفت] بدقِلِق، سخت

This is an awkward customer.

این از آن مشتریهای بدقِلِق است.

awkwardly /'ɑkwərdli/

[قید] با ناشی‌گری، ناشیانه، خیلی دست و پا چلفتی

They behaved awkwardly.

ناشیانه رفتار کردند. دست و پا چلفتی بودند.

ax /'aks/ [اسم] تَبَر

This ax is very sharp.

این تبر خیلی تیز است.

axe /aks/ = **ax**

فعلِ کمکی همراهِ فعلِ اصلی می‌آید و چیزی به معنای آن اضافه می‌کند، مثلِ معنای زمان یا احتمال.
فعلِ کمکی همچنین در ساختنِ جمله‌های سؤالی و منفی به کار می‌رود. بعضی از فعلهای کمکیِ انگلیسی اینها هستند:
be, can, may, shall, will, must

ax

B,b

baby /ˈbeybi/ [اسم] نوزاد، بچّهٔ کوچولو، بچّه، بچّهٔ شیرخوار، نی‌نی

The baby was crying.

نوزاد گریه می‌کرد. بچّه کوچولو داشت گریه می‌کرد.

back /bak/

۱. [اسم] (در بدن) پشت

۲. [صفت] عقبی، پشتی

She's sitting at the back chair.

روی صندلیِ عقبی نشسته است.

۳. [قید] عقب

Go back! برو عقب! بروید عقب! برگرد! برگردید!

bacon /ˈbeykən/

[اسم] گوشتِ خوکِ دودی

They had bacon and eggs.

گوشتِ خوکِ دودی و تخم‌مرغ خوردند.

bad /bad/

۱. [صفت] (در موردِ آدم) بد؛ شیطان

He's a bad boy. پسرِ بدی است. پسرِ شیطانی است.

۲. [صفت] (در موردِ موادِ غذایی) فاسد، مانده، گندیده

The food was bad. غذا مانده بود.

۳. [صفت] (در موردِ کار یا عمل) بد، مضر

Smoking is bad for your health.

سیگار کشیدن برای سلامتی‌ات بد است. سیگار کشیدن برای سلامتیِ شما مضر است.

badge /baj/ [اسم] نشان، علامت

He wore the badge of his team.

علامتِ تیمش را به سینه‌اش زده بود.

badge

badly /ˈbadli/ [قید] به طرزی بد، بد، بدجوری

He played badly yesterday.

دیروز بد بازی کرد.

bag /bag/ [اسم] ساک؛ کیف؛ کیسه؛ پاکت

bait /beyt/ [اسم] طعمه

Worms are excellent fish bait.

کرم طعمهٔ بسیار خوبی برای ماهیها است. کرم طعمه‌ای عالی برای ماهی است.

bake /beyk/ [فعل] در فِر پختن، در تنور پختن، پختن

Yesterday we baked a cake.

دیروز کیک پختیم.

baker /'beykər/ ۱. [اسم] نانوا

The baker baked some bread.

نانوا چند تا نان پخت.

۲. [اسم] شیرینی‌پز، قنّاد

The baker is baking a cake.

قنّاد دارد کیک می‌پزد.

*Let's go to **the baker's**!*

بیا برویم نانوایی! بیایید برویم قنّادی!

bakery /'beykəri/

۱. [اسم] نانوایی

۲. [اسم] قنّادی، شیرینی‌پزی

He works in a bakery.

توی نانوایی کار می‌کند. در قنّادی کار می‌کند.

balance /'baləns/

[فعل] حفظِ تعادل کردن

He tried to balance on one leg.

تلاش کرد روی یک پا حفظِ تعادل کند. سعی کرد تعادلِ خودش را روی یک پا حفظ کند.

balcony /'balkəni/

[اسم] بالکن، ایوان

bald /bɑld/ [صفت] کَچَل، طاس، بی‌مو

Our teacher is bald.

معلّمِ ما طاس است.

bald

ball /bɑl/ [اسم] توپ

They were playing with a ball.

داشتند توپ بازی می‌کردند.

balloon /bə'lu:n/

۱. [اسم] بادکنک

His balloon was red.

بادکنکش قرمز بود.

۲. [اسم] بالون (وسیله‌ای برای پرواز، متشکّل از اتاقکِ مسافران و کیسه‌ای بزرگ که از گازهای سبک پرشده)

bamboo /bam'bu:/ [اسم] بامبو (گیاهی شبیهِ نِی که از آن میز و صندلی می‌سازند)

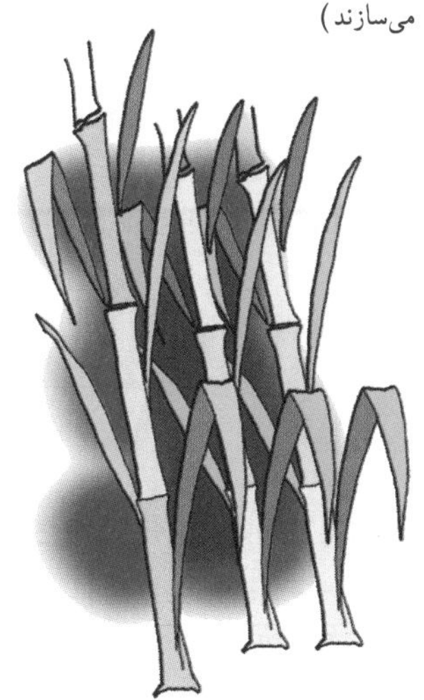

bamboo

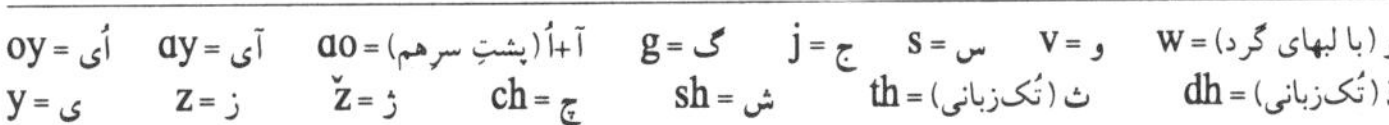

oy = اُی   ɑy = آی   ɑo = (پشتِ سرهم) آ+اُ   g = گ   j = ج   s = س   v = و   w = (با لبهای گرد) و

y = ی   z = ز   ž = ژ   ch = چ   sh = ش   th = (تُک‌زبانی) ث   dh = (تُک‌زبانی) ذ

banana /bə'nanə/ [اسم] موز

Monkeys like bananas.

میمونها موز دوست دارند.

band /band/ ۱. [اسم] گروه، دسته

A band of thieves entered.

یک دسته دزد رفتند تو. یک گروهِ سارق وارد شدند.

۲. [اسم] نوار

He tied a band round them.

یک نوار دورشان بست. دورشان نواری بست.

bandage /'bandij/

۱. [اسم] باند

۲. [فعل] باندپیچی کردن، پانسمان کردن

The doctor bandaged his arm.

دکتر دستش را پانسمان کرد.

bandit /'bandit/ [اسم] دزد، سارق، راهزن

Beware of bandits!

مواظبِ دزدها باش! حواستان به دزدها باشد!

banister /'banistər/

[اسم] (روی پلّه) نرده

Don't slide down the banisters!

از نرده سُر نخور پایین! از نرده سُر نخورید پایین!

bank /bank/ ۱. [اسم] بانک

۲. [اسم] (در موردِ رودخانه) ساحل

I pushed the boat to the bank.

قایق را به طرفِ ساحل کشیدم.

bare /ber/ ۱. [صفت] لخت، برهنه، عریان

The boys were bare.

پسرها لخت بودند.

۲. [صفت] (در موردِ اتاق) خالی، لخت، بدونِ اثاثیّه

This room is very bare.

این اتاق خیلی خالی است. این اتاق خیلی لخت است.

bark /bark/

۱. [فعل] (در موردِ سگ) پارس کردن، عوعو کردن، واق‌واق کردن

The dog barks at strangers.

سگه به غریبه‌ها پارس می‌کند.

۲. [اسم] (در موردِ سگ) صدای پارس، عوعو، واق واق

۳. [اسم] پوستِ درخت

barn /barn/

[اسم] (در مزرعه) انبار، کاهدانی؛ طویله

barrel /'barəl/ ۱. [اسم] بشکه

۲. [اسم] (در تفنگ) لوله

۳. [اسم] (در خودنویس) مخزن؛ فشنگ

base /beys/ [اسم] ته، کف؛ پایه

Its base is round. تهش گرد است. پایه‌اش گرد است.

baseball /'beysbal/

[اسم] بیس‌بال (ورزشی است برای دو تیمِ نه نفره؛ هر یک از اعضای تیم سعی می‌کند توپی را با چوب بزند و با دویدن و گذشتن از چهار گوشهٔ زمین خود را به خطِ پایان برساند. این بازی در آمریکا بسیار رایج است.)

---

a = اَ ɑ = آ ʌ = آ (با دهانِ نیمه‌باز) ə = آ (با دهانِ نیمه‌بسته) e = اِ i = ای (کوتاه)

i: = ای (کشیده) o = اُ (تا حدودی کشیده) ō = و (در کلمهٔ موج) u = او (کوتاه) u: = او (کشیده) ey = اِی

basket /'baskit/ [اسم] سبد
She put the cat in a basket.
گربه را توی سبد گذاشت.

basketball /'baskitbɑl/
[اسم] بسکتبال

bat /bat/ ۱. [اسم] خفّاش
۲. [اسم] (در پینگ‌پنگ) راکت
۳. [اسم] (در بیس‌بال) چوب

bath /bath/ [اسم] وان
The boy was sitting in the bath.
پسر توی وان نشسته بود.

bathroom /'bathrum/
۱. [اسم] حمّام
۲. [اسم] توالت

battery /'batəri/ [اسم] باتری، قوّه
Put two batteries inside it!
دو تا قوّه بگذار تویش! دوتا باتری تویش بگذارید!

battle /'batl/ [اسم] جنگ
He was killed in the battle.
در جنگ کشته شد.

be /bi, bi:/ ۱. [فعل] بودن؛ قرارداشتن
The Earth is round.
کرهٔ زمین گرد است.
She is twelve. دوازده سالش است.
It's very cold for swimming.
برای شنا کردن هوا خیلی سرد است.
The book is on the table.
کتاب روی میز است. کتاب روی میز قرار دارد.
۲. [فعل] شدن
I want to be a doctor.
من می‌خواهم دکتر بشوم.
۳. [فعلِ کمکی] (در زمانِ حال همراه با صورتِ فاعلی، زمانِ حالِ استمراری را می‌سازد)
I am studying.
من دارم درس می‌خوانم.
۴. [فعلِ کمکی] (در زمانِ گذشته همراه با صورتِ فاعلی، زمانِ گذشتهٔ استمراری را می‌سازد)
He was writing a letter.
داشت نامه می‌نوشت.
۵. [فعلِ کمکی] (در زمانِ حال همراه با صورتِ مفعولی، مجهول در زمانِ حال را می‌سازد)
It is broken. شکسته است.
۶. [فعلِ کمکی] (در زمانِ گذشته همراه با صورتِ مفعولی، مجهول در گذشته را می‌سازد)
She was invited to the party.
به مهمانی دعوت شده بود.

برای منفی کردنِ فعلهای کمکی، ***not*** بعد از فعل قرار می‌گیرد.
He is clever.
He is not clever.
برای سؤالی کردنِ فعلهای کمکی، جای فاعل و فعل عوض می‌شود.
He is young.
Is he young?

beach /bi:ch/ [اسم] ساحلِ دریا، ساحل

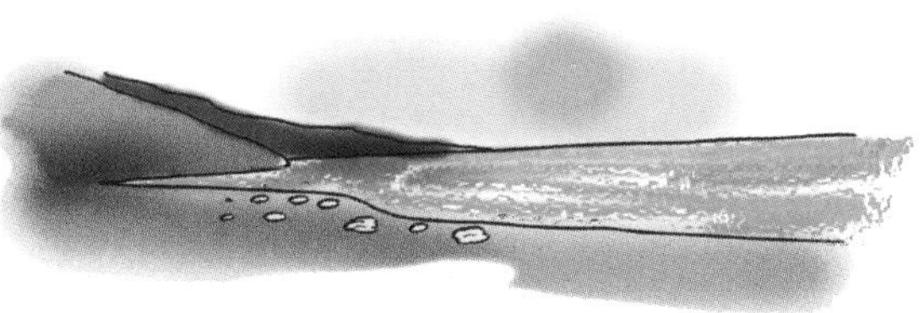
beach

oy = اُی   ɑy = آی   ɑo = آ+اُ (پشتِ سرهم)   g = گ   j = ج   s = س   v = و   w = و (با لبهای گرد)
y = ی   z = ز   ž = ژ   ch = چ   sh = ش   th = ث (تُک‌زبانی)   dh = ذ (تُک‌زبانی)

bead /bi:d/ [اسم] مهره؛ دانهٔ تسبیح

beak /bi:k/ [اسم] منقار، نوک
The beak of a bird is very hard.
نوکِ پرنده خیلی محکم است.

bean /bi:n/ [اسم] لوبیا

bear /ber/ [اسم] خرس
Bears like honey.
خرسها عسل دوست دارند.

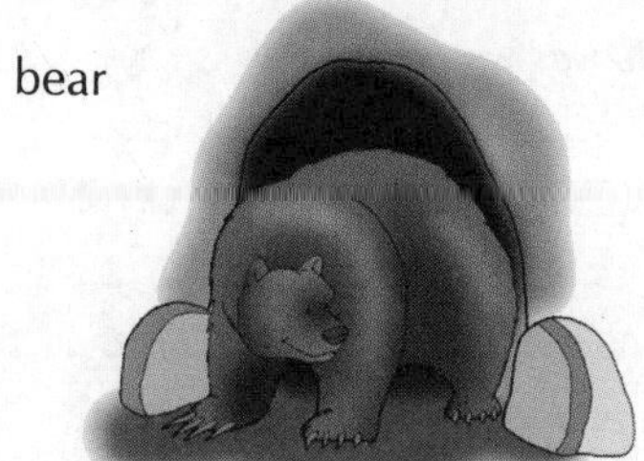
bear

beard /bird/ [اسم] ریش
Our teacher has a beard.
معلّمِ ما ریش دارد.

beautiful /'byu:tifəl/
۱. [صفت] دلنِشین، دلپَسَند
The weather is beautiful.
هوا دلنشین است.
۲. [صفت] زیبا، خوشگل، قشنگ
She's very beautiful.
خیلی خوشگل است.

صفتهای beautiful و pretty به زیبایی در زنان اشاره می‌کنند.
صفتِ handsome به زیبایی مردان اشاره می‌کند.

beaver /'bi:vər/ [اسم] بیدَسْتَر
(جانوری به طولِ یک متر، با دُم صاف و بدنِ پُر پشم که با دندانهای خود تنهٔ درختان را خرد می‌کند)

became /bi'keym/
(زمانِ گذشتهٔ فعلِ بی‌قاعدهٔ ***become***)

because /bi'kaz, bi'kəz/
[حرفِ ربط] چون، زیرا، چون که، برای اینکه
I got wet because it rained.
چون باران می‌آمد، خیس شدم.

become /bi'kʌm/ [فعل] شدن، گشتن، گردیدن
It became dark. هوا تاریک شد.

bed /bed/ ۱. [اسم] تختخواب، تخت
*When do you **go to bed**?*
چه موقع می‌خوابی؟ چه موقع می‌خوابید؟
*Who will **make the bed**?*
چه کسی تخت را مرتّب می‌کند؟
۲. [اسم] بستر (به کفِ دریا و رود بستر می‌گویند.)

bedroom /'bedrum/
[اسم] اتاق‌خواب
This house has two bedrooms.
این خانه دو اتاق‌خواب دارد.

bee /bi:/ [اسم] زنبورِ عسل

beef /bi:f/ [اسم] گوشتِ گاو، گوشتِ گوساله

beehive /'bi:hayv/ [اسم] کندو

been /bin/ (صورتِ مفعولیِ فعلِ ***be***)

---

i = ای (کوتاه)   e = اِ   ə = آ (با دهانِ نیمه‌بسته)   ʌ = آ (با دهانِ نیمه‌باز)   ɑ = آ   a = اَ
ey = اِی   u: = او (کشیده)   u = او (کوتاه)   ō = و (در کلمهٔ موج)   o = اُ (تا حدودی کشیده)   i: = ای (کشیده)

beetle /ˈbi:tl/ [اسم] سوسک

Beetles have four wings.

سوسکها چهار تا بال دارند. سوسک چهار بال دارد.

beetle

before /biˈfor/

۱. [حرفِ اضافه] پیش از، قبل از

I came before you.

من قبل از تو آمدم. من پیش از شما آمدم.

۲. [حرفِ اضافه] جلوی، جلوتر از

I think you were before me.

فکر می‌کنم تو جلوی من بودی. فکر می‌کنم شما جلوتر از من بودید.

began /biˈgan/

(زمانِ گذشتهٔ فعلِ بی‌قاعدهٔ ***begin***)

begin /biˈgin/

۱. [فعل] شروع کردن، آغاز کردن

When shall we begin?

کِی شروع کنیم؟ چه موقع شروع کنیم؟

۲. [فعل] شروع شدن، آغاز گشتن

School begins on Thursday.

مدرسه روزِ پنج‌شنبه شروع می‌شود.

begun /biˈgʌn/

(صورتِ مفعولیِ فعلِ بی‌قاعدهٔ ***begin***)

behave /biˈheyv/

[فعل] رفتار کردن

He behaves badly at school.

توی مدرسه بد رفتار می‌کند. رفتارش توی مدرسه بد است.

Behave yourself!

مواظبِ رفتارت باش! با ادب باش!

behind /biˈhaynd/

[حرفِ اضافه] پشتِ

The cat was behind the wall.

گربه پشتِ دیوار بود.

behind

believe /biˈli:v/

[فعل] باور کردن

I don't believe a word he says.

یک کلمه از حرفهایش را باور نمی‌کنم.

bell /bel/ [اسم] زنگ؛ ناقوس

bell

belong /biˈlang/

۱. [فعل] مالِ (کسی یا چیزی) بودن، متعلّق بودن، تعلّق داشتن

This book belongs to me.

این کتاب مالِ من است.

۲. [فعل] عضو بودن

She belongs to the art school.

عضوِ مدرسهٔ هنر است.

below /biˈlō/ [حرفِ اضافه] زیرِ، پایینِ

Write it below your name!

زیرِ اسمت بنویسش! پایینِ اسمتان بنویسیدش!

belt /belt/ [اسم] کمربند

His belt is brown.

کمربندش قهوه‌ای است.

bench /bench/ ۱. [اسم] نیمکت
۲. [اسم] (در کارگاه یا آزمایشگاه) میزِ کار

bend /bend/ ۱. [فعل] خم شدن، تا شدن؛ دولا شدن
She was bending down.
دولا شده بود.
۲. [اسم] (در جادّه) پیچ
It happened on a bend.
سرِ یک پیچ اتّفاق افتاد.

bent /bent/
(زمانِ گذشته و صورتِ مفعولیِ فعلِ بی‌قاعدهٔ ***bend***)

berry /berı/
[اسم] میوهٔ توت مانند (همهٔ میوه‌هایی که شکلِ توت هستند مثلِ توت‌فرنگی یا توتِ سفید)
Some berries are poisonous.
بعضی از میوه‌های توت مانند سمّی هستند.

beside /bi'sayd/
[حرفِ اضافه] نزدیکِ، کنارِ
Our house is beside the sea.
خانهٔ ما نزدیکِ دریاست.

best /best/ [صفت] بهترین؛ خوبترین؛ جالبترین؛ قشنگترین (صورتِ عالیِ ***good***)
He is my best student.
بهترین شاگردِ من است.

better /'betər/ [صفت] بهتر؛ خوبتر؛ جالبتر؛ قشنگتر (صورتِ تفضیلیِ ***good***)
He is a better swimmer.
شناگرِ بهتری است. بهتر شنا می‌کند.

between /bi'twi:n/
۱. [حرفِ اضافه] بینِ، وسطِ
I sat between them.
من بینِ آنها نشستم. من وسطِ آنها نشستم.
۲. [حرفِ اضافه] در میانِ، بینِ، مابینِ
Share the money between you!
پول را مابینِ خودتان قسمت کنید!

beware /bi'wer/
[فعل] (فقط به صورتِ امری به کار می‌رود) مواظب باش! مواظب باشید! حواست باشد! حواستان باشد!
Beware of the dog!
مواظبِ آن سگ باش! حواستان به آن سگ باشد!

beyond /bi'yand/
[حرفِ اضافه] جلوتر از، فراتر از
Don't go beyond that house!
جلوتر از آن خانه نرو! جلوتر از آن خانه نروید!

bicycle /'baysikəl/
[اسم] دوچرخه
He goes to work on bicycle.
با دوچرخه سرِ کار می‌رود.

big /big/ ۱. [صفت] بزرگ، گنده
Her house is very big.
خانه‌اش خیلی بزرگ است.
۲. [صفت] (در موردِ خواهر یا برادر) بزرگ، بزرگتر

between از حرفِ اضافهٔ موقعی استفاده می‌شود که فقط در موردِ دو چیز یا دو شخص صحبت در میان باشد. در صورتی که منظور بیشتر از دو چیز یا دو شخص باشد، از حرفِ اضافهٔ ***among*** استفاده می‌شود.

berry

i = ای (کوتاه) e = اِ ə = آ (با دهانِ نیمه‌بسته) ʌ = آ (با دهانِ نیمه‌باز) a = آ a = اَ
ey = اِی u: = او (کشیده) u = او (کوتاه) ō = و (در کلمهٔ موج) o = اُ (تا حدودی کشیده) i: = ای (کشیده)

bit[1] /bit/ ۱. [اسم] تکّه، ذرّه، ریزه

The dog ate a bit of meat.

سگ یک ذرّه گوشت خورد.

۲. [اسم] (در موردِ اسب) دَهَنه (میله‌ای فلزّی که در دهانِ اسب می‌گذارند و به وسیلهٔ آن حرکاتِ اسب را کنترل می‌کنند)

bit[2] /bit/

(زمانِ گذشتهٔ فعلِ بی‌قاعدهٔ ***bite***)

bite /bayt/ ۱. [فعل] گاز زدن

He was biting into an apple.

داشت سیب گاز می‌زد.

۲. [فعل] گاز گرفتن

Does your dog bite?

سگت گاز می‌گیرد؟ سگِ شما گاز می‌گیرد؟

bitten /'bitn/

(صورتِ مفعولیِ فعلِ بی‌قاعدهٔ ***bite***)

bitter /'bitər/ [صفت] تلخ، تلخ‌مزه

Was your drink bitter?

نوشیدنی‌ات تلخ بود؟ نوشیدنی‌تان تلخ‌مزه بود؟

black /blak/ ۱. [صفت] سیاه، سیاه‌رنگ، مشکی

She was wearing a black skirt.

دامنِ سیاهی پوشیده بود. دامنِ سیاه‌رنگی پوشیده بود.

۲. [اسم] رنگِ سیاه، سیاه، رنگِ مشکی، مشکی

Black is not my favorite color.

سیاه رنگِ موردِ علاقهٔ من نیست.

My big brother is 16.

برادرِ بزرگم شانزده ساله است. برادرِ بزرگترم شانزده سالش است.

bike /bayk/ [اسم] دوچرخه

She went to school on bike.

با دوچرخه رفت مدرسه. با دوچرخه به مدرسه رفت.

bird /bərd/ [اسم] پرنده

Most birds can fly.

بیشترِ پرندگان می‌توانند پرواز کنند. بیشترِ پرندگان پرواز می‌کنند.

bird

birth /bərth/ [اسم] تولّد، به دنیا آمدن

birthday /'bərthdey/ [اسم] روزِ تولّد، تولّد، جشنِ تولّد

When is your birthday?

تولّدت کِی است؟ تولّدِ شما کِی است؟

birthday

biscuit /'biskit/

۱. [اسم] بیسکوئیت

۲. [اسم] کلوچه

اگر صفتی از یک بخش تشکیل شده باشد و دو حرفِ آخرش به ترتیب صدادار و بی‌صدا باشد، برای ساختنِ صورتِ تفضیلیِ آن، حرفِ آخر تکرار می‌شود و سپس **-er** اضافه می‌گردد. به همین ترتیب صورتِ عالیِ آن با تکرارِ حرفِ آخر و اضافه کردنِ **-est** ساخته می‌شود.

big, bigger, biggest

fat, fatter, fattest

blackberry /ˈblakberi/

[اسم] تمشک

blackbird /ˈblakbərd/

[اسم] توکای سیاه (پرنده‌ای به اندازهٔ ۲۵ سانتیمتر؛ پرندهٔ نر پر و بالش سیاه و پرندهٔ ماده قهوه‌ای رنگ است. این پرنده در جنگلها و باغها زندگی می‌کند.)

blackbird

blackboard /ˈblakbord/

[اسم] تخته‌سیاه، تخته

He wrote on the blackboard.

روی تخته‌سیاه چیز نوشت.

blackcurrant /blakˈkərənt/

[اسم] انگورفرنگیِ سیاه (درختچه‌ای که میوه‌ای شبیهِ انگور می‌دهد و در اروپا با آن میوه مربّا درست می‌کنند)

blade /bleyd/

[اسم] (در موردِ چاقو یا شمشیر) تیغه

Its blade is sharp.

تیغه‌اش تیز است.

blame /bleym/

[فعل] سرزنش کردن

Don't blame me!

من را سرزنش نکن! من را سرزنش نکنید!

blanket /ˈblankit/ [اسم] پتو

blind

blast-off /ˈblast ɑf/

[اسم] پرتابِ موشک، پرتاب، تِیک‌آف (لحظه‌ای که یک موشک یا فضاپیما از زمین بلند می‌شود)

It's 10 seconds to blast-off.

ده ثانیه به پرتابِ موشک مانده است.

ده ثانیه به تِیک‌آف مانده است.

blaze /bleyz/ [اسم] شعله، شعلهٔ آتش

bled /bled/

(زمانِ گذشته و صورتِ مفعولیِ فعلِ بی‌قاعدهٔ ***bleed***)

bleed /bli:d/

[فعل] خونریزی کردن، خون آمدن، از (چیزی) خون آمدن

Your nose is bleeding.

دماغت دارد خون می‌آید. دارد از بینی‌تان خون می‌آید.

blew /blu:/

(زمانِ گذشتهٔ فعلِ بی‌قاعدهٔ ***blow***)

blind /blɑynd/ ۱. [صفت] کور، نابینا

That man is blind.

آن مرد نابیناست.

۲. [اسم] کرکره، پرده کرکره

blindfold /ˈblɑyndfōld/

۱. [اسم] چشم‌بند

He'd a blindfold over his eyes.

به چشمش چشم‌بند زده بود.

۲. [صفت] چشم‌بند زده، چشم‌بسته

blizzard /'blizərd/ [اسم] بوران، کولاک (برفِ همراهِ باد و توفانِ شدید)

blizzard

block /blɑk/
۱. [اسم] (در موردِ چوب) کُنده
۲. [اسم] (در موردِ سنگ) تخته
۳. [اسم] (در سالنِ سینما) قسمت، بخش
۴. [اسم] (در موردِ آپارتمان) ساختمان، بلوک
I live in this block of flats.
من در این بلوکِ آپارتمان زندگی می‌کنم.
۵. [فعل] سد کردن، بستن
The car had blocked the way.
ماشین راه را بسته بود. ماشین راه را سد کرده بود.

blood /blʌd/ ۱. [اسم] خون
She lost a lot of blood.
خونِ زیادی از دست داد.
۲. [اسم] حال، خُلق

blot /blɑt/ [اسم] لک، لکّه
Ink blots covered his book.
کتابش پر از لکِ جوهر بود. کتابش پوشیده از لکّه‌های جوهر بود.

blouse /blɑos, blɑoz/
[اسم] (برای دخترها و خانمها) بلوز، بُلیز
Her blouse was red.
بلوزِ قرمز پوشیده بود. بلوزش قرمز بود. بُلیزِ قرمزرنگی تنش کرده بود.

blouse

blow /blō/
۱. [فعل] (در موردِ باد) وزیدن، آمدن
The wind blew all day.
تمامِ روز باد می‌آمد.
۲. [فعل] فوت کردن
She blew on her coffee.
قهوه‌اش را فوت کرد.
۳. [فعل] (در موردِ بادکنک) باد کردن
She blew into the balloon.
بادکنک را باد کرد.
۴. [اسم] ضربه؛ مشت
He received a blow.
ضربه‌ای بهش خورد. مشتی بهش خورد.

blown /blōn/
(صورتِ مفعولیِ فعلِ بی‌قاعدهٔ ***blow***)

blue /blu:/ ۱. [صفت] آبی، آبی‌رنگ
He was wearing a blue coat.
پالتوی آبی‌رنگی پوشیده بود.
۲. [اسم] رنگِ آبی، آبی
Blue is his favorite color.
رنگِ موردِ علاقه‌اش آبی است.

blunt /blʌnt/
[صفت] (در موردِ چاقو) کُند
The knife was blunt.
چاقو کُند بود.

board /bord/ ۱. [اسم] تخته، تخته چوب
۲. [فعل] سوار شدن
He boarded the train.
سوارِ قطار شد.
Please board the ship!
خواهش می‌کنم سوارِ کشتی بشو! لطفاً سوارِ کشتی شوید!

boat /bōt/ [اسم] قایق

body /'bɑdi/ [اسم] بدن، تن

boil /boyl/ ۱. [فعل] جوشیدن، جوش آمدن
Water boils at 100° Celsius.
آب در صد درجهٔ سلسیوس می‌جوشد.
آب در صد درجهٔ سلسیوس جوش می‌آید.
۲. [اسم] جوش (برآمدگیِ دردناکی که روی پوست ایجاد می‌شود)

bone /bōn/ ۱. [اسم] استخوان
۲. [اسم] (در موردِ ماهی) تیغ

bonfire /'bɑnfɑyr/ [اسم] آتش
They lit a big bonfire.
آتشِ بزرگی روشن کردند.

book /buk/ [اسم] کتاب
Who wrote this book?
چه کسی این کتاب را نوشته است؟
نویسندهٔ این کتاب کی است؟

برای ساختنِ جمعِ بیشترِ اسمهای باقاعده، بَه آخرِ اسم حرفِ **s-** اضافه می‌شود.
book, books

bookcase /'bukkeys/
[اسم] قفسهٔ کتاب، کتابخانه

bookshop /'bukshɑp/
[اسم] کتابفروشی
The bookshop was crowded.
کتابفروشی شلوغ بود.

bookstore /'bukstor/
[اسم] کتابفروشی

boot /bu:t/ ۱. [اسم] پوتین؛ چکمه
She was wearing boots.
پوتین پایش بود. چکمه پوشیده بود.
۲. [اسم] صندوقِ ماشین، صندوق عقب، صندوق

bore /bor/ ۱. [فعل] سوراخ کردن
They bored through rock.
صخره را سوراخ کردند.
۲. [فعل] خسته کردن، کسل کردن، کلافه کردن، حوصلهٔ (کسی) را سر بردن
The film bored me.
آن فیلم مرا خسته کرد. آن فیلم حوصلهٔ من را سر برد.

born /born/ [صفت] متولّد شده، تولّدیافته
This baby is born today.
این نوزاد امروز متولّد شده است.

borrow /'bɑrō/
[فعل] قرض کردن، به اَمانت گرفتن
Can I borrow a book?
می‌توانم یک کتاب قرض بگیرم؟
می‌توانم کتابی به امانت بگیرم؟

both /bōth/ [صفت] هر دو، هر دو تا، هر دوی، جفتِ

I want both books.

هر دو کتاب را می‌خواهم. هر دوی کتابها را می‌خواهم.

bottle /'batl/ [اسم] بطری، شیشه

She bought two bottles of milk.

دو بطری شیر خرید.

bottom /'batəm/

۱. [اسم] پایین، قسمتِ پایین

Look at its bottom!

پایینش را نگاه کن! قسمتِ پایینش را نگاه کنید!

۲. [صفت] پایینی، پایین

They're on the bottom shelf.

در قفسهٔ پایینی قرار دارند. در طبقهٔ پایین قرار دارند.

bought /bat/

(زمانِ گذشته و صورتِ مفعولیِ فعلِ بی‌قاعدهٔ *buy*)

bounce /baons/

[فعل] (در موردِ توپ) برگشتن

The ball bounced off the wall.

توپ خورد به دیوار و برگشت.

bow[1] /bō/ ۱. [اسم] پاپیون

۲. [اسم] (در تیر و کمان) کمان

I hunt with bows and arrows.

من با تیر و کمان شکار می‌کنم.

۳. [اسم] آرشه (چوبی با دو رشته موی اسب که برای نواختنِ سازهای زهی به کار می‌رود)

bow[2] /bao/ [فعل] تعظیم کردن

He bowed to the Queen.

به ملکه تعظیم کرد.

bow

bowl /bōl/ [اسم] کاسه، پیاله

There is an egg in the bowl.

توی کاسه یک تخمِ‌مرغ هست.

box /baks/ [اسم] جعبه، قوطی

I took the radio out of the box.

رادیو را از جعبه درآوردم.

boy /boy/ [اسم] پسر، پسربچّه، آقاپسر

The boys were playing football.

پسرها فوتبال بازی می‌کردند.

bracelet /'breyslit/

[اسم] اَلنگو؛ دستبند

bracelet

brackets /'brakits/

۱. [اسم] پرانتز، علامتِ ( )

۲. [اسم] قلاب، علامتِ [ ]

brain /breyn/ [اسم] مغز، مُخ

brake /breyk/ [اسم] ترمز

Always test your brakes!

همیشه ترمزهایت را آزمایش کن! ترمزتان را همیشه امتحان کنید!

oy = اُی   ay = آی   ao = آ+اُ (پشتِ سرهم)   g = گ   j = ج   s = س   v = و   w = و (با لبهای گرد)

y = ی   z = ز   ž = ژ   ch = چ   sh = ش   th = ث (تُک‌زبانی)   dh = ذ (تُک‌زبانی)

branch

branch /branch/
[اسم] (در درخت) شاخه

brass /bras/ [اسم] برنج
(فلزّی که از ترکیبِ مِس و روی به دست می‌آید و در ساختنِ آلاتِ موسیقی و لوازمِ زینتی به کار می‌رود)

brave /breyv/ [صفت] شجاع، دلیر، پر دل و جرأت
His father is brave.
پدرش شجاع است.

bread /bred/ [اسم] نان
Would you like some bread?
نان می‌خواهی؟ نان میل دارید؟

break /breyk/ ۱. [فعل] شکستن
The bottle broke. بطری شکست.
He broke the cup.
فنجان را شکست.
۲. [اسم] زنگِ تفریح؛ وقتِ استراحت، استراحت
I worked without a break.
بدونِ استراحت کار کردم.

breakfast /'brekfəst/
[اسم] صبحانه، ناشتایی

breath /breth/ [اسم] نَفَس
Take a deep breath!
یک نفسِ عمیق بکش! نفسِ عمیقی بکشید!

breathe /bri:dh/
[فعل] نَفَس کشیدن، تنفّس کردن

breeze /bri:z/ [اسم] نسیم
Flowers waved in the breeze.
گلها در نسیم تکان می‌خوردند.

brick /brik/ [اسم] آجر
Our house is made of brick.
خانهٔ ما از آجر ساخته شده است.

bride /brayd/ [اسم] عروس، عروس خانم
The bride is very young.
عروس خیلی جوان است.

bridegroom /'braydgrum/
[اسم] داماد، شاه داماد
The bridegroom is attractive.
داماد جذّاب است.

bridesmaid /'braydzmeyd/
[اسم] ساقدوش (کسی که روزِ عروسی به عروس کمک می‌کند؛ مثلاً دنبالهٔ لباسِ عروس را می‌گیرد)

bridesmaid

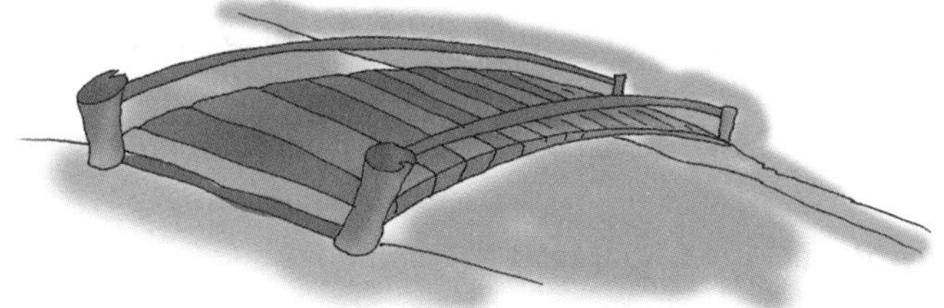

bridge

bridge /brij/ [اسم] پُل

He walked along the bridge.

در امتدادِ پُل قدم زد.

brief /bri:f/ [صفت] کوتاه، مختصر

His answer was brief.

جوابش کوتاه بود.

bright /brayt/

۱. [صفت] (در موردِ رنگ) روشن

Orange is a bright color.

نارنجی رنگِ روشنی است.

۲. [صفت] (در موردِ نور) درخشان، درخشنده

The sun is bright.

خورشید می‌درخشد.

۳. [صفت] باهوش، تیزهوش، زرنگ

The boy's bright.

آن پسر باهوش است.

brim /brim/

[اسم] (در موردِ کلاه) لبه

His hat has a wide brim.

لبهٔ کلاهش پهن است.

*The cup was **full to the brim**.*

فنجان پُرِ پُر بود. فنجان لبریز بود.

bring /bring/ [فعل] آوردن، همراه آوردن

He brought his sister with him.

خواهرش را همراهِ خودش آورد.

*He **brought** it **to an end**.*

بهش خاتمه داد. تمامش کرد.

Britain /'britən/ [اسم] بریتانیا

She lives in Britain.

در بریتانیا زندگی می‌کند.

British /'british/

۱. [صفت] بریتانیایی، انگلیسی، ـِ بریتانیا، ـِ انگلستان

British government دولتِ بریتانیا

British English انگلیسیِ بریتانیایی

۲. [اسم] بریتانیایی، انگلیسی

She's a British. انگلیسی است. بریتانیایی است.

brim

brittle /'britl/ [صفت] شکننده، تُرد

The branches were brittle.

شاخه‌ها شکننده بودند.

broad /brɑd/ [صفت] پهن

This road is very broad.

این جادّه حسابی پهن است.

broadcast /'brɑdkast/

[اسم] (در رادیو یا تلویزیون) برنامه

broke /brōk/

(زمانِ گذشتهٔ فعلِ بی‌قاعدهٔ ***break***)

broken /'brōkən/

(صورتِ مفعولیِ فعلِ بی‌قاعدهٔ ***break***)

brooch /brōch/ [اسم] گلِ سینه، سنجاق سینه

She was wearing a brooch.

سنجاق سینه زده بود.

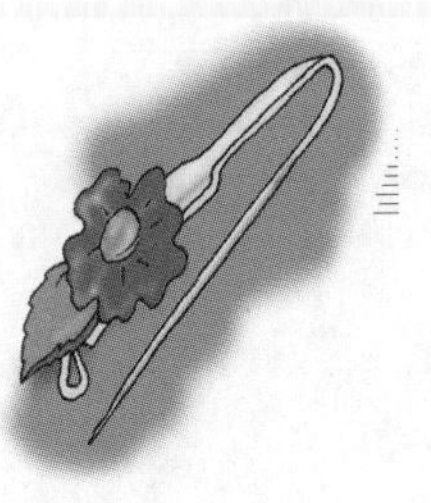

brooch

brook /bruk/ [اسم] جویبار، نَهر

broom /bru:m/ [اسم] جارو

I swept the room with a broom.

با جارو اتاق را جارو کردم.

brother /'brʌdhər/ [اسم] برادر

I have two brothers.

من دوتا برادر دارم.

brought /brɑt/

(زمانِ گذشته و صورتِ مفعولیِ فعلِ بی‌قاعدهٔ ***bring***)

brown /brɑon/

۱. [صفت] قهوه‌ای، قهوه‌ای‌رنگ

Her eyes are brown.

چشمهایش قهوه‌ای است.

۲. [اسم] رنگِ قهوه‌ای، قهوه‌ای

Brown is his favorite color.

قهوه‌ای رنگِ موردِ علاقه‌اش است.

bruise /bru:z/ [اسم] لکّهٔ کبود، کبودی، کبودشدگی

bruise

brush /brʌsh/

۱. [اسم] برس

۲. [فعل] تماس پیدا کردن، خوردن

Her hair brushed against me.

موهایش خورد بهم. مویش باهام تماس پیدا کرد.

bubble /'bʌbəl/

۱. [اسم] (در موردِ صابون یا مایعات) حُباب

۲. [فعل] کَف کردن

The drink bubbled up.

نوشیدنی کف کرد و آمد بالا.

bucket /'bʌkit/ [اسم] سطل

I carried the bucket of water.

سطلِ آب را بردم. سطلِ آب را حمل کردم.

buckle /ˈbʌkəl/
[اسم] (در کفش یا کمربند) قلاب، سَگَک

buckle

bud /bʌd/
۱. [اسم] غنچه
۲. [اسم] جوانه

build /bild/ [فعل] ساختن، درست کردن

Last year he built a big house.

سالِ گذشته خانهٔ بزرگی ساخت. پارسال خانه‌ای بزرگ ساخت.

building /ˈbilding/
[اسم] ساختمان

They live in an old building.

در یک ساختمانِ قدیمی زندگی می‌کنند.

built /bilt/
(زمانِ گذشته و صورتِ مفعولیِ فعلِ بی‌قاعدهٔ *build*).

bulb /bʌlb/
۱. [اسم] (در موردِ چراغ) حُباب؛ لامپ
۲. [اسم] پیاز (ریشهٔ گردِ بعضی از گیاهان مثلِ گلِ لاله)

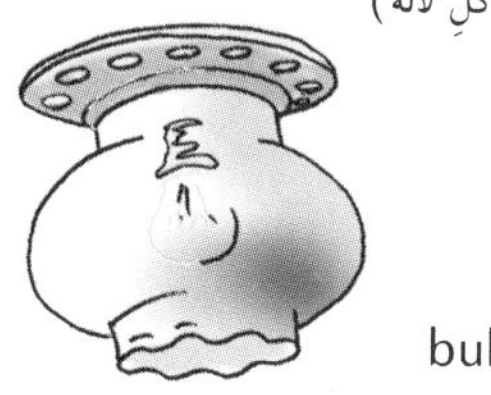
bulb

bull /bul/ [اسم] گاوِ نر

bulldozer /ˈbuldōzər/
[اسم] بولدوزِر (ماشینی بزرگ و پرقدرت شبیهِ تراکتور که برای جابه‌جا کردنِ سنگ و خاک به کار می‌رود)

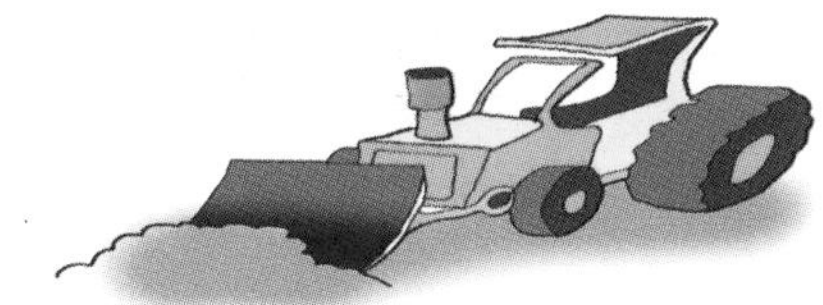
bulldozer

bullet /ˈbulit/ [اسم] گلوله

The bullet hit him.

گلوله به او اصابت کرد. گلوله بهش خورد.

bump /bʌmp/
۱. [فعل] برخورد کردن، خوردن، اصابت کردن

I bumped into a tree.

خوردم به درخت. به درخت برخورد کردم.

۲. [اسم] وَرَم

bunch /bʌnch/
۱. [اسم] (در موردِ گل) دسته
۲. [اسم] (در موردِ میوه‌هایی مثلِ انگور) خوشه

bundle /ˈbʌndl/ [اسم] دسته، بسته

They were in bundles of twenty.

در دسته‌های بیست‌تایی بودند.

bungalow /ˈbʌngəlō/

[اسم] خانهٔ یک طبقه، خانهٔ ویلایی

They live in a bungalow.

در یک خانهٔ یک طبقه زندگی می‌کنند.

bungalow

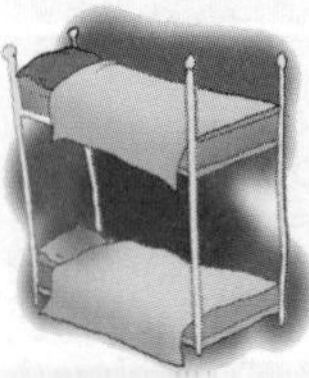

bunk beds

bunk beds /ˈbʌnk bedz/

[اسم] تختخوابِ دوطبقه

The two boys have bunk beds.

دوتا پسرها تختخوابِ دوطبقه دارند.

burn /bərn/ ۱. [اسم] سوختگی

۲. [فعل] سوختن

The house was burning in fire.

خانه داشت در آتش می‌سوخت.

۳. [فعل] سوزاندن

He burned some wood.

مقداری چوب سوزاند.

burrow /ˈbʌrō/ [اسم] سوراخ، نَقب (راهِ باریکی که بعضی از حیوانات مثلِ روباه و خرگوش زیرِ زمین می‌کَنند و در آن زندگی می‌کنند)

bury /ˈberi/ ۱. [فعل] دفن کردن

They buried the man here.

آن مرد را اینجا دفن کردند.

۲. [فعل] چال کردن

He buried the box here.

جعبه را اینجا چال کرد.

۳. [فعل] پنهان کردن؛ پوشاندن

He buried his face.

صورتش را پنهان کرد. صورتش را پوشاند.

bus /bʌs/ [اسم] اتوبوس

I go to school by bus.

من با اتوبوس به مدرسه می‌روم.

*Where is the **bus stop**?*

ایستگاهِ اتوبوس کجاست؟

bush /bush/ ۱. [اسم] بوته

That's a rose-bush.

آن بوتهٔ گلِ سرخ است.

۲. [اسم] (در استرالیا و آفریقا) زمینِ دست‌نخورده

busy /ˈbizi/

۱. [صفت] مشغولِ کار، سرگرمِ کار، مشغول، سرگرم

The teacher was busy.

معلّم مشغولِ کار بود. معلّم سرگرم بود.

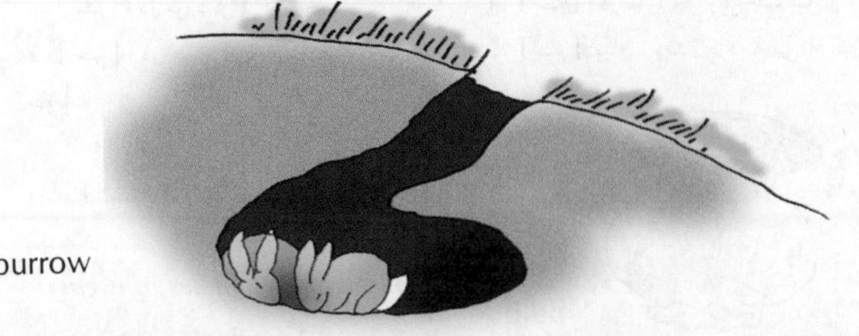

burrow

۲. [صفت] شلوغ

The shop was very busy.

فروشگاه حسابی شلوغ بود.

but /bət, bʌt/ [حرفِ ربط] ولی، امّا، منتها

She's short, but pretty.

قد کوتاه است، ولی خوشگل است.

butcher /ˈbuchər/ [اسم] قصّاب

The butcher cut the meat.

قصّاب گوشت را برید.

*Where's **the butcher's**?*

قصّابی کجاست؟

butter /ˈbʌtər/ [اسم] کَره

He had some butter today.

امروز یک کمی کره خورد.

buttercup /ˈbʌtərkʌp/

[اسم] گُلِ آلاله، آلاله

A buttercup is a wild flower.

آلاله یک گُلِ وحشی است.

buttercup

butterfly /ˈbʌtərflay/

[اسم] پروانه

The butterfly has yellow wings.

آن پروانه بالهای زردرنگی دارد. بالهای آن پروانه زرد است.

butterfly

button /ˈbʌtn/ [اسم] دکمه

His buttons are round.

دکمه‌هایش گرد هستند.

buy /bay/ [فعل] خریدن

Did you buy anything?

چیزی خریدی؟ چیزی خریدید؟

by /bay/ [حرفِ اضافه] با، از طریقِ، به وسیلهٔ

You can ask her by phone.

مـی‌توانـی بـا تـلفن ازش بـپرسی. می‌توانی تلفنی ازش بپرسی. می‌توانید با تلفن ازش بپرسید.

We went by train. با قطار رفتیم.

C,c

cage /keyj/ [اسم] قَفَس

There's a lion in the cage.

شیری در قفس است.

cage

cab /kab/ ۱. [اسم] اتاق (قسمتی از ماشین که راننده و مسافران در آن می‌نشینند)

۲. [اسم] تاکسی

We took a cab. تاکسی گرفتیم.

سوارِ تاکسی شدیم.

cabbage /ˈkabij/ [اسم] کَلَم

Cabbages have big leaves.

برگهای کلم بزرگ است.

cabin /ˈkabin/ ۱. [اسم] کابین، اتاق (قسمتی که خلبانِ هواپیما یا ناخدای کشتی و مسافران در آن می‌نشینند)

۲. [اسم] کلبه

cacti /ˈkaktɑy/

(جمعِ بی‌قاعدهٔ **cactus**)

cactus /ˈkaktəs/ [اسم] کاکتوس (نوعی گیاهِ پوشیده از خار که در مناطقِ بسیار گرم می‌روید)

cactus

café /kaˈfey/ [اسم] کافه‌تریا، کافه (رستورانِ کوچک برای نوشیدنی و غذاهای سبک)

I had an ice cream in the café.

در کافه‌تریا بستنی خوردم.

cake /keyk/ [اسم] کیک

Would you like some cake?

کیک می‌خواهی؟ کیک میل دارید؟

calculator /ˈkalkyuleytər/

[اسم] ماشین‌حساب

calendar /ˈkalindər/

[اسم] تقویم

Look at the calendar!

تقویم را نگاه کن! تقویم را نگاه کنید!

---

call /kɑl/ ۱. [فعل] نامیدن، اسم گذاشتن

They called the baby Sarah.

اسم بچّه را سارا گذاشتند.

۲. [فعل] صدا کردن، صدا زدن

I called his name.

اسمش را صدا زدم.

۳. [فعل] به (کسی) تلفن کردن، به (کسی) تلفن زدن

I called the doctor.

به دکتر تلفن کردم.

*Can you **call on** me today?*

می‌توانی امروز بیایی پیشِ من؟ می‌توانید امروز منزلِ من بیایید؟

calm /kɑm/ ۱. [صفت] آرام

Keep calm! آرام باش! آرامشِ خود را حفظ کنید!

۲. [صفت] (در موردِ دریا) آرام، بی‌موج

The sea was very calm.

دریا بسیار آرام بود.

came /keym/

(زمانِ گذشتهٔ فعلِ بی‌قاعدهٔ ***come***)

camel /'kaməl/ [اسم] شُتُر

Camels can live in the desert.

شتر می‌تواند در بیابان زندگی کند.

camera /'kamrə/ [اسم] دوربین

I took photos with my camera.

چند تا عکس با دوربینم گرفتم. با دوربینم عکس گرفتم.

camp /kamp/ [اسم] اردو، اردوگاه، کمپ

Let's go back to the camp!

بیا برگردیم به اردوگاه! بیایید به اردوگاه برگردیم!

can[1] /kən, kan/

۱. [فعلِ کمکی] توانستن، قادر بودن؛ بلد بودن

I can swim, he can't.

من می‌توانم شنا کنم ولی او نمی‌تواند. من شنا بلد هستم ولی او بلد نیست.

۲. [فعلِ کمکی] اجازه داشتن، توانستن

You can't play football here.

اجازه نداری اینجا فوتبال بازی کنی. اینجا نمی‌توانید فوتبال بازی کنید.

can	صورتِ مثبت
cannot	صورتِ منفی
can't	صورتِ کوتاه شدهٔ منفی

can[2] /kan/ [اسم] قوطی، قوطیِ کنسرو

Canada /'kanədə/ [اسم] کانادا

Canadian /kə'neydiən/

۱. [صفت] کانادایی، ـِ کانادا

۲. [اسم] کانادایی، اهلِ کانادا

He's a Canadian. کانادایی است.

candle /'kandl/ [اسم] شمع

She lit a candle. شمعی روشن کرد.

cannon /'kanən/ [اسم] توپ (نوعی وسیلهٔ جنگی)

cannon

canoe /kə'nu:/ [اسم] قایق، قایقِ پارویی

can't /kant/

(صورتِ کوتاه شدهٔ منفیِ فعلِ ***can***)

card /kɑrd/ ۱. [اسم] مقوّا
Her name is on a card.
اسمش روی مقوّا نوشته شده است.
۲. [اسم] ورق (وسیلهٔ ورق‌بازی)
۳. [اسم] کارتِ تبریک، کارت
I forgot to send her a card.
یادم رفت برایش کارتِ تبریک بفرستم.

cardboard /ˈkɑrdbōrd/
[اسم] مقوّا
I made it with cardboard.
با مقوّا درستش کردم. آن را از مقوّا ساختم.

cardigan /ˈkɑrdigən/
[اسم] ژاکت
My cardigan has a zip.
ژاکتِ من زیپ دارد. ژاکتِ من زیپ‌دار است.

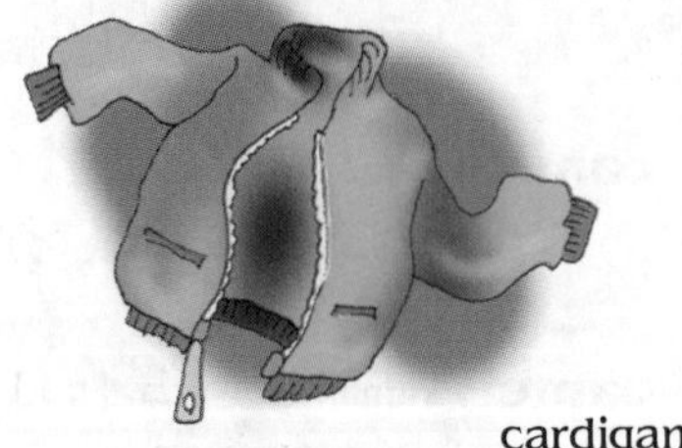
cardigan

care /ker/
[فعل] به (چیزی) اهمّیّت دادن، برای (کسی) مهم بودن
He only cares about money.
تنها چیزی که برایش مهم است پول است. فقط به پول اهمّیّت می‌دهد.
I take care of two cats.
من از دو تا گربه نگهداری می‌کنم. من از دو تا گربه مراقبت می‌کنم.

cap /kap/ ۱. [اسم] کلاه، کلاهِ نقابدار
He wore a cap on his head.
کلاهِ نقابدار سرش گذاشته بود.
۲. [اسم] (در موردِ بطری) دَر، سَر

capital /ˈkapitəl/
۱. [اسم] پایتخت
Paris is the capital of France.
پایتختِ فرانسه، پاریس است. پاریس پایتختِ فرانسه است.
۲. [اسم] (در الفبا) حرفِ بزرگ
"T" and "C" are capitals.
"C" و "T" حرفِ بزرگ هستند.

در انگلیسی، اوّلین حرفِ جمله، اوّلِ اسم اشخاص، شهرها، کشورها، زبانها، روزهای هفته و ماههای سال را با حرفِ بزرگ می‌نویسند.

capture /ˈkapchər/
[فعل] دستگیر کردن
The police captured him.
پلیس دستگیرش کرد.

car /kɑr/ [اسم] ماشین، اتومبیل
My car is old. ماشینِ من کهنه است.
I go to work ***by car.***
من با ماشین سرِ کار می‌روم.

caravan /ˈkarəvan/
[اسم] ماشینِ کاراوان (نوعی ماشین که آشپزخانه و جای خواب دارد)

caravan

ای (کوتاه) = i اِ = e آ (با دهانِ نیمه‌بسته) = ə آ (با دهانِ نیمه‌باز) = ʌ آ = ɑ اَ = a
اِی = ey او (کشیده) = u: او (کوتاه) = u و (در کلمهٔ موج) = ō اُ (تا حدودی کشیده) = o ای (کشیده) = i:

careful /'kerfəl/

۱. [صفت] مواظب، مراقب

Be careful! مواظب باش!

احتیاط کن! مراقب باشید! دقّت کنید!

۲. [صفت] با احتیاط، محتاط

He is a careful driver.

رانندهٔ بااحتیاطی است.

carefully /'kerfəli/

[قید] با احتیاط؛ بادقّت

He drives his car carefully.

ماشینش را با دقّت می‌راند. بااحتیاط رانندگی می‌کند.

careless /'kerlis/

[صفت] بی‌احتیاط؛ بی‌دقّت، بی‌توجّه

He's a careless student.

شاگردِ بی‌دقّتی است.

carelessly /'kerlisli/

[قید] با بی‌احتیاطی؛ با بی‌دقّتی، بی‌توجّه

She answered carelessly.

با بی‌دقّتی پاسخ داد.

caress /kə'res/

[فعل] نوازش کردن، ناز کردن

carnival /'karnivəl/

[اسم] کارناوال (نوعی جشنِ خیابانی همراه با رقص و آواز)

carpet /'karpit/ [اسم] فرش، قالی؛ قالیچه؛ موکت

I bought a new carpet.

یک فرشِ نو خریدم.

carriage /'karij/

۱. [اسم] (در قطار) واگن

۲. [اسم] درشکه، کالسکه

carrot /'karət/ [اسم] هویج

She put carrots in the soup.

توی سوپ هویج ریخت.

carry /'kari/ [فعل] حمل کردن؛ بردن؛ آوردن

Let me carry your bag for you!

اجازه بده کیفت را برایت بیاورم! اجازه بدهید ساکتان را برایتان حمل کنم!

cart /kart/ [اسم] گاری

Two horses pulled the cart.

دو تا اسب گاری را می‌کشیدند.

cart

carton /'kartn/

۱. [اسم] جعبهٔ مقوّایی، کارتُن

۲. [اسم] قوطی؛ قوطیِ مقوّایی؛ قوطیِ پلاستیکی

cartoon /kar'tu:n/

۱. [اسم] کاریکاتور (نوعی نقّاشی که موضوعی را به طورِ خنده‌دار نشان می‌دهد)

۲. [اسم] کارتون، نقّاشیِ متحرّک

They are showing a cartoon.

کارتون نشان می‌دهند. کارتون است.

carriage

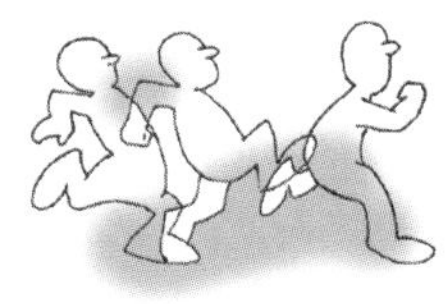

cartoon

oy = اُی   ay = آی   ao = آ+اُ (پشتِ سرهم)   g = گ   j = ج   s = س   v = و   w = و (با لبهای گرد)

y = ی   z = ز   ž = ژ   ch = چ   sh = ش   th = ث (نُک‌زبانی)   dh = ذ (نُک‌زبانی)

case /keys/ ۱. [اسم] صندوق، جعبه

She put her jewelry in a case.

جواهراتش را در صندوق گذاشت.

۲. [اسم] (در موزه‌ها یا فروشگاهها) ویترین

۳. [اسم] مورد، مسئله، موضوع، قضیه

I was wrong in some cases.

در بعضی موارد اشتباه می‌کردم.

That's not the case.

مسئله این نیست. قضیه از این قرار نیست.

cash /kash/ [اسم] پولِ نقد، پول

How much cash do you have?

چقدر پولِ نقد داری؟ پولِ نقد چقدر دارید؟

castle /'kasəl/ [اسم] قصر؛ قلعه

This castle is very famous.

این قصر خیلی مشهور است.

castle

cat /kat/ [اسم] گربه

The cat is yellow.

آن گربه زرد است.

catch /kach/ ۱. [اسم] قلاب؛ چِفت؛ قفل

۲. [فعل] گرفتن

Catch the ball!

توپ را بگیر! توپ را بگیرید!

۳. [فعل] سوارِ (چیزی) شدن

Every morning I catch the bus.

هر روز صبح سوارِ اتوبوس می‌شوم.

۴. [فعل] (در موردِ بیماری) گرفتن، به (چیزی) مبتلا شدن

Last year I caught measles.

پارسال سرخک گرفتم.

caterpillar /'katərpilər/

[اسم] کِرْمِ پروانه

Caterpillars have many legs.

کرمِ پروانه پاهای زیادی دارد.

cathedral /kəthi:drəl/

[اسم] کلیسای جامع (به کلیسای بزرگ و مهمّی گفته می‌شود که چند کلیسای کوچکتر را هم اداره می‌کند)

cattle /'katl/ [اسم] گلّهٔ گاو

caught /kat/

(زمانِ گذشته و صورتِ مفعولیِ فعلِ بی‌قاعدهٔ ***catch***)

cauliflower /'kaliflaoər/

[اسم] گل‌کلم

cauliflowe

cave /keyv/ [اسم] غار

There is a cave in the hill.

در آن تپّه یک غار هست.

ceiling /'si:ling/ [اسم] سقف
He is painting the ceiling.
دارد سقف را رنگ می‌کند.

cell /sel/
[اسم] (در زیست‌شناسی) سلول

cellar /'selər/ [اسم] زیرزمین
This cellar is damp.
این زیرزمین نمور است. این زیرزمین نم دارد.

Celsius /'selsiəs/
[اسم] سلسیوس (یکی از واحدهای اندازه‌گیریِ دما؛ در این واحد، آب در صفر درجه یخ می‌بندد و در صد درجه به جوش می‌آید. حرفِ C بعد از درجه نمایندهٔ سلسیوس است. اکنون سلسیوس جانشینِ سانتیگراد شده است.)

cement /si'ment/ [اسم] سیمان
The walls are made of cement.
دیـوارهـا از سیمان درست شده‌اند. دیوارها سیمانی هستند.

center /'sentər/ [اسم] مرکز، وسط
Draw a line from its center!
از مرکزش خطّی بکش! از مرکزش خطّی رسم کنید!

Centigrade /'sentigreyd/
[اسم] سانتیگراد (یکی از واحدهای قدیمیِ اندازه‌گیریِ دما؛ در این واحد، آب در صفر درجه یخ می‌بندد و در صد درجه به جوش می‌آید. اکنون به جای سانتیگراد از واحدِ سلسیوس استفاده می‌کنند.)

centimeter /'sentimi:tər/
[اسم] سانتیمتر (یکی از واحدهای اندازه‌گیریِ طول: هر صد سانتیمتر یک متر است.)

centimetre /'sentimi:tər/
= **centimeter**

centipede /'sentipi:d/
[اسم] هزارپا (جانوری شبیهِ کِرم کوچک که پاهای زیادی دارد)

centipede

centre /'sentər/ = **center**

century /'senchəri/ [اسم] قرن، سده (هر صد سال را یک قرن می‌نامند.)
It's built many centuries ago.
قرنها پیش ساخته شده است.

cereal /'siriəl/ ۱. [اسم] غلّه
۲. [اسم] برشتوک، شیرین عسل، کُرن فلِکس (خوراکی که از غلّات درست می‌کنند و معمولاً صبح‌ها آن را در شیر می‌ریزند و می‌خورند)

certain /'sərtn/ [صفت] مطمئن
I am certain about it.
من در این مورد مطمئنم. من در این مورد یقین دارم.
I know for certain. من مطمئنم. من یقین دارم.

certificate /sər'tifikət/

[اسم] گواهی، گواهی‌نامه

This is my birth certificate.

این گواهیِ تولّدِ من است.

chain /cheyn/ [اسم] زنجیر

A bicycle has a chain.

دوچرخه زنجیر دارد.

chair /cher/ [اسم] صندلی

She is sitting on a chair.

روی صندلی نشسته است.

chalk /chɑk/ [اسم] گچ

I bought a box of chalks.

یک جعبه گچ خریدم.

champion

champion /'champiən/

[اسم] قهرمان

He is a tennis champion.

قهرمانِ تنیس است.

chance /chans/ [اسم] شانس

This is your last chance.

این آخرین شانسِ تو است. این آخرین شانسِ شماست.

*I saw him **by chance**.*

اتّفاقی دیدمش. به طورِ تصادفی دیدمش.

change /cheynj/

۱. [اسم] بقیّهٔ پول

He gave me the change.

بقیّهٔ پولم را بهم داد. بقیّهٔ پولم را بهم پس داد.

۲. [اسم] تغییر

I don't like change of any kind.

من از هیچ نوع تغییری خوشم نمی‌آید.

۳. [فعل] عوض شدن، تغییر کردن

She has changed a lot.

خیلی عوض شده است. خیلی تغییر کرده است.

۴. [فعل] عوض کردن، تغییر دادن

Change your shoes!

کفشهایت را عوض کن! کفشهایتان را عوض کنید!

۵. [فعل] قطار عوض کردن؛ اتوبوس عوض کردن

You should change here!

باید اینجا قطار عوض کنی! باید اینجا اتوبوس عوض کنید!

channel /'chanl/

۱. [اسم] جوی، آبراهه

۲. [اسم] (در تلویزیون) کانال، شبکه

We watched channel five.

کانالِ پنج را تماشا کردیم.

۳. [اسم] (در رادیو) شبکه

chart /chɑrt/

۱. [اسم] نمودار

۲. [اسم] نقشه؛ نقشهٔ دریا؛ نقشهٔ ستارگان

There is a chart on the wall.

روی دیوار یک نقشه هست.

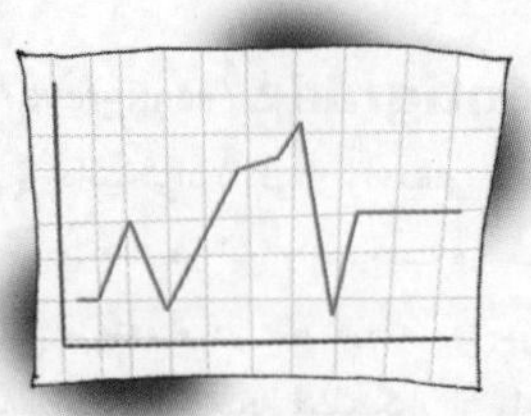

chart

chase /cheys/

[فعل] تعقیب کردن؛ دنبالِ (چیزی یا کسی) کردن

They were chasing each other.

دنبالِ همدیگر کرده بودند.

chase

cheap /chi:p/ [صفت] ارزان، ارزان قیمت

The calculator was very cheap.

ماشین‌حساب خیلی ارزان قیمت بود.

check /chek/

۱. [اسم] نقشِ چهارخانه

I like checks very much.

من خیلی از نقشهای چهارخانه خوشم می‌آید.

۲. [فعل] چک کردن، کنترل کردن، وارسی کردن

I checked all the windows.

تمامِ پنجره‌ها را کنترل کردم.

checkers /'chekərz/

[اسم] درافت (بازی‌ای است دو نفره با صفحه‌ای شبیهِ صفحهٔ شطرنج)

checkout /'chekaot/

[اسم] صندوق (در مغازه، جایی که پولِ جنس‌های خریده شده را می‌پردازند)

cheek /chi:k/ [اسم] لُپ، گونه

His cheeks are red.

گونه‌هایش سرخ شده‌اند.

cheerful /'chirfəl/

[صفت] خوشحال، شاد، سرِحال

He was very cheerful.

خیلی سرِحال بود.

cheese /chi:z/ [اسم] پنیر

Cheese comes from milk.

پنیر را از شیر درست می‌کنند. پنیر از شیر درست می‌شود.

cheetah /'chi:tə/

[اسم] یوزپلنگ (جانوری از خانوادهٔ گربه که سطحِ بدنش از خالهای گردِ سیاه پوشیده شده است؛ یوزپلنگ سریعترین دوندهٔ جهان است و سرعتش به صد کیلومتر در ساعت می‌رسد.)

cheetah

cherry /'cheri/ [اسم] گیلاس

Do you like cherries?

گیلاس دوست داری؟ گیلاس دوست دارید؟

chess /ches/ [اسم] شطرنج

We played chess at school.

در مدرسه شطرنج بازی کردیم.

chess

chest /chest/

۱. [اسم] قفسهٔ سینه، سینه

She has pains in her chest.

قفسهٔ سینه‌اش درد می‌کند.

۲. [اسم] صندوق

She puts her clothes in a chest.

لباسهایش را توی صندوق می‌گذارد.

chew /chu:/ [فعل] جویدن

Chew your food properly!

غذایت را درست بجو! غذایتان را درست بجوید!

chicken /'chikən/

۱. [اسم] جوجه

He is chasing the chickens.

دنبالِ جوجه‌ها کرده است.

۲. [اسم] گوشتِ مرغ، مرغ

I don't like chicken.

من مرغ دوست ندارم. من از گوشتِ مرغ خوشم نمی‌آید.

chicken-pox /'chikən paks/

[اسم] آبله‌مرغان (بیماری‌ای که همراهِ تب و دانه‌هایی روی پوست است)

chicken-pox

child /chayld/ [اسم] بچّه، کودک، طفل

The child cried and cried.

بچّه هی گریه کرد. بچّه همه‌اش گریه می‌کرد.

children /'childrən/

(جمعِ بی‌قاعدهٔ ***child***)

chimney /'chimni/

[اسم] دودکش

The factory has a big chimney.

کارخانه دودکشِ بزرگی دارد. دودکشِ کارخانه بزرگ است.

chimpanzee /chimpan'zi:/

[اسم] شامپانزه (جانوری آفریقایی از خانوادهٔ میمون با بدنِ بزرگ و بدونِ دُم)

chin /chin/ [اسم] چانه

china /'chaynə/

۱. [اسم] گِلِ چینی (گِلِ مخصوصی که با آن ظروفِ چینی می‌سازند)

۲. [اسم] ظروفِ چینی، چینی آلات

Put the china in the chest!

ظروفِ چینی را در صندوق بگذار! چینی‌آلات را بگذارید توی صندوق!

chip /chip/

۱. [اسم] سیب‌زمینی سرخ کرده؛ چیپس

Do you like fish and chips?

ماهی و چیپس دوست داری؟ ماهی و سیب‌زمینی سرخ کرده دوست دارید؟

۲. [اسم] خُرده، تکّه، تراشه

Wood chips covered the floor.

زمین پر از تراشهٔ چوب بود. کفِ زمین پر از خرده چوب بود.

۳. [اسم] تراشه (قطعهٔ بسیار کوچکی در کامپیوتر که برای ذخیره و ردّ و بدل کردنِ اطّلاعات به کار می‌رود)

chocolate /'chaklit/

۱. [اسم] شکلات

۲. [اسم] شیرکاکائو

Would you like chocolate?

شیرکاکائو می‌خواهی؟ شیرکاکائو میل دارید؟

choir /'kwayr/ [اسم] گروهِ کُر، گروهِ سرود (گروهی که آواز یا سرودی را به طورِ دسته‌جمعی می‌خوانند)

choke /chōk/

[فعل] نفسِ (کسی) را بندآوردن، به حالِ خفگی انداختن

She choked on a fish bone.

تیغِ ماهی نفسش را بند آورد.

choose /chu:z/

[فعل] انتخاب کردن، برگزیدن

Which car will you choose?

کدام ماشین را انتخاب می‌کنی؟ کدام ماشین را انتخاب می‌کنید؟

chop /chap/

۱. [اسم] گوشتِ دنده

۲. [فعل] خُرد کردن، شکستن، تکّه‌تکّه کردن

Can you chop some wood?

می‌توانی یک کمی چوب خرد کنی؟ می‌توانید کمی چوب بشکنید؟

chose /chōz/

(زمانِ گذشتهٔ فعلِ بی‌قاعدهٔ ***choose***)

chosen /'chōzən/

(صورتِ مفعولیِ فعلِ بی‌قاعدهٔ ***choose***)

Christ /krayst/ [اسم] مسیح، حضرتِ مسیح

Jesus Christ عیسی مسیح

Christian /'krischən/

[اسم] مسیحی

My friend is a Christain.

دوستم مسیحی است.

Christmas /'krisməs/

[اسم] کریسمس، عیدِ نوئل (شبِ تولّدِ حضرتِ مسیح که بزرگترین عیدِ مسیحیان است)

Christmas

church /chərch/ [اسم] کلیسا (ساختمانی که مسیحیان در آن دعا و نیایش می‌کنند)

He always goes to church.

همیشه به کلیسا می‌رود. همیشه می‌رود کلیسا.

صورتِ جمعِ اسمهایی که به **ch, s, sh, x, z** ختم می‌شوند، با اضافه کردنِ **-es** به آخرِ اسم ساخته می‌شود.
church, churches

cinema /'sinəmə/ [اسم] سینما

He went to the cinema.

به سینما رفت. رفت سینما.

circle /'sərkəl/ [اسم] دایره

A circle is round. دایره گرد است.

circus /'sərkəs/ [اسم] سیرک

There is a circus in town.

سیرکی به شهر آمده است.

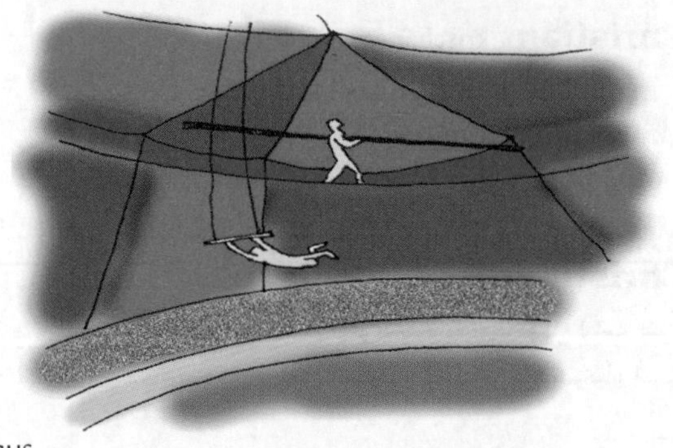

circus

city /'siti/ [اسم] شهر

He lives in the city.

در شهر زندگی می‌کند.

clap /klap/ [فعل] دست زدن، کف زدن

The children clapped.

بچّه‌ها دست زدند.

classroom /'klasrum/

[اسم] کلاس، کلاسِ درس

Our classroom is big.

کلاسِ ما بزرگ است.

claw /klɑ/

[اسم] (در موردِ پرنده یا حیوان) پنجه، ناخن، چنگال

claw

clay /kley/ [اسم] خاکِ رُس

They make bricks with clay.

با خاکِ رس آجر می‌سازند. آجر را از خاکِ رس می‌سازند.

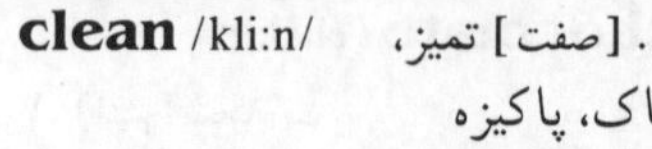

clean /kli:n/ ۱. [صفت] تمیز، پاک، پاکیزه

۲. [فعل] تمیز کردن، پاک کردن

Clean the room! اتاق را تمیز کن!

اتاق را تمیز کنید!

clear /klir/ ۱. [صفت] واضح، روشن

What you said was clear.

چیزی که گفتی واضح بود. حرفتان روشن بود.

۲. [صفت] شفّاف

The water was clear.

آب شفّاف بود.

clever /'klevər/

۱. [صفت] باهوش

He is a clever boy.

پسرِ باهوشی است.

۲. [صفت] ماهر

He is very clever. خیلی ماهر است.

cliff /klif/ [اسم] پرتگاه، صخره

You find cliffs near the sea.

کنارِ دریا پرتگاه وجود دارد.

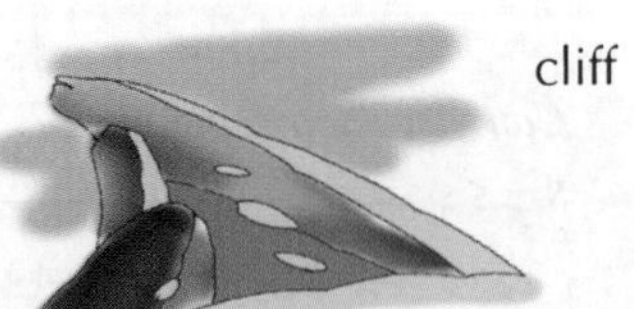

cliff

climate /'klɑymit/

[اسم] آب و هوا

London has a cold climate.

آب و هوای لندن سرد است.

climb /klaym/

[فعل] از (جایی) بالارفتن، بالای (جایی) رفتن

The children climbed the trees.

بچّه‌ها از درختها بالا رفتند. بچّه‌ها بالای درختها رفتند.

clinic /ˈklinik/ [اسم] درمانگاه، کلینیک

clip /klip/ [اسم] گیره

Fasten the clip to the paper!

گیره را بزن به کاغذ! گیره را به کاغذ بزنید!

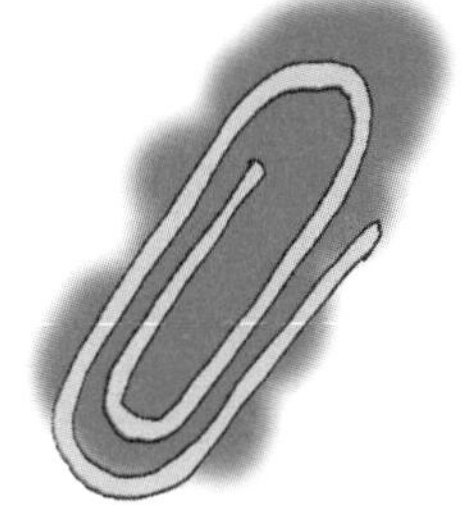

clip

clock /klak/ [اسم] ساعت، ساعتِ دیواری

Look at the clock!

به ساعت نگاه کن! به ساعتِ دیواری نگاه کنید!

close /klōz/ [فعل] بستن؛ تعطیل کردن

Shops close late here.

اینجا مغازه‌ها دیر می‌بندند.

closet /ˈklazit/ [اسم] گنجه، کُمُد

This room has a large closet.

گنجهٔ این اتاق بزرگ است.

cloth /klath/ ۱. [اسم] پارچه
۲. [اسم] کهنه

clothes /klōz/ [اسم] لباس، لباسها

Her clothes are new.

لباسهایش نو هستند.

clothespin /ˈklōzpin/

[اسم] گیرهٔ لباس، گیره

cloud /klaod/ [اسم] ابر

There are clouds in the sky.

آسمان ابری است.

club /klʌb/ [اسم] باشگاه، کلوب

She is a member of this club.

عضوِ این کلوب است.

clumsy /ˈklʌmzi/

[صفت] دست و پا چلفتی، ناشی

She was clumsy and shy.

دست و پا چلفتی و خجالتی بود.

coach /kōch/ ۱. [اسم] اتوبوس

We went to Paris by coach.

با اتوبوس رفتیم پاریس.

۲. [اسم] درشکه، کالسکه

۳. [اسم] (در ورزش) مربّی

Who is his coach?

مربّی‌اش چه کسی است؟

۴. [فعل] (در ورزش) تعلیم دادن، تربیت کردن، مربّیِ (کسی) بودن

He coaches the swimmers.

او شناگران را تعلیم می‌دهد. مربّیِ شناگران است.

closet

coal /kōl/ [اسم] زغال‌سنگ

Bring in some coal!

یک کمی زغال‌سنگ بیاور! مقداری زغال‌سنگ بیاورید!

coast /kōst/ [اسم] ساحل، ساحلِ دریا

We walked along the coast.

در امتدادِ ساحل قدم زدیم.

coat /kōt/ ۱. [اسم] پالتو؛ بالاپوش؛ کُت

۲. [اسم] (در موردِ حیوانات) پشم، مو

۳. [اسم] (در موردِ رنگ) لایه، لایهٔ نازک، دست

The door needs a coat of paint.

در یک لایه رنگ می‌خواهد. در یک دست رنگ می‌خواهد.

cobweb

cobweb /'kɑbweb/ [اسم] تارعنکبوت

cock /kɑk/ ۱. [اسم] خروس

۲. [اسم] پرندهٔ نر

cocoa /'kōkō/ ۱. [اسم] کاکائو

۲. [اسم] شیرکاکائو

He had a cup of hot cocoa.

یک فنجان شیرکاکائوی داغ خورد.

coconut

coconut /'kōkənʌt/ [اسم] نارگیل

cod /kɑd/ [اسم] ماهیِ روغن

(ماهیِ خوراکیِ بسیار بزرگی که از آن روغنِ ماهی می‌گیرند)

coffee /'kɑfi/ [اسم] قهوه

Do you want a cup of coffee?

یک فنجان قهوه می‌خوری؟ یک فنجان قهوه می‌خواهید؟

coin /koyn/ [اسم] سکّه، پولِ خُرد

He gave me some coins.

مقداری پولِ خُرد بهم داد.

cold /kōld/ ۱. [صفت] سرد

I am cold. سردَم است.

۲. [اسم] سرماخوردگی

I have a cold. سرما خورده‌ام. سرماخوردگی دارم.

collapse /kə'laps/ [فعل] خراب شدن، فرو ریختن

The wall collapsed.

دیوار خراب شد. دیوار فرو ریخت.

collar /'kɑlər/ ۱. [اسم] یقه

۲. [اسم] (در موردِ سگ و گربه) قلادّه

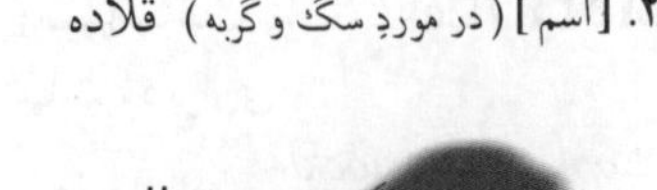

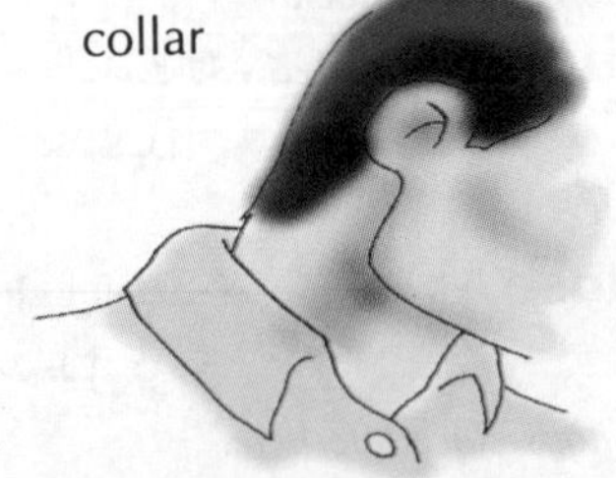

collar

collect /kə'lekt/ [فعل] جمع کردن، جمع‌آوری کردن

He collects stamps.

تمبر جمع می‌کند.

college /'kɑlij/
[اسم] مدرسهٔ عالی، آموزشگاه، کالج
She studies in a college.
کالج می‌رود. در مدرسهٔ عالی درس می‌خوانَد.

colon /'kōlən/ [اسم] دونقطه، علامتِ **:**

color /'kʌlər/ ۱. [اسم] رنگ
My favorite color is blue.
رنگِ موردِ علاقهٔ من آبی است.
۲. [اسم] رنگ و رو، آب و رنگ
۳. [اسم] رنگِ پوست، نژاد

colour /'kʌlər/ = **color**

comb /kōm/ ۱. [اسم] شانه
۲. [اسم] (در موردِ خروس) تاج
۳. [فعل] شانه کردن، شانه زدن
Go comb your hair!
برو موهایت را شانه کن! بروید موهایتان را شانه بزنید!

combine harvester
/kɑmbayn 'hɑrvistər/
[اسم] کُمباین (نوعی ماشینِ کشاورزی که هم غلّه را درو می‌کند و هم دانه را از پوست جدا می‌سازد)

come /kʌm/ ۱. [فعل] آمدن
I came very soon. خیلی زود آمدم.
۲. [فعل] رسیدن، آمدن
His letter has come.
نامه‌اش رسیده است. نامه‌اش آمده است.

comfortable /'kʌmfərtəbəl, 'kʌmftəbəl/ [صفت] راحت
My shoes are very comfortable.
کفشم خیلی راحت است. کفشهایم خیلی راحت هستند.

comforter /'kʌmfərtər/
[اسم] لحاف، لحافِ پر

comic /'kɑmik/
[اسم] مجلّهٔ مصوّر، مجلّهٔ کارتونی

comma /'kɑmə/ [اسم] ویرگول، کاما، علامتِ **,**

common /'kɑmən/
۱. [صفت] عادی، معمولی
"John" is a common name.
«جان» یک اسمِ معمولی است.
۲. [صفت] شایع، رایج
Flu is a common disease.
آنفلوانزا یک بیماریِ رایج است.

combine harvester

computer /kəm'pyu:tər/

[اسم] کامپیوتر، رایانه

computer

concentrate /'kɑnsəntreyt/

[فعل] حواسِ (خود) را جمع کردن

I tried to concentrate.

سعی کردم حواسم را جمع کنم.

concert /'kɑnsərt/

[اسم] کنسرت (اجرا کردنِ موسیقی در یک تالار یا مکانِ عمومی)

concrete /'kɑnkri:t/

[اسم] بتون (مادّه‌ای که در ساختمان سازی به کار می‌رود و از ترکیبِ سیمان و شن و خُرده‌سنگ و آب درست می‌شود)

cone /kōn/ [اسم] مخروط

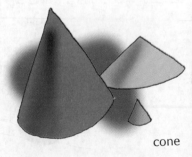

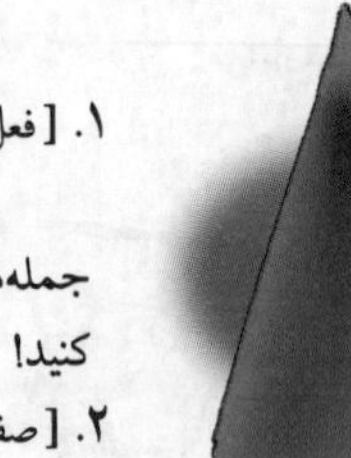
cone

common sense /kɑmən 'sens/

[اسم] شعور

Use your common sense!

شعورت را به کار ببر! شعورتان را به کار ببرید!

company /'kʌmpəni/

۱. [اسم] شرکت

He works for a big company.

برای یک شرکتِ بزرگ کار می‌کند. در شرکتِ بزرگی کار می‌کند.

۲. [اسم] همراهی

He kept my company.

مرا همراهی کرد.

comparative /kəm'parətiv/

[صفت] (در موردِ صفت) تفضیلی

compare /kəm'per/

[فعل] مقایسه کردن، باهم مقایسه کردن

Compare the two books!

این دو کتاب را با هم مقایسه کن! این کتابها را با هم مقایسه کنید!

compass /'kʌmpəs/

۱. [اسم] قطب نما

۲. [اسم] پرگار

complete /kəm'pli:t/

۱. [فعل] کامل کردن، تکمیل کردن

Complete the sentences!

جمله‌ها را کامل کن! جمله‌ها را کامل کنید!

۲. [صفت] کامل، تکمیل

The jigsaw is complete.

پازل کامل است.

صفتِ تفضیلی نشان می‌دهد که اسمی ویژگی‌ای را بیشتر از اسمِ دیگری دارد. برای ساختَنِ آن به آخرِ صفتِ اصلی **-er** اضافه می‌شود.

calm + er → calmer

اگر صفتی از سه بخش بیشتر باشد، ***more*** قبل از صفت قرار می‌گیرد.

more interesting

صورتِ تفضیلیِ بعضی از صفتها بی‌قاعده است.

good, better

compass

confuse /kən'fyu:z/

[فعل] قاطی کردن، اشتباه کردن

He always confuses the names.

همیشه اسمها را قاطی می‌کند. همیشه اسمها را اشتباه می‌کند.

connect /kə'nekt/

[فعل] به هم وصل کردن، به هم متّصل کردن

She connected the wires.

سیمها را به هم وصل کرد.

consonant /'kansənənt/

[اسم] حرفِ بی‌صدا

constable /'kanstəbəl/

[اسم] پاسبان

construct /kən'strʌkt/

[فعل] ساختن، درست کردن

Who constructed this building?

چه کسی این ساختمان را ساخته است؟

container /kən'teynər/

[اسم] ظرف؛ جعبه؛ قوطی

control /kən'trōl/ [اسم] کنترل

I have little control over her.

من کنترلِ کمی روی او دارم.

cook /kuk/

۱. [فعل] آشپزی کردن، غذا پختن

Who is cooking?

کی دارد آشپزی می‌کند؟

۲. [اسم] آشپز

Is he a cook? آشپز است؟

cookbook /'kukbuk/

[اسم] کتابِ آشپزی

cooker /'kukər/ [اسم] اجاق، چراغ گاز

cookie /'kuki/ [اسم] بیسکوئیت

cool /ku:l/ ۱. [صفت] خنک، سرد

It is cool. هوا سرد است.

۲. [فعل] خنک شدن، سرد شدن

Leave the food to cool!

غذا را بگذار سرد شود! غذا را بگذارید سرد شود!

copier /'kapiər/

[اسم] دستگاهِ فتوکپی

copper /'kapər/ [اسم] مِس

(فلزّی به رنگِ قرمزِ مایل به قهوه‌ای)

copy /'kapi/ ۱. [اسم] کپی، نسخه

She gave me a copy of it.

یک کپی از آن را به من داد. یک نسخه‌اش را به من داد.

۲. [فعل] کپی کردن

cork /kork/ [اسم] چوب پنبه

corn /korn/ ۱. [اسم] غلّه

(گیاهانی مانندِ گندم، جو و ارزن)

۲. [اسم] ذرّت

corn

cooker

در انگلیسی تمامِ حروف به جز a, e, i, o, u بی‌صدا هستند.

cottage /'katij/ [اسم] کلبه، کلبهٔ روستایی

cotton /'katn/ ۱. [اسم] پنبه
۲. [اسم] پارچهٔ پنبه‌ای، پارچهٔ نخی، پارچهٔ کتانی
۳. [اسم] نخ، نخِ پنبه

cotton

cough /kʌf/ ۱. [اسم] سرفه
۲. [فعل] سرفه کردن
She coughs a lot.
خیلی سرفه می‌کند.

could /kəd, kud/
(زمانِ گذشتهٔ فعلِ ***can***)

couldn't /'kudnt/
(صورتِ کوتاه شدهٔ منفیِ فعلِ ***could***)

count /kaont/
۱. [فعل] اعداد را شمردن، شمردن
Sarah can count up to five.
سارا می‌تواند تا پنج بشمرد. سارا می‌تواند اعداد را تا پنج بشمرد.
۲. [فعل] شمردن، حساب کردن
The boy counted the cars.
پسره ماشینها را شمرد.
۳. [اسم] کُنت (یکی از لقبهای مردانِ اشراف‌زادهٔ اروپایی)

corner /'kornər/ ۱. [اسم] گوشه، کُنج
۲. [اسم] (در خیابان) نبش، سرِ پیچ
He stopped at the corner.
سرِ پیچ توقّف کرد.

correct /kə'rekt/
[صفت] درست، صحیح
He knew the correct answer.
جوابِ درست را می‌دانست. پاسخِ صحیح را بلد بود.

corridor /'karidor, 'koridor/
[اسم] راهرو، کُریدور
She ran along the corridor.
در طولِ راهرو دوید. توی راهرو دوید.

corridor

cost /kast/ ۱. [اسم] قیمت؛ هزینه
What is the cost of bread?
قیمتِ نان چقدر است؟
۲. [فعل] قیمت داشتن
This car doesn't cost much.
این ماشین خیلی قیمت ندارد. قیمتِ این ماشین خیلی زیاد نیست.

costume /'kastu:m, 'kastyu:m/
[اسم] لباسِ بالماسکه

cot /kat/ [اسم] تختِ بچّه، تختخوابِ لبه‌دار

could صورتِ مثبت
could not صورتِ منفی
صورتِ کوتاه شدهٔ منفی ***couldn't***

costume

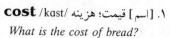

a = آ   ɑ = آ   ʌ = آ (با دهانِ نیمه‌باز)   ə = آ (با دهانِ نیمه‌بسته)   e = اِ   i = ای (کوتاه)
i: = ای (کشیده)   o = اُ (تا حدودی کشیده)   ō = و (در کلمهٔ موج)   u = او (کوتاه)   u: = او (کشیده)   ey = اِی

counter /'kɑontər/

۱. [اسم] پیشخوان (میزی در مغازه که فروشنده پشتِ آن می‌ایستد)

۲. [اسم] (در بازیهای صفحه‌دار) مهره

counter

country /'kʌntri/

۱. [اسم] کشور، مملکت، سرزمین

Iran is a big country.

ایران کشورِ بزرگی است.

۲. [اسم] بیرونِ شهر؛ دشت و صحرا؛ روستا؛ ییلاق

They live in the country.

بیرونِ شهر زندگی می‌کنند.

couple /'kʌpəl/

[اسم] زن و شوهر، زوج

The couple were happy.

زن و شوهر خوشحال بودند.

A ***couple of*** *girls waited for me.*

چند تا دخترِ منتظرم بودند. دوسه‌تا دخترِ منتظرِ من بودند.

cousin /'kʌzən/

۱. [اسم] دخترعمو؛ پسرعمو

۲. [اسم] دختردایی؛ پسردایی

۳. [اسم] دخترخاله؛ پسرخاله

۴. [اسم] دخترعمّه؛ پسرعمّه

cover /'kʌvər/

۱. [اسم] (در کتاب یا مجلّه) جلد

۲. [فعل] پوشاندن

He covered his face.

صورتش را پوشاند.

covers /'kʌvərz/ [اسم] روآنداز (شاملِ پتو، لحاف و چیزهای مشابه)

covers

cow /kɑo/ [اسم] گاو

There is a cow in the field.

یک گاو در مزرعه است.

crab /krab/ [اسم] خرچنگ

crab

crack /krak/ [اسم] تَرَک

There is a crack in the glass.

لیوان ترک دارد. لیوان ترک خورده است.

cracker /'krakər/ ۱. [اسم] ترد، توک (نوعی بیسکوئیتِ ترد و شور)

۲. [اسم] تَرَقّه

cradle /'kreydl/ [اسم] گهواره

crane /kreyn/ ۱. [اسم] جرّثقیل

۲. [اسم] دُرنا (پرنده‌ای دریایی با پاها و گردنِ دراز)

crane

oy = اُی ɑy = آی ɑo = آ+اُ(پشتِ سرهم) g = گ j = ج s = س v = و w = و (با لبهای گرد)

y = ی z = ز ž = ژ ch = چ sh = ش th = ث (تُک‌زبانی) dh = ذ (تُک‌زبانی)

crash

We crept into the kitchen.
یواشکی رفتیم توی آشپزخانه.

crept /krept/
(زمانِ گذشته و صورتِ مفعولیِ فعلِ بی‌قاعدهٔ **creep**)

crew /kru:/ [اسم] خَدَمه
(اشخاصی که در هواپیما یا کشتی کار می‌کنند)

cricket /'krikit/
۱. [اسم] کریکت (نام ورزشی است برای دو تیمِ یازده نفره در فضای باز؛ هر یک از اعضای تیم سعی می‌کند توپی را با چوب بزند و با دویدن بینِ دو نقطهٔ مشخّص در زمین امتیازِ بیشتری به دست آورد. این بازی در انگلستان، استرالیا، هند و پاکستان بسیار رایج است.)
۲. [اسم] جیرجیرک (حشره‌ای که با مالیدنِ بالهای خود به هم صدای جیرجیر درمی‌آورد)

crisp /krisp/ ۱. [اسم] چیپس
۲. [صفت] (در موردِ میوه و سبزی) تُرد

crocodile /'krakədayl/
[اسم] سوسمارِ آبی (خزنده‌ای با بدنِ دراز، دست و پای کوتاه و دندانهای تیز که در رودخانه‌ها زندگی می‌کند و طولِ بدنش حدودِ ۵ متر است)

crocus /'krokəs/
[اسم] گلِ زعفران (گیاهی که در بهار گلهای سفید، زرد یا بنفش می‌دهد)

crooked /'krukid/ [صفت] کج، کج و کوله؛ خمیده

crash /krash/ ۱. [اسم] تصادف، تصادفِ اتومبیل
He was killed in a crash.
در تصادفِ اتومبیل کشته شد.
۲. [اسم] صدا، صدای شکستن، تَرق
I heard the crash.
من صدای شکستن را شنیدم.

crawl /kral/ ۱. [فعل] خزیدن، سینه‌خیز رفتن
The baby is crawling about.
بچّه دارد سینه‌خیز این‌ور و آن‌ور می‌رود.
۲. [اسم] شنای کرال (نوعی شنا که در آن روی سینه یا پشت می‌خوابند، دستها را به ترتیب از بالای سر به آب می‌رسانند و تند‌تند پا می‌زنند)

crayon /'kreyan/
۱. [اسم] مدادرنگی
۲. [اسم] مدادشمعی
۳. [اسم] گچ رنگی

cream /kri:m/ ۱. [اسم] خامه
He likes cream. خامه دوست دارد.
۲. [اسم] کِرِم
۳. [صفت] کِرِم‌رنگ، شیری‌رنگ

creek /kri:k/ ۱. [اسم] آبنای
(در جغرافیا به راهِ باریکی از آب می‌گویند که در ساحلِ دریا پیدا می‌شود)
۲. [اسم] نَهر

creep /kri:p/
[فعل] یواشکی رفتن، پاوَرچین پاوَرچین رفتن؛ تندی رفتن

a = اَ　ɑ = آ　ʌ = آ (با دهانِ نیمه‌باز)　ə = آ (با دهانِ نیمه‌بسته)　e = اِ　i = ای (کوتاه)
i: = ای (کشیده)　o = اُ (تا حدودی کشیده)　ō = و (در کلمهٔ موج)　u = او (کوتاه)　u: = او (کشیده)　ey = اِی

This class is very crowded.

این کلاس خیلی شلوغ است.

crown /kraon/ [اسم] تاج (وسیله‌ای تزیینی که شاه یا ملکه بر سر می‌گذارد)

cruel /'kru:əl/ [صفت] بی‌رحم، سنگدل

Don't be cruel to animals!

با حیوانات بی‌رحم نباش! با حیوانات با بی‌رحمی رفتار نکنید!

crumb /krʌm/ [اسم] خرده نان؛ خرده کیک؛ خرده بیسکوئیت

crust /krʌst/ [اسم] رویهٔ نان

cry /kray/ ۱. [اسم] داد، فریاد؛ جیغ

۲. [فعل] گریه کردن

Don't cry! گریه نکن! گریه نکنید!

۳. [فعل] فریاد زدن، داد زدن

"Wait!" she cried.

فریاد زد: «صبر کن!» داد زد: «صبر کنید!»

crystal /'kristl/ [اسم] بلور؛ کریستال

I watched the snow crystals.

بلورهای برف را تماشا کردم.

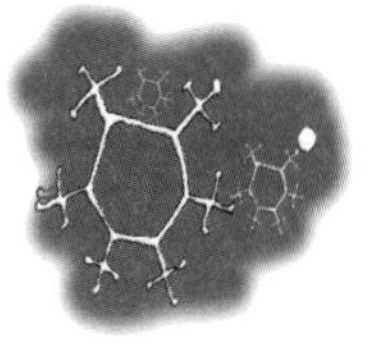

crystal

cub /kʌb/

[اسم] (در موردِ حیواناتِ وحشی مثلِ شیر و خرس و روباه) توله، بچّه

cube /kyu:b/ [اسم] مکعّب

Her teeth were crooked.

دندانهایش کج و کوله بود.

crop /krap/ [اسم] محصول، محصولِ خوراکی

Rice is an important crop here.

اینجا برنج محصولِ مهمّی است.

cross /kras/ ۱. [اسم] ضربدر، علامتِ **x**؛ به علاوه، علامتِ **+**

I have put a cross on the map.

روی نقشه یک علامتِ ضربدر زده‌ام. روی نقشه یک علامتِ به علاوه گذاشته‌ام.

۲. [اسم] صلیب

۳. [فعل] (در موردِ خیابان) رد کردن، از (جایی) گذشتن، از (جایی) رد شدن

He is crossing the street.

دارد از خیابان رد می‌شود.

۴. [فعل] (در موردِ دست یا پا) روی هم انداختن

She crossed her legs.

پاهایش را روی هم انداخت.

۵. [صفت] عصبانی

I got cross. عصبانی شدم.

crow /krō/ [اسم] کلاغ

crowd /kraod/ [اسم] جمعیّت، جماعت

The crowd became silent.

جمعیّت ساکت شد.

crowded /'kraodid/

[صفت] شلوغ، پرازدحام

cuckoo

cuckoo /'kuku:/ [اسم] کوکو
(پرنده‌ای است به طولِ ۳۳ سانتیمتر که دمِ دراز، بالهای نوک‌تیز و صدای مخصوصی دارد)

cucumber /'kyu:kʌmbər/
[اسم] خیار
I put cucumbers in the salad.
توی سالاد خیار ریختم.

cup /kʌp/ ۱. [اسم] فنجان
He drank a cup of tea.
یک فنجان چای نوشید. یک فنجان چای خورد.
۲. [اسم] جام، کاپ (ظرفی که به عنوانِ جایزه به برندهٔ یک مسابقه می‌دهند)

cupboard /'kʌbərd/
[اسم] قفسه، گنجه
He looked in the cupboard.
توی گنجه را نگاه کرد.

curb /kərb/
[اسم] جدولِ کنارِ خیابان، جدول، لبهٔ پیاده‌رو

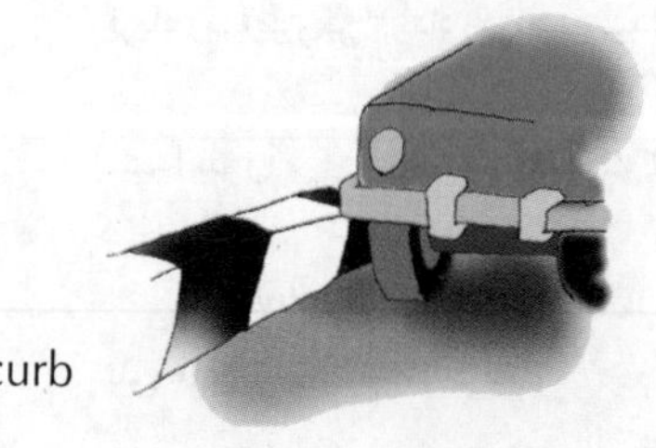
curb

cure /kyur/ ۱. [اسم] معالجه، درمان، مداوا
This disease has no cure.
این بیماری درمان ندارد. این بیماری معالجه ندارد.
۲. [فعل] معالجه کردن، درمان کردن، مداوا کردن، خوب کردن
The doctors cured the old man.
دکترها پیرمرد را معالجه کردند. دکترها پیرمرد را خوب کردند.

curious /'kyuriəs/
۱. [صفت] کنجکاو
She was very curious.
خیلی کنجکاو بود.
۲. [صفت] عجیب و غریب، عجیب
A curious noise came.
صدای عجیبی آمد.

curl /kərl/
۱. [اسم] (در موردِ مو) فِر، تاب
۲. [فعل] فِر خوردن، تاب خوردن
The leaves curl in autumn.
در پاییز برگِ درختان تاب می‌خورند.
*The cat **curled up**.*
گربه خودش را جمع کرد.

currant /'kərənt/
۱. [اسم] انگورفرنگی (گیاهی که میوه‌ای شبیهِ انگور می‌دهد)
۲. [اسم] کشمشِ بی‌دانه

current /'kərənt/
۱. [اسم] جریانِ آب؛ جریانِ هوا
۲. [اسم] جریانِ برق، جریانِ الکتریسیته، جریان

curtain /'kərtn/ [اسم] پرده
Please draw the curtains!
لطفاً پرده‌ها را بکش! لطفاً پرده‌ها را ببندید!

ای (کوتاه) = i   اِ = e   آ (با دهانِ نیمه‌بسته) = ɔ   آ (با دهانِ نیمه‌باز) = ʌ   آ = ɑ   اَ = ə

اِی = ey   او (کشیده) = u: او (کوتاه) = u   و (در کلمهٔ موج) = ō   اُ (تا حدودی کشیده) = o   ای (کشیده) = i:

curve /kərv/ ۱. [اسم] قوس، منحنی، خمیدگی

The letter "C" has a curve.

حرفِ "C" قوس دارد.

۲. [اسم] (در جادّه) پیچ

The road has many curves.

جادّه پر از پیچ است. جادّه پیچِ زیادی دارد.

curved /'kərvd/ [صفت] خمیده، قوس‌دار

Elephants have curved tusks.

عاجِ فیلها خمیده است. فیل عاجِ خمیده دارد.

cushion /'kushən/ [اسم] کوسن، بالشتک

customer /'kʌstəmər/ [اسم] مشتری

She is one of our customers.

یکی از مشتریهای ما است.

cut /kʌt/ ۱. [فعل] زخم کردن؛ بریدن

He cut his finger.

انگشتش را زخم کرد.

۲. [فعل] بریدن؛ تقسیم کردن، قسمت کردن

I'll cut the cake. من کیک را می‌برم.

من کیک را قسمت می‌کنم.

۳. [فعل] (در موردِ مو یا علف) کوتاه کردن

She has cut her hair.

موهایش را کوتاه کرده است.

۴. [اسم] بریدگی، زخم

cycle /'saykl/ [اسم] دوچرخه

His cycle is old.

دوچرخه‌اش کهنه است.

D,d

ʼd /d/

۱. (صورتِ کوتاه شدهٔ فعلِ ***had***)

۲. (صورتِ کوتاه شدهٔ فعلِ ***would***)

۳. (صورتِ کوتاه شدهٔ فعلِ ***should***)

dad /dad/ [اسم] بابا

Hello, dad! سلام بابا! بابا سلام!

daddy /ˈdadi/ [اسم] بابا

Daddy took me to the zoo.

بابا بُردم باغِوحش. بابا من را به باغِوحش برد.

daffodil /ˈdafədil/

[اسم] گلِ نرگس، نرگس

daffodil

daily /ˈdeyli/ [قید] هر روز، روزانه

The zoo is open daily.

باغِوحش هر روز باز است.

dairy /ˈderi/ [اسم] لبنیات فروشی

She works in a dairy.

توی لبنیات فروشی کار می‌کند.

daisy /ˈdeyzi/ [اسم] گلِ مینا

A daisy is a wild flower.

گلِ مینا یک گلِ وحشی است.

daisy

dam /dam/ [اسم] سد

They are building a dam.

دارند سد می‌سازند.

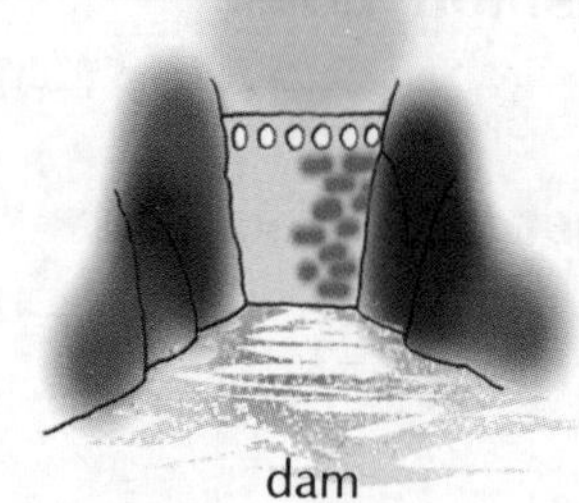

dam

damage /ˈdamij/

۱. [اسم] آسیب، صدمه؛ خسارت

۲. [فعل] به (چیزی) آسیب رساندن، به (چیزی) صدمه زدن؛ به (چیزی) خسارت وارد کردن

What damaged the wheat?

چه چیز به گندمها آسیب رساند؟

damp /damp/ [صفت] نَمدار، تَر، نمور

Wipe it with a damp cloth!

با یک پارچهٔ نمدار پاکش کن! آن را با یک پارچهٔ نمدار پاک کنید!

dance /dans/ ۱. [اسم] رقص
۲. [فعل] رقصیدن

The bride was dancing.

عروس می‌رقصید.

danger /'deynjər/ [اسم] خطر

Her life was in danger.

زندگی‌اش در خطر بود.

dangerous /'deynjərəs/
[صفت] خطرناک

It's dangerous to play here.

اینجا بازی کردن خطرناک است.

dark /dark/ ۱. [صفت] تاریک

It is getting dark.

هوا دارد تاریک می‌شود.

۲. [صفت] تیره، پررنگ، سیر

I don't like dark colors.

من از رنگهای تیره خوشم نمی‌آید.

dart /dart/
۱. [اسم] (در بازیِ دارت) تیر
۲. [فعل] تندی رفتن

She darted into the room.

تندی رفت توی اتاق.

darts /darts/ [اسم] بازیِ دارت، دارت (بازی‌ای که در آن با پرتابِ تیر به صفحه‌ای گرد امتیاز می‌گیرند)

date /deyt/ ۱. [اسم] تاریخ، تاریخِ روز

He asked me the date.

تاریخِ روز را ازم پرسید.

۲. [اسم] خرما

Dates grow on palm trees.

خرما روی درختِ نخل می‌روید.

May
25
2000

date

daughter /'datər/
[اسم] دختر، فرزندِ دختر

I have 2 daughters.

من دوتا دختر دارم.

dawn /dan/ [اسم] سَحَر، سپیده‌دم

We must start at dawn.

باید سحر شروع کنیم.

day /dey/ ۱. [اسم] شبانه‌روز

There are 24 hours in a day.

یک شبانه‌روز ۲۴ ساعت است.

۲. [اسم] روز

I get up at 7 every day.

من هر روز ساعتِ ۷ از خواب بیدار می‌شوم.

daytime /'deytaym/
[اسم] روز، روزِ روشن

I can't sleep in the daytime.

من روزِ روشن نمی‌توانم بخوابم.

darts

dazzle /'dazəl/

[فعل] چشمِ (کسی) را زدن

The light here dazzles me.

نورِ اینجا چشمم را می‌زند.

dazzle

deaf /def/ [صفت] کَر، ناشنوا

Is he deaf? کر است؟ ناشنوا است؟

dear /dir/

۱. [صفت] (در شروعِ نامه) عزیز

Dear friend, دوستِ عزیز،

۲. [صفت] گران، گران‌قیمت

This dress is very dear.

این لباس خیلی گران است.

Oh dear! وای! ای وای!

خدای من! ای داد و بیداد!

death /deth/ [اسم] مرگ

Her death was so sudden.

مرگش خیلی ناگهانی بود.

deceive /di'si:v/

[فعل] گول زدن، سرِ (کسی) کلاه گذاشتن

You deceived me.

تو سرِ من کلاه گذاشتی. من را گول زدید.

December /di'sembər/

[اسم] دسامبر، ماهِ دسامبر (آخرین ماهِ سالِ میلادی، از دهمِ آذر تا دهمِ دی؛ این ماه سی و یک روز دارد.)

Today is December 2nd.

امروز دومِ دسامبر است.

decide /di'sayd/

[فعل] تصمیم گرفتن

She decided to go to Paris.

تصمیم گرفت برود پاریس.

deck /dek/

۱. [اسم] (در کشتی) عرشه

I'm going up on deck.

دارم می‌روم بالا روی عرشه.

۲. [اسم] (در اتوبوس) طبقه

The boy rode on the top deck.

پسر طبقهٔ بالای اتوبوس سوار شد.

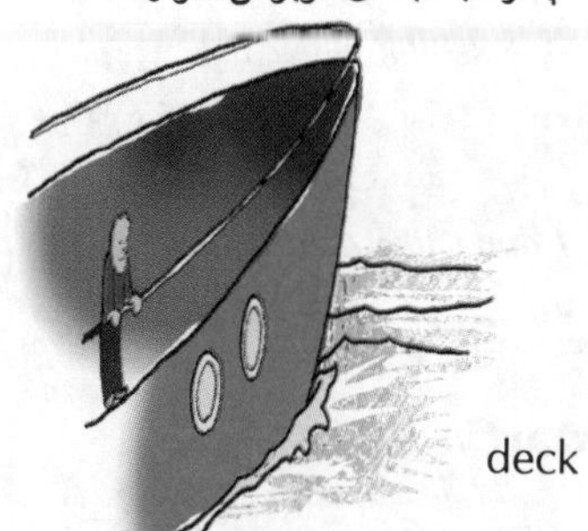

deck

decorate /'dekəreyt/

۱. [فعل] تزیین کردن

I decorated the room.

اتاق را تزیین کردم.

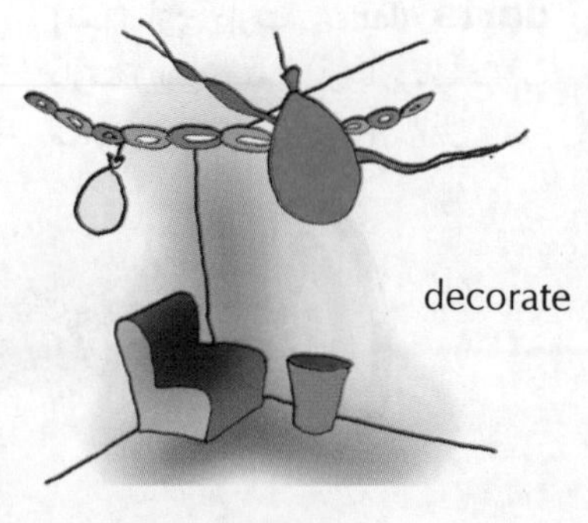

decorate

delicious /di'lishəs/

[صفت] خوشمزه، خوش‌طعم

This cake is very delicious.

این کیک خیلی خوشمزه است. این کیک خیلی خوش‌طعم است.

deliver /di'livər/

[فعل] (در موردِ نامه یا بسته) رساندن، تحویل دادن

I delivered the letter to school.

نامه را به مدرسه تحویل دادم.

dent /dent/ [فعل] قُر کردن

I have dented my car.

ماشینم را قُر کرده‌ام.

dent

dentist /'dentist/

[اسم] دندانپزشک

I went to the dentist.

رفتم پیشِ دندانپزشک.

deposit /di'pazit/

[اسم] پیش‌پرداخت، ودیعه (مبلغی که پیش از خریدنِ جنس جهتِ قطعی شدنِ معامله به فروشنده می‌پردازند)

We put a deposit on a car.

پیش‌پرداختِ یک ماشین را دادیم.

depth /depth/ [اسم] عُمق، گودی

What is the depth of water?

عمقِ آب چقدر است؟

describe /di'skrayb/

[فعل] توصیف کردن، وصف کردن

She described the scene.

صحنه را توصیف کرد.

۲. [فعل] (در موردِ اتاق) رنگ کردن، نقّاشی کردن؛ کاغذدیواری کردن

We decorated the bathroom.

حمّام را رنگ کردیم.

deed /di:d/ [اسم] کار، عَمَل

His deeds surprised all.

کارهایش همه را متعجّب کرد. اعمالش باعثِ تعجّبِ همه شد.

deep /di:p/ [صفت] عمیق، گود

The river is very deep here.

اینجا رودخانه خیلی گود است.

deer /dir/ [اسم] گَوَزن

(حیوانی وحشی و گیاه‌خوار؛ گوزنهای نر شاخهایی شبیهِ شاخهٔ درختان دارند.)

deer

defeat /di'fi:t/

[فعل] شکست دادن

The soldiers defeated them.

سربازان آنها را شکست دادند. سربازها شکستشان دادند.

defend /di'fend/

[فعل] از (چیزی) دفاع کردن

They defended the castle.

از قلعه دفاع کردند.

desert /'dezərt/ [اسم] صحرا، بیابان، کویر

desert

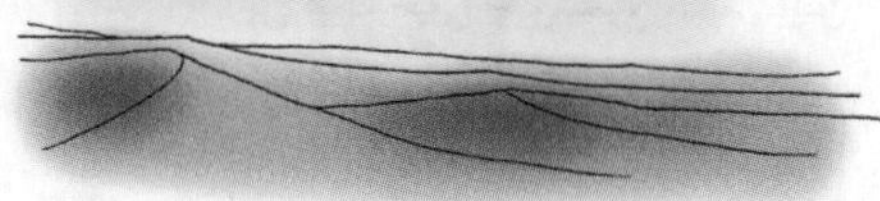

deserve /di'zərv/

[فعل] مستحقِّ (چیزی) بودن، لایقِ (چیزی) بودن، سزاوارِ (چیزی) بودن

He deserves a medal.

مستحقِّ مدال است.

desk /desk/ ۱. [اسم] میز تحریر

She is sitting at her desk.

سرِ میزِ تحریرش نشسته است.

۲. [اسم] (در فروشگاه، رستوران) صندوق

destroy /di'stroy/

[فعل] نابود کردن، از بین بردن، خراب کردن، ویران کردن

Fire destroyed the house.

آتش خانه را از بین برد.

dew /du:/ [اسم] شبنم

(قطراتِ ریزِ آب که صبحِ زود روی زمین و برگها را می‌پوشانَد)

diagonal /dαy'agənəl/

[صفت] (در موردِ خط) مورّب، کج

He drew a diagonal line.

خطِّ مورّبی کشید.

dial /'dαyəl/

۱. [اسم] (در موردِ ساعت) صفحه

۲. [اسم] (در موردِ تلفن) شماره گیر

dialog /'dαyəlαg/

[اسم] مکالمه، گفتگو

We listened to a dialog.

به یک مکالمه گوش کردیم.

dialogue /'dαyəlαg/

= dialog

diameter /dαy'amitər/

[اسم] (در ریاضی) قُطر، قُطرِ دایره (خطِ مستقیمی که از مرکزِ دایره می‌گذرد و آن را به دو قسمتِ مساوی تقسیم می‌کند)

diamond /'dαyəmənd/

۱. [اسم] الماس (نوعی سنگ قیمتی)

۲. [اسم] (در ریاضی) لوزی

diary /'dαyri/ ۱. [اسم] سررسید

(دفتری که تاریخهای مهم مثلاً وقتِ دکتر یا قرارِ ملاقات را در آن می‌نویسند)

۲. [اسم] دفترِ خاطرات (دفتری که در آن اتّفاقات هر روز را می‌نویسند)

She keeps a diary.

دفترِ خاطرات دارد. هر روز خاطراتش را می‌نویسد.

dice /dαys/ [اسم] تاس

dictionary /'dikshəneri/

[اسم] فرهنگ، کتابِ لغت، لغتنامه

dictionary

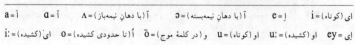

did /did/ (زمانِ گذشتهٔ فعلِ ***do***)

didn't /'didnt/
(صورتِ کوتاه شدهٔ منفیِ فعلِ ***did***)

die /dɑy/ [فعل] مردن، از دنیا رفتن
Her grandfather has died.
پدربزرگش مرده است.

diesel /'di:zəl/
۱. [اسم] ماشینِ دیزل
۲. [اسم] گازوئیل

different /'difrənt/
۱. [صفت] متفاوت
The two boys are different.
آن دوتا پسر با هم متفاوت هستند. آن دوتا پسر با هم فرق دارند.
۲. [صفت] مختلف
I have many different books.
من کتابهای مختلفی دارم.

difficult /'difikəlt/
[صفت] مشکل، سخت
The exam was difficult.
امتحان سخت بود.

dig /dig/ ۱. [فعل] زمین را کندن
He is digging. دارد زمین را می‌کند.
۲. [فعل] کندن
They are digging a hole.
دارند یک سوراخ می‌کَنَند.

digital /'dijitl/
[صفت] (در موردِ ساعت) کامپیوتری، دیجیتالی

dim /dim/
[صفت] (در موردِ نور) ضعیف، کم
He walked in the dim light.
در نورِ ضعیف قدم زد.

dining room /'dɑyning rum/
[اسم] ناهارخوری، اتاقِ غذاخوری

dinner /'dinər/ [اسم] شام
We had fish for dinner.
شام ماهی داشتیم. شام ماهی خوردیم.

dinosaur /'dɑynəsor/
[اسم] دایناسور

dinosaur

direct /di'rekt, dɑy'rekt/
[صفت] مستقیم
He came on a direct flight.
با پروازِ مستقیم آمد.

dirty /'dərti/ [صفت] کثیف
Wash your dirty hands!
دستهای کثیفت را بشوی! دستهای کثیفتان را بشویید!

disagree /disə'gri:/
[فعل] مخالفت کردن
He disagreed with me.
با من مخالفت کرد.

dim

did صورتِ مثبت
did not صورتِ منفی
صورتِ کوتاه شدهٔ منفی
didn't

فعلِ کمکیِ ***did*** برای سؤالی و منفی کردنِ جمله در زمانِ گذشتهٔ ساده به کار می‌رود.
برای سؤالی کردن، ***did*** در ابتدای جمله قرار می‌گیرد و فعلِ اصلیِ جمله به زمانِ حالَ برمی‌گردد.
She spoke English.
Did she speak English?
برای منفی کردن، ***did not*** یا ***didn't*** قبل از فعلِ اصلی قرار می گیرد و فعلِ اصلیِ جمله به زمانِ حالَ برمی‌گردد.
I played tennis.
I did not play tennis.
I didn't play tennis.

oy = اُی ɑy = آی ɑo = آ+اُ(پشتِ سرهم) g = گ j = ج s = س v = و w = و (با لبهای گرد)
y = ی z = ز ž = ژ ch = چ sh = ش th = ث (نُک‌زبانی) dh = ذ (نُک‌زبانی)

disappear /disə'pir/
[فعل] ناپدید شدن، غیب شدن
My book has disappeared.
کتابم ناپدید شده است.

disappoint /disə'poynt/
[فعل] ناامید کردن؛ ناراحت کردن، دلِ (کسی) را شکستن
I am sorry to disappoint you.
متأسّفم که دلت را می‌شکنم. از اینکه ناراحتتان می‌کنم متأسّفم.

disc /disk/ = **disk**

discover /dis'kʌvər/
[فعل] کشف کردن
Who discovered America?
چه کسی قارّهٔ آمریکا را کشف کرد؟

disk

discuss /di'skʌs/
[فعل] راجع به (چیزی) حرف زدن، دربارهٔ (چیزی) بحث کردن
She never discusses money.
هیچ‌وقت راجع به پول حرف نمی‌زند.

disease /di'zi:z/ [اسم] بیماری، مرض
He has heart disease.
مرضِ قلب دارد.

dish

dish /dish/ ۱. [اسم] ظرف
He put the dish on the table.
ظرف را روی میز گذاشت.
۲. [اسم] غذا
The dish is delicious.
غذا خوشمزه است.

dishonest /dis'ɑnist/
[صفت] دورو، متقلّب، فریبکار
He is a dishonest man.
مردِ متقلّبی است.

dishwasher /'dishwɑshər/
[اسم] ماشینِ ظرفشویی

dishwasher

disk /disk/ ۱. [اسم] صفحهٔ گرد
۲. [اسم] (در گرامافون) صفحه
۳. [اسم] سی دی (در کامپیوتر، صفحه‌ای کوچک محتویِ اطّلاعاتِ فشردهٔ لیزری)

dislike /dis'layk/
[فعل] دوست نداشتن
Why do you dislike her?
چرا دوستش نداری؟ چرا ازش بدت می‌آید؟ چرا ازش خوشتان نمی‌آید؟

disobey /disə'bey/
[فعل] از (کسی یا چیزی) سرپیچی کردن، از (کسی یا چیزی) نافرمانی کردن
Don't disobey your teacher!
از معلّمت سرپیچی نکن! از معلّمتان نافرمانی نکنید!

distance /'distəns/
[اسم] فاصله، مسافت

That sign shows the distance.

آن علامت فاصله را نشان می‌دهد.

disturb /dis'tərb/

[فعل] مزاحم (کسی) شدن

Don't disturb the neighbors!

مزاحم همسایه‌ها نشو! مزاحمِ همسایه‌ها نشوید!

ditch /dich/ [اسم] جوی، جوب

They were digging ditches.

داشتند جوب می‌کندند.

dive /dayv/ [فعل] شیرجه زدن، شیرجه رفتن

He dived into the pool.

شیرجه زد توی استخر.

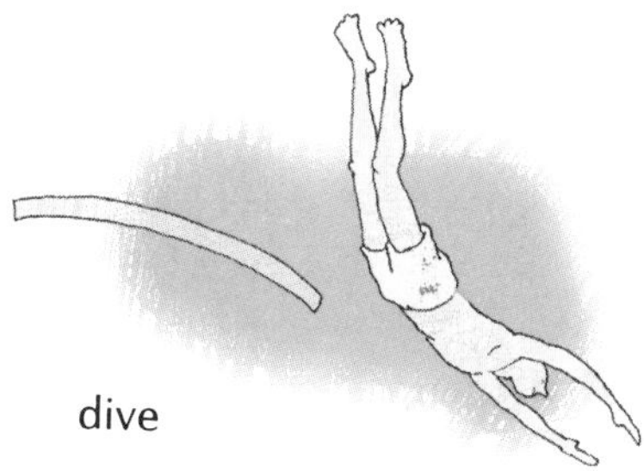

dive

divide /di'vayd/

[فعل] قسمت کردن، تقسیم کردن

We divided the cake.

کیک را قسمت کردیم.

do /du:/ ۱. [فعل] کردن، انجام دادن

She is doing her homework.

دارد مشقهایش را می‌کند. دارد تکالیفش را انجام می‌دهد.

۲. [فعل] تمام کردن، به پایان رساندن

Did you do your homework?

تکالیفت را تمام کردی؟ تکالیفتان را تمام کردید؟

۳. [فعلِ کمکی] (همراه فعلِ اصلی، جملاتِ سؤالی می‌سازد)

Does she play tennis?

تنیس بازی می‌کند؟

Did you go to the cinema?

سینما رفتی؟ سینما رفتید؟

۴. [فعلِ کمکی] (همراهِ ***not*** و فعلِ اصلی، جملاتِ منفی می‌سازد)

She doesn't play tennis.

تنیس بازی نمی‌کند.

We did not go to the cinema.

ما سینما نرفتیم.

doctor /'daktər/ [اسم] دکتر، پزشک

Is your father a doctor?

پدرت دکتر است؟ پدرتان دکتر است؟

dodge /daj/

[فعل] جا خالی دادن؛ در رفتن

He dodged to left and right.

با چپ و راست رفتن جا خالی داد. جا خالی داد و چپ و راست رفت.

*She **dodged behind** a tree.*

پشتِ درخت پناه گرفت. پشتِ درخت قایم شد.

does /dəz, dʌz/

(سوم شخصِ مفردِ زمانِ حالِ فعلِ ***do***)

doesn't /'dʌznt/

(صورتِ کوتاه شدهٔ منفیِ فعلِ ***does***)

do صورتِ مثبت
do not صورتِ منفی
صورتِ کوتاه شدهٔ منفی ، ***don't***

❊

فعلِ کمکیِ ***do*** برای سؤالی و منفی کردنِ جمله در زمانِ حالِ ساده، به جز سوم شخصِ مفرد، به کار می‌رود. برای سوم شخصِ مفرد از فعلِ کمکیِ ***does*** استفاده می‌شود.

Do they speak English?
Does he speak English?

برای منفی کردن، ***do not*** یا ***don't*** و ***does not*** یا ***doesn't*** قبل از فعلِ اصلی قرار می‌گیرد.

I do not / don't play tennis every day.
She does not / doesn't play tennis every day.

❊

does صورتِ مثبت
does not صورتِ منفی
صورتِ کوتاه شدهٔ منفی ***doesn't***

dog /dɑg/ ۱. [اسم] سگ
The dog barked. سگه پارس کرد.
۲. [فعل] تعقیب کردن، دنبالِ (کسی) کردن
He's dogging me. دنبالم کرده است.

doggie /ˈdɑgi/
[اسم] (در زبانِ بچّه‌ها) هاپو

doll /dɑl/ [اسم] عروسک

dollar /ˈdɑlər/ [اسم] دُلار
(واحدِ پولِ بعضی کشورها مانندِ آمریکا، کانادا و استرالیا)

dolphin /ˈdɑlfin/ [اسم] دُلفین
(پستاندارِ بسیار باهوشی که به صورتِ دسته جمعی در دریا زندگی می‌کند)

done /dʌn/ (صورتِ مفعولیِ فعلِ *do*)

donkey /ˈdɑnki/ [اسم] خر، الاغ
A donkey pulled the cart.
یک خر گاری را می‌کشید.

don't /dōnt/
(صورتِ کوتاه شدهٔ منفیِ فعلِ *do*)

donut /ˈdōnʌt/ [اسم] دونات
(نوعی شیرینیِ مربّایی به شکلِ حلقه)

door /dor/ [اسم] دَر
She closed the door. در را بست.

double /ˈdʌbəl/
۱. [صفت] دوبرابر
I ate double that amount.
من دوبرابرِ آن مقدار خوردم.
۲. [صفت] جفت، دوقلو
That egg has a double yolk.
زردهٔ آن تخم‌مرغ دوقلو است.

doubt /dɑot/ [اسم] شک، تردید
I have no doubt about it.
هیچ شکّی در این مورد ندارم. هیچ تردیدی در این‌باره ندارم.

dough /dō/
[اسم] (برای درست کردنِ نان یا شیرینی) خمیر

doughnut /ˈdōnʌt/ = **donut**

down /dɑon/ ۱. [قید] پایین، به طرفِ پایین
He ran down the hill.
از تپّه دوید پایین.
۲. [اسم] پَرِ نرم

draft /draft/ [اسم] جریانِ هوا، کوران
There's a draft in here.
اینجا کوران شده است.

drag /drag/ [فعل] کشیدن
I dragged it into the room.
آن را کشیدم توی اتاق.
I dragged myself away from the television.
به زحمت خودم را از تلویزیون جدا کردم. به زحمت توانستم دست از تلویزیون دیدن بکشم.

dragon /'dragən/ [اسم] اژدها
(در افسانه‌ها حیوانی که از دهانش آتش خارج می‌شود)

drain /dreyn/
۱. [اسم] لولهٔ فاضلاب
۲. [فعل] (در موردِ مایعات) خالی شدن، رفتن، تخلیه شدن
The water drained away.
آب خالی شد.

drank /drank/
(زمانِ گذشتهٔ فعلِ بی‌قاعدهٔ ***drink***)

draught /draft/ = **draft**

draughts /drafts/
[اسم] درافت (بازی‌ای است دونفره که روی صفحه‌ای شبیهِ صفحهٔ شطرنج بازی می‌کنند)

draughts

draw /dra/ [فعل] نقّاشی کردن، کشیدن؛ رسم کردن، ترسیم کردن
She can draw well.
خوب نقّاشی می‌کند.

drawbridge /'drabrij/
[اسم] پلِ متحرّک

drawer /drar/ [اسم] کشو
I put your hat in the drawer.
کلاهت را گذاشتم توی کشو. کلاهتان را در کشو گذاشتم.

drawer

drawing pin /'draing pin/
[اسم] پونز

drawn /dran/
(صورتِ مفعولیِ فعلِ بی‌قاعدهٔ ***draw***)

dreadful /'dredfəl/ [صفت] بد، افتضاح، گَند، مزخرف
What dreadful weather!
چه هوای گَندی! چه هوای مزخرفی!

dream /dri:m/ ۱. [اسم] خواب
In my dream, I played tennis.
توی خواب تنیس بازی می‌کردم.
۲. [فعل] خواب دیدن
I dreamed about you.
خوابت را دیدم. خوابِ شما را دیدم.

dress /dres/
۱. [اسم] (برای دخترها و خانمها) لباس، پیراهن
She wore a long white dress.
پیراهنِ سفیدِ بلندی پوشیده بود.
۲. [فعل] لباس پوشیدن
I went home to dress.
رفتم خانه که لباس بپوشم.

drew /dru:/
(زمانِ گذشتهٔ فعلِ بی‌قاعدهٔ ***draw***)

drill /dril/ [اسم] متّه، دریل

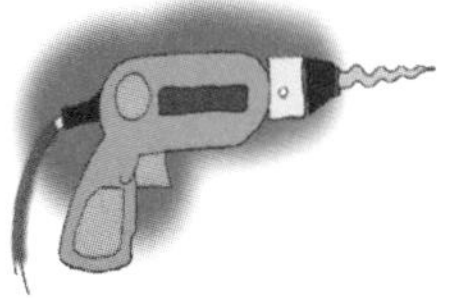
drill

oy = اُی   ay = آی   ao = آ+اُ (پشتِ سرهم)   g = گ   j = ج   s = س   v = و   w = و (با لبهای گرد)
y = ی   z = ز   ž = ژ   ch = چ   sh = ش   th = ث (نُک‌زبانی)   dh = ذ (نُک‌زبانی)

drink /drink/ ۱. [اسم] نوشیدنی
I want a drink.
یک نوشیدنی می‌خواهم.
۲. [فعل] (در موردِ نوشیدنی) نوشیدن، آشامیدن، خوردن
He drank a glass of milk.
یک لیوان شیر خورد.

drinkable /ˈdrinkəbəl/
[صفت] (در موردِ آب و غیره) قابلِ نوشیدن، قابلِ خوردن
This water is not drinkable.
این آب قابلِ خوردن نیست.

drip /drip/ [فعل] چکّه کردن
A tap was dripping.
یک شیری چکّه می‌کرد.

drive /drαyv/
۱. [فعل] رانندگی کردن، ماشین راندن
Do you drive? رانندگی می کنی؟
رانندگی بلدید؟
۲. [فعل] با ماشین رفتن
Shall we drive? با ماشین برویم؟

driven /ˈdrivən/
(صورتِ مفعولیِ فعلِ بی‌قاعدهٔ ***drive***)

driver /ˈdrαyvər/ [اسم] راننده
He's a bus-driver.
رانندهٔ اتوبوس است.

drop /drαp/ ۱. [اسم] قطره
۲. [فعل] انداختن
I dropped the glass.
لیوان را انداختم.
۳. [فعل] (در موردِ دمای هوا) افتادن، کم شدن
The temperature dropped.
درجهٔ حرارت افتاد.

drove /drōv/
(زمانِ گذشتهٔ فعلِ بی‌قاعدهٔ ***drive***)

drown /drαon/ [فعل] غرق شدن
He drowned in the sea.
توی دریا غرق شد.

drum /drʌm/ ۱. [اسم] طبل
He was playing a drum.
طبل می‌زد.
۲. [اسم] بشکه
The oil drums were green.
بشکه‌های نفت سبزرنگ بودند.

drum

drunk /drʌnk/
(صورتِ مفعولیِ فعلِ بی‌قاعدهٔ ***drink***)

dry /drαy/ [صفت] خشک
The paint isn't dry yet.
رنگ هنوز خشک نشده است.

duck /dʌk/ [اسم] مرغابی، اردک

Ducks have short legs.

مرغابی پای کوتاهی دارد. پای اردک کوتاه است.

duet /du'et/ [اسم] دوئت

(موسیقی‌ای برای دو نوازنده یا خواننده)

dug /dʌg/

(زمانِ گذشته و صورتِ مفعولیِ فعلِ بی‌قاعدهٔ *dig*)

dull /dʌl/ [صفت] یکنواخت، خسته کننده

It's a dull book.

کتابِ خسته کننده‌ای است.

dumb /dʌm/ [صفت] لال

She is deaf and dumb.

کر و لال است.

during /'during, 'dyuring/

۱. [حرفِ اضافه] در طولِ، در مدّتِ، زمانِ، در

I was abroad during the war.

در طولِ جنگ من خارج بودم.

۲. [حرفِ اضافه] وسطِ، در وسطِ، حینِ

I fell asleep during the film.

وسطِ فیلم خوابم برد.

dusk /dʌsk/ [اسم] غروب، غروبِ آفتاب

*He works **from dawn till dusk**.*

از صبح تا شب کار می‌کند. از صبح تا غروب کار می‌کند.

dust /dʌst/ [اسم] گرد و خاک، گرد و غبار، خاک

dustbin /'dʌstbin/

[اسم] سطلِ آشغال، سطلِ زباله، زباله‌دانی

duster /'dʌstər/

[اسم] دستمالِ گردگیری، کهنهٔ گردگیری

duvet /du:'vey/ [اسم] لحاف، لحافِ پر

dwarf /dwarf/ [اسم] کوتوله

I read a story about dwarves.

داستانی دربارهٔ کوتوله‌ها خواندم.

dwarf

dwarves /dwarvz/

(جمعِ *dwarf*)

dying /'daying/

(صورتِ فاعلیِ فعلِ *die*)

duster

E,e

early /'ərli/ ۱. [صفت] زود
She is early today.
امروز زود آمده است.
۲. [قید] زود؛ صبحِ زود
He gets up early every morning.
هر روز صبحِ زود از خواب بیدار می‌شود.

earn /ərn/ ۱. [فعل] پول درآوردن
He earns a lot.
حسابی پول درمی‌آورد.
۲. [فعل] (در موردِ پول) درآوردن
He earns a lot of money.
حسابی پول درمی‌آورد. پولِ زیادی درمی‌آورد.

earring /'iring/ [اسم] گوشواره
The girl is wearing earrings.
آن دختر گوشواره گوشش کرده است.

earth /ərth/ ۱. [اسم] کرهٔ زمین، زمین (در این معنی با حرفِ بزرگ هم نوشته می‌شود)
The Earth is round. زمین گرد است.
۲. [اسم] زمین، خاک
۳. [اسم] (در موردِ حیواناتی مثلِ روباه) سوراخ، لانه

each /i:ch/ ۱. [صفت] هر
Each day he felt worse.
هر روز حالش بدتر شد.
۲. [ضمیر] هرکدام، هر یک
He gave each of us a book.
به هر یک از ما یک کتاب داد. به هر کداممان یک کتاب داد.

each other /i:ch 'ʌdhər/ [ضمیر] همدیگر، یکدیگر
We had a lot to tell each other.
چیزهای زیادی داشتیم که به همدیگر بگوییم.

eager /'i:gər/ [صفت] مشتاق، علاقه‌مند
I was eager to start the game.
علاقه‌مند بودم مسابقه را شروع کنم.

eagle /'i:gəl/ [اسم] عقاب
Eagles kill small animals.
عقابها حیواناتِ کوچک را می‌کشند.
عقاب حیواناتِ کوچک را می‌کشد.

ear /ir/ [اسم] گوش
She said something in my ear.
یک چیزی درِ گوشم گفت.

eagle

---

i = ای (کوتاه)　e = اِ　ə = آ (با دهانِ نیمه‌بسته)　ʌ = آ (با دهانِ نیمه‌باز)　ɑ = آ　a = اَ

ey = ای　u: = او (کشیده)　u = او (کوتاه)　ō = و (در کلمهٔ موج)　o = اُ (تا حدودی کشیده)　i: = ای (کشیده)

earthquake /ˈərthkweyk/
[اسم] زمین لرزه، زلزله

easel /ˈi.zəl/ [اسم] سه پایه
(وسیله‌ای برای نگه‌داشتنِ تخته‌سیاه یا نقّاشیِ نقّاشان)

easily /ˈi:zili/ [قید] به آسانی، خیلی ساده، خیلی آسان، خیلی راحت
She did the work easily.
کار را خیلی راحت انجام داد.

east /i:st/ ۱. [اسم] شرق، مشرق
The sun rises in the east.
خورشید از مشرق طلوع می‌کند.
۲. [صفت] شرقی، ـِ شرق

eastern /ˈi:stərn/
[صفت] شرقی، ـِ شرق، ـِ مشرق
eastern Europe اروپای شرقی؛ شرقِ اروپا

easy /ˈi:zi/ [صفت] ساده، آسان، سهل
The examination was easy.
امتحان آسان بود.

eat /i:t/ ۱. [فعل] خوردن، میل کردن
She ate an apple. سیب خورد.
۲. [فعل] غذا خوردن، چیز خوردن
We usually eat at seven.
ما معمولاً ساعتِ هفت غذا می‌خوریم.

eaten /ˈi:tn/
(صورتِ مفعولیِ فعلِ بی‌قاعدهٔ ***eat***)

echo /ˈekō/ [اسم] انعکاسِ صدا، بازگشتِ صدا، پژواک (وقتی امواجِ صوتی به مانعی مثلِ دیوار یا کوه برخورد می‌کنند این امواج برمی‌گردند و صدا تکرار می‌شود. به این پدیده پژواک یا بازگشتِ صدا می‌گویند.)

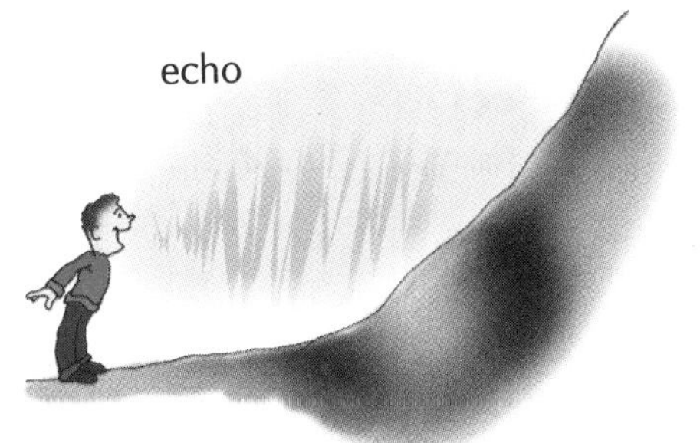

eclipse /iˈklips/
۱. [اسم] خورشید گرفتگی، کسوف (وقتی است که کرهٔ ماه بینِ زمین و خورشید قرار می‌گیرد و برای مدّتِ کوتاهی قسمتی یا تمامِ خورشید دیده نمی‌شود)
۲. [اسم] ماه گرفتگی، خسوف (وقتی است که کرهٔ زمین بینِ ماه و خورشید قرار می‌گیرد و برای مدّتِ کوتاهی نورِ ماه دیده نمی‌شود)

eclipse

oy = اُی   ay = آی   ao = آ+اُ (پشتِ سرهم)   g = گ   j = ج   s = س   v = و   w = و (با لبهای گرد)
y = ی   z = ز   ž = ژ   ch = چ   sh = ش   th = ث (تُکزبانی)   dh = ذ (تُکزبانی)

edge /ej/ ۱. [اسم] گوشه، لبه
It's on the edge of your plate.
گوشهٔ بشقابت است. گوشهٔ بشقابتان است.
۲. [اسم] کنار، حاشیه
They played at the water's edge.
کنارِ آب بازی کردند.

eel /i:l/ [اسم] مارماهی
(نوعی ماهیِ خوراکی که شکلش شبیهِ مار است)

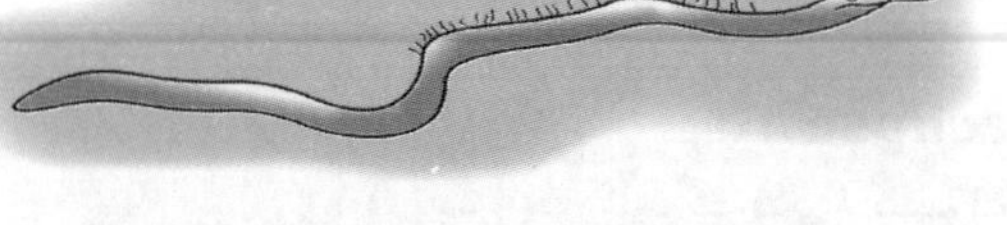

eel

egg /eg/ [اسم] تخمِ‌مرغ؛ تخم
He had an egg for breakfast.
صبحانه یک تخمِ‌مرغ خورد.
There's an egg in the nest.
یک تخم توی لانه است.

eight /eyt/ ۱. [اسم] هشت، عددِ هشت، شمارهٔ هشت
۲. [صفت] هشت‌تا، هشت
He has eight friends.
هشت تا دوست دارد. هشت دوست دارد.

eighteen /ey'ti:n/
۱. [اسم] هیجده، عددِ هیجده، شمارهٔ هیجده
۲. [صفت] هیجده‌تا، هیجده

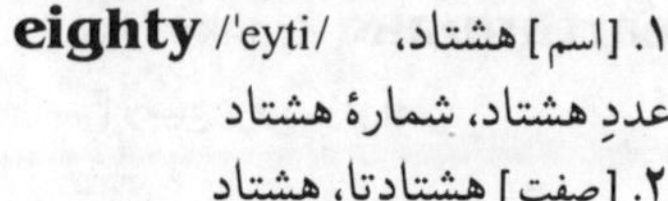

eighty /'eyti/ ۱. [اسم] هشتاد، عددِ هشتاد، شمارهٔ هشتاد
۲. [صفت] هشتادتا، هشتاد

either /'i:dhər, 'ɑydhər/
[حرفِ ربط] یا (هنگامِ مقایسهٔ دو مورد یا بیشتر)
*It's **either** red **or** orange.*
یا قرمز است یا نارنجی.

elastic /i'lastik/ [اسم] کِش
He pulled the elastic.
کش را کشید.

elbow /'elbō/ [اسم] آرنج
He put his elbow on the table.
آرنجش را روی میز گذاشت.

electricity /ilek'trisiti/
[اسم] نیروی برق، برق، الکتریسیته

elephant /'elifənt/ [اسم] فیل
Elephants live in Africa.
فیل در آفریقا زندگی می‌کند.

elevator /'eliveytər/
[اسم] آسانسور

eleven /i'levən/ ۱. [اسم] یازده، عددِ یازده، شمارهٔ یازده
۲. [صفت] یازده‌تا، یازده

elf /elf/
[اسم] (در افسانه‌ها) کوتولهٔ جادوگر

else /els/ [قید] دیگر

Ask someone else!

از یکی دیگر بپرس! از کسِ دیگری بپرسید!

elves /elvz/ (جمعِ *elf*)

e-mail /'i: meyl/ [اسم] ای مِیل، پستِ الکترونیک (سیستمِ نامه‌نگاری از طریقِ کامپیوتر)

emerald /'emərəld/

۱. [اسم] زمرّد (نوعی سنگِ قیمتیِ سبزرنگ)

۲. [صفت] سبزِ زمرّدی، سبزرنگ

emergency /'imərjənsi/

[اسم] حادثهٔ ناگهانی؛ حالتِ اضطراری، اورژانس

This door is for emergencies.

این در برای حوادثِ ناگهانی است. این درِ اورژانس است.

*Call me **in an emergency!***

در حالت اضطراری من را صدا کن! موقعِ اورژانس به من تلفن کنید!

empty /'empti/ ۱. [صفت] خالی

The box is empty.

جعبه خالی است.

۲. [فعل] خالی کردن

He emptied the box.

جعبه را خالی کرد.

encyclopaedia /insaykləˈpi:diə/ = **encyclopedia**

encyclopedia /insaykləˈpi:diə/ [اسم] دایرةالمعارف، فرهنگنامه

end /end/ [اسم] آخر، ته، پایان

I didn't like the end of it.

از آخرش خوشم نیامد.

enemy /'enəmi/ [اسم] دشمن

She's my enemy. دشمنِ من است.

energetic /enər'jetik/

[صفت] پُرجنب و جوش، پرتحرّک

energy /'enərji/ [اسم] نیرو، قدرت؛ انرژی

*She is **full of energy**.*

خیلی انرژی دارد. خیلی پُرانرژی است. خستگی‌ناپذیر است.

engine /'enjin/ ۱. [اسم] موتور

The engine of this car is strong.

موتورِ این ماشین قوی است.

۲. [اسم] (در قطار) لوکوموتیو

engineer /enji'nir/

[اسم] مهندس

He is a flight engineer.

مهندسِ پرواز است.

English /'inglish/

۱. [صفت] انگلیسی، ــِ انگلیس، ــِ انگلستان

He is English. انگلیسی است.

English climate

آب و هوای انگلستان

۲. [اسم] زبانِ انگلیسی، انگلیسی

Do you speak English?

انگلیسی بلدی؟ انگلیسی صحبت می‌کنید؟

enjoy /in'joy/

[فعل] از (چیزی) لذّت بردن

Did you enjoy the film?

از فیلم لذّت بردی؟ از فیلم خوشتان آمد؟

enormous /i'normas/

[صفت] عظیم، خیلی بزرگ، بسیار بزرگ، غول‌آسا

He lives in an enormous house.

در خانهٔ بسیار بزرگی زندگی می‌کند.

enough /i'nʌf/

[قید] به قدرِ کافی، به اندازهٔ کافی، به مقدارِ کافی

I've saved enough money.

به اندازهٔ کافی پول جمع کرده‌ام.

enter /'entər/

[فعل] واردِ (چیزی) شدن، داخلِ (جایی) شدن

The train entered the tunnel.

قطار واردِ تونل شد.

entertain /entər'teyn/

[فعل] سرگرم کردن، سرِ (کسی) را گرم کردن، مشغول کردن

I entertained the children.

من بچّه‌ها را سرگرم کردم.

entertainment /entər'teynmənt/

۱. [اسم] سرگرمی. تفریح

۲. [اسم] برنامهٔ تفریحی

entrance /'entrəns/

[اسم] درِ ورودی، ورودی

envelope /'envəlōp/

[اسم] پاکتِ نامه، پاکت

environment /in'vɑyrənmənt/

[اسم] محیطِ زیست

Our environment is in danger.

محیطِ زیستِ ما در معرضِ خطر قرار دارد. محیطِ زیستِ ما در خطر است.

environment

equal /'i:kwəl/

۱. [فعل] با (چیزی) مساوی بودن، با (چیزی) برابر بودن

Two plus two equals four.

دو به علاوهٔ دو مساوی است با چهار. دو و دو می‌شود چهار.

۲. [صفت] مساوی، برابر

They had equal shares.

سهمِ مساوی داشتند.

equator /i'kweytər/

[اسم] استوا، خطِّ استوا (در جغرافیا، خطّی فرضی که از وسطِ کرهٔ زمین می‌گذرد و از قطبِ شمال و جنوب به یک فاصله است)

equator

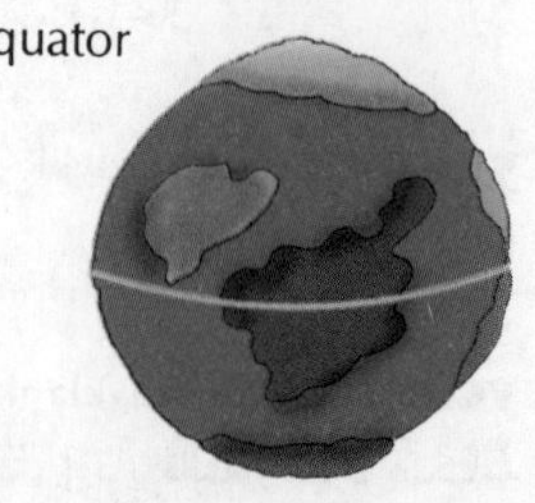

equipment /i'kwipmənt/
[اسم] وسایل، لوازم
He took his equipment.
وسایلش را برداشت.

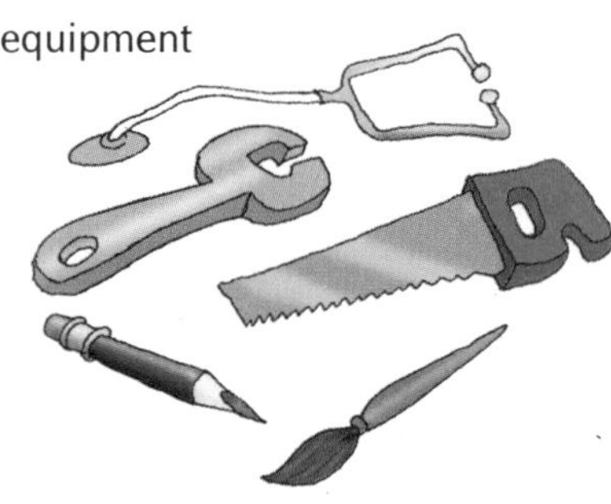

eraser /i'reysər/ [اسم] پاک‌کن، مدادپاک‌کن
Do you have an eraser?
پاک‌کن داری؟ مدادپاک‌کن دارید؟

error /'erər/ [اسم] اشتباه، غلط
She made a lot of errors.
اشتباهاتِ زیادی کرد. غلطهای زیادی داشت.

escape /i'skeyp/
[فعل] فرارکردن، دررفتن، گریختن
The little mouse escaped.
موشِ کوچولو فرار کرد. موشِ کوچولو دررفت.

etc. /et 'setrə/ [قید] و غیره، و مانندِ آن، و جز آن، و این جور چیزها
I saw elephants, giraffes, etc.
فیل و زرافه و این‌جور چیزها دیدم.

Europe /'yurəp/ [اسم] اروپا، قارّهٔ اروپا

European /yurə'pi:ən/
۱. [صفت] اروپایی، ـِ اروپا
European countries
کشورهای اروپایی
European law قانونِ اروپا
۲. [اسم] اروپایی، اهلِ اروپا
Is he a European? اروپایی است؟

even /'i:vən/ ۱. [قید] حتّی
Even I enjoyed the film.
حتّی من هم از فیلم لذّت بردم.
۲. [صفت] مساوی
Our scores were even.
امتیازهایمان مساوی بود.
۳. [صفت] (در موردِ عدد) زوج
Six is an even number.
شش یک عددِ زوج است.

evening /'i:vning/ [اسم] عصر؛ غروب؛ سرِشب؛ شب
I go out every evening.
من هر شب بیرون می‌روم.
Good evening!
(هنگامِ سلام یا خداحافظی) عصر به خیر! عصرِ شما به خیر! شب به خیر! شبِ شما به خیر!

event /i'vent/ [اسم] حادثه، واقعه، پیشامَد، اتّفاق
It was an important event.
حادثهٔ مهمّی بود.

ever /'evər/ [قید] تا به حال، تاکنون؛ هیچ‌وقت، هیچ‌گاه
Has he ever been to Paris?
هیچ‌وقت پاریس رفته است؟

evergreen

evergreen /'evərgri:n/
[اسم] گیاهِ همیشه سبز، گیاهِ همیشه بهار (درخت یا گیاهی که در تمامِ سال برگِ سبز دارد)

every /'evri/ [صفت] هر
Every week has seven days.
هر هفته هفت روز است.
*He shaves **every second** day.*
یک روز در میان ریش می‌تراشد.
*We travel **every other** year.*
یک سال در میان مسافرت می‌کنیم.

everybody /'evribadi/
[ضمیر] هرکس؛ همه کس، همه
They gave a prize to everybody.
به همه جایزه دادند.
Everybody here has an office.
اینجا هرکس یک دفترِ کار دارد.

everyone /'evriwʌn/
[ضمیر] هرکس؛ همه کس، همه
Everyone is here. همه اینجا هستند. همه آمده‌اند.

everything /'evrithing/
[ضمیر] هرچیز، هرچی؛ همه چیز
Have you forgotten everything?
همه چیز را فراموش کرده‌ای؟ همه چیز را فراموش کرده‌اید؟
I bought everything I needed.
هر چیزی که لازم داشتم خریدم. هر چی می‌خواستم خریدم.

everywhere /'evriwer/
[قید] هرجا؛ همه جا
My dog follows me everywhere.
سگم همه جا دنبالم می‌آید.
Everywhere I go he follows me.
هرجا می‌روم او دنبالم می‌آید.

evil /'i:vəl/ [صفت] شریر، شرور، شیطان صفت، بدجنس
He's an evil murderer.
یک جنایتکارِ شیطان صفت است. یک قاتلِ شرور است.

exactly /ig'zaktli/ [قید] کاملاً؛ دقیقاً؛ عیناً؛ موبه‌مو
What exactly do you mean?
منظورت دقیقاً چی است؟ دقیقاً چه می‌خواهید بگویید؟

exam /ig'zam/ [اسم] امتحان، آزمون
Do you have an exam today?
امروز امتحان داری؟ امروز آزمون دارید؟

examination /igzami'ney-shən/ [اسم] امتحان، آزمون
The examination was easy.
امتحان آسان بود.

examination

examine /ig'zamin/

۱. [فعل] بررسی کردن

She examined the program.

برنامه را بررسی کرد.

۲. [فعل] معاینه کردن

The doctor examined her.

دکتر معاینه‌اش کرد.

۳. [فعل] از (کسی) امتحان گرفتن؛ امتحان کردن؛ آزمایش کردن

He examined us in maths.

او از ما امتحانِ ریاضی گرفت.

example /ig'zampl/

۱. [اسم] نمونه

This is an example of my work.

این نمونه‌ای از کارِ من است.

۲. [اسم] مثال

This example is clear.

این مثال واضح است.

*He **sets an example** to all of us.*

او سرمشقِ همهٔ ما است.

excellent /'eksələnt/

[صفت] عالی، درجه‌یک، محشر، معرکه

You've got excellent books.

کتابهای محشری داری. کتابهایتان عالی است.

excite /ik'sayt/

[فعل] هیجان‌زده کردن، به هیجان آوردن

The story excited the children.

داستان بچّه‌ها را به هیجان آورد.

excitement /ik'saytmənt/

[اسم] هیجان

His eyes shone with excitement.

چشمهایش از هیجان برق زد.

exciting /ik'sayting/

[صفت] جالب، هیجان‌انگیز، پرهیجان

That's an exciting film.

فیلمِ جالبی است. فیلمِ پرهیجانی است.

exclamation mark /eks-klə'meyshən mark/

[اسم] علامتِ تعجّب، علامتِ !

excuse[1] /ik'skyu:s/ [اسم] عذر، بهانه، عذر و بهانه؛ دلیل

What's your excuse?

بهانه‌ات چی است؟ دلیلتان چیست؟

*He **is always making excuses.***

همیشه دارد بهانه می‌آورد.

excuse[2] /ik'skyu:z/

[فعل] بخشیدن

I can't excuse you.

نمی‌توانم ببخشمت. نمی‌بخشمتان.

Excuse me! ببخشید!

عذر می‌خواهم! معذرت می‌خواهم!

exercise /'eksərsayz/

۱. [اسم] ورزش، نرمش

۲. [اسم] تمرین

exercise

exit /'egzit/ ۱. [اسم] درِ خروجی، خروجی
۲. [اسم] (در بزرگراهها) خروجی

exit

expect /ik'spekt/
[فعل] انتظارِ (چیزی) را داشتن، منتظرِ (چیزی) بودن
She expected me to help her.
انتظار داشت من بهش کمک کنم. منتظرِ کمکِ من بود.

expensive /ik'spensiv/
[صفت] گران، گران‌قیمت
This coat is expensive.
این پالتو گران است.

experience /ik'spiriəns/
[اسم] تجربه؛ تجربهٔ کار
He has two months experience.
دو ماه تجربهٔ کار دارد.

experiment /ik'spərimənt/
[اسم] آزمایش

expert /'ekspərt/
[اسم] متخصّص
She's an expert. متخصّص است.

explain /ik'spleyn/
[فعل] توضیح دادن، شرح دادن
Can you explain more?
می‌شود بیشتر توضیح بدهی؟ ممکن است بیشتر شرح بدهید؟

explode /ik'splōd/
[فعل] منفجر شدن
Fireworks exploded.
فشفشه‌ها منفجر شدند.

express /ik'spres/
۱. [فعل] بیان کردن، شرح دادن
He expressed his feelings.
احساساتش را بیان کرد.
۲. [اسم] قطارِ سریع‌السیر، قطارِ اکسپرس؛ اتوبوسِ سریع‌السیر
The express leaves at 7:30.
قطارِ سریع‌السیر ساعتِ هفت و نیم راه می‌افتد. اتوبوسِ سریع‌السیر ساعتِ هفت و نیم می‌رود.
۳. [اسم] پستِ اکسپرس
He sent the letter by express.
نامه را با پستِ اکسپرس فرستاد.

expression /ik'spreshən/
[اسم] حالتِ چهره، حالتِ صورت، قیافه
He had a sad expression.
حالتِ چهره‌اش غمگین بود. قیافه‌اش غمگین بود.

extinct /ik'stinkt/ [صفت] نابود، مُنقرض، مُنهدم

a = اَ   ɑ = آ   ʌ = آ (با دهانِ نیمه‌باز)   ɔ = آ (با دهانِ نیمه‌بسته)   e = اِ   i = ای (کوتاه)
i: = ای (کشیده)   o = اُ (تا حدودی کشیده)   ō = و (در کلمهٔ موج)   u = او (کوتاه)   u: = او (کشیده)   ey = اِی

Those plants became extinct.

آن گیاهها نابود شدند. آن گیاهها از بین رفتند.

eye /ɑy/ [اسم] چشم

His eyes are blue.

چشمهایش آبی است.

eye

eyebrow
eyelash
eyelid

eyebrow /'ɑybrɑo/ [اسم] ابرو

eyelash /'ɑylash/ [اسم] مُژه

Her eyelashes are long.

مژه‌هایش بلند است.

eyelid /'ɑylid/

[اسم] پِلک، پلکِ چشم

eyesight /'ɑysɑyt/

[اسم] بینایی، دید، دیدِ چشم

She has bad eyesight.

بینایی‌اش بد است. دیدِ چشمش بد است.

F,f

fabric /'fabrik/ [اسم] پارچه

face /'feys/ ۱. [اسم] صورت، چهره

She has a pretty face.

صورتِ قشنگی دارد.

۲. [اسم] (در موردِ ساعت) صفحه

fact /fakt/ [اسم] واقعیّت، حقیقت

That's a fact. این یک واقعیّت است.

factory /'faktəri/ [اسم] کارخانه

His father works in a factory.

پدرش در کارخانه کار می‌کند.

factory

fade /feyd/

۱. [فعل] کم‌رنگ شدن، رنگِ (چیزی) رفتن

Some jeans fade.

رنگِ بعضی از شلوارهای جین می‌رود.

۲. [فعل] محو شدن، ضعیف شدن، کم شدن، کاهش یافتن

The evening light faded.

نور ضعیف شد.

Fahrenheit /'farənhɑyt/

[اسم] فارنهایت (در علوم، یکی از واحدهای اندازه‌گیریِ دما است. در این واحد، آب در ۳۲ درجه یخ می‌بندد و در ۲۱۲ درجه به جوش می‌آید. حرفِ *F* بعد از درجه نمایندهٔ فارنهایت است.)

fail /feyl/

۱. [فعل] شکست خوردن، موفّق نشدن

I fail in everything I do.

هر کاری می‌کنم شکست می‌خورم.

۲. [فعل] از کار افتادن، خراب شدن

failure /'feylyər/ [اسم] شکست، کارِ ناموفّق

She has had many failures.

شکست‌های زیادی خورده است.

faint /feynt/ ۱. [فعل] غش کردن، از حال رفتن، از هوش رفتن

He fainted from hunger.

از گرسنگی غش کرد.

۲. [صفت] (در موردِ صدا) ضعیف

---

a = اَ　ɑ = آ　ʌ = آ (با دهانِ نیمه‌باز)　ə = آ (با دهانِ نیمه‌بسته)　e = اِ　i = ای (کوتاه)

i: = ای (کشیده)　o = اُ (تا حدودی کشیده)　ō = و (در کلمهٔ موج)　u = او (کوتاه)　u: = او (کشیده)　ey = اِی

fall[2] /fɑl/ [اسم] پاییز، فصلِ پاییز

fallen /ˈfɑlən/
(صورتِ مفعولیِ فعلِ بی‌قاعدهٔ ***fall***)

false /fɑls/ ۱. [صفت] نادرست، غلط، اشتباه
Is it true or false?
درست است یا نادرست؟
۲. [صفت] مصنوعی
He has lost his false teeth.
دندان‌مصنوعی‌اش را گم کرده است.
۳. [صفت] دروغی
She's a false friend.
دوستِ دروغی است.

family /ˈfaməli/ [اسم] خانواده
Do you know his family?
خانواده‌اش را می‌شناسی؟ با خانواده‌اش آشنا هستید؟

family name /ˈfaməli neym/
[اسم] نامِ خانوادگی، اسمِ فامیل، فامیل
What's your family name?
فامیلت چی است؟ نامِ خانوادگی‌تان چی است؟

famine /ˈfamin/ [اسم] قحطی
There's a famine in Africa.
آفریقا دچارِ قحطی شده است.

famous /ˈfeyməs/
[صفت] معروف، مشهور، شناخته شده
She's a famous doctor.
دکترِ معروفی است.

A faint noise was heard.
صدای ضعیفی به گوش می‌رسید.
۳. [صفت] (در موردِ رنگ) کمرنگ، ملایم

fair /fer/ ۱. [اسم] شهرِ بازی، فانفار
۲. [صفت] منصفانه
That's not fair. منصفانه نیست.
۳. [صفت] (در موردِ شخص) سفید
All her children are fair.
تمامِ بچه‌هایش سفید هستند. پوستِ تمامِ بچه‌هایش سفید است.
۴. [صفت] (در موردِ مو) کمرنگ، بور
His hair is fair. موهایش بور است.

fair

fairy /ˈferi/ [اسم] پری

faithful /ˈfeythfəl/
[صفت] باوفا، وفادار
He is faithful to his family.
به خانواده‌اش وفادار است.

fall[1] /fɑl/ [فعل] افتادن، زمین افتادن، زمین خوردن
One of the children fell.
یکی از بچه‌ها افتاد. یکی از بچه‌ها زمین خورد.

famine

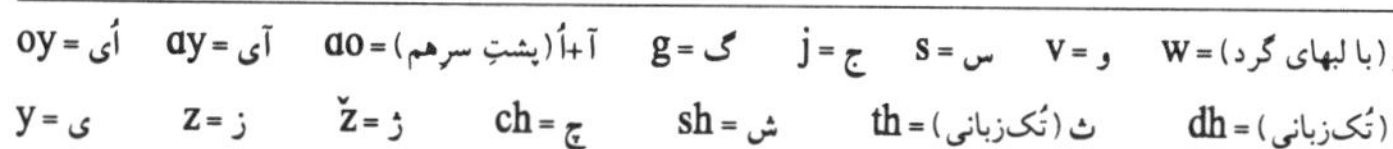
و (با لبهای گرد) = w و = v س = s ج = j گ = g آ+اُ (پشتِ سرهم) = ɑo آی = ɑy اُی = oy
ذ (تُک‌زبانی) = dh ث (تُک‌زبانی) = th ش = sh چ = ch ژ = ž ز = z ی = y

fan /fan/ ۱. [اسم] بادبزن
۲. [اسم] پنکه

fang /fang/ [اسم] دندانِ نیش
Dogs have sharp fangs.
دنـدانِ نـیشِ سگـها تـیز است. سگ دندانهای نیشِ تیزی دارد.

fang

far /far/ ۱. [قید] خیلی دور، دور
He lives far from here.
خیلی دور از اینجا زندگی می‌کند.
۲. [صفت] دور
I saw her in the far distance.
از فاصلهٔ دور دیدمش. از دور دیدمش.

fare /fer/
[اسم] (در موردِ هر نوعِ وسیلهٔ نقلیّه) کرایه، پولِ بلیت

farm /farm/ [اسم] مزرعه
He lives in a farm.
در مزرعه زندگی می‌کند.

farm

farmer

farmer /'farmər/ [اسم] کشاورز، دهقان
He is a farmer. کشاورز است.

farther /'fardhər/
(صورتِ تفضیلیِ ***far***)

farthest /'fardhist/
(صورتِ عالیِ ***far***)

fast /fast/ ۱. [صفت] سریع، تند
She is a fast runner.
دوندهٔ سریعی است.
۲. [صفت] (در موردِ ساعت) جلو
My watch is ten minutes fast.
ساعتم ده دقیقه جلو است.
۳. [قید] محکم، سفت
*She was **holding fast**.*
محکم نشسته بود.
۴. [قید] سریع، تند، به سرعت
She was running fast. تند می‌دوید.
۵. [فعل] روزه گرفتن
Muslims fast during Ramadan.
مسـلمانـان در مـاهِ رمـضان روزه می‌گیرند.

fasten /'fasən/ ۱. [فعل] بستن
Fasten your seatbelts!
کمربندهای ایمنیِ خود را ببندید!
۲. [فعل] زدن، وصل کردن
I fastened a pin to my coat.
به پالتویم گلِ سینه زدم.

fat /fat/ ۱. [اسم] چربی، دُنبه
۲. [اسم] روغن
۳. [صفت] چاق، تُپُل، کُپُل
His brother is fat.
برادرش چاق است.

father /'fadhər/ [اسم] پدر، بابا

My father is 40.

پدرم چهل ساله است. پدرم چهل سالش است.

fault /fɑlt/ ۱. [اسم] اشکال، عیب، نقص

The cars had the same fault.

عیبِ ماشینها مثلِ هم بود.

۲. [اسم] تقصیر، گناه

What's my fault?

تقصیرِ من چی است؟ گناهِ من چیست؟

۳. [اسم] ایراد

*They always **find fault with** me.*

همیشه از من ایراد می‌گیرند.

favor /'feyvər/

[اسم] لطف، محبّت

Do me a favor!

یک لطفی در حقِّ من بکن! لطفی به من بکنید!

favorite /'feyvərit/

۱. [صفت] موردِ علاقه، محبوب

What's your favorite story?

داستانِ موردِ علاقه‌ات کدام است؟ داستانِ محبوبتان چیست؟

۲. [اسم] آدمِ موردِ علاقه؛ چیزِ موردِ علاقه

Chocolate cake is my favorite.

کیکِ شکلاتی، کیکِ موردِ علاقهٔ من است.

favour /'feyvər/ = **favor**

favourite /'feyvərit/ = **favorite**

fear /fir/ [اسم] ترس، وحشت

His eyes were full of fear.

چشمهایش پر از ترس بود. وحشت در چشمهایش دیده می‌شد.

feast /fi:st/ [اسم] ضیافت، جشن

We were invited to a feast.

ما به جشنی دعوت شده بودیم.

feast

feather /'fedhər/ [اسم] پَر

Birds have a lot of feathers.

پرندگان پرِ زیادی دارند.

feather

February /'febyueri, 'februəri/

[اسم] فوریه، ماهِ فوریه (دومین ماهِ سالِ میلادی، از دوازدهمِ بهمن تا نهمِ اسفند؛ این ماه بیست و هشت روز است ولی هر چهار سال یک بار در سالهای کبیسه، بیست و نه روز می‌شود و تا دهمِ اسفند ادامه می‌یابد.)

fed /fed/

(زمانِ گذشته و صورتِ مفعولیِ فعلِ بی‌قاعدهٔ *feed*)

feeble /'fi:bəl/ [صفت] ضعیف، نحیف

My grandfather is too feeble.

پدربزرگم خیلی ضعیف است.

feed /fi:d/

۱. [فعل] به (کسی یا چیزی) غذا دادن

Every morning he feeds his cat.

هرروز صبح به گربه‌اش غذا می‌دهد.

۲. [فعل] به (گیاه) کود دادن

She fed the tomatoes.

به گوجه‌فرنگیها کود داد.

feel /fi:l/ ۱. [فعل] احساس کردن، حس کردن

Did you feel anything?

چیزی حس کردی؟ چیزی احساس کردید؟

I feel happy. خوشحال هستم.

I feel cold. سردم است.

I feel hungry. گرسنه‌ام.

I feel thirsty. تشنه‌ام است.

I feel well. حالم خوب است.

۲. [فعل] لمس کردن، به (چیزی) دست زدن

Feel this cloth!

به این پارچه دست بزن! این پارچه را لمس کنید!

feeling /'fi:ling/ [اسم] احساس، احساسات

She hid her feelings.

احساساتش را مخفی کرد.

feet /fi:t/ (جمعِ بی‌قاعدهٔ *foot*)

fell /fel/ (زمانِ گذشتهٔ فعلِ بی‌قاعدهٔ *fall*)

felt[1] /felt/ [اسم] نَمَد

(نوعی بافته که از کوبیدن و مالیدنِ پشم به‌هم تهیّه می‌شود و از آن زیرانداز درست می‌کنند)

felt

felt[2] /felt/ (زمانِ گذشته و صورتِ مفعولیِ فعلِ بی‌قاعدهٔ *feel*)

female /'fi:meyl/ ۱. [اسم] حیوانِ ماده، ماده

The cat is a female.

آن گربه ماده است.

۲. [اسم] زن

Is your nurse a female?

پرستارت زن است؟ پرستارتان زن است؟

fence /fens/ [اسم] نرده، حِصار

The fence was high. نرده بلند بود.

fence

ferry /'feri/ ۱. [اسم] لِنج، لنجِ مسافربر؛ لنجِ باربَر (نوعی قایق که مسافر یا وسایلِ نقلیّه را از روی آب می‌گذراند)

He went on the ferry. با لنج رفت.

۲. [فعل] (در موردِ مسافر یا بار) با لنج بردن؛ منتقل کردن، عبور دادن، بردن

The lifeboat ferried the crew.

قایقِ نجات خدمه را منتقل کرد.

festival /'festivəl/ [اسم] جشن، جشنواره

fetch /fech/ [فعل] آوردن، رفتن و آوردن

a = اَ ɑ = آ ʌ = آ (با دهانِ نیمه‌باز) ə = آ (با دهانِ نیمه‌بسته) e = اِ i = ای (کوتاه)

i: = ای (کشیده) o = اُ (تا حدودی کشیده) ō = و (در کلمهٔ موج) u = او (کوتاه) u: = او (کشیده) ey = اِی

Go and fetch a doctor!

برو دکتر بیاور! بروید دکتر بیاورید!

fever /ˈfi:vər/ [اسم] تب

I think I have a fever.

فکر می‌کنم تب دارم.

fever

few /fyu:/ [صفت] چندتا، چندتایی، تعدادی

*I gave him **a few** toys.*

چندتا اسباب بازی بهش دادم.

fiber /ˈfaybər/ [اسم] تار، نخ

Nylon is a kind of fiber.

نایلون نوعی نخ است.

fibre /ˈfaybər/ = **fiber**

field /fi:ld/ [اسم] مزرعه

The men worked in the field.

مردها در مزرعه کار می‌کردند.

fierce /firs/ [صفت] خشمگین، خشن؛ وحشی

The dogs looked fierce.

به نظر می‌رسید که سگها وحشی هستند.

fifteen /fifˈti:n/ ۱. [اسم] پانزده، عددِ پانزده، شمارهٔ پانزده

۲. [صفت] پانزده تا، پانزده

fifty /ˈfifti/ ۱. [اسم] پنجاه، عددِ پنجاه، شمارهٔ پنجاه

۲. [صفت] پنجاه تا، پنجاه

fight /fayt/ ۱. [فعل] جنگیدن، جنگ کردن

The two countries fought.

دو کشور با هم جنگ کردند.

۲. [فعل] کتک کاری کردن، دعوا کردن

The men fought in the street.

مردها توی خیابان کتک‌کاری کردند.

figure /ˈfigyər, ˈfigər/

۱. [اسم] رقم، عدد

How many figures has 24?

عددِ ۲۴ چند رقم دارد؟ عددِ ۲۴ چند رقمی است؟

۲. [اسم] شکل، تصویر

fill /fil/ [فعل] پر کردن

Don't fill the glass!

لیوان را پر نکن! لیوان را پر نکنید!

film /film/ [اسم] فیلم

We want to see a film.

می‌خواهیم فیلم ببینیم.

filthy /ˈfilthi/ [صفت] کثیف، خیلی کثیف

He is always filthy.

همیشه خیلی کثیف است.

fight

filthy

fin

fin /fin/ [اسم] (در موردِ ماهی) باله

find /faynd/ [فعل] پیدا کردن، یافتن

I can't find the car keys.

کـلیدهای مـاشین را پـیدا نـمی‌کنم. کلیدهای ماشین را نمی‌توانم پیدا کنم.

fine /fayn/ ۱. [اسم] جریمه

He paid a heavy fine.

جریمهٔ سنگینی پرداخت.

fine

۲. [صفت] خوب؛ عالی؛ قشنگ

She was wearing fine clothes.

لباسِ خوبی پوشیده بود. لباسِ قشنگی تنش بود.

"How are you?"

*"– **I'm fine**, thank you!"*

«حـالت چـطور است؟» ــ «خوبم، مـرسی!» «حـالتان چـطور است؟» ــ «حالم خوب است، متشکّرم!»

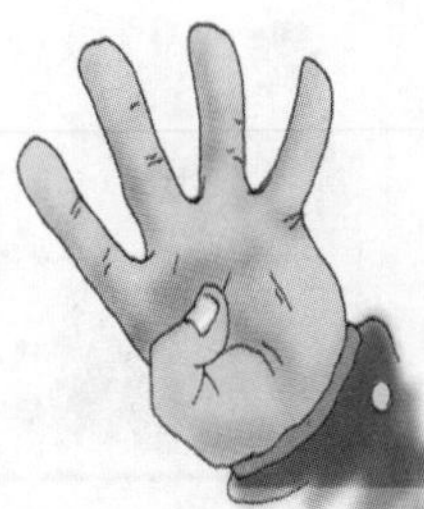
finger

finger /'fingər/

[اسم] انگـشتِ دسـت، انگـشت (چهار انگشتِ دست بدونِ در نظر گرفتنِ شست)

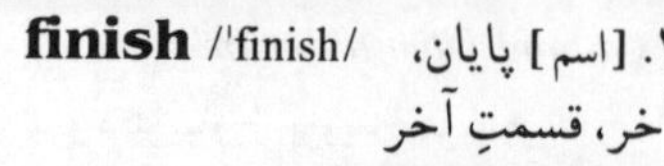

finish /'finish/ ۱. [اسم] پایان، آخر، قسمتِ آخر

I couldn't see the finish.

نتوانستم قسمتِ آخرش را ببینم.

۲. [فعل] تمام کردن

Finish your homework soon!

مشقهایت را زود تمام کن! مشقهایتان را زود تمام کنید!

۳. [فعل] تمام شدن، به پایان رسیدن

It finishes in October.

در ماهِ اکتبر تمام می‌شود.

fir /fər/ [اسم] نَراد (نوعی درختِ برگ‌سوزنیِ همیشه سبز)

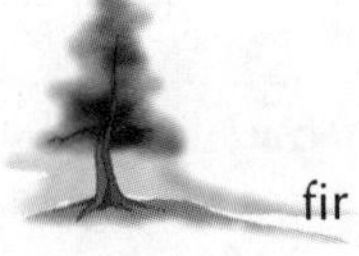
fir

fire /fayr/ ۱. [اسم] آتش

Our fathers discovered fire.

پدرانِ ما آتش را کشف کردند.

۲. [اسم] آتش‌سوزی، حریق

The fire damaged the school.

آتش‌سوزی به مدرسه آسیب رساند.

۳. [فعل] (در موردِ تفنگ یا اسلحه) شلیک کردن

He fired his gun.

تفنگش را شلیک کرد.

fireman /'fayrmən/

[اسم] آتش‌نشان

firemen /'fayrmən/

(جمعِ بی‌قاعدهٔ ***fireman***)

fireplace /'fayrpleys/

[اسم] شومینه

firework /'fayrwərk/

[اسم] فشفشه

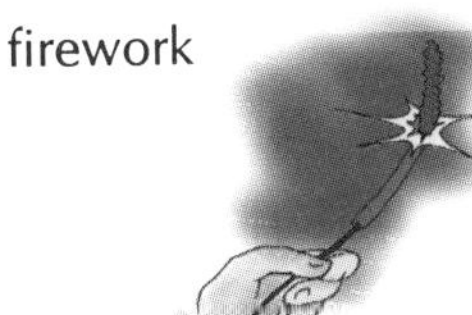

firm /fərm/ ۱. [اسم] شرکت

She works for a firm.

توی یک شرکت کار می‌کند.

۲. [صفت] محکم، سفت

The cushions are very firm.

کوسنها خیلی سفت هستند.

first /fərst/ ۱. [صفت] اوّلین، نخستین، اوّل، یکم، یکمین

This is my first child.

این اوّلین بچّهٔ من است.

۲. [قید] اوّلین بار

We first met at school.

ما اوّلین بار در مدرسه همدیگر را دیدیم.

first aid /fərst 'eyd/

[اسم] کمکهای اوّلیه

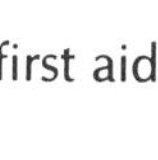

first name /'fərst neym/

[اسم] اسمِ کوچک، اسم، نام

What's her first name?

اسمش چی است؟ اسم کوچکش چیست؟

fish /fish/ [اسم] ماهی

He sells fish in the market.

در بازار ماهی می‌فروشد.

fisherman /'fishərmən/

[اسم] ماهی‌گیر

fishermen /'fishərmən/

(جمعِ بی‌قاعدِ *fisherman*)

fishing /'fishing/

[اسم] ماهی‌گیری

He goes fishing every week.

هر هفته می‌رود ماهی‌گیری.

fist /fist/ [اسم] مشت

She held the money in her fist.

پول را توی مشتش نگه داشت.

fit /fit/

۱. [اسم] (در موردِ بیماری و غیره) حمله

*He had **a fit of laughter**.*

از خنده روده‌بُر شد. از خنده ریسه رفت.

۲. [فعل] اندازه بودن

The dress fits perfectly.

لباس کاملاً اندازه است.

۳. [صفت] سالم، سرِحال

He's old, but fit.

پیر است ولی سالم است.

fisherman

fist

five /fɑyv/ ۱. [اسم] پنج، عددِ پنج، شمارهٔ پنج
۲. [صفت] پنج‌تا، پنج
He has five sisters.
پنج تا خواهر دارد. پنج خواهر دارد.

fix /fiks/ ۱. [فعل] نصب کردن، کارگذاشتن
I fixed the phone to the wall.
تلفن را روی دیوار نصب کردم.
۲. [فعل] درست کردن، تعمیرکردن
Dad's fixing the brakes.
بابا دارد ترمزها را تعمیر می‌کند.

flag

flag /flag/ ۱. [اسم] پرچم
۲. [اسم] زنبق، گلِ زنبق

flame /fleym/
[اسم] شعله، شعلهٔ آتش

flannel /ˈflanl/
۱. [اسم] پارچهٔ فلانِل (نوعی پارچهٔ پشمیِ سبک که برای کت و شلوار استفاده می‌شود)
۲. [اسم] لیف

flap

flap /flap/ ۱. [اسم] درِ بادبزنی
The cat got out through a flap.
گربه از درِ بادبزنی بیرون رفت.
۲. [فعل] تکان‌تکان خوردن
The flags flapped in the breeze.
پرچمها در نسیم تکان‌تکان می‌خوردند.
۳. [فعل] (در موردِ بالهای پرنده) به‌هم زدن
The bird flapped its wings.
پرنده بالهایش را به هم زد.

flash /flash/ ۱. [اسم] جرقّه
۲. [فعل] مثلِ برق گذشتن، مثلِ برق رد شدن
*The police car **flashed past**.*
ماشینِ پلیس مثلِ برق گذشت.

flask /flask/ ۱. [اسم] قمقمه
۲. [اسم] فلاسک

flask

flat /flat/ ۱. [اسم] آپارتمان
۲. [صفت] صاف، مسطّح
A table must be perfectly flat.
میز باید کاملاً مسطّح باشد.

flat

flavor /ˈfleyvər/ ۱. [اسم] مزه، طعم
I like the flavor of this food.
من از مزهٔ این غذا خوشم می‌آید.
۲. [فعل] به (غذا) چاشنی زدن، به (غذا) ادویه زدن
She flavored the rice.
به پلو ادویه زد.

flavour /ˈfleyvər/ = **flavor**

flesh /flesh/

[اسم] (در موردِ انسان، حیوان، میوه) گوشت

flew /flu:/

(زمانِ گذشتهٔ فعلِ بی‌قاعدهٔ ***fly***)

flight /flayt/ ۱. [اسم] پرواز

It's an hour's flight to Paris.

تا پاریس یک ساعت پرواز است.

۲. [اسم] (در موردِ پرنده) پرواز، پریدن

۳. [اسم] (در موردِ پرنده) قدرتِ پرواز

That bird ***has flight.***

آن پرنده قدرتِ پرواز دارد. آن پرنده می‌تواند بپرد.

۴. [اسم] ردیفِ پلّه

flipper /'flipər/

۱. [اسم] (در موردِ پنگوئن، سگِ آبی) باله

۲. [اسم] کفشِ غوّاصی، پای قورباغه

flipper

float /flōt/ ۱. [فعل] شناور بودن، شناور ماندن، روی آب ماندن

Wood usually floats.

چوب معمولاً شناور می‌ماند. چوب معمولاً روی آب می‌ماند.

۲. [فعل] حرکت کردن، تکان خوردن

The balloon floated in the sky.

بادکنک در آسمان تکان می‌خورد.

flock /flak/

۱. [اسم] (در موردِ پرندگان) دسته

۲. [اسم] (در موردِ گوسفندان) گلّه

flood /flʌd/ [اسم] سیل

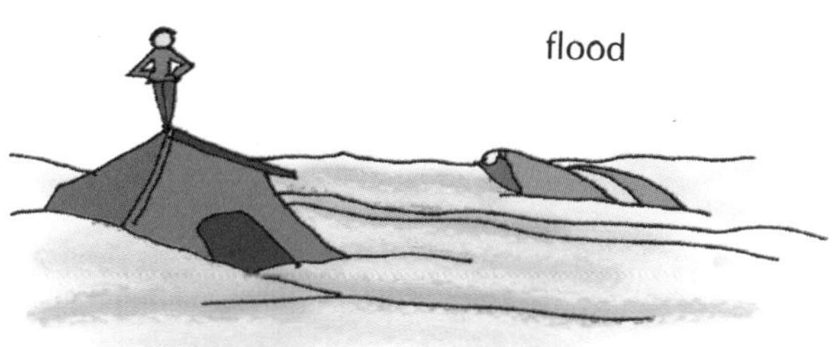

flood

floor /flor/ ۱. [اسم] کف، زمین، کفِ زمین، کفِ اتاق

۲. [اسم] (در موردِ ساختمان) طبقه

My flat is on the third floor.

آپارتمانِ من در طبقهٔ سوم است.

flour /flaor/ [اسم] آرد

flow /flō/ [فعل] جریان داشتن، جاری بودن

The river flowed gently.

رودخانه به آرامی جریان داشت.

flower /'flaoər/ [اسم] گُل

He grows flowers.

گُل پرورش می‌دهد.

flower

flown /flōn/

(صورتِ مفعولیِ فعلِ بی‌قاعدهٔ ***fly***)

fond /fand/ [صفت] علاقه‌مند، دلبسته؛ شیفته

He's fond of his teacher.

به معلّمش علاقه‌مند است.

food /fu:d/ [اسم] غذا

He loves good food.

عاشقِ غذای خوب است.

foot /fut/ [اسم] پا

Each foot has five toes.

هر پا پنج انگشت دارد.

football /'futbal/

۱. [اسم] فوتبال

The boys are playing footbal.

پسرها دارند فوتبال بازی می‌کنند.

۲. [اسم] توپِ فوتبال

football

footstep /'futstep/

۱. [اسم] صدای پا

I could hear her footsteps.

صدای پایش را می‌شنیدم.

۲. [اسم] جای پا

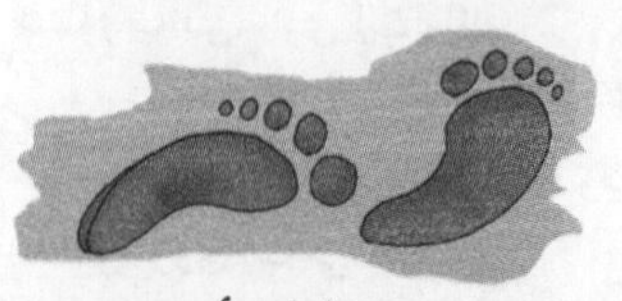

footsteps

flu /flu:/ [اسم] آنفلوانزا، سرماخوردگی

My sister has got flu.

خواهرم سرما خورده است. خواهرم آنفولانزا دارد.

fly /flay/ ۱. [اسم] مگس

۲. [فعل] پرواز کردن، پریدن

Most birds can fly.

بیشترِ پرندگان می‌توانند پرواز کنند.

۳. [فعل] با هواپیما رفتن

He flew to London.

با هواپیما رفت لندن.

fog /fag/ [اسم] مِه

The fog was thick. مِه غلیظ بود.

مهِ غلیظی بود.

fold /fōld/ ۱. [اسم] تا، چین

۲. [فعل] تا کردن، تا زدن

Fold the paper! کاغذ را تا بزن!

کاغذ را تا کنید!

follow /'falō/

۱. [فعل] دنبال کردن، تعقیب کردن، دنبالِ (کسی) رفتن، دنبالِ (کسی) آمدن

Don't follow me! دنبالِ من نیا!

من را تعقیب نکنید!

۲. [فعل] بعد از (کسی یا چیزی) آمدن، از پیِ (کسی یا چیزی) آمدن

Monday follows Sunday.

دوشنبه بعد از یکشنبه می‌آید.

۳. [فعل] ادامه دادن، دنبال کردن

Follow this road!

این جادّه را ادامه بده! این جادّه را دنبال کنید!

for /fər, for/ ۱. [حرفِ اضافه] برای، مالِ

He had a present for me.

هدیه‌ای برایم آورده بود.

۲. [حرفِ اضافه] مخصوصِ، مناسبِ

This knife is for cutting bread.

این چاقو مخصوصِ بریدنِ نان است.

force /fors/ [اسم] نیرو، قدرت

The wind had a lot of force.

نیروی باد خیلی زیاد بود. باد قدرتِ زیادی داشت.

forecast /'forkast/

۱. [اسم] پیش‌بینی

The weather forecast is at 8.

پیش‌بینیِ وضعِ هوا ساعتِ هشت است.

۲. [فعل] پیش‌بینی کردن

He forecasted good weather.

پیش‌بینیِ هوای خوبی را کرد. پیش‌بینی کرد که هوا خوب باشد.

forehead /'farid, 'forhed/

[اسم] پیشانی

foreign /'farin/ [صفت] خارجی

He speaks 2 foreign languages.

به دو زبانِ خارجی صحبت می‌کند.

forest /'farist/ [اسم] جنگل

Some animals live in forests.

بعضی از حیوانات در جنگل زندگی می‌کنند.

forever /fər'evər/

[قید] برای همیشه، تا اَبَد

You have lost it forever.

برای همیشه گمش کرده‌ای. برای همیشه گمش کرده‌اید.

forgave /fər'geyv/

(زمانِ گذشتهٔ فعلِ بی‌قاعدهٔ **forgive**)

forget /fər'get/

[فعل] فراموش کردن، یادِ (کسی) رفتن، از یاد بُردن

I've forgotten his name.

اسمش را فراموش کرده‌ام. اسمش یادم رفته است.

Forget it! قابلی نداره!

forgive /fər'giv/

[فعل] بخشیدن، عفو کردن

Can you forgive me?

می‌توانی مرا ببخشی؟ می‌شود مرا ببخشید؟

Forgive me! معذرت می‌خواهم!

forgiven /fər'givn/

(صورتِ مفعولیِ فعلِ بی‌قاعدهٔ **forgive**)

forgot /fər'gat/

(زمانِ گذشتهٔ فعلِ بی‌قاعدهٔ **forget**)

forgotten /fər'gatn/

(صورتِ مفعولیِ فعلِ بی‌قاعدهٔ **forget**)

fork /fork/ ۱. [اسم] چنگال

He ate with fork and knife.

با کارد و چنگال غذا خورد.

۲. [اسم] (در کشاورزی) چنگک

۳. [اسم] (در جادّه) دوراهی

form /form/ ۱. [اسم] پرسشنامه
She wrote it on the form.
روی پرسشنامه نوشتش.
۲. [اسم] (در مدرسه) پایه، کلاس
He is in the third form.
پایهٔ سوم است. کلاسِ سوم است.
۳. [فعل] درست کردن، ساختن، به [illegible]

fort /fort/ [اسم] قلعه، دِژ

fortnight /ˈfortnayt/
[اسم] دوهفته
I am back in a fortnight.
دوهفتهٔ دیگر برمی‌گردم.

fortune /ˈforchən/
۱. [اسم] شانس
He has a good fortune.
شانسش خوب است.
۲. [اسم] ثروت
His family fortune is huge.
ثروتِ خانوادگی‌اش عظیم است.
۳. [اسم] سرنوشت، آینده
*She can **tell your fortune.***
می‌تواند آینده‌ات را پیش‌گویی کند.
می‌تواند سرنوشتِ شما را پیش‌گویی کند.

forty /ˈforti/ ۱. [اسم] چهل، عددِ چهل، شمارهٔ چهل
۲. [صفت] چهل‌تا، چهل

fossil /ˈfasəl/ [اسم] فسیل، سنگواره (به باقی مانده یا اثرِ گیاهان یا جانورانی که در دورانهای پیش در لایه‌های زمین حفظ شده باشند سنگواره می گویند.)

fought /fat/
(زمانِ گذشته و صورتِ مفعولیِ فعلِ بی‌قاعدهٔ ***fight***)

found /faond/
(زمانِ گذشته و صورتِ مفعولیِ فعلِ بی‌قاعدهٔ ***find***)

fountain /ˈfaontn/ [اسم] فواره

fountain pen /ˈfaontn pen/
[اسم] خودنویس، قلم خودنویس

four /for/ ۱. [اسم] چهار، عددِ چهار، شمارهٔ چهار
۲. [صفت] چهارتا، چهار

fourteen /forˈti:n/
۱. [اسم] چهارده، عددِ چهارده، شمارهٔ چهارده
۲. [صفت] چهارده‌تا، چهارده

fowl /faol/ [اسم] پرنده، جوجه

fox /faks/ [اسم] روباه
Foxes have long tails.
دمِ روباه دراز است. روباه دمِ درازی دارد.

fox

a = اَ   ɑ = آ   ʌ = آ (با دهانِ نیمه‌باز)   ə = آ (با دهانِ نیمه‌بسته)   e = اِ   i = ای (کوتاه)
i: = ای (کشیده)   o = اُ (تا حدودی کشیده)   ō = و (در کلمهٔ موج)   u = او (کوتاه)   u: = او (کشیده)   ey = اِی

freeway /'fri:wey/

[اسم] آزادراه، اتوبان

freeze /fri:z/ [فعل] یخ زدن، یخ بستن

Water freezes at 0° C.

آب در صفر درجهٔ سلسیوس یخ می‌بندد.

freezer /'fri:zər/ [اسم] فریزر

I put the peas in the freezer.

نخودفرنگیها را در فریزر گذاشتم.

French /french/

۱. [اسم] زبانِ فرانسه، فرانسه

Do you speak French?

فرانسه بلدی؟ زبانِ فرانسه بلدید؟

۲. [صفت] (در موردِ شخص) فرانسوی

He is French. فرانسوی است.

fresh /fresh/ ۱. [صفت] تازه، تر و تازه

The apples are fresh.

سیبها تر و تازه هستند.

۲. [صفت] (در موردِ آب) شیرین (به آبی که نمک نداشته باشد، آبِ شیرین می‌گویند.)

These fish live in fresh water.

این ماهیها در آبِ شیرین زندگی می‌کنند.

۳. [صفت] (در موردِ هوا) تازه

Let's have some fresh air!

بگذار کمی هوای تازه بخوریم!
بگذارید یک کم هوای تازه بخوریم!

۴. [صفت] پرانرژی؛ شاداب

She always feels fresh.

همیشه پرانرژی است. همیشه شاداب است.

۵. [صفت] (در موردِ رنگ) روشن، زنده

fraction /'frakshən/

۱. [اسم] تکّه، ذرّه، جزء، قسمت، کمی

I opened the door a fraction.

در را کمی باز کردم. در را یک ذرّه باز کردم.

۲. [اسم] (در ریاضیّات) کسر

$\frac{3}{4}$ *and* $\frac{1}{2}$ *are fractions.*

$\frac{۳}{۴}$ و $\frac{۱}{۲}$ کسر هستند.

fracture /'frakchər/

[اسم] شکستگی

fragrant /'freygrənt/

[صفت] خوشبو، معطّر

Roses are very fragrant.

گلِ رُز خیلی خوشبو است.

frame /freym/

[اسم] (در موردِ عکس یا عینک) قاب

frame

free /fri:/ ۱. [صفت] آزاد

The children are free to play.

بچّه‌ها آزادند که بازی کنند.

۲. [صفت] مجّانی، مُفت، مُفتی

The drinks are free.

نوشیدنیها مجّانی هستند.

freedom /'fri:dəm/

[اسم] آزادی

I love my freedom.

من آزادی‌ام را خیلی دوست دارم.

اگر حرفِ آخرِ صفتی **-e** باشد، صورتِ تفضیلیِ آن **-r** و صورتِ عالیِ آن **-st** می‌گیرد.

free, freer, freest
wide, wider, widest

Friday /ˈfraydey/ [اسم] جمعه

I'll see you on Friday.

جمعه می‌بینمت. جمعه می‌بینمتان.

fridge /frij/ [اسم] یخچال

friend /frend/ [اسم] دوست، رفیق

We are old friends.

ما دوستهای قدیمی هستیم.

friendly /ˈfrendli/

[صفت] مهربان، صمیمی

She is very friendly.

خیلی مهربان است.

اگر حرفِ آخرِ صفتی ***y*** باشد و پیش از آن یکی از حروفِ بی‌صدا آمده باشد، برای ساختنِ صورتِ تفضیلی ***i*** جانشینِ ***y*** می‌شود و سپس ***-er*** می‌گیرد.
برای ساختنِ صورتِ عالی نیز ***i*** جانشینِ ***y*** می‌شود و سپس ***-est*** می‌گیرد.
friendly, friendlier, friendliest
angry, angrier, angriest

fright /frayt/ [اسم] ترس، وحشت

They always ***give me a fright.***

همیشه من را می‌ترسانند.

frighten /ˈfraytn/

[فعل] ترساندن، وحشت زده کردن

I didn't want to frighten you.

نمی‌خواستم بترسانمت. نمی‌خواستم شما را بترسانم.

frog /frag/ [اسم] قورباغه

Frogs live near water.

قورباغه نزدیکِ آب زندگی می‌کند.

frog

from /frəm, frʌm, fram/

۱. [حرفِ اضافه] از

She came home from school.

از مدرسه به خانه برگشت.

۲. [حرفِ اضافه] از طرفِ

The card is from my father.

کارتِ تبریک از طرفِ پدرم است.

front /frʌnt/ ۱. [اسم] جلو، قسمتِ جلو

She always sits at the front.

همیشه جلو می‌نشیند.

۲. [صفت] جلو، جلویی

I chew with my front teeth.

من با دندانهای جلویی‌ام می‌جوم.

frown /fraon/ [فعل] اخم کردن

Why are you frowning at me?

چرا به من اخم کرده‌ای؟ چرا به من اخم کرده‌اید؟

frown

froze /frōz/

(زمانِ گذشتهٔ فعلِ بی‌قاعدهٔ ***freeze***)

frozen[1] /ˈfrōzn/

(صورتِ مفعولیِ فعلِ بی‌قاعدهٔ ***freeze***)

frozen[2] /frōzn/

[صفت] یخ‌بسته، یخ‌زده

I don't like frozen food.

من غذای یخ‌زده دوست ندارم.

fruit /fru:t/ [اسم] میوه

fruit

---

a = اَ　a = آ　ʌ = آ (با دهانِ نیمه‌باز)　ə = آ (با دهانِ نیمه‌بسته)　e = اِ　i = ای (کوتاه)

i: = ای (کشیده)　o = اُ (تا حدودی کشیده)　ō = و (در کلمهٔ موج)　u = او (کوتاه)　u: = او (کشیده)　ey = اِی

fry /fray/ [فعل] سرخ کردن
Fry the potatoes!
سیب‌زمینیها را سرخ کن! سیب‌زمینیها را سرخ کنید!

fuel /'fyu:əl/ [اسم] سوخت
Coal is a cheap fuel.
زغال‌سنگ سوختِ ارزانی است.

full /ful/ [صفت] پُر
The class is full. کلاس پر است.

full stop /ful 'stap/
[اسم] نقطه، علامتِ •

fun /fʌn/ [اسم] تفریح، سرگرمی؛ مایهٔ تفریح، باعثِ سرگرمی
It is fun to go to the park.
رفتن به پارک مایهٔ سرگرمی است. رفتنِ به پارک تفریح دارد.

funny /'fʌni/ ۱. [صفت] عجیب، عجیب و غریب
Something funny happened.
اتّفاقِ عجیبی افتاد. چیزِ عجیبی اتّفاق افتاد.
۲. [صفت] بامزه، مضحک، خنده‌دار
He was telling funny stories.
داشت داستانهای خنده‌دار تعریف می‌کرد.
۳. [صفت] ناخوش، مریض
I feel funny after driving.
بعد از رانندگی حالم بد می‌شود. بعد از رانندگی ناخوش می‌شوم.

fur /fər/ [اسم] (در موردِ حیوان) مو؛ پشم؛ پوست

furniture /'fərnichər/
[اسم] اسباب و اثاثیّه، مبلمان، میز و صندلی

furniture

fury /'fyuri/ [اسم] خشم، عصبانیّت
The teacher is in a fury.
معلّم خشمگین است. معلّم خیلی عصبانی است.

future /'fyu:chər/ ۱. [اسم] آینده
I thought about his future.
به آینده‌اش فکر کردم. به فکرِ آینده‌اش بودم.
۲. [اسم] (در دستورِ زبان) زمانِ آینده

زمانِ آینده: فعل با اضافه کردنِ ***shall*** یا ***will*** به اوّلِ فعلِ اصلی ساخته می‌شود. معمولاً برای اوّل شخصِ مفرد و جمع از ***shall*** استفاده می‌شود. برای دیگر اشخاص از ***will*** استفاده می‌شود.

G,g

gallery /'galəri/

۱. [اسم] نمایشگاه، نگارخانه، گالری

(محلِ نمایشِ نقّاشیها و مجسّمه‌های هنری)

۲. [اسم] (در سالنِ تئاتر) بالکُن

galley /'gali/

۱. [اسم] کشتیِ جنگیِ یونانی (نوعی کشتیِ درازِ جنگی که زندانیان و بردگان با پارو آن را می‌راندند)

۲. [اسم] (در کشتی و هواپیما) آشپزخانه

gallop /'galəp/

[فعل] (در موردِ اسب) چهارنعل رفتن

The horse galloped away.

اسب چهارنعل رفت. اسب چهارنعل دور شد.

game /geym/ [اسم] بازی

Let's play a game!

بیا یک بازی‌ای بکنیم! بیایید یک بازی‌ای بکنیم!

gang /gang/

۱. [اسم] دار و دسته، باند؛ باندِ تبهکاران

The police caught the gang.

پلیس باندِ تبهکاران را گرفت.

gain /geyn/ ۱. [اسم] افزایش

I have a gain in weight.

وزنم افزایش پیدا کرده است.

۲. [فعل] سود بردن، استفاده کردن

*He **gained** nothing **from** it.*

هیچ سودی از آن نبرد. هیچ استفاده‌ای از آن نکرد.

galaxy /'galəksi/

[اسم] کهکشان (تعدادی ستاره و سیّاره که با هم مجموعه‌ای را می‌سازند؛ کرهٔ زمین و خورشید و سایرِ سیّاره‌های منظومهٔ شمسی جزوِ کهکشانِ راهِ شیری هستند.)

galaxy

galleon /'galiən/

[اسم] کشتیِ بادبانیِ اسپانیایی (نوعی کشتیِ بزرگ مجهز به توپهای جنگی که در قرنهای پانزده تا هفدهِ میلادی موردِ استفاده بوده است)

اگر دو حرفِ آخرِ اسمی به ترتیب حرفِ بی‌صدا و **y** باشد، برای ساختنِ صورتِ جمع، **y** حذف می‌شود و **-ies** اضافه می‌گردد.

gallery, galleries

اگر دو حرفِ آخرِ اسمی به ترتیب حرفِ صدادار و **y** باشد، برای ساختنِ صورتِ جمع فقط **-s** اضافه می‌گردد.

galley, galleys

۲. [اسم] گروه
The whole gang is here.
تمامِ گروه اینجا هستند.

gap /gap/ ۱. [اسم] فاصله
She has gaps between her teeth.
دندانهایش از هم فاصله دارند.
۲. [اسم] وقفه
After a gap, he returned.
بعد از یک وقفه برگشت.

garage /gə'raž/ ۱. [اسم] گاراژ، پارکینگ
I keep my car in the garage.
من ماشینم را توی گاراژ می‌گذارم.
۲. [اسم] پمپِ بنزین
The boy works in a garage.
آن پسر توی پمپِ بنزین کار می‌کند.
۳. [اسم] تعمیرگاه
My car's at the garage.
ماشینم تعمیرگاه است.

garbage can /'garbij kan/
[اسم] سطلِ آشغال، سطلِ زباله، زباله‌دانی، آشغال‌دانی

garden /'gardn/ [اسم] حیاط؛ باغ؛ باغچه
They have a big garden.
حیاطِ بزرگی دارند. باغِ بزرگی دارند.

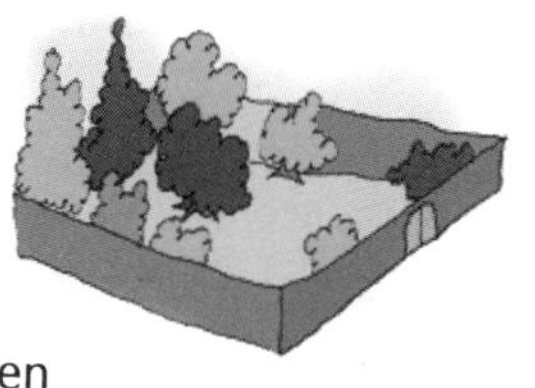
garden

gardener /'gardnər/
[اسم] باغبان
The gardener watered the roses.
باغبان به گلهای رُز آب داد.

garment /'garmənt/
[اسم] لباس
She wore a blue garment.
لباسِ آبی پوشید.

gas /gas/ ۱. [اسم] گاز
Air is a gas. هوا گاز است.
۲. [اسم] بنزین
I filled the car up with gas.
ماشین را پر از بنزین کردم.

gate /geyt/ [اسم] دروازه، درِ حیاط
He is closing the school gate.
دارد درِ حیاطِ مدرسه را می‌بندد.

gather /'gadhər/
[فعل] جمع شدن، گردِ هم آمدن
Muslims gather at mosques.
مسلمانان در مسجد جمع می‌شوند.

gave /geyv/
(زمانِ گذشتهٔ فعلِ بی‌قاعدهٔ ***give***)

geese /gi:s/ (جمعِ بی‌قاعدهٔ ***goose***)

general /'jenərəl/
۱. [اسم] سرلشگر (یکی از درجه‌های بالای ارتشی است)
۲. [صفت] عمومی، همگانی؛ کلّی
This is a general problem.
این یک مشکلِ عمومی است.

gardener

gate

generous /'jenərəs/
۱. [صفت] باگذشت، بلندنظر
She's very generous.
خیلی باگذشت است.
۲. [صفت] دست و دل باز، سخاوتمند
The rich man was generous.
مردِ ثروتمند سخاوتمند بود.

gentle /'jentl/ [صفت] مهربان، دل رحم؛ ملایم
She is a gentle girl.
دخترِ مهربانی است.

gently /'jentli/ [قید] بامهربانی؛ باملایمت، خیلی آرام
She answered me gently.
با مهربانی به من پاسخ داد.

genuine /'jenyuin/
۱. [صفت] اصل، واقعی، حقیقی
۲. [صفت] صادق، صمیمی، بی‌ریا
He is a very genuine person.
آدمِ بی‌ریایی است. خیلی صادق است.

geography /ji'ɑgrəfi/
[اسم] جغرافیا، جغرافی

geology /ji'ɑləji/
[اسم] زمین‌شناسی

geometry /ji'ɑmətri/
[اسم] هندسه

gerbil

gerbil /'jərbil/ [اسم] جِربیل، جَرد (پستانداری شبیهِ موش با پاهای عقبِ بلند و دمِ پوشیده از مو)

germ /jərm/ [اسم] میکروب
This medicine kills germs.
این دارو میکروبها را می‌کشد.

German /'jərmən/
۱. [اسم] زبانِ آلمانی، آلمانی
Do you speak German?
آلمانی بلدی؟ زبانِ آلمانی بلدید؟
۲. [اسم] (در موردِ شخص) آلمانی
He's a German. آلمانی است.
۳. [صفت] آلمانی، ـِ آلمان
German books کتابهای آلمانی
German people مردمِ آلمان

get /get/ ۱. [فعل] شدن
My cat is getting old.
گربه‌ام دارد پیر می‌شود.
۲. [فعل] خریدن؛ تهیّه کردن
I got a new bike yesterday.
دیروز یک دوچرخهٔ نو خریدم.
۳. [فعل] گرفتن، دریافت کردن
Did you get my letter?
نامه‌ام را گرفتی؟ نامه‌ام را دریافت کردید؟
۴. [فعل] به (جایی) رسیدن
When will we get there?
کِی به آنجا می‌رسیم؟ کِی می‌رسیم؟
۵. [فعل] آوردن
Get me some rice!
مقداری برنج برایم بیاور! کمی برنج برایم بیاورید!
Get ready! حاضر شو! آماده شوید!

get up /'get ʌp/
[فعل] بیدار شدن، از خواب بیدار شدن، پا شدن

ای (کوتاه) = i   اِ = e   آ (با دهانِ نیمه‌بسته) = ə   آ (با دهانِ نیمه‌باز) = ʌ   آ = ɑ   اَ = a
اِی = ey   او (کشیده) = u: او (کوتاه) = u   و (در کلمهٔ موج) = ō   اُ (تا حدودی کشیده) = o   ای (کشیده) = i:

What time did you get up?

کِی بیدار شدی؟ کِی از خواب بیدار شدید؟

ghost /gōst/ [اسم] شَبَح، روح

The story was about ghosts.

داستان دربارهٔ ارواح بود.

ghost

giant /'jɑyənt/ ۱. [اسم] غول

There's a giant in this story.

توی این داستان یک غول هست.

۲. [صفت] غول‌پیکر، عظیم

They live in a giant house.

در خانهٔ عظیمی زندگی می‌کنند.

gift /gift/ ۱. [اسم] هدیه، کادو

The earrings are a gift.

گوشواره‌ها کادو هستند.

۲. [اسم] استعداد

She has a gift for teaching.

استعدادِ معلّمی دارد.

gift

gigantic /jɑy'gantik/

[صفت] غول‌پیکر، عظیم؛ عظیم‌الجثّه

He built a gigantic house.

خانهٔ عظیمی ساخت.

giraffe /ji'raf/ [اسم] زرافه

Giraffes have long necks.

گردنِ زرافه دراز است. زرافه گردنِ درازی دارد.

girl /gərl/ [اسم] دختر، دختربچّه، دخترخانم

She's a clever girl.

دخترِ باهوشی است.

give /giv/ [فعل] دادن

Dad gave me this yesterday.

بابا دیروز این را بهم داد.

given /'givən/

(صورتِ مفعولیِ فعلِ بی‌قاعدهٔ **give**)

glacier /'gleyshər/

[اسم] یخچال، یخچالِ طبیعی (تکّه‌های عظیمِ یخ که از کوهها به سوی درّه‌ها سرازیر می‌شود)

glad /glad/ ۱. [صفت] خوشحال، شاد

I am glad to see you.

از دیدنت خوشحال هستم. از دیدنِ شما شاد شدم.

۲. [صفت] مایل، مشتاق، علاقه‌مند

I'm glad to help you.

علاقه‌مندم که بهت کمک کنم. مایل هستم به شما کمک کنم.

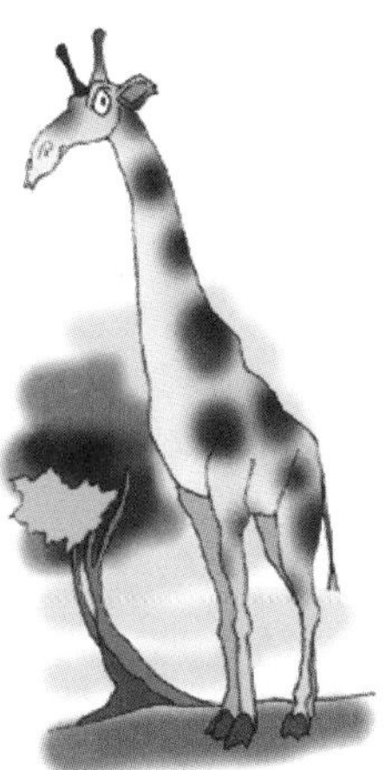

giraffe

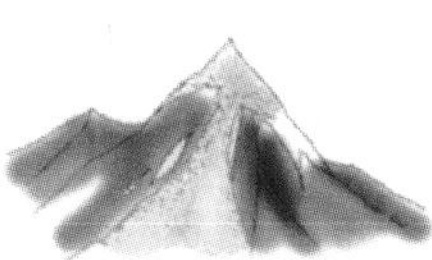

glacier

glass /glas/ ۱. [اسم] شیشه
Glass is easily broken.
شیشه به آسانی می‌شکند. شیشه خیلی راحت می‌شکند.
۲. [اسم] لیوان
He drank a glass of milk.
یک لیوان شیر خورد.

glasses /'glasiz/ [اسم] عینک
Where are my glasses?
عینکم کجاست؟

glide /glɑyd/
[فعل] به آرامی گذشتن، بـه نـرمی رد شدن
*The swans **glided past.***
قوها به آرامی گذشتند.

glider /'glɑydər/ [اسم] گلایدر
(نوعی هواپیمای بی‌موتور که بـا جـریانِ هـوا حرکت می‌کند)

globe /glōb/ [اسم] کُرهٔ جغرافیا، کُره

globe

glove /glʌv/ [اسم] دستکش
Wear your gloves!
دستکشهایت را بپوش! دستکشهایتان را دست کنید!

glue /glu:/ [اسم] چسب
He mended the cup with glue.
فنجان را با چسب تعمیر کرد. فـنجان را با چسب درست کرد.

gnat /nat/ [اسم] پشه
Gnats usually live near water.
پشـه‌ها مـعمولاً نـزدیکِ آب زنـدگی می‌کنند.

gnaw /nɑ/ [فعل] گاز زدن، جویدن
The dog gnawed at the bone.
سگ استخوان را گاز می‌زد.

go /gō/ [فعل] رفتن
She is going out to play.
دارد می‌رود بیرون بازی کند.
*What time do you **go to bed?***
کِی مـی‌خوابـی؟ کِـی بـه رخـتخواب می‌روید؟
***I went shopping** today.*
امروز رفتم خرید.
Be gone! برو گمشو!

goal /gōl/ [اسم] دروازه، گُل
The ball is going into the goal.
توپ دارد می‌رود توی گل. توپ دارد گل می‌شود.
*Who **scored the goal?*** کی گُل زد؟

goal

goat /gōt/ [اسم] بُز
Goats have horns. بز شاخ دارد. بزها شاخ دارند.

goat

a = اَ ɑ = آ ʌ = آ (با دهانِ نیمه‌باز) ə = آ (با دهانِ نیمه‌بسته) e = اِ i = ای (کوتاه)
i: = ای (کشیده) o = اُ (تا حدودی کشیده) ō = و (در کلمهٔ موج) u = او (کوتاه) u: = او (کشیده) ey = اِی

goblin /ˈgɑblin/

[اسم] (در افسانه‌ها) دیو، جِن

goblin

God /gɑd/ [اسم] خدا، خداوند، پروردگار، آفریدگار

goggles /ˈgɑgəlz/

[اسم] عینکِ ایمنی (نوعی عینک که از چشمها در هنگامِ موتورسواری، غوّاصی، جوشکاری و کارهای مشابه محافظت می‌کند)

goggles

gold /gōld/ [اسم] طلا

Gold is very expensive.

طلا بسیار گران است.

golf /gɑlf/ [اسم] گُلف

(ورزشی که در زمینِ چمنِ بزرگی که هیجده سوراخ دارد بازی می‌کنند؛ هدفِ بازی فرستادنِ توپ با چوبِ مخصوص به داخلِ سوراخها است.)

golf club /ˈgɑlf klʌb/

۱. [اسم] چوبِ گُلف

۲. [اسم] باشگاهِ گُلف

gone /gɑn/

(صورتِ مفعولیِ فعلِ بی‌قاعدهٔ ***go***)

good /gud/ ۱. [صفت] خوب

That's a good film.

فیلمِ خوبی است.

۲. [صفت] خوب، مهربان

She's a good teacher.

معلّمِ مهربانی است.

۳. [صفت] باادب، باتربیت، مؤدّب، خوب

He is a good boy.

پسرِ خوبی است. پسرِ باادبی است.

۴. [صفت] قشنگ، جالب

That is a good story.

داستانِ قشنگی است. داستانِ جالبی است.

۵. [صفت] ماهر، خوب

She is good at mathematics.

ریاضیّاتش خوب است.

Good morning!

(هنگامِ سلام یا خداحافظی) صبح به خیر! صبحِ شما به خیر!

Good afternoon!

(هنگامِ سلام یا خداحافظی) عصر به خیر! عصرِ شما به خیر! عصرتان به خیر!

Good evening!

(هنگامِ سلام یا خداحافظی) عصر به خیر! عصرِ شما به خیر! شب به خیر! شبِ شما به خیر!

Good night!

(فقط هِنگامِ خواب) شب به خیر! شب خوش! شبتان به خیر!

Good luck! موفّق باشی! موفّق باشید!

goodby /gudˈbay/

[عبارتِ تعجّبی] خداحافظ

goodbye /gudˈbay/

= **goodby**

golf

goose /gu:s/ [اسم] غاز

A goose has a long neck.

غاز گردنِ درازی دارد. گُردنِ غاز دراز است.

gooseberry /ˈgu:sberi/

[اسم] انگورفرنگی (میوه‌ای سبزرنگ و ترش‌مزه که شکلش شبیهِ انگور است)

gorilla /gəˈrilə/ [اسم] گوریل

Gorillas live in forests.

گوریل در جنگل زندگی می‌کند.

گوریلها توی جنگل زندگی می‌کنند.

gorilla

got /gɑt/

(زمانِ گذشتهٔ فعلِ بی‌قاعدهٔ ***get***)

gotten /ˈgɑtn/

(صورتِ مفعولیِ فعلِ بی‌قاعدهٔ ***get***)

government /ˈgʌvərnmənt/

[اسم] دولت

Who leads the government?

دولت را چه کسی رهبری می‌کند؟

رئیسِ دولت چه کسی است؟

grab /grab/ [فعل] گرفتن؛ قاپیدن، قاپ زدن

He grabbed my blouse.

بلوزم را گرفت.

He grabbed my bag.

کیفم را قاپ زد.

grade /greyd/ [اسم] پایه، کلاس

She's in the second grade.

کلاسِ دوم است.

gradual /ˈgrajuəl/

۱. [صفت] تدریجی

We need a gradual change.

به یک تغییرِ تدریجی نیاز داریم.

۲. [صفت] (در موردِ شیب) ملایم

grain /greyn/

۱. [اسم] غلّه

۲. [اسم] دانه

gram /gram/ [اسم] گِرَم

(یکی از واحدهای اندازه‌گیریِ وزن؛ هر هزار گرم برابرِ یک کیلو است.)

granary /ˈgranəri/

[اسم] انبارِ غلّه

The granaries are empty.

انبارهای غلّه خالی است.

granary

grand /grand/

۱. [صفت] (در موردِ آدم) مهم؛ پولدار

۲. [صفت] (در موردِ ساختمان) عظیم

grandchild /ˈgranchɑyld/

[اسم] نوه

She has three grandchildren.

سه تا نوه دارد.

grandchildren /ˈgran-childrən/ (جمعِ بی‌قاعدهٔ ***grandchild***)

granddaughter /'grandɑtər/ [اسم] نوهٔ دختر

She has two granddaughters.

دو تا نوهٔ دختر دارد.

grandfather /'granfɑdhər/

[اسم] پدربزرگ، بابابزرگ

My grandfather is kind.

پدربزرگم مهربان است.

grandmother /'granmʌdhər/ [اسم] مادربزرگ، مامان بزرگ

My grandmother told us a joke.

مادربزرگم یک جوک برایمان تعریف کرد.

grandson /'gransʌn/

[اسم] نوهٔ پسر

She has two grandsons.

دو تا نوهٔ پسر دارد.

grape /greyp/ [اسم] انگور

I like grapes. من انگور دوست دارم.

grape

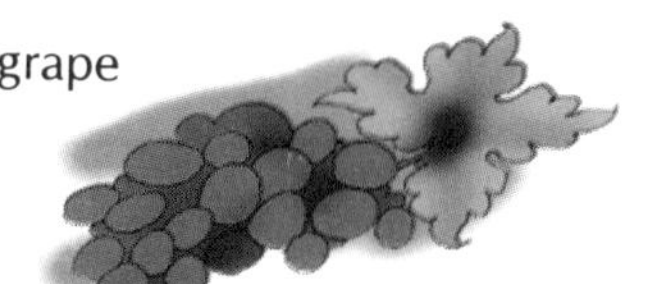

grapefruit /'greypfru:t/

[اسم] گریپ‌فروت (میوه‌ای شبیهِ پرتقال ولی بزرگتر؛ پوستِ گریپ‌فروت زردِ کمرنگ و مزهٔ آن ترش و تلخ است.)

grass /gras/ ۱. [اسم] چمن
۲. [اسم] علف

grasshopper /'grashɑpər/

[اسم] ملخ

A grasshopper is an insect.

ملخ حشره است.

grasshopper

grateful /'greytfəl/

[صفت] ممنون، متشکّر

I'm grateful for your help.

از کمکت متشکّرم. از کمکِ شما ممنون هستم.

gravity /'graviti/

[اسم] نیروی جاذبهٔ زمین، نیروی جاذبه، جاذبه

gravity

gravy /'greyvi/

[اسم] آبِ گوشت، عصارهٔ گوشت، شیرهٔ گوشت؛ سسِ گوشت

gray /grey/

۱. [صفت] خاکستری، خاکستری رنگ، طوسی، دودی رنگ
۲. [اسم] رنگِ خاکستری، طوسی، دودی

graze /greyz/ ۱. [اسم] خراش، خراشیدگی
۲. [فعل] خراشیدن، خراش دادن
۳. [فعل] چریدن، چرا کردن

The sheep were grazing.

گوسفندان چرا می‌کردند.

grease /gri:s/ [اسم] روغن، گریس

Put some grease on the car!

یک کم گریس به ماشین بزن! کمی روغن به ماشین بزنید!

great /greyt/ ۱. [صفت] زیاد؛ عظیم، خیلی بزرگ

He has a great house.

خانهٔ عظیمی دارد. خانهٔ خیلی بزرگی دارد.

۲. [صفت] مهم

His father is a great man.

پدرش آدمِ مهمّی است.

۳. [صفت] عالی، خیلی خوب

That is a great book.

کتابِ خیلی خوبی است.

greedy /'gri:di/

۱. [صفت] حریص

۲. [صفت] شکمو

green /gri:n/ ۱. [صفت] سبز، سبزرنگ

۲. [اسم] رنگِ سبز، سبز

۳. [اسم] سبزه، چمن

۴. [اسم] برگِ سبز

greenhouse

greenhouse /'gri:nhaos/ [اسم] گُلخانه

grew /gru:/ (زمانِ گذشتهٔ فعلِ بی‌قاعدهٔ ***grow***)

grey /grey/ = **gray**

grief /gri:f/ [اسم] غم، غصّه

Her grief was great.

خیلی غصّه‌دار بود. غمش بزرگ بود.

grip /grip/ [اسم] عملِ گرفتن

Take a grip on the rope!

طناب را بگیر! طناب را بگیرید!

ground /graond/ [اسم] زمین، کفِ زمین؛ کفِ اتاق

He fell to the ground. افتاد زمین.

group /gru:p/ [اسم] گروه، دسته

Get into groups of four!

به دسته‌های چهارنفری تقسیم شوید! گروههای چهارنفری تشکیل بدهید!

grow /grō/ ۱. [فعل] رشد کردن، بزرگ شدن

How you've grown!

چقدر بزرگ شده‌ای! چقدر رشد کرده‌اید!

۲. [فعل] (در موردِ گل و گیاه) روییدن

Some plants grow in forests.

بعضی از گیاهان در جنگل می‌رویند.

۳. [فعل] (در موردِ گل و گیاه) پرورش دادن

He grows flowers.

گل پرورش می‌دهد.

growl /graol/

[فعل] (در موردِ حیوانِ عصبانی) خُرخُر کردن، غُرغُر کردن؛ پارس کردن

The dog growled at us.

سگ بهمان پارس کرد.

grown /grōn/

(صورتِ مفعولیِ فعلِ بی‌قاعدهٔ ***grow***)

grub /grʌb/ [اسم] کرمِ حشره

grunt /grʌnt/

[اسم] صدای خوک، خُرخُر

guard /gard/ [اسم] محافظ، نگهبان

The guards stopped us.

نگهبانها ما را متوقّف کردند.

guess /ges/ ۱. [اسم] حدس، گمان

It's a guess. حدس است.

حدس می‌زنم.

۲. [فعل] حدس زدن

I guess he's about fifty.

حدس می‌زنم حدودِ پنجاه سالش باشد.

guest /gest/ [اسم] مهمان، میهمان

We have guests tonight.

امشب مهمان داریم.

guide /gayd/ ۱. [اسم] راهنما

Who is your tour guide?

راهنمای تورت کی است؟ راهنمای تورِ شما چه کسی است؟

۲. [فعل] راهنمایی کردن

He guided us to the university.

ما را به طرفِ دانشگاه راهنمایی کرد.

guilty /'gilti/ [صفت] مقصّر؛ گناهکار

Who is guilty?

مقصّر چه کسی است؟ گناهکار کی است؟

I feel guilty. احساسِ گناه می‌کنم.

guinea pig /'gini pig/

[اسم] خوکچهٔ هندی

guitar /gi'tar/ [اسم] گیتار

(نوعی سازِ موسیقی که شش سیم دارد و با ناخن یا مضراب می‌نوازند)

He is playing a guitar.

دارد گیتار می‌زند.

guitar

gulf /gʌlf/

[اسم] (در جغرافیا) خلیج

the Persian Gulf خلیجِ فارس

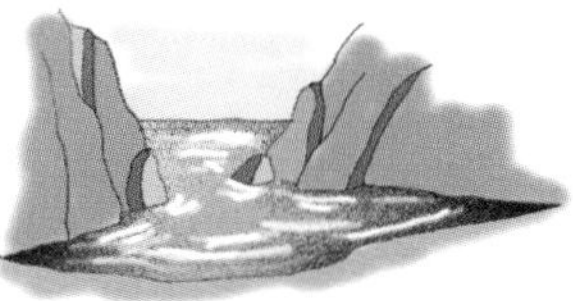

gulf

gum /gʌm/ ۱. [اسم] لثه

His gums bleeded.

لثه‌هایش خونریزی کرد.

۲. [اسم] آدامس

She chews gum all the time.

تمامِ مدّت آدامس می‌جود.

۳. [اسم] چسبِ مایع

She used some gum.

یک کمی چسبِ مایع زد.

۴. [اسم] پاستیل

Children like gums.

بچّه‌ها پاستیل دوست دارند.

gun /gʌn/ [اسم] تفنگ

The soldier had a gun.

سرباز تفنگ داشت.

gunpowder /'gʌnpaodər/

[اسم] باروت (مادّهٔ منفجره‌ای که از آن در گلولهٔ تفنگ و توپ استفاده می‌کنند)

gutter /'gʌtər/ ۱. [اسم] آب‌رو، آب‌روی شیروانی

He cleaned the gutter.

آب‌روی شیروانی را پاک کرد.

۲. [اسم] (در خیابان) جو، جوی، جوب، جوبِ آب

He threw it into the gutter.

انداختش توی جوبِ آب.

guinea pig

H,h

habit /'habit/ [اسم] عادت

She had a habit of being late.

عادت داشت دیر بیاید.

*He **is in the habit of** lying.*

عادت دارد دروغ بگوید.

had /həd, had/

(زمانِ گذشته و صورتِ مفعولیِ فعلِ ***have***)

had	صورتِ کامل
'd	صورتِ کوتاه شده
had not	صورتِ منفی
hadn't	صورتِ کوتاه‌شدهٔ منفی

haddock /'hadək/

[اسم] ماهیِ روغنِ خالدار (نوعی ماهی روغن خوراکی در اقیانوسِ اطلسِ شمالی)

hadn't /'hadnt/

(صورت کوتاه شدهٔ منفیِ فعلِ ***had***)

had to /'had tə/

(زمانِ گذشتهٔ فعلِ ***have to***)

hail /heyl/ [اسم] تگرگ

hair /her/ [اسم] مو، زُلف، گیس

I have short hair.

موی من کوتاه است.

hairdresser /'herdresər/

[اسم] سلمانی، آرایشگر

hairy /'heri/ [صفت] پشمالو، پرمو، مودار

He has hairy legs.

پاهایش پشمالو است.

hake /heyk/ [اسم] ماهیِ هِیْک (نوعی ماهیِ روغنِ خوراکی)

half /haf/ ۱. [اسم] نیم، نصف

Half of the class studied hard.

نصفِ کلاس حسابی درس خواندند.

۲. [اسم] بلیتِ نیم بها، بلیتِ نصف قیمت

A half to London, please!

یک بلیت نیم بها تا لندن می‌خواهم!
لطفاً یک بلیتِ نصفِ قیمت برای لندن!

*It's **half past** three.*

ساعت سه و نیم است.

*The film took **half an hour**.*

فیلم نیم ساعت طول کشید.

hall /hɑl/ ۱. [اسم] راهرو، هال

We hung our coats in the hall.

پالتوهایمان را توی راهرو آویزان کردیم.

۲. [اسم] سالن، تالار

The hall was full. سالن پر بود.

---

a = اَ ɑ = آ ʌ = آ (با دهانِ نیمه‌باز) ə = آ (با دهانِ نیمه‌بسته) e = اِ i = ای (کوتاه)

i: = ای (کشیده) o = اُ (تا حدودی کشیده) ō = و (در کلمهٔ موج) u = او (کوتاه) u: = او (کشیده) ey = اِی

halves /havz/ (جمعِ *half*)

ham /ham/ [اسم] ژامبون
(قسمتی از گوشتِ رانِ خوک)

hamburger /ˈhambərgər/
[اسم] همبرگر، ساندویچ همبرگر
I like eating hamburgers.
من همبرگر دوست دارم.

hammer /ˈhamər/ [اسم] چکش
Hit the nails with a hammer!
میخها را با چکش بزن! میخها را با چکش بزنید!

hamster /ˈhamstər/
[اسم] هامستر، کیسه‌دهان (جانوری از خانوادهٔ موش که دمِ کوتاه و لُپهای بزرگی برای حملِ غذا دارد)

hamster

hand /hand/ ۱. [اسم] دست
Wash your hands!
دستهایت را بشوی! دستهایتان را بشویید!
Hands off! دست نزن!
دستت را بکش!
Hands up! دست‌ها بالا!

۲. [اسم] (در موردِ ساعت) عقربه
The clock has two hands.
ساعت دوتا عقربه دارد.
۳. [فعل] دادن، با دست دادن
Hand me the book, please!
لطفاً کتاب را به من بده! خواهش می‌کنم کتاب را به من بدهید!

handbag /ˈhandbag/
[اسم] (برای خانمها) کیف
The keys are in my handbag.
کلیدها توی کیفِ من هستند.

handkerchief /ˈhankərchif/
[اسم] دستمال
Her handkerchief was dirty.
دستمالش کثیف بود.

handle /ˈhandl/
۱. [اسم] (در موردِ در یا پنجره) دستگیره
She turned the handle.
دستگیره را چرخاند.
۲. [اسم] دسته
The handle of my cup is red.
دستهٔ فنجانِ من قرمز است.

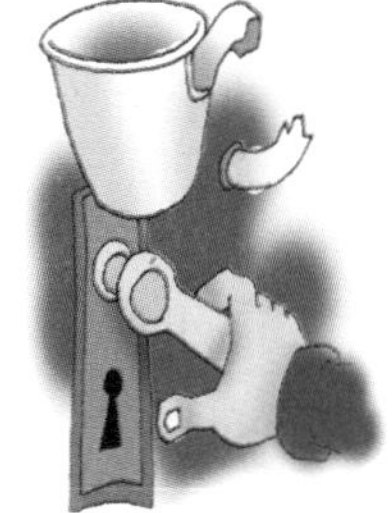
handle

handlebars /ˈhandlbɑrz/
[اسم] (در موردِ دوچرخه) دسته، فرمان
He turned the handlebars.
دسته را پیچاند.

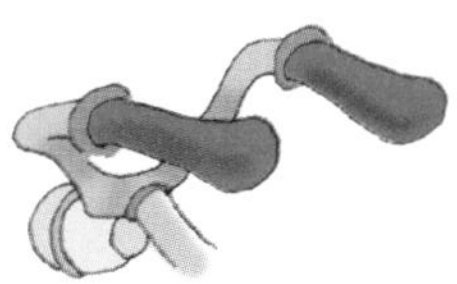
handlebars

handsome /ˈhansəm/
[صفت] (در موردِ مردها) جذّاب، خوش قیافه، خوش تیپ
He is tall and handsome.
قدبلند و خوش قیافه است.

handwriting /'handrαyting/
[اسم] خط، دستخط
I can't read his handwriting.
نمی‌توانم خطّش را بخوانم.

hang /hang/
۱. [فعل] آویزان کردن، آویختن
Please hang your coat here!
لطفاً پالتویت را اینجا آویزان کن! لطفاً پالتویتان را اینجا بیاویزید!
۲. [فعل] آویزان بودن
Clothes hung in the closet.
لباسها توی کمد آویزان بودند.

hangar /'hangər/ [اسم] آشیانه
(ساختمانِ بزرگی که هواپیماها را در آن نگه می‌دارند)

hang-glider /'hang glαydər/
[اسم] کایت (چارچوبی که با پارچه می‌پوشانند و با گرفتنِ آن در هوا پرواز می‌کنند)

hang-glider

happen /'hapən/
[فعل] اتّفاق افتادن
When did it happen?
چه موقع اتّفاق افتاد؟ کِی این اتّفاق افتاد؟

happily /'hapili/
[قید] با خوشحالی، با شادی، خیلی شاد، خیلی خوشحال
Children were playing happily.
بچّه‌ها خیلی خوشحال بازی می‌کردند.

happiness /'hapinis/
[اسم] خوشحالی، شادی؛ خوشبختی
She's found true happiness.
خوشبختیِ واقعی را پیدا کرده است.

happy /'hapi/ [صفت] خوشحال، شاد
You look very happy today.
امروز خیلی خوشحالی. به نظر می‌رسد امروز شاد هستید.

harbor /'hαrbər/ [اسم] بندر
We reached the harbor at 4.
ساعتِ چهار به بندر رسیدیم.

harbor

harbour /'hαrbər/ = **harbor**

hard /hαrd/ ۱. [صفت] سفت، محکم
The chair was hard.
صندلی سفت بود.
۲. [صفت] سخت، مشکل
This year's exam was very hard.
امتحانِ امسال خیلی سخت بود.
۳. [قید] سخت، حسابی
He studies hard.
حسابی درس می‌خوانَد.

hare /her/ [اسم] خرگوش
Hares can run very quickly.
خرگوش خیلی سریع می‌دود.

hare

harm /harm/ ۱. [اسم] آسیب، صدمه
۲. [فعل] به (چیزی) آسیب رساندن، به (چیزی) صدمه زدن
The heat harmed the plant.
گرما به گیاه آسیب رساند.

harness /ˈharnis/
۱. [اسم] ساز و برگِ اسب (بندها و تسمه‌های چرمی که دورِ سر و بدنِ اسب می‌بندند و به کمکِ آن اسب را کنترل می‌کنند)
۲. [اسم] (در موردِ چترِ نجات) بند، تسمه

harsh /harsh/ ۱. [صفت] سخت، مشکل
They have a harsh living.
زندگیِ سختی دارند.
۲. [صفت] (در موردِ هوا) سرد و خشن
The climate here is harsh.
آب و هوای اینجا سرد و خشن است.
۳. [صفت] (در موردِ آدم) جدّی، خشک، خشن، سختگیر
She is a harsh nurse.
پرستارِ سختگیری است.
۴. [صفت] (در موردِ صدا) خشن
She has a loud harsh voice.
صدای بلند و خشنی دارد. صدایش بلند و خشن است.

harvest /ˈharvist/
۱. [اسم] درو، برداشتِ محصول
It's harvest time. وقتِ درو است.
وقتِ برداشتِ محصول است.
۲. [اسم] خرمن، محصول

harvest

has /həz, haz/
(سوم شخصِ مفردِ زمانِ حالِ فعلِ ***have***)

صورتِ کامل	***has***
صورتِ کوتاه شده	***'s***
صورتِ منفی	***has not***
صورتِ کوتاه شدهٔ منفی	***hasn't***

hasn't /ˈhaznt/
(صورتِ کوتاه شدهٔ منفیِ فعلِ ***has***)

has to /ˈhaz tə/
(سوم شخصِ مفردِ زمانِ حالِ فعلِ ***have to***)

hat /hat/ [اسم] کلاه
The boy was wearing a hat.
پسر کلاهی سرش گذاشته بود. پسره کلاه داشت.

hate /heyt/

[فعل] از (کسی یا چیزی) متنفّر بودن، از (کسی یا چیزی) تنفّر داشتن، از (کسی یا چیزی) منزجر بودن، از (کسی یا چیزی) بیزار بودن

My cat hates dogs.

گربهٔ من از سگها بیزار است.

have /həv, hav/ ۱. [فعل] داشتن

صورتِ کامل	**have**
صورتِ کوتاه شده	**'ve**
صورتِ منفی	**have not**
صورتِ کوتاه شدهٔ منفی	**haven't**

I haven't got a car.

من ماشین ندارم.

She has a headache. سردرد دارد.

سرش درد می‌کند.

We had a good time.

اوقاتِ خوشی داشتیم. بهمان خوش گذشت.

They have a difficult life.

زندگیِ سختی دارند. زندگیشان سخت می‌گذرد.

We wanted to have a break.

می‌خواستیم زنگِ تفریح داشته باشیم. زنگِ تفریح می‌خواستیم.

۲. [فعل] کردن

We had an accident yesterday.

دیروز تصادف کردیم.

۳. [فعل] خوردن، میل کردن؛ نوشیدن، آشامیدن

I had lunch at 12.

ساعتِ دوازده ناهار خوردم.

We had a drink together.

با هم یک نوشیدنی خوردیم.

۴. [فعلِ کمکی] (در زمانِ حال، همراهِ صورتِ مفعولیِ فعلِ دیگری می‌آید و ماضیِ نقلی می‌سازد)

I have finished my homework.

مشقم را تمام کرده‌ام.

۵. [فعلِ کمکی] (در زمانِ گذشته، همراهِ صورتِ مفعولیِ فعلِ دیگری می‌آید و ماضیِ بعید می‌سازد)

I had seen him before.

قبلاً او را دیده بودم.

haven't /ˈhavnt/

(صورتِ کوتاه شدهٔ منفیِ فعلِ ***have***)

have to /ˈhav tə/

[فعلِ کمکی] باید، بایست، بایستی، می‌بایست؛ مجبور بودن

I have to study hard.

باید حسابی درس بخوانم. مجبورم حسابی درس بخوانم.

You don't have to pay.

نباید پول بدهی. مجبور نیستید پول بدهید.

She doesn't have to come.

نباید بیاید. مجبور نیست بیاید.

We had to tell him.

بایستی بهش می‌گفتیم. مجبور بودیم بهش بگوییم.

I didn't have to cook.

نمی‌بایست آشپزی می‌کردم. مجبور نبودم آشپزی کنم.

hawk /hɑk/ [اسم] قوش

(پرنده‌ای بزرگ با چنگالهای تیز، منقارِ خمیده و چشمهای بسیار قوی)

hawk

hay /hey/ [اسم] علفِ خشک، یونجه

he /hi, hi:/

[ضمیر] (در موردِ پسر یا مرد) او، وی

Where is he? کجاست؟ او کجاست؟

head /hed/ ۱. [اسم] سر، کلّه

She turned her head.

سرش را برگرداند.

۲. [اسم] رئیس، سرپرست، مدیر، رهبر

He is the head of the company.

او رئیسِ شرکت است.

headache /ˈhedeyk/

[اسم] سَردرد

I have a headache. سردرد دارم.

سرم درد می‌کند.

health /helth/ [اسم] سلامتی، تندرستی

I'm worried about my health.

نگرانِ سلامتی‌ام هستم.

healthy /ˈhelthi/

۱. [صفت] سالم، سرِحال

He is a healthy little boy.

یک پسرِ کوچولوی سالم است.

۲. [صفت] (در موردِ هوا، رژیمِ غذایی) سالم

They have a healthy climate.

آب و هـوای سـالمی دارنـد. آب و هوایشان سالم است.

heap /hi:p/ [اسم] دسته، کُپّه

A heap of books lay there.

یک دسته کتاب آنجا بود.

*She **collapsed in a heap**.*

یکهو نقشِ بر زمین شد.

hear /hir/ [فعل] شنیدن

Can you hear anything?

چیزی می‌شنوی؟ چیزی می‌شنوید؟

heard /hərd/

(زمانِ گذشته و صورتِ مفعولیِ فعلِ بی‌قاعدهٔ ***hear***)

hearing /ˈhiring/

[اسم] شنـوایی، حسِّ شنوایی

My hearing is not good.

شنوایی‌ام خـوب نـیست. شـنوایـی‌ام ضعیف است.

heart /hart/ [اسم] قلب

*She **knew** the poem **by heart**.*

شعر را از حفظ بود. شعر را از بر بود.

heat /hi:t/ ۱. [فعل] گرم کردن

Heat the milk first!

اوّل شیر را گرم کن! اوّل شـیر را گـرم کنید!

۲. [اسم] گرما

The sun gives us heat.

خورشید به ما گرما می‌دهد.

heavy /ˈhevi/ ۱. [صفت] سنگین

۲. [صفت] (در موردِ آدم یا حیوان) درشت، تنومند، قوی هیکل

Isn't he heavy? درشت نیست؟

قوی هیکل نیست؟

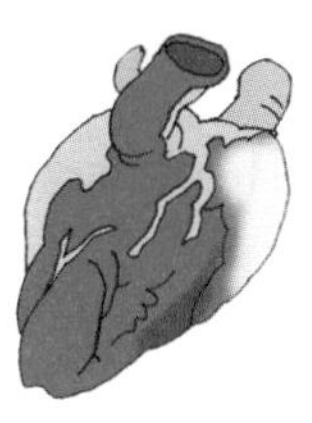

heart

oy = اُی ay = آی ao = آ+اُ (پشتِ سرهم) g = گ j = ج s = س v = و w = و (با لبهای گرد)

y = ی z = ز ž = ژ ch = چ sh = ش th = ث (نُک‌زبانی) dh = ذ (نُک‌زبانی)

hedge /hej/ [اسم] پَرچین، چَپَر، حِصار (دیواری از بوته و گیاه که دورِ زمینها و باغها می‌سازند)

The hedge was low.

پَرچین کوتاه بود.

hedge

hedgehog /ˈhejhɑg/ [اسم] خارپشت، جوجه‌تیغی

hedgehog

hedgerow /ˈhejrō/ = **hedge**

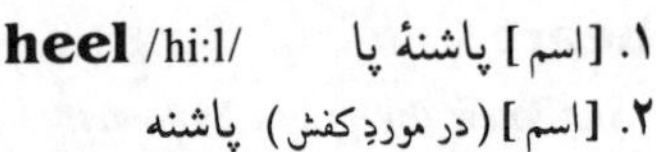

heel /hi:l/ ۱. [اسم] پاشنهٔ پا
۲. [اسم] (در موردِ کفش) پاشنه

height /hɑyt/ ۱. [اسم] قَد

What is your height?

قـدّت چـقدر است؟ قـدّتان چـقدر است؟

۲. [اسم] ارتفاع، بلندی

What is the height of the box?

ارتفاعِ آن جعبه چقدر است؟

held /held/ (زمانِ گذشته و صورتِ مفعولیِ فعلِ بی‌قاعدهٔ *hold*)

helicopter /ˈhelikɑptər/ [اسم] هلی‌کوپتر

hello /həˈlō/ [عبارتِ تعجّبی] سلام

"Hello! How are you?"

«سلام! چطوری؟» «سـلام! حـالتان چطور است؟»

helmet /ˈhelmit/ [اسم] کلاهخود

The soldiers wore helmets.

سربازها کلاهخود سرشان بود.

helmet

help /help/ ۱. [فعل] به (کسی) کمک کردن

My brother will help you.

برادرم بهت کمک می‌کند. بـرادرم بـه شما کمک می‌کند.

۲. [اسم] کمک

Do you need help?

کمک می‌خواهی؟ کمک لازم دارید؟

helpful /ˈhelpfəl/ [صفت] اهلِ کمک، حاضر به خدمت

She is very helpful.

خیلی اهلِ کمک است.

hem /hem/ [اسم] لبه، تو، توگذاشتگی (قسمتِ پایینِ لباس که آن را تا می‌کنند و می‌دوزند)

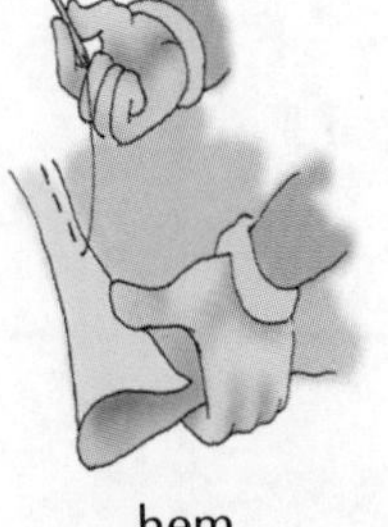

hem

hen /hen/ ۱. [اسم] مرغ
۲. [اسم] پرندهٔ ماده

her /hər/

۱. [صفت] (در موردِ دخترها و خانمها) ـِ او، ـَ ش

Her dress was very nice.

لباسش خیلی قشنگ بود. لباسِ او خیلی قشنگ بود.

۲. [ضمیر] (در موردِ دخترها و خانمها) او، ـَ ش

Can you see her? او را می‌بینی؟ می‌بینیدش؟

I gave her the book.

کتاب را به او دادم. کتاب را بهش دادم.

I went to school with her.

با او رفتم مدرسه. باهاش رفتم مدرسه.

herd /hərd/ [اسم] گلّه

A herd of cows were grazing.

یک گلّه گاو می‌چریدند.

herd

here /hir/ [قید] اینجا، همین‌جا

I'll stay here and wait for you.

همین جا می‌مانم و منتظرت می‌شوم. اینجا می‌مانم و منتظرتان می‌شوم.

heron /'herən/ [اسم] حواصیل

(پرنده‌ای با پاها و منقارِ بلند و پرهای سیاه و خاکستری که نزدیکِ آب زندگی می‌کند)

heron

herring /'hering/

[اسم] ماهیِ حشینه (نوعی ماهیِ خوراکیِ باریک و دراز و نقره‌ای رنگ)

hers /hərz/

[ضمیر] (در موردِ دخترها و خانمها) مالِ او، ـِ او، ـَ ش

The book is hers.

این کتاب مالِ او است. این کتابِ اوست. این کتابش است.

herself /hər'self/

[ضمیر] (در موردِ دخترها و خانمها) خودِ او، خودش

She told me herself.

خودش بهم گفت. خودِ او بهم گفت.

hexagon /'heksəgɑn/

[اسم] شش‌ضلعی

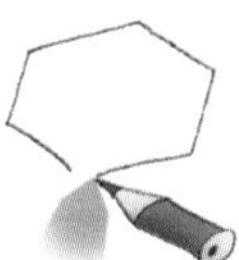

hexagon

hi /hɑy/ [عبارتِ تعجّبی] سلام

"Hi ! How are you?"

«سلام! چطوری؟» «سلام! حالِ شما؟»

hid /hid/

(زمانِ گذشتهٔ فعلِ بی‌قاعدهٔ ***hide***)

hidden[1] /'hidn/

(صورتِ مفعولیِ فعلِ بی‌قاعدهٔ ***hide***)

hidden[2] /'hidn/ [صفت] مخفی، پنهان

I climbed the hidden stairs.

از پلّکانِ مخفی بالا رفتم.

hide /hayd/ ۱. [فعل] قایم شدن، پنهان شدن، مخفی شدن

She hid under the table.

زیرِ میز قایم شد.

۲. [فعل] قایم کردن، پنهان کردن، مخفی کردن

He hid my pencil.

مدادم را قایم کرد.

hide-and-seek /hayd ən 'si:k/ [اسم] قایم موشک

Let's play hide-and-seek!

بیا قایم موشک بازی کنیم! بیایید قایم موشک بازی کنیم!

high /hay/ ۱. [صفت] بلند، مرتفع

The wall was very high.

آن دیوار خیلی بلند بود.

۲. [صفت] (در موردِ قیمت، هزینه) بالا، زیاد

The price was high. قیمت بالا بود.

hill /hil/ [اسم] تپّه

A car is going up the hill.

ماشینی دارد از تپّه بالا می‌رود.

him /him/

[ضمیر] (در موردِ پسرها و مردها) او، ـــش

Can you tell him?

می‌توانی بهش بگویی؟ می‌توانید به او بگویید؟

I gave him the keys.

کلیدها را به او دادم. کلیدها را دادم بهش.

I went out with him.

با او بیرون رفتم. باهاش رفتم بیرون.

himself /him'self/

[ضمیر] (در موردِ پسرها و مردها) خودِ او، خودش

He himself opened the door.

خودش در را باز کرد. خودِ او در را باز کرد.

hinge /hinj/ [اسم] (روی در) لولا

hinge

hippopotami /hipə'patə-may/ (جمعِ بی‌قاعدهٔ *hippopotamus*)

hippopotamus /hipə'patə-məs/ [اسم] اسبِ آبی

hippopotamus

his /hiz/

۱. [صفت] (در موردِ پسرها و مردها) ـــِ او، ـــَش

He sold his car.

ماشینش را فروخت.

---

a = اَ ɑ = آ ʌ = آ (با دهانِ نیمه‌باز) ə = آ (با دهانِ نیمه‌بسته) e = اِ i = (کوتاه)

i: = ای (کشیده) o = اُ (تا حدودی کشیده) ō = و (در کلمهٔ موج) u = او (کوتاه) u: = او (کشیده) ey

He says it is his turn.

می‌گوید نوبتِ او است.

۲. [ضمیر] (در موردِ پسرها و مردها) مـالِ او، ـِ او، ـَش

His is the blue book.

کتابِ آبی مـالِ او است. کـتابش آبی رنگ است.

history /ˈhistri/ [اسم] تاریخ
(وقایعی که در گذشته اتّفاق افتاده است)

hit /hit/

۱. [فعل] بـه (کسی یا چیزی) زدن، بـه (چیزی) ضربه زدن، به (چیزی) کوبیدن

He hit the ball with his hand.

با دست زد به توپ. با دست به توپ کوبید.

۲. [فعل] بـه (چیزی یا کسی) خوردن، به (چیزی) برخورد کردن

The football hit the wall.

توپِ فوتبال به دیوار خورد.

hobby /ˈhabi/ [اسم] سرگرمی

My hobby is collecting stamps.

سرگرمیِ من جمع کردنِ تمبر است.

hockey /ˈhaki/ [اسم] هاکی
(ورزشی که دو تیمِ یازده نفره روی چمن یا یخ بازی می‌کنند؛ هدفِ بازی زدنِ توپِ کوچکی با چوب و فرستادنِ آن به داخلِ دروازهٔ حریف است.)

hockey

hold /hōld/ ۱. [فعل] گرفتن، نگه داشتن

I held up the picture.

عکس را بالا نگه داشتم.

۲. [فعل] گنجایشِ (چیزی) را داشـتن، ظرفیتِ (چیزی) را داشـتن، جـا بـرای (چیزی) داشتن

The bag holds three books.

این ساک جا برای سه تا کتاب دارد.

hole /hōl/ [اسم] سوراخ؛ چاله، گودال

hollow /ˈhalō/ ۱. [اسم] چاله، گودال، سوراخ

The cat hid in a hollow.

گربه توی سوراخی مخفی شد.

۲. [صفت] تو خالی

An owl lives in the hollow tree.

تـوی آن درختِ تـو خـالی یک جـغد زندگی می‌کند.

holy /ˈhōli/ [صفت] مقدّس

The Koran is our holy book.

قرآن کتابِ مقدّسِ ماست.

home /hōm/ ۱. [اسم] خانه

He stayed home for a week.

یک هفته خانه ماند.

I feel at home here.

اینجا احساسِ آرامش مـی‌کنم. ایـنجا راحت هستم.

۲. [صفت] (در موردِ بازی یا مسابقه) خانگی، در زمینِ خود

Our team won the home game.

تیمِ ما بازیِ خانگی را برد.

homework /'hōmwərk/
[اسم] مشق، تکلیف؛ مشقها، تکالیف
I haven't done my homework.
مشقم را ننوشته‌ام. تکالیفم را انجام نداده‌ام.

honest /'anist/
[صفت] درستکار، صادق، شریف
He is an honest man.
مردِ شریفی است. مردِ درستکاری است.

honey /'hʌni/ ۱. [اسم] عسل
He bought a jar of honey.
یک شیشه عسل خرید.
۲. [اسم] (در خطاب) عزیزم

honeycomb /'hʌnikōm/
[اسم] شانهٔ عسل

hood

hood /hud/
۱. [اسم] (در موردِ پالتو یا کاپشن) کلاه
۲. [اسم] (در موردِ کالسکهٔ بچّه) سایبان
She put the hood up.
سایبان را بالا کشید.

hoof

hoof /hu:f/
[اسم] (در موردِ جانورانی مثلِ اسب) سُم

hook /huk/ ۱. [اسم] گیره، قلاب
Put your coat on the hook!
پالتویت را بزن به گیره! پالتویتان را به گیره بزنید!
۲. [اسم] قلابِ ماهی‌گیری، قلاب

hooves /hu:vz/ (جمعِ *hoof*)

hop /hap/ ۱. [فعل] لِی‌لِی کردن
The child hopped up the stairs.
بچّه پلّه‌ها را با لِی‌لِی کردن بالا رفت.
بچّه پلّه‌ها را لِی‌لِی کرد و بالا رفت.
۲. [فعل] (در موردِ پرنده یا حیوان) جهیدن، جست و خیز کردن، پریدن
The frog hopped in the garden.
قورباغه پرید توی باغ.

hope /hōp/ [فعل] امیدوار بودن، امید داشتن
I hope you are fine.
امیدوارم حالت خوب باشد. امیدوارم حالتان خوب باشد.

hopscotch /'hapskach/
[اسم] لِی‌لِی، لِی‌لِی بازی

hopscotch

horizon /hə'rayzən/ [اسم] اُفُق
I saw a ship in the horizon.
در افق یک کشتی دیدم.

horizon

horizontal /hari'zantl/
[صفت] افقی
He drew a horizontal line.
یک خطِّ افقی کشید.

horn /horn/
۱. [اسم] (در موردِ حیوانات) شاخ

Some animals have horns.

بعضی از حیوانات شاخ دارند.

۲. [اسم] بوق

horn

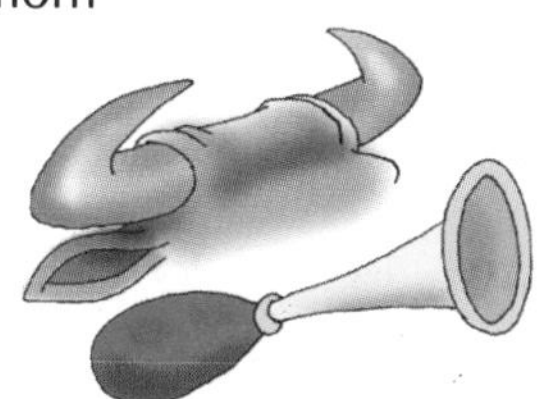

horrible /ˈharibəl/ [صفت] بد، گند، افتضاح، ناخوشایند

It tastes horrible.

مزهٔ گندی می‌دهد. مزه‌اش افتضاح است.

horror /ˈharər/ [اسم] وحشت، ترس

horse /hors/ [اسم] اسب

Horses eat grass.

اسبها علف می‌خورند.

horseshoe /ˈhorsshu:, ˈhorsh-shu:/ [اسم] نعلِ اسب

horseshoe

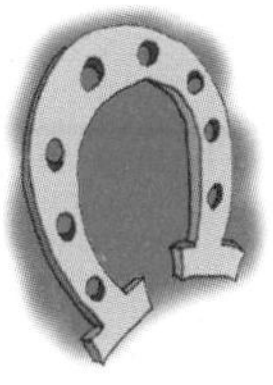

hose /hōz/ [اسم] شلنگ، لوله

hospital /ˈhaspitl/ [اسم] بیمارستان

The nurse works in a hospital.

پرستار در بیمارستان کار می‌کند.

hot /hat/ [صفت] داغ، خیلی گرم

It's hot here.

هوای اینجا خیلی گرم است.

I am hot. خیلی گرمم است.

hot dog /ˈhat dag/

۱. [اسم] ساندویچِ سوسیس، هات داگ

I want a hot dog, please!

یک ساندویچ سوسیس، لطفاً!

۲. [عبارتِ تعجّبی] بَه‌بَه، چه عالی

hot dog

hotel /ˈhōtel/ [اسم] هتل

He's staying in a hotel.

توی هتل مانده است. در یک هتل اقامت دارد.

horse

hour /aor/ [اسم] ساعت

There are 24 hours in a day.

هر شبانه روز ۲۴ ساعت است.

He went out two hours ago.

دوساعت قبل رفت بیرون.

house /haos/ [اسم] خانه، منزل

He came to our house.

آمد خانهٔ ما.

hover /ˈhavər/

[فعل] (در موردِ پرنده) در جا پرواز کردن، در جا پر زدن، بال‌بال زدن

The bird hovered in the sky.

پرنده در هوا بال‌بال می‌زد.

hovercraft /ˈhavərkraft/

[اسم] هاورکرافت (وسیلهٔ نقلیّه‌ای که روی آب و زمین حرکت می‌کند)

how /hao/ [قید] چطور، چگونه

How do you write this word?

این کلمه را چطور می‌نویسی؟ این کلمه را چطور می‌نویسید؟ این کلمه را چطور می‌نویسند؟

***How many** students are absent?*

چند نفر از شاگردان غایب هستند؟

***How much** sugar do you want?*

چقدر شکر می‌خواهی؟ چقدر شکر می‌خواهید؟

***How much** is this dress?*

قیمتِ این لباس چند است؟

***How long** did you live in Iran?*

چه مدّت در ایران زندگی کردی؟ چقدر در ایران زندگی کردید؟

How are you? حالت چطور است؟ چطوری؟ حالتان چطور است؟

How old are you?

چند سالت است؟ چند سالتان است؟

How do you do? خوشوقتم! از آشناییِ شما خوشوقتم!

howl /haol/ [فعل] زوزه کشیدن

The dogs howled all night.

سگها تمامِ شب زوزه کشیدند.

hug /hʌg/ [فعل] بغل کردن، درآغوش گرفتن

He was hugging his toy.

اسباب بازیش را بغل کرده بود.

huge /hyu:j/ [صفت] عظیم، خیلی بزرگ

human being /hyu:mən ˈbi:ing/ [اسم] انسان

humble /ˈhʌmbəl/ [صفت] متواضع، فروتن، غیرِ خودخواه

He is a humble person.

آدمِ متواضعی است. آدمِ خودخواهی نیست.

hump /hʌmp/ [اسم] (در موردِ شتر) کوهان

hump

hundred /ˈhʌndrid/

۱. [اسم] صد، عددِ صد، شمارهٔ صد

۲. [صفت] صدتا، صد

hung /hʌng/ (زمانِ گذشته و صورتِ مفعولیِ فعلِ بی‌قاعدهٔ ***hang***)

hunger /ˈhʌngər/ [اسم] گرسنگی، گشنگی

Many people died of hunger.

اشخاص زیادی از گرسنگی مردند.

hungry /ˈhʌngri/ [صفت] گرسنه، گشنه

Are you hungry? گرسنه‌ای؟ گشنه‌ات است؟ گرسنه‌اید؟ گرسنه‌تان است؟

hunt /hʌnt/ ۱. [فعل] شکار کردن

He was hunting rabbits.

خرگوش شکار می‌کرد.

۲. [فعل] دنبالِ (کسی یا چیزی) گشتن

My back hurts. پشتم درد می‌کند.

۲. [فعل] بـه (کسی) آسیب رساندن، به (کسی) صدمه زدن

He was hurt in the accident.

در تصادف آسیب دید.

husband /'hʌzbənd/

[اسم] شوهر

Her husband is a doctor.

شوهرش دکتر است.

hut /hʌt/ [اسم] کلبه

hutch /hʌch/

[اسم] (برای نگهداریِ حیواناتی مثلِ خرگوش) قفس، لانه

hyena /hɑy'i:nə/ [اسم] کفتار

hyphen /'hɑyfən/

[اسم] خطِّ تیره، علامتِ ▬

hutch

hyena

He's hunting the murderer.

دنبالِ قاتل می‌گردد.

*We were **hunting for** our keys.*

داشتیم دنبالِ کلیدهایمان می‌گشتیم.

hurricane /'hərikeyn/

[اسم] توفانِ شدید

hurricane

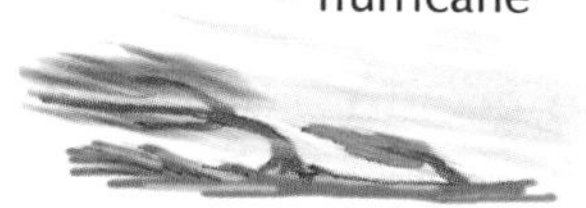

hurry /'həri/ ۱. [فعل] عجله کردن

We have to hurry. باید عجله کنیم.

Hurry up! زودباش! بجنب! زودباشید!

۲. [فعل] دستپاچه کردن، هول کردن

Don't hurry me! دستپاچه‌ام نکن! هولم نکنید!

hurt /hərt/ ۱. [فعل] درد کردن

و (با لبهای گرد) = w و = v س = s ج = j گ = g آ+اُ (پشتِ سرهم) = ɑo آی = ɑy اُی = oy

ذ (تُک‌زبانی) = dh ث (تُک‌زبانی) = th ش = sh چ = ch ژ = ž ز = z ی = y

I,i

I /ɑy/ [ضمیر] مَن

I'm a student. من دانش‌آموز هستم.

I am Tom. من تام هستم.

اسم من تام است.

I see! عجب! که این‌طور!

می‌فهمم! می‌دانم!

ice /ɑys/ [اسم] یخ

Would you like some ice?

یخ می‌خواهی؟ یخ می‌خواهید؟

iceberg /'ɑysbərg/

[اسم] کوهِ‌یخ

Titanic hit a huge iceberg.

کشتیِ تایتانیک به یک کوهِ یخِ عظیم برخورد کرد.

ice cream /'ɑys kri:m/

[اسم] بستنی

Can I have an ice cream?

می‌توانم یک بستنی بخورم؟ یک بستنی می‌خواهم!

icicle /'ɑysikəl/ [اسم] قندیل، قندیلِ یخ

icing /'ɑysing/ [اسم] رویهٔ کیک

(مخلوطِ خاکه قند و آب و تخم‌مرغ که برای تزیین روی کیک می‌مالند)

idea /ɑy'diə/ [اسم] فکر، ایده

That's a good idea!

فکرِ خوبی است! چه فکر خوبی!

iceberg

a = اَ　ɑ = آ　ʌ = آ (با دهانِ نیمه‌باز)　ə = آ (با دهانِ نیمه‌بسته)　e = اِ　i = ای (کوتاه)

i: = ای (کشیده)　o = اُ (تا حدودی کشیده)　ō = و (در کلمهٔ موج)　u = او (کوتاه)　u: = او (کشیده)　ey = اِی

idle /'aydl/ ۱. [صفت] تنبل
He's an idle student.
شاگردِ تنبلی است.
۲. [صفت] بیکار، بی‌استفاده، بِلااستفاده، عاطل و باطل
The factory machines lay idle.
ماشینهای کارخانه بی‌استفاده ماندند.

idle

if /if/ [حرفِ ربط] اگر
If it's cold, close the windows!
اگر هوا سرد است پنجره‌ها را ببند! اگر سرد است پنجره‌ها را ببندید!

ill /il/ [صفت] بیمار، مریض، ناخوش
He can't come—he's ill.
او نمی‌تواند بیاید؛ مریض است. نمی‌تواند بیاید چون ناخوش است.

ill
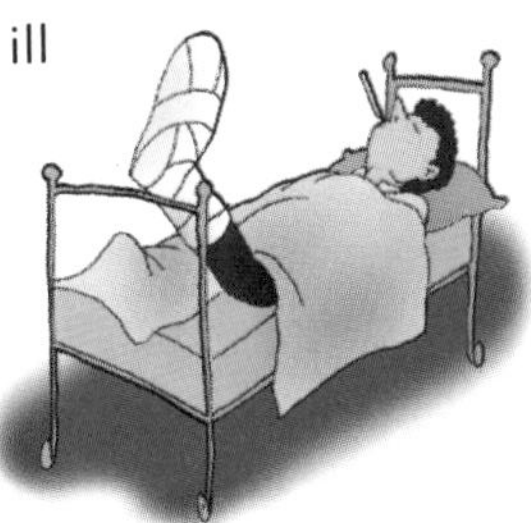

imaginary /i'majineri/
[صفت] تخیّلی، خیالی
Sam had an imaginary friend.
سام یک دوستِ خیالی داشت.

imagine /i'majin/
[فعل] تصوّر کردن، خیال کردن
Imagine you are an astronaut!
خیال کن فضانورد هستی! تصوّر کنید فضانوردید!

imitate /'imiteyt/
[فعل] تقلید کردن، ادای (کسی یا چیزی) را درآوردن
He can imitate everybody.
می‌تواند ادای همه کس را دربیاورد.

immediately /'imi:diətli/
[قید] بلافاصله، فوراً
I went to see her immediately.
بلافاصله به دیدنش رفتم.

impatient /im'peyshənt/
[صفت] بی‌صبر، کم‌طاقت، بی‌تاب، بی‌حوصله
Don't be so impatient!
این‌قدر بی‌تاب نباش! این‌قدر کم‌طاقت نباشید!

important /im'portənt/
[صفت] مهم
Regular exercise is important.
ورزشِ منظّم مهم است.

impossible /im'pasibəl/
[صفت] غیرِممکن، محال

improve /im'pru:v/

۱. [فعل] بهتر شدن

His behavior improved.

رفتارش بهتر شد.

۲. [فعل] بهتر کردن

It will improve your English.

این انگلیسی‌ات را بهتر می‌کند. این انگلیسیِ شما را بهتر می‌کند.

in /in/ ۱. [حرفِ اضافه] توی، داخلِ، در، درونِ

They were sitting in the car.

توی ماشین نشسته بودند.

۲. [حرفِ اضافه] در

They live in Iran.

در ایران زندگی می‌کنند.

۳. [حرفِ اضافه] به

We speak in English.

ما به انگلیسی صحبت می‌کنیم. ما انگلیسی حرف می‌زنیم.

*He came home **in a hurry**.*

با عجله آمد خانه.

*He came **in time**.* به موقع آمد. سرِ وقت آمد.

*I get up early **in the morning**.*

صبح زود از خواب بیدار می‌شوم.

*There were 200 people **in all**.*

رویهم رفته ۲۰۰ نفر بودند.

۴. [قید] تو، داخل، درون

He came in. آمد تو.

بعضی مواردِ استفاده از حرفِ اضافهٔ ***in***:

in 1999	در سالِ
in April	در ماهِ
in summer	در فصلِ
in Iran	در کشورِ

indoors /in'dorz/ [قید] تو، توی خانه، داخلِ ساختمان

You have to play indoors!

باید توی خانه بازی کنی! باید داخلِ ساختمان بازی کنید!

infant /'infənt/ [اسم] نوزاد؛ کودک، طفل

The infant began to cry.

نوزاد شروع کرد به گریه کردن.

infant

information /infər'meyshən/ [اسم] اطّلاعات

Your information is old.

اطّلاعاتِ تو قدیمی است. اطّلاعاتِ شما قدیمی است.

inhabitant /in'habitənt/ [اسم] ساکن، اهل

I'm an inhabitant of Tehran.

من ساکنِ تهرانم. من اهلِ شهرِ تهرانم.

injure /'injər/ [فعل] زخمی کردن، مجروح کردن؛ به (کسی یا چیزی) آسیب رساندن

Was she injured? زخمی شد؟

injury /'injəri/ [اسم] زخم، جراحت

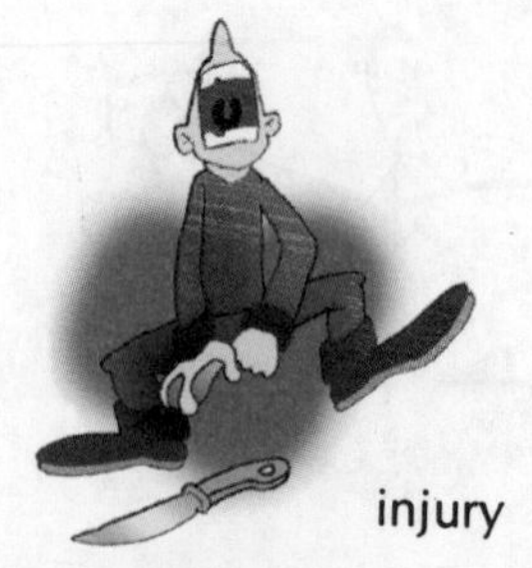

injury

ink /ink/ [اسم] جوهر

The letter was written in ink.

نامه با جوهر نوشته شده بود. نامه با خودنویس نوشته شده بود.

inn /in/ [اسم] مهمان‌خانه، مهمان‌سرا؛ مسافرخانه

He stayed the night at an inn.

شب را توی یک مهمان‌خانه ماند.

inn

insect /'insekt/ [اسم] حشره

Most insects have wings.

بیشترِ حشرات بال دارند.

insect

inside /in'sayd/

[حرفِ اضافه] داخلِ، توی

Go inside the house!

برو توی خانه! بروید داخلِ خانه!

instead /in'sted/

[قید] درعوض، به جایش، عوضش

He's ill, I'll go instead.

مریض است، به جایش من می‌روم.

instrument /'instrumənt/

۱. [اسم] ابزار، وسیله

My dentist took an instrument.

دندانپزشکم ابزاری را برداشت.

۲. [اسم] (در موسیقی) ساز

What's your instrument?

سازت چی است؟ چه سازی می‌زنید؟

۳. [اسم] (در ماشین یا هواپیما) دستگاهِ اندازه‌گیری، درجه

instrument

intelligent /in'telijənt/

[صفت] باهوش

The girl is very intelligent.

آن دختر خیلی باهوش است.

interest /'intrəst/

۱. [فعل] توجّهِ (کسی) را جلب کردن، علاقه‌مند کردن

That story interested me.

آن داستان توجّهِ مرا جلب کرد.

۲. [اسم] علاقه

I have no interest in hockey.

هیچ علاقه‌ای به هاکی ندارم.

interesting /'intrəsting/

[صفت] جالب

It's an interesting film.

فیلمِ جالبی است.

interfere /intər'fir/

[فعل] دخالت کردن

Please don't interfere!

لطفاً دخالت نکن! لطفاً دخالت نکنید!

oy = اُی ay = آی ao = آ+اُ(پشتِ سرهم) g = گ j = ج s = س v = و w = و (با لبهای گرد)

y = ی z = ز ž = ژ ch = چ sh = ش th = ث (تُک‌زبانی) dh = ذ (تُک‌زبانی)

افعالِ بی‌قاعدهٔ انگلیسی آنهایی هستند که دستوری برای ساختنِ زمانِ گذشته و صورتِ مفعولی‌شان وجود ندارد، مثلِ:
go, went, gone
eat, ate, eaten
در انگلیسی، برای ساختنِ جمعِ بعضی از اسمها و برخی از صورتهای تفضیلی و عالیِ صفتها هم، دستوری وجود ندارد. به این اسمها و صفتها نیز بی‌قاعده می‌گویند، مثلِ:
child, children
bad, worse, worst

*

is	صورتِ کامل
's	صورتِ کوتاه شده
is not	صورتِ منفی
isn't	صورتِ کوتاه شدهٔ منفی

international /intər'na-shnəl/ [صفت] بین المللی
It's an international airport.
این یک فرودگاهِ بین المللی است.

into /'intə, 'intu/
[حرفِ اضافه] داخلِ، توی
People went into the station.
مردم داخلِ ایستگاه شدند. مردم رفتند توی ایستگاه.

invite /in'vayt/
[فعل] دعوت کردن
Did you invite him?
دعوتش کردی؟ او را دعوت کردید؟

Iran /i'ran/ [اسم] ایران، کشورِ ایران
I live in Iran.
من در ایران زندگی می‌کنم.

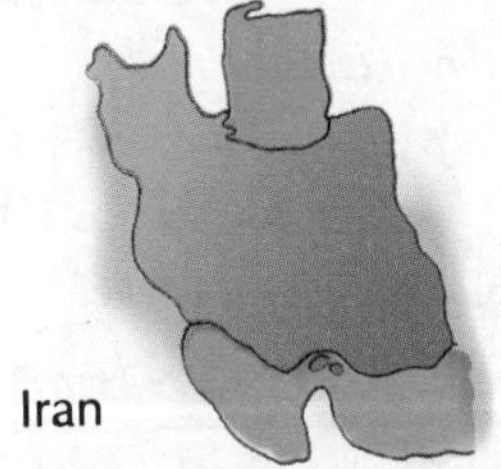
Iran

Iranian /i'reyniən/
۱. [صفت] ایرانی، ـِ ایران
an Iranian writer
یک نویسندهٔ ایرانی، نویسنده‌ای ایرانی
Iranian people مردمِ ایران
۲. [اسم] ایرانی
Some Iranians live abroad.
بعضی از ایرانیها در خارج زندگی می‌کنند.

iris /'ayris/ [اسم] گلِ زنبق

iris

iron /'ayərn/
۱. [اسم] آهن
۲. [اسم] اُتو
۳. [فعل] اُتو کردن
He is ironing his jeans.
دارد شلوار جینش را اتو می‌کند.

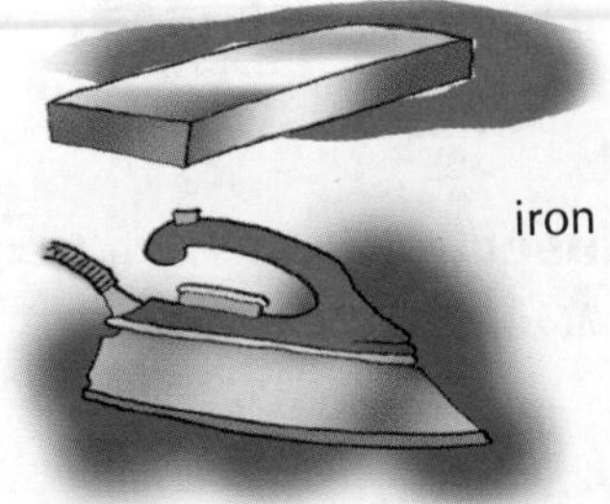
iron

irregular /i'regyulər/
[صفت] (در دستورِ زبان) بی‌قاعده
Is it an irregular verb?
این فعل بی‌قاعده است؟

is /iz/
(سوم شخصِ مفردِ زمانِ حالِ فعلِ **be**)

Islam /'islam/
[اسم] اسلام، دینِ اسلام

Islamic /is'lamik/
[صفت] اسلامی

the Islamic Republic of Iran
جمهوريِ اسلاميِ ایران

island /'ayland/ [اسم] جزیره
Britain is an island.
بریتانیا یک جزیره است.

isn't /'iznt/
(صورتِ کوتاه شدهٔ منفیِ سوم شخصِ مفردِ زمانِ حالِ فعلِ ***be***)

it /it/
[ضمیر] (در اشاره به شیء یا حیوان) آن، (گاهی بدونِ معادل در فارسی)
Where is it? آن کجاست؟
کجاست؟
It's late. دیر شده است. دیر است.
It may rain. ممکن است باران بیاید.
It will be sunny.
هوا آفتابی خواهد بود. هوا آفتابی می‌شود.

its /its/
[صفت] (در موردِ شیء یا حیوان) ـِ آن، ـَ ش
Its tail is short. دمش کوتاه است.

itself /it'self/
[ضمیر] (در موردِ شیء یا حیوان) خودش، خود
The cat was washing itself.
گربه داشت خودش را می‌شست.

J,j

jacket /'jakit/ [اسم] کُت
He is wearing a jacket.
کت پوشیده است.

jam /jam/ [اسم] مربّا
I put some jam on my bread.
کمی مربّا روی نانم گذاشتم. روی نانم یک کم مربّا گذاشتم.

January /'janyueri/
[اسم] ژانویه، ماهِ ژانویه (اوّلین ماهِ سالِ میلادی، از یازدهمِ دی تا یازدهمِ بهمن؛ این ماه سی و یک روز دارد.)

jar

jar /jɑr/
[اسم] (برای موادّ غذایی) شیشه
There is some jam in this jar.
توی این شیشه کمی مربّا هست.

jaw /jɑ/ [اسم] فک
His jaw is broken.
فکّش شکسته است.

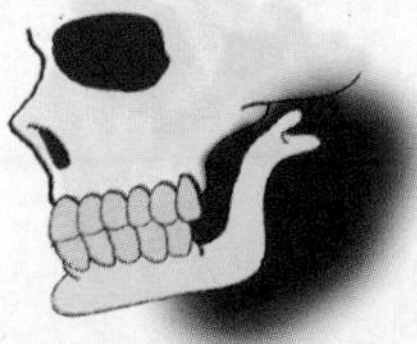
jaw

jealous /'jeləs/ [صفت] حسود
He is jealous. حسود است.

jeans /ji:nz/ [اسم] شلوار جین
He always wears jeans.
همیشه شلوار جین می‌پوشد.

jeep /ji:p/ [اسم] جیپ
He has a jeep. جیپ دارد.

jell-o /'jelō/ = **jelly**

jelly /'jeli/ [اسم] ژله
He ate jelly and ice cream.
ژله و بستنی خورد.

jell-o

jellyfish /'jelifish/
[اسم] عروسِ دریایی، چترِ دریایی (جانوری دریایی که بدنش شبیهِ چتر است)

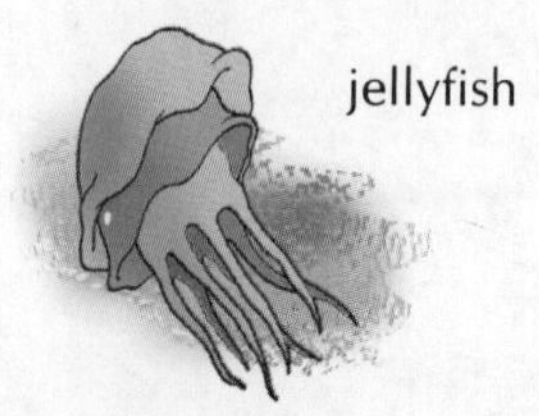
jellyfish

---

a = اَ ɑ = آ ʌ = آ (با دهانِ نیمه‌باز) ə = آ (با دهانِ نیمه‌بسته) e = اِ i = ای (کوتاه)
i: = ای (کشیده) o = اُ (تا حدودی کشیده) ō = و (در کلمهٔ موج) u = او (کوتاه) u: = او (کشیده) ey = اِی

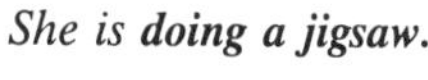

jerk /jərk/ [اسم] حرکتِ ناگهانی

*The car moved off **with a jerk**.*

ماشین یکهو حرکت کرد. ماشین یک مرتبه راه افتاد.

jet /jet/ ۱. [اسم] هواپیمای جِت، جِت

He came by jet. با جِت آمد.

۲. [اسم] (در موردِ مایعات) فَوَران

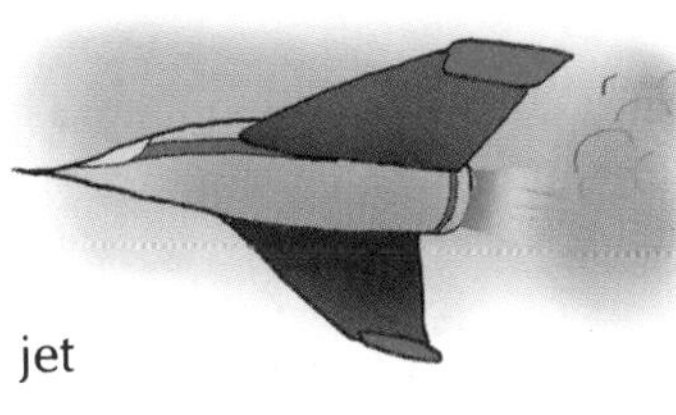

jet

Jew /ju:/ [اسم] کلیمی، یهودی، جهود

He is a Jew. کلیمی است.

jewel /ˈju:əl/ [اسم] جواهر، سنگِ قیمتی

Her jewels were precious.

جواهراتش قیمتی بودند.

jewellery /ˈju:əlri/
= **jewelry**

jewelry /ˈju:əlri/
[اسم] جواهرات

She sold her jewelry.

جواهراتش را فروخت.

jigsaw /ˈjigsɑ/
[اسم] (اسباب بازی) پازل، جورچین

*She is **doing a jigsaw**.*

دارد پازل درست می‌کند.

job /jɑb/ ۱. [اسم] شغل

What is your job?

شغلت چی است؟ شغلِ شما چی است؟ چه کاره‌اید؟

۲. [اسم] کار

He did plenty of jobs.

کارهای زیادی کرد. کارهای زیادی انجام داد.

join /joyn/

۱. [فعل] به هم وصل کردن، به هم متّصل کردن، وصل کردن

He is joining the pieces.

دارد تکّه‌ها را به هم وصل می‌کند.

۲. [فعل] عضوِ (جایی) شدن

When did you join the club?

کِی عضوِ باشگاه شدی؟ کِی عضوِ کلوب شدید؟

joint /joynt/ ۱. [اسم] مَفصَل

Her joints ache.

مفصلهایش درد می‌کند.

۲. [اسم] محلِ اتّصال

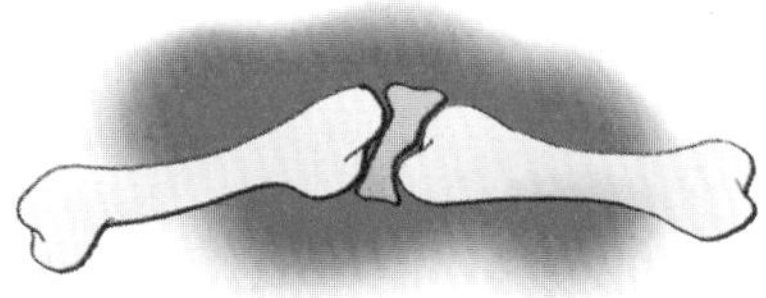

joint

jigsaw

joke /jōk/ [اسم] جوک

Do you know any good jokes?

جوکِ خوب بلدی؟ جوکِ خوب بلد هستید؟

journey /ˈjərni/ [اسم] سفر، مسافرت

It is a three-hour journey.

یک مسافرتِ سه ساعته است.

judge /jʌj/ [اسم] قاضی

He's a judge. قاضی است.

jug

jug /jʌg/ [اسم] پارچ

He put some water in the jug.

کمی آب توی پارچ ریخت.

juggler /ˈjʌglər/ [اسم] تردست

juice /ju:s/ [اسم] آب میوه؛ (در موردِ میوه) آب

I drank a glass of orange juice.

یک لیوان آب پرتقال خوردم.

juicy /ˈju:si/ [صفت] آبدار

I bought some juicy oranges.

چندتا پرتقالِ آبدار خریدم.

July /juˈlay/ [اسم] ژوییه، ماهِ ژوییه (هفتمین ماهِ سالِ میلادی، از دهمِ تیر تا نهمِ مرداد؛ این ماه سی و یک روز دارد.)

jump /jʌmp/ ۱. [فعل] جهیدن، پریدن

He jumped over the wall.

از روی دیوار پرید.

۲. [فعل] از جا پریدن

I made him jump. از جا پراندمش.

jumper /ˈjʌmpər/ [اسم] پلوور، پُلیور، بلوزِ پشمی

junction /ˈjʌnkshən/

[اسم] (در خیابان) تقاطع

I'll stand near the junction.

نزدیکِ تقاطع می‌ایستم.

junction

June /ju:n/ [اسم] ژوئن، ماهِ ژوئن (ششمین ماهِ سالِ میلادی، از یازدهمِ خرداد تا نهمِ تیر؛ این ماه سی روز دارد.)

jungle /ˈjʌngəl/ [اسم] جنگل

Elephants live in jungle.

فیل در جنگل زندگی می‌کند.

junior /ˈju:niər/

[صفت] زیردست، جزء

He's a junior officer.

افسرِ جزء است.

junk /jʌnk/

۱. [اسم] کشتیِ بادبانیِ چینی (نوعی کشتی با تهِ پهن و بادبانهای چهارگوش)

۲. [اسم] خرت و پرت، آت و آشغال

It's all junk.

تمامش آت و آشغال است.

just[1] /jəst, jʌst/ ۱. [قید] دقیقاً، کاملاً، درست

It's just what I wanted.

دقیقاً همان چیزی است که می‌خواستم.

۲. [قید] فقط

Just one more cake, please!

خواهش می‌کنم فقط یک تکّهٔ دیگر کیک بهم بده! لطفاً فقط یک تکّهٔ دیگر کیک بدهید!

۳. [قید] چند لحظهٔ پیش، چند دقیقه پیش؛ همین الان

I've just eaten a banana.

من همین الان یک موز خوردم. همین چند دقیقه پیش یک موز خوردم.

۴. [قید] یک ذرّه، یک ریزه، یک کمی

The boy is just over two.

آن پسر یک کمی بیشتر از دو سالش است.

just[2] /jʌst/ [صفت] عادل، منصف

He is a just man.

مردِ منصفی است.

K,k

kangaroo

kangaroo /kangə'ru:/

[اسم] کانگرو

Kangaroos live in Australia.

کانگرو در استرالیا زندگی می‌کند.

keep /ki:p/ ۱. [فعل] نگه داشتن

You can keep it.

می‌توانی آن را نگه داری. می‌توانید آن را نگه دارید.

۲. [فعل] مرتّب (کاری) را کردن

*He **keeps lying** to me.*

مرتّب به من دروغ می‌گوید.

*He **keeps laughing**.*

مرتّب می‌خندد. همه‌اش می‌خندد.

kennel

kennel /'kenl/ [اسم] سگ‌دانی، لانهٔ سگ

The dog sleeps in the kennel.

سگه توی سگ‌دانی می‌خوابد.

kept /kept/

(زمانِ گذشته و صورتِ مفعولیِ فعلِ بی‌قاعدهٔ ***keep***)

kerb /kərb/

[اسم] جدولِ کنارِ خیابان، جدول، لبهٔ پیاده‌رو

kettle /'ketl/ [اسم] کتری

I boiled water in the kettle.

توی کتری آب جوشاندم.

key /ki:/ ۱. [اسم] کلید

She put the key in the door.

کلید را توی در کرد.

۲. [اسم] (روی ماشین تحریر و کامپیوتر) دکمه

kick /kik/ [فعل] با لگد زدن، با پا زدن، به (چیزی) لگد زدن

He is kicking the ball.

دارد توپ را با پا می‌زند.

kid /kid/ ۱. [اسم] بزغاله
۲. [اسم] بچّه

kill /kil/ [فعل] کشتن

The lion killed the rabbit.

شیر خرگوش را کشت.

kilo /'ki:lō/ [اسم] کیلو

(شکلِ ساده شدهٔ کیلوگرم است)

The box weighs 6 kilos.

جعبه ۶ کیلو وزن دارد. وزنِ جعبه ۶ کیلو است.

---

a = آ ɑ = آ ʌ = آ (با دهانِ نیمه‌باز) ə = آ (با دهانِ نیمه‌بسته) e = اِ i = ای (کوتاه)

i: = ای (کشیده) o = اُ (تا حدودی کشیده) ō = و (در کلمهٔ موج) u = او (کوتاه) u: = او (کشیده) ey = اِی

kilogram /ˈkiləgram/

[اسم] کیلوگرم (واحدِ اندازه‌گیریِ وزن؛ هر کیلوگرم هزار گرم است.)

The box weighs 6 kilograms.

وزنِ جعبه ۶ کیلوگرم است.

kilometer /kiˈlamitər/

[اسم] کیلومتر (واحدِ اندازه‌گیریِ طول؛ هر کیلومتر هزار متر است.)

It's two kilometers from here.

دو کیلومتر با اینجا فاصله دارد.

kilometre /kiˈlamitər/

= **kilometer**

kilt /kilt/ [اسم] دامنِ اسکاتلندی

(دامنی که از پارچهٔ چهارخانهٔ مخصوصی می‌دوزند و قسمتی از لباسِ محلّیِ مردانِ اسکاتلندی است)

kilt

kind /kaynd/ ۱. [صفت] مهربان

She is a very kind mother.

مادرِ بسیار مهربانی است.

۲. [صفت] (در موردِ رفتار) محبّت‌آمیز

It was kind of him to help us.

لطف کرد به ما کمک کرد.

۳. [اسم] نوع، جور

What kind of fruit did you buy?

چه جور میوه‌هایی خریدی؟ چه نوع میوه‌ای خریدید؟

kindness /ˈkayndnis/

[اسم] مهربانی، محبّت

Thank you for your kindness.

از محبّت متشکّرم. از محبّتِ شما متشکّرم.

king /king/ [اسم] شاه، پادشاه

The king had two daughters.

پادشاه دو دختر داشت.

kingfisher /ˈkingfishər/

[اسم] مرغِ ماهی‌خوار (پرنده‌ای کوچک با پرهای آبی‌رنگ که نزدیکِ رودخانه‌ها زندگی می‌کند و ماهیها را شکار می‌کند)

kiss /kis/ ۱. [فعل] بوس کردن، بوسیدن

The mother kissed her son.

مادر پسرش را بوسید.

۲. [اسم] بوس، بوسه

Give your grandfather a kiss!

یک بوس به بابابزرگت بده! یک بوس به پدربزرگتان بدهید!

kit /kit/ ۱. [اسم] جعبهٔ وسایل، جعبه ابزار

I took my tool kit.

جعبه ابزارم را همراه بردم.

۲. [اسم] وسایل، لوازم

I gave him a car kit.

لوازمِ ماشین بهش دادم.

kit

kitchen /ˈkichən/

[اسم] آشپزخانه

My mother is in the kitchen.

مادرم در آشپزخانه است.

oy = اُی　ay = آی　ao = آ+اُ (پشتِ سرهم)　g = گ　j = ج　s = س　v = و　w = و (با لبهای گرد)

y = ی　z = ز　ž = ژ　ch = چ　sh = ش　th = ث (تُک‌زبانی)　dh = ذ (تُک‌زبانی)

kite /kayt/ [اسم] بادبادک
His kite is blue and orange.
بادبادکش آبی و نارنجی است.

kitten /'kitn/ [اسم] بچّه گربه
I've a kitten. یک بچّه گربه دارم.

kiwi

kiwi /'ki:wi:/ [اسم] کیوی
(پرنده‌ای در زلاندنو با بالهای خیلی کوچک که به جای پرواز کردن می‌دود)

kiwi fruit /'ki:wi: fru:t/
[اسم] کیوی (میوه‌ای با مزهٔ ترش و پوستِ پُرزدارِ قهوه‌ای و گوشتِ سبزرنگ)

knee /ni:/ [اسم] زانو
His right knee aches.
زانوی راستش درد می‌کند.

knew /nu:, nyu:/
(زمانِ گذشتهٔ فعلِ بی‌قاعدهٔ ***know***)

knife /nayf/ [اسم] چاقو، کارد
This knife is blunt.
این چاقو کند است.

knight

knight /nayt/ ۱. [اسم] شوالیه، شهسوار (مردانِ اسب‌سوار و جنگجویی که صدها سال پیش در راهِ پادشاهان می‌جنگیدند)
۲. [اسم] (در شطرنج) اسب، مهرهٔ اسب

knit /nit/ [فعل] بافتن
She is knitting a cardigan.
دارد ژاکت می‌بافد.

knives /nayvz/ (جمعِ ***knife***)

knob /nab/
۱. [اسم] (روی در) دستگیره
۲. [اسم] (روی رادیو) پیچ

knock /nak/ [فعل] زدن
He was knocking at the door.
داشت به در می‌زد. داشت در می‌زد.
*I **knocked** the old man **over**.*
آن پیرمرد را زیر گرفتم.

knot /nat/ ۱. [اسم] گره
He made a knot at the rope.
یک گره به طناب زد. طناب را گره زد.
۲. [اسم] گرهِ دریایی، میلِ دریایی (واحدِ اندازه‌گیریِ سرعتِ کشتیها؛ هر گرهِ دریایی تقریباً برابرِ ۱۸۵۳ متر در ساعت است.)

know /nō/ ۱. [فعل] دانستن
I know he's intelligent.
می‌دانم باهوش است.
۲. [فعل] بلد بودن، دانستن
Do you know the answer?
جوابش را بلد هستی؟ جوابش را می‌دانید؟
۳. [فعل] شناختن، با (کسی) آشنا بودن
I don't know your sister.
من خواهرت را نمی‌شناسم. من با خواهرتان آشنا نیستم.

knowledge /'nalij/
[اسم] دانش، معلومات
He's a good knowledge of art.
معلوماتش در موردِ هنر خوب است.

known /nōn/
(صورتِ مفعولیِ فعلِ بی‌قاعدهٔ ***know***)

knuckle /ˈnʌkəl/

[اسم] بندِ انگشت

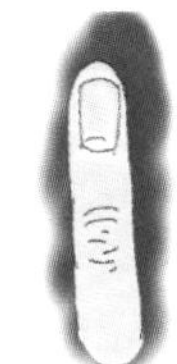

knuckle

koala /kōˈɑlə/ [اسم] کوآلا

(جانوری شبیهِ خرس ولی بدونِ دم در استرالیا که روی تنهٔ درختان زندگی می‌کند)

koala

kookaburra /ˈkukəbʌrə/

[اسم] ماهی‌خوارِ استرالیایی (مرغِ ماهی‌خواری است در استرالیا که صدایی شبیهِ خندهٔ انسان دارد)

kookaburra

Koran /kəˈran, kəˈrɑn/

[اسم] قرآن

The Koran is written in Arabic.

قرآن به عربی نوشته شده است.

oy = اُی   ɑy = آی   ɑo = آ+اُ (پشتِ سرهم)   g = گ   j = ج   s = س   v = و   w = و (با لبهای گرد)

y = ی   z = ز   ž = ژ   ch = چ   sh = ش   th = ث (تُک‌زبانی)   dh = ذ (تُک‌زبانی)

L,l

label /ˈleybəl/ [اسم] برچَسب، اتیکت

The bag has a label on it.

آن کیف رویش برچسب دارد.

laboratory /ˈlabrətori/

[اسم] آزمایشگاه

Our school has a laboratory.

مدرسهٔ ما آزمایشگاه دارد.

lace /leys/ ۱. [اسم] تور

My room has lace curtains.

پردهٔ اتاقِ من تور است. اتاقِ من پردهٔ تور دارد.

۲. [اسم] (در موردِ کفش یا پوتین) بند

She tied her shoe laces.

بندِ کفشهایش را بست.

ladder /ˈladər/ [اسم] نردبان

He is standing on a ladder.

روی نردبان ایستاده است.

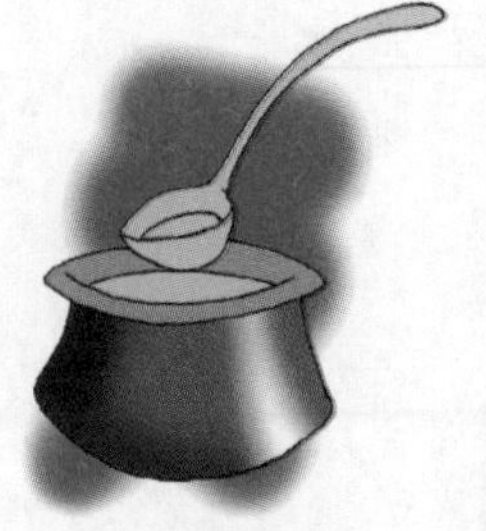

ladle

ladle /ˈleydl/ [اسم] ملاقه

A ladle has a long handle.

دستهٔ ملاقه دراز است.

lady /ˈleydi/ [اسم] خانم

This lady was in front of me.

این خانم جلوی من بود.

ladybird /ˈleydibərd/
= **ladybug**

ladybug /ˈleydibʌg/

[اسم] کفش‌دوزک، پینه‌دوز

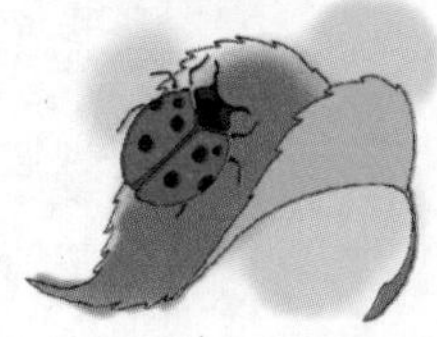

ladybug

laid /leyd/

(زمانِ گذشته و صورتِ مفعولیِ فعلِ بی‌قاعدهٔ ***lay***[1]).

lain /leyn/

(صورتِ مفعولیِ فعلِ بی‌قاعدهٔ ***lie***[2])

lake /leyk/ [اسم] دریاچه

We walked around the lake.

دورِ دریاچه قدم زدیم.

lamb /lam/ [اسم] برّه، بع‌بعی

We saw some lambs.

چندتا برّه دیدیم.

lame /leym/ [صفت] شَل، چُلاق

He ***went lame*** *in war.*

توی جنگ شَل شد.

lamp /lamp/ [اسم] چراغ؛ لامپ

There is a lamp on the table.

یک چراغ روی میز است.

lance /lans/ [اسم] نیزه

A lance has a sharp head.

سرِ نیزه تیز است.

land /land/ ۱. [اسم] زمین

The land here is dry.

زمینِ اینجا خشک است.

۲. [فعل] به زمین نشستن، فرود آمدن

The airplane landed on time.

هواپیما درست به موقع به زمین نشست.

lane /leyn/ ۱. [اسم] راه؛ کوچه، کوی

۲. [اسم] (در بزرگراهها) خط، باند (یک مسیرِ خط‌کشی شده در بزرگراه؛ هر طرفِ بزرگراه ممکن است از چند خط یا باند تشکیل شده باشد.)

language /ˈlangwij/ [اسم] زبان

He speaks two languages.

به دو زبان صحبت می‌کند. دو زبان بلد است.

lantern /ˈlantərn/ [اسم] فانوس

He has a lantern. فانوس دارد.

lard /ˈlɑrd/ [اسم] چربیِ خوک

larder /ˈlɑrdər/ [اسم] انبارِ موادِّ غذایی، گنجهٔ موادِّ غذایی

large /lɑrj/ ۱. [صفت] بزرگ، گنده؛ درشت

Elephants are large animals.

فیلها حیواناتِ بزرگی هستند.

۲. [صفت] (در موردِ مقدار) زیاد

He's a large amount of money.

پولِ زیادی دارد.

lark /lɑrk/ [اسم] چَکاوَک (پرنده‌ای کوچک، قهوه‌ای‌رنگ و خوش‌آواز)

larva /ˈlɑrvə/ [اسم] نوزادِ حشره، لارو

lasso /ˈlasō, laˈsuː/ [اسم] کمند (طنابی که یک سرش را به شکلِ حلقه گره زده‌اند و از آن برای گرفتنِ اسب و گلّه استفاده می‌کنند)

last /last/ ۱. [صفت] گذشته، قبل، پیش

Last night we saw a film.

شبِ گذشته فیلم دیدیم.

last year سالِ گذشته، پارسال

the Last Day روزِ قیامت

۲. [صفت] آخرین

Our house is the last house.

خانهٔ ما آخرین خانه است.

lantern

lark

lasso

oy = اُی ay = آی ɑo = آ+اُ (پشتِ سرهم) g = گ j = ج s = س v = و w = و (با لبهای گرد)

y = ی z = ز ž = ژ ch = چ sh = ش th = ث (تُک‌زبانی) dh = ذ (تُک‌زبانی)

late /leyt/ ۱. [قید] تا دیروقت، دیر
Can I stay up late this evening?
می‌شود امشب تا دیروقت بیدار باشم؟
می‌شود امشب دیر بخوابم؟
۲. [صفت] دیر
I was late for school today.
امروز مدرسه‌ام دیر شد.

laugh /laf/ [فعل] خندیدن
We laughed at the joke.
به جوک خندیدیم.

laughter /'laftər/ [اسم] خنده؛ صدای خنده
We could hear their laughter.
می‌توانستیم صدای خنده‌شان را بشنویم.

launch /lanch/
[فعل] (در موردِ موشک یا فضاپیما) پرتاب کردن

launderette /landə'ret/
[اسم] لباس‌شوییِ سکّه‌ای (جایی که با ریختنِ سکّه در دستگاهی می‌توان لباسهای کثیف را شست)

lava /'lavə/ [اسم] گدازه
(موادِ مذابِ داغی که از دهانهٔ آتشفشان بیرون می‌آید و پس از سرد شدن سنگ می‌شود)

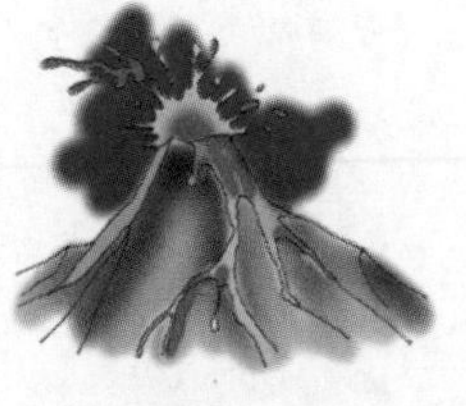
lava

lavatory /'lavətori/
[اسم] توالت، دستشویی

law /la/ [اسم] قانون
The law is on our side.
قانون طرفِ ماست. قانون با ماست.

lawn /lan/ [اسم] چمن
We had tea on the lawn.
روی چمن چای خوردیم.

lay[1] /ley/ ۱. [فعل] گذاشتن، قراردادن
I laid my hand on her arm.
دستم را گذاشتم روی بازویش.
۲. [فعل] (در موردِ میزِ غذا یا سفره) چیدن
My mother laid the table.
مادرم میز را چید. مادرم سفره را چید.

lay[2] /ley/
(زمانِ گذشتهٔ فعلِ بی‌قاعدهٔ ***lie***[2])

layer /'leyər/ [اسم] لایه، قشر

lazy /'leyzi/ [صفت] تنبل
He is a lazy student.
شاگردِ تنبلی است.

lead[1] /li:d/
۱. [اسم] (در موردِ سگ) قلّاده
۲. [فعل] رهبری کردن
Who leads the army?
چه کسی ارتش را رهبری می‌کند؟
۳. [فعل] راهنمایی کردن
He led the guest to the garden.
مهمان را به طرفِ حیاط راهنمایی کرد.

lead

lead[2] /led/ ۱. [اسم] سُرب
۲. [اسم] نوکِ مداد، مغزِ مداد

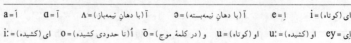

leaf /li:f/ ۱. [اسم] برگ

Most trees have leaves.

بیشترِ درختان برگ دارند.

۲. [اسم] (در موردِ کتاب) وَرَق، صفحه

I turned the leaves of my book.

کتابم را ورق زدم.

۳. [اسم] (در موردِ میز) قسمتِ تاشو

leak /li:k/ [فعل] چکّه کردن

The tap is leaking.

شیر چکّه می‌کند.

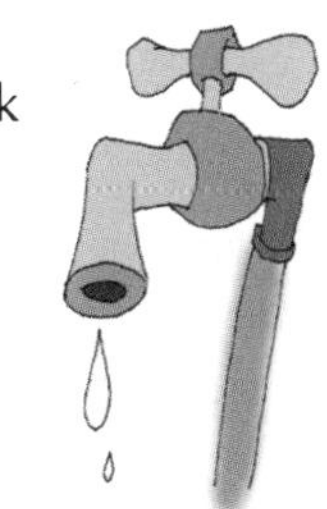

leak

lean /li:n/ ۱. [فعل] تکیه دادن

Lean against me! به من تکیه بده!

به من تکیه بدهید!

۲. [فعل] خم شدن، دولا شدن

I leaned over her. رویش خم شدم.

leant /lent/

(زمانِ گذشته و صورتِ مفعولیِ فعلِ بی‌قاعدهٔ ***lean***)

leap /li:p/ [فعل] پریدن

He leapt across the stream.

از روی رودخانه پرید.

leapt /lept/

(زمانِ گذشته و صورتِ مفعولیِ فعلِ بی‌قاعدهٔ ***leap***)

leap year /ˈli:p yər/

[اسم] سالِ کبیسه (در تقویمِ میلادی، هر چهارسال یک بار ماهِ فوریه به جای بیست و هشت روز، بیست و نه روز است؛ این سال را کبیسه می‌گویند. در تقویمِ ایرانی، هر چهارسال یک بار ماهِ اسفند به جای بیست و نه روز، سی‌روز است. سالِ کبیسه ۳۶۶ روز است.)

learn /lərn/ [فعل] یادگرفتن، آموختن

She soon learned to read.

خیلی زود خواندن را یاد گرفت.

learnt /lərnt/

(زمانِ گذشته و صورتِ مفعولیِ فعلِ بی‌قاعدهٔ ***learn***)

least /li:st/

[صفت] کوچکترین؛ کمترین (صورتِ عالیِ ***little***)

leather /ˈledhər/ [اسم] چرم

Leather is used in making bags.

از چرم در ساختنِ کیف استفاده می‌شود.

leave /li:v/

۱. [فعل] از (جایی) رفتن، ترک کردن؛ از (جایی) راه افتادن

When did you leave the school?

کِی از مدرسه رفتی؟ چه موقع مدرسه را ترک کردید؟

۲. [فعل] گذاشتن؛ جاگذاشتن

I left my book at home.

کتابم را در خانه جاگذاشتم.

Leave me alone! ولم کن!

زمانِ گذشته و صورتِ مفعولیِ فعلِ ***learn*** به دو شکل است:

learned, learnt

زمانِ گذشته و صورتِ مفعولیِ فعلِ ***lean*** به دو شکل است:

leaned, leant

زمانِ گذشته و صورتِ مفعولیِ فعلِ ***leap*** به دو شکل است:

leaped, leapt

leaves /li:vz/ (جمعِ *leaf*)

led /led/

(زمانِ گذشته و صورتِ مفعولیِ فعلِ بی‌قاعدۀ *lead*)

leek /li:k/ [اسم] تره‌فرنگی

A leek tastes like an onion.

تره‌فرنگی مزۀ پیاز می‌دهد. مزۀ تره‌فرنگی مثلِ مزۀ پیاز است.

leek

left[1] /left/ [صفت] چپ

Give me your left hand!

دستِ چپت را بده به من! دستِ چپتان را به من بدهید!

left[2] /left/

(زمانِ گذشته و صورتِ مفعولیِ فعلِ بی‌قاعدۀ *leave*)

leg /leg/ ۱. [اسم] پا، لِنگ

He has long thin legs.

پاهای بلند و باریکی دارد.

۲. [اسم] (در موردِ میز و صندلی) پایه

The chair leg was broken.

پایۀ صندلی شکسته بود.

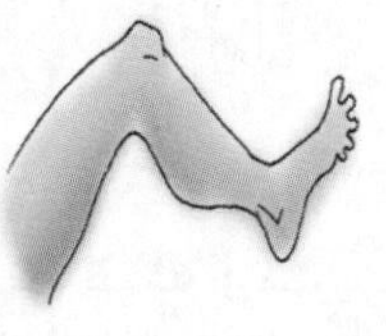

leg

lemon /ˈlemən/ [اسم] لیموترش

lemonade /leməˈneyd/

[اسم] لیموناد، شربتِ آبلیمو

lend /lend/

[فعل] به (کسی) قرض دادن

He lent me his book.

کتابش را به من قرض داد.

length /length/ ۱. [اسم] طول، بلندی، درازی

What is the length of the box?

طولِ جعبه چقدر است؟

۲. [اسم] طولِ مدّت، مدّت

lens /lenz/ [اسم] عدسی، لنز

Lenses are used in cameras.

از عدسی در دوربین استفاده می‌شود.

lent /lent/

(زمانِ گذشته و صورتِ مفعولیِ فعلِ بی‌قاعدۀ *lend*)

leopard /ˈlepərd/ [اسم] پلنگ

Leopards kill other animals.

پلنگ حیواناتِ دیگر را می‌کُشد.

leopard

less /les/

[صفت] کمتر (صورتِ تفضیلیِ *little*)

lesson /ˈlesən/ [اسم] درس

We had an English lesson.

درسِ انگلیسی داشتیم.

let /let/ [فعل] گذاشتن، به (کسی) اجازه دادن

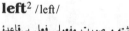

I didn't let him go out.

بهش اجازه ندادم برود بیرون.

Let's go! بزن برویم! بیایید برویم!

***Let's not** talk about school!*

بیا حرفِ مدرسه را نزنیم! بیایید حرفِ مدرسه را نزنیم!

letter /'letər/ ۱. [اسم] نامه

He wrote a letter to his aunt.

نامه‌ای برای خاله‌اش نوشت.

۲. [اسم] (در الفبا) حرف

She read the letters on it.

حروفِ رویش را خواند.

lettuce /'letis/ [اسم] کاهو

She made a lettuce salad.

سالادِ کاهو درست کرد.

level /'levəl/ [صفت] صاف، مسطّح، هموار

Is the ground level?

زمین صاف است؟

lever /'levər/ [اسم] اهرم

A lever helps to lift things.

اهرم به بلندکردنِ اشیاء کمک می‌کند. اهرم کمک می‌کند که اشیاء را بلند کنیم.

lever

library /'laybreri/ [اسم] کتابخانه

lick /lik/ [فعل] لیس زدن

She licked her ice cream.

بستنی‌اش را لیس زد.

lie[1] /lay/ ۱. [فعل] دروغ گفتن

Don't lie to me! بهم دورغ نگو! به من دورغ نگویید!

۲. [اسم] دورغ

It's all lies. همه‌اش دروغ است.

lie[2] /lay/ [فعل] دراز کشیدن، خوابیدن

Don't lie in the sun!

توی آفتاب دراز نکش! زیرِ آفتاب دراز نکشید!

life /layf/ [اسم] زندگی، حیات

Is there life on other planets?

آیا در سیّاراتِ دیگر حیات وجود دارد؟

lifeboat /'layfbōt/

[اسم] قایقِ نجات

The lifeboat rescued them.

قایقِ نجات آنها را نجات داد.

lift /lift/ ۱. [اسم] آسانسور

Let's take the lift!

بیا با آسانسور برویم! بیایید با آسانسور برویم!

۲. [فعل] بلند کردن؛ برداشتن

She lifted her head.

سرش را بلند کرد.

He lifted the sack.

ساک را برداشت.

library

oy = اُی   ay = آی   ao = آ+اُ(پشتِ سرهم)   g = گ   j = ج   s = س   v = و   w = و (با لبهای گرد)

y = ی   z = ز   ž = ژ   ch = چ   sh = ش   th = ث (تُک‌زبانی)   dh = ذ (تُک‌زبانی)

lilac

light /layt/ ۱. [اسم] نور، روشنایی
۲. [اسم] چراغ
He lit the light. چراغ را روشن کرد.
۳. [فعل] روشن کردن
They decided to light a fire.
تصمیم گرفتند آتش روشن کنند.
۴. [صفت] سبک
The box is very light.
جعبه خیلی سبک است.
۵. [صفت] (در موردِ رنگ) کمرنگ، روشن
She wore a light green dress.
لباسِ سبزِ کمرنگی پوشید.
۶. [صفت] (در موردِ باد) ملایم
There was a light wind.
بادِ ملایمی می‌آمد.

lighthouse /ˈlaythaos/
[اسم] فانوسِ دریایی (برجی در ساحل که چراغِ پرنوری بالای آن نصب شده است و کشتیها را راهنمایی می‌کند)

lightly /ˈlaytli/
[قید] (در موردِ لباس پوشیدن) سبک، کم

lightning /ˈlaytning/
[اسم] صاعقه، برق

like /layk/
۱. [فعل] دوست داشتن؛ پسندیدن
I like your new dress.
لباسِ جدیدت را می‌پسندم. از لباسِ نوِ شما خوشم می‌آید.
۲. [حرفِ اضافه] مثلِ، شبیهِ، مانندِ، نظیرِ
I have a car like this car.
ماشینِ من مثلِ این ماشین است.

lilac /ˈlaylək/
[اسم] یاس، گلِ یاس

lily /ˈlili/ [اسم] سوسن، گلِ سوسن

limb /lim/ ۱. [اسم] دست و پا
۲. [اسم] شاخه

limb

lime /laym/
[اسم] لیموترش، لیموشیرازی

limit /ˈlimit/ [اسم] حد، مرز

limp /limp/ ۱. [فعل] لنگیدن، شَلیدن
The dogs were limping.
سگها می‌لنگیدند.
۲. [صفت] شُل، بی‌حال
۳. [صفت] نرم

limpet /ˈlimpit/
[اسم] صدفِ چسبنده (نوعی جانورِ کوچکِ دریایی که به صخره‌ها می‌چسبد)

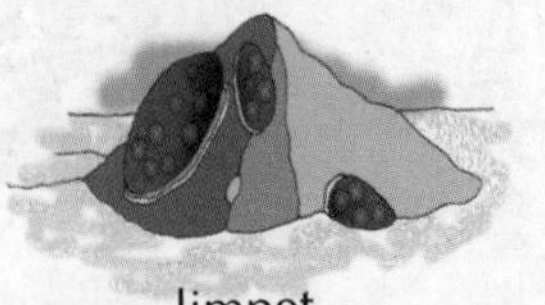
limpet

ای (کوتاه) = i إ = e آ (با دهانِ نیمه‌بسته) = ə آ (با دهانِ نیمه‌باز) = ʌ آ = ɑ اَ = a
اِی = ey او (کشیده) = u: او (کوتاه) = u و (در کلمهٔ موج) = ō اُ (تا حدودی کشیده) = o ای (کشیده) = i:

line /layn/ ۱. [اسم] خط
Can you draw a straight line?
می‌توانی یک خطِ مستقیم بکشی؟
می‌توانید یک خطِ صاف بکشید؟
۲. [اسم] صف
I was talking to her in the line.
توی صف داشتم باهاش حرف می‌زدم.

lion /ˈlayən/ [اسم] (جانور) شیر
Lions eat meat.
شیرها گوشت می‌خورند. شیر گوشت می‌خورد.

lion

lip /lip/ [اسم] لَب
She moved her lips.
لبهایش را تکان داد.

liquid /ˈlikwid/ [اسم] مایع
Water and milk are liquids.
آب و شیر مایع هستند.

list /list/ [اسم] لیست، فهرست، صورت
Make a list of the books!
از کتابها لیست تهیّه کن! فهرستِ کتابها را تهیّه کنید!

list

listen /ˈlisən/ [فعل] گوش کردن
Please listen carefully!
خواهش می‌کنم با دقّت گوش کن! لطفاً با دقّت گوش کنید!

lit /lit/
(زمانِ گذشته و صورتِ مفعولیِ فعلِ بی‌قاعدهٔ *light*)

زمانِ گذشته و صورتِ مفعولیِ فعلِ ***light*** به دو شکل است:
lighted, lit

liter /ˈli:tər/ [اسم] لیتر
(واحدِ اندازه‌گیریِ حجم در مایعات)

litre /ˈli:tər/ = **liter**

litter /ˈlitər/ ۱. [اسم] آشغال، زباله
۲. [اسم] توله‌های همزاد (تولهٔ حیواناتی مثلِ سگ و گربه که همزمان به دنیا می‌آیند)

little /ˈlitl/ ۱. [صفت] کوچک، کوچولو
Look at the little boy there!
آن پسرکوچولو را نگاه کن! آن پسرکوچولو را نگاه کنید!
۲. [صفت] کم
Be quick, we have little time.
زود باش، وقتمان کم است. زود باشید، کم وقت داریم.
۳. [صفت] بی‌اهمیّت، جزئی

live[1] /liv/ ۱. [فعل] زنده ماندن
Without light, plants can't live.
بدونِ نور گیاهان زنده نمی‌مانند.
۲. [فعل] زندگی کردن
Their daughter lives abroad.
دخترشان خارج زندگی می‌کند.

live[2] /lɑyv/ [صفت] زنده

I saw a live rattlesnake.

یک مارِ زنگیِ زنده دیدم.

lively /ˈlɑyvli/

۱. [صفت] سرزنده، سرِحال، بانشاط

She's a lively little girl.

دخترِ کوچکِ بانشاطی است.

۲. [صفت] جالب، باحال

It was a lively party.

مهمانیِ باحالی بود.

liver /ˈlivər/ [اسم] کبد، جگر

lives /lɑyvz/ (جمعِ ***life***)

living /ˈliving/ ۱. [اسم] زندگی

The cost of living is high.

هزینهٔ زندگی بالا است.

۲. [صفت] زنده

living things موجوداتِ زنده

living room /ˈliving rum/

[اسم] اتاقِ نشیمن

We went to the living room.

به اتاقِ نشیمن رفتیم.

lizard

lizard /ˈlizərd/ [اسم] مارمولک، بزمجه

'll /l/ ۱. (صورتِ کوتاه شدهٔ فعلِ ***will***)

۲. (صورتِ کوتاه شدهٔ فعلِ ***shall***)

llama

llama /ˈlɑmə/ [اسم] لاما

(نوعی شترِ بی‌کوهان در آمریکای جنوبی)

load /lōd/ ۱. [اسم] بار

The lorry carried a heavy load.

کامیون بارِ سنگینی حمل کرد.

۲. [فعل] بار زدن

He loaded the lorry alone.

تنهایی کامیون را بار زد.

۳. [فعل] (در موردِ اسلحه) پر کردن

Load the gun! تفنگ را پرکن! تفنگ را پر کنید!

loaf /lōf/

[اسم] (در شمارشِ نان) دانه، تا

Please buy a loaf of bread!

لطفاً یک دانه نان بخر! لطفاً یک نان بخرید!

loaves /lōvz/ (جمعِ ***loaf***)

lock /lɑk/ ۱. [اسم] قفل

Only a key can open a lock.

فقط کلید قفل را باز می‌کند. قفل فقط با کلید باز می‌شود.

۲. [فعل] قفل کردن

He locked the door. در را قفل کرد.

locomotive /lōkəˈmōtiv/

[اسم] لوکوموتیو

A locomotive pulled the train.

لوکوموتیو قطار را می‌کشید.

locomotive

ای (کوتاه) = i   اِ = e   آ (با دهانِ نیمه‌بسته) = ə   آ (با دهانِ نیمه‌باز) = ʌ   آ = ɑ   اَ = a

اِی = ey   او (کشیده) = u: او (کوتاه) = u   و (در کلمهٔ موج) = ō   اُ (تا حدودی کشیده) = o   ای (کشیده) = i:

How long is the room?

طولِ اتاق چقدر است؟

look /luk/ ۱. [فعل] نگاه کردن

Look at me! به من نگاه کن! به من نگاه کنید!

۲. [فعل] به نظر رسیدن، به نظر آمدن

You look sad.

غمگین به نظر می‌رسی. به نظر می‌آید غمگین هستید.

*She **looks like** her mother.*

شبیهِ مادرش است.

loom /lu:m/

۱. [اسم] دستگاهِ پارچه‌بافی، ماشینِ پارچه‌بافی

۲. [فعل] به شکلِ وحشتناکی نمایان شدن

The trees loomed above him.

درختانِ بالای سرش به طرزِ وحشتناکی نمایان شدند.

loop /lu:p/ [اسم] حلقه

The lock is made of a loop.

آن قفل از یک حلقه درست شده است.

loose /lu:s/ [صفت] شُل، لَق

I have a loose tooth.

من یک دندانِ لق دارم. یکی از دندانهایم لق است.

lord /lord/ [اسم] ارباب، مالک

lorry /'lari/ [اسم] کامیون، ماشینِ باری

He drives a lorry. کامیون می‌رانَد.

locust

lorry

locust /'lōkəst/ [اسم] ملخ

Locusts damage the crops.

ملخ به محصولات آسیب می‌رساند.

loft /laft/ [اسم] انبارِ زیر شیروانی

log /lag/ ۱. [اسم] کُنده، کُندهٔ درخت

Birds made nests on the logs.

پرندگان روی کُندهٔ درختان لانه ساختند.

۲. [اسم] (در کشتی و هواپیما) دفترچهٔ گزارشِ سفر

lollipop /'lalipap/

[اسم] آب‌نبات چوبی

lollipop

lonely /'lōnli/ ۱. [صفت] تنها، بی‌کس

I feel lonely. احساسِ تنهایی می‌کنم. احساس می‌کنم تنها و بی‌کس هستم.

۲. [صفت] دورافتاده، پرت

They went to a lonely beach.

به ساحلِ پرتی رفتند.

long /lang/ ۱. [صفت] دراز، بلند

That's a long road.

جادّهٔ درازی است.

۲. [صفت] طولانی

The film was too long.

فیلم خیلی طولانی بود.

***How long** is the film?*

فیلم چقدر طول می‌کشد؟

lose /lu:z/ ۱. [فعل] گم کردن

I've lost my keys.

کلیدهایم را گم کرده‌ام.

Get lost! بروگم شو!

۲. [فعل] (در موردِ وزن) کم کردن

She has lost a lot of weight.

وزنِ زیادی کم کرده است.

۳. [فعل] (در موردِ ساعت) عقب ماندن

My watch loses two minutes.

ساعتم دو دقیقه عقب می‌ماند.

lost[1] /lɑst/ [صفت] گمشده

The police found the lost boy.

پلیس پسرِ گمشده را پیدا کرد.

I'm lost. سر در نمی‌آورم.

lost[2] /lɑst/

(زمانِ گذشته و صورتِ مفعولیِ فعلِ بی‌قاعدهٔ *lose*)

lot /lɑt/ [اسم] تعدادِ زیادی؛ مقدارِ زیادی

A lot of children played here.

بچّه‌های زیادی اینجا بازی کردند.

Lots of children played here.

بچّه‌های زیادی اینجا بازی کردند.

loud /laod/

loud

۱. [صفت] (در موردِ صدا) بلند، رسا

His voice is too loud.

صدایش زیادی بلند است.

۲. [صفت] (در موردِ رنگ) زننده، تند

۳. [قید] بلند، با صدای بلند

Can you speak louder, please?

می‌شود بلندتر حرف بزنی؟ ممکن است لطفاً بلندتر صحبت کنید؟

loudspeaker /laod'spi:kər/

[اسم] (در رادیو، ضبطِ صوت و غیره) بلندگو

Radios have loudspeakers.

رادیو بلندگو دارد.

lounge /laonj/

[اسم] (در هتل) سالن، سالنِ انتظار

love /lʌv/ ۱. [اسم] عشق، علاقه، محبّت

All children need love.

همهٔ بچّه‌ها به محبّت احتیاج دارند.

۲. [فعل] عاشقِ (کسی یا چیزی) بودن، خیلی دوست داشتن

I love my mother.

من مادرم را خیلی دوست دارم.

فعلِ **love** هیچوقت به صورتِ استمراری به کار نمی‌رود.

lovely /'lʌvli/ [صفت] خوشگل، قشنگ، مامانی؛ خیلی خوب

What a lovely baby!

چه بچّه مامانی‌ای!

low /lō/ ۱. [صفت] کوتاه، کم‌ارتفاع

They sat on the low wall.

روی دیوارِ کوتاه نشستند.

۲. [صفت] پایین

The moon is low. ماه پایین است.

۳. [صفت] (در موردِ رودخانه) کم آب

The river was low.

رودخانه کم آب بود.

۴. [صفت] ارزان؛ پایین

The prices are low.

قیمتها پایین هستند.

۵. [صفت] ناراحت، غمگین؛ کسل

She's feeling low. ناراحت است. کسل است. حال ندارد.

lukewarm /lu:k'warm/
[صفت] (در موردِ آب، غذا) وِلَرم

lullaby /'lʌləbay/ [اسم] لالایی
I always sing him lullabies.
همیشه برایش لالایی می‌خوانم.

lump /lʌmp/ ۱. [اسم] تکّه، قطعه
A lump of concrete hit him.
یک تکّه بتون خورد بهش.
۲. [اسم] وَرَم
۳. [اسم] (در موردِ قند) حبّه
He took a lump of sugar.
یک حبّه قند برداشت.

lump

lunar /'lu:nər/ [صفت] قَمَری، ـِ ماه
lunar year سالِ قمری
lunar rocks صخره‌های ماه

lunch /lʌnch/ [اسم] ناهار، نهار
We eat lunch at one o'clock.
ما ساعتِ یک ناهار می‌خوریم.

lung /lʌng/ [اسم] شُش، ریه
The lungs are inside the chest.
ریه‌ها داخلِ قفسهٔ سینه قرار دارند.

lying /'laying/
۱. (صورتِ فاعلیِ فعلِ بی‌قاعدهٔ **lie**[1])
۲. (صورتِ فاعلیِ فعلِ بی‌قاعدهٔ **lie**[2])

lynx /links/ [اسم] سیاه‌گوش
(جانوری از خانوادهٔ گربه که در جنگلها و مناطقِ کوهستانی زندگی می‌کند و چشمانِ بسیار تیزبینی دارد)

۶. [قید] کم
I turned down the oven low.
شعلهٔ اجاق را کم کردم.

lower /'lōər/ ۱. [صفت] پایین، پایینی
She was chewing her lower lip.
لبِ پایینی‌اش را می‌جوید.
۲. [فعل] پایین آوردن
He lowered his head.
سرش را پایین آورد.
۳. [فعل] کوتاه کردن، پایین آوردن
She lowered her voice.
صدایش را پایین آورد.

loyal /'loyəl/ [صفت] باوفا، وفادار
He's loyal to the President.
به رئیس‌جمهور وفادار است.

luck /lʌk/ [اسم] شانس
We had no luck.
هیچ شانس نداشتیم.
good luck خوش‌شانسی
bad luck بدشانسی
Good luck! موفّق باشی! موفّق باشید!

lucky /'lʌki/ [صفت] خوش‌شانس
She's very lucky.
خیلی خوش‌شانس است. خیلی شانس دارد.

luggage /'lʌgij/ [اسم] بار، بار و بُنه
He took his luggage with him.
بارش را با خودش برد.

luggage

lynx

oy = اُی   ay = آی   ao = آ+اُ(پشتِ سرهم)   g = گ   j = ج   s = س   v = و   w = و(با لبهای گرد)
y = ی   z = ز   ž = ژ   ch = چ   sh = ش   th = ث(نُک‌زبانی)   dh = ذ(نُک‌زبانی)

M,m

make /meyk/

۱. [فعل] درست کردن، ساختن

I made a boat out of paper.

با کاغذ قایق درست کردم.

۲. [فعل] مجبور کردن، وادار کردن

He made us go.

مجبورمان کرد برویم.

۳. [فعل] باعثِ (چیزی) شدن، کاری کردن که

She made the child cry.

باعثِ گریهٔ بچّه شد. کاری کرد که بچّه به گریه افتاد.

make-up /'meyk ʌp/

[اسم] آرایش

She had a lot of make-up on.

خیلی آرایش کرده بود. آرایشِ زیادی داشت.

male /meyl/ ۱. [اسم] حیوانِ نر، نر

The dog is a male.

آن سگ نر است.

۲. [اسم] مرد

Is your nurse a male?

پرستارت مرد است؟ پرستارتان مرد است؟

'm /m/ (صورتِ کوتاه شدهٔ فعلِ *am*)

machine /mə'shi:n/

[اسم] دستگاه

This machine is old.

این دستگاه قدیمی است.

machine-gun /mə'shi:n gʌn/ [اسم] مسلسل، تیربار

made /meyd/

(زمانِ گذشته و صورتِ مفعولیِ فعلِ بی‌قاعدهٔ *make*)

magazine /magə'zi:n/

[اسم] مجلّه

He is reading a magazine.

دارد مجلّه می‌خواند.

magic /'majik/ [اسم] جادو

magician /mə'jishən/

۱. [اسم] جادوگر

۲. [اسم] شعبده‌باز

magician

magnet /'magnit/

[اسم] آهن‌ربا

---

i = ای (کوتاه) e = اِ ə = آ (با دهانِ نیمه‌بسته) ʌ = آ (با دهانِ نیمه‌باز) ɑ = آ a = اَ

ey = اِی u: = او (کشیده) u = او (کوتاه) ō = و (در کلمهٔ موج) o = اُ (تا حدودی کشیده) i: = ای (کشیده)

mammal /'maməl/
[اسم] پستاندار (گروهی از جانوران که خونگرم هستند، بچّه می‌زایند و به بچّه‌های خود شیر می‌دهند و بدنشان از مو یا پشم پوشیده شده است؛ مثلِ انسان، گربه، نهنگ)

man /man/ ۱. [اسم] مرد
That man is tall.
آن مرد قدبلند است.
۲. [اسم] انسان، آدم
No man can live here.
هیچ انسانی نمی‌تواند اینجا زندگی کند.

mane /meyn/
[اسم] (در موردِ اسب و شیر) یال

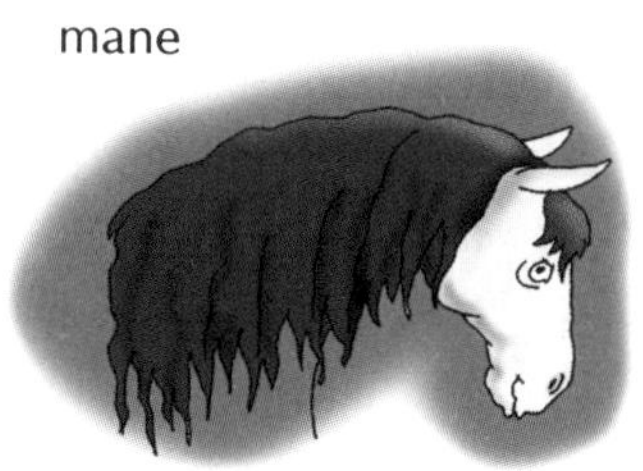
mane

many /'meni/ [صفت] خیلی، بسیار، بسیاری، زیادی
I've many friends.
من دوستانِ زیادی دارم. من خیلی دوست دارم.

map /map/ [اسم] نقشه
They looked at the map.
به نقشه نگاه کردند.

maple /'meypəl/
[اسم] درختِ افرا، افرا

marble /'marbl/ ۱. [اسم] مَرمَر
He made a marble statue.
یک مجسّمه از مرمر درست کرد.
۲. [اسم] تیله
The boys played marbles.
پسرها تیله بازی کردند.

March /march/ [اسم] مارس، ماهِ مارس (سومین ماهِ سالِ میلادی، از یازدهمِ اسفند تا یازدهمِ فروردین؛ این ماه سی و یک روز دارد.)

march /march/ ۱. [اسم] مارش (نوعی موسیقی است که موقعِ رژه رفتن می‌نوازند)
۲. [فعل] قدم‌رو رفتن، قدم‌رو کردن، رژه رفتن
The soldiers are marching.
سربازان دارند قدم‌رو می‌روند.

mare /mer/ [اسم] مادیان
(به اسبِ ماده می‌گویند)

margarine /'marjərin/
[اسم] مارگارین (مادّه‌ای شبیهِ کره که از روغنِ نباتی تهیّه شده است)

mark /mark/ ۱. [اسم] لکّه، لک
There's a dirty mark here.
اینجا لک شده است.
۲. [اسم] علامت
It was covered with marks.
پر از علامت بود.
۳. [اسم] نمره
He got the highest mark.
بالاترین نمره را گرفت.

oy = اُی   ay = آی   ɑo = آ+اُ (پشتِ سرهم)   g = گ   j = ج   s = س   v = و   w = و (با لبهای گرد)
y = ی   z = ز   ž = ژ   ch = چ   sh = ش   th = ث (تُک‌زبانی)   dh = ذ (تُک‌زبانی)

market /'markit/ [اسم] بازار
Are you going to the market?
داری می‌روی بازار؟ به بازار می‌روید؟

marmalade /'marməleyd/
[اسم] مارمالاد (نوعی مربّا که از میوهٔ له شده یا رنده شده درست می‌کنند)
Mum made some marmalade.
مامان کمی مارمالاد درست کرد.

marry /'mari/
[فعل] عروسی کردن، ازدواج کردن
They married last year.
پارسال عروسی کردند.

marsh /marsh/ [اسم] باتلاق

marsupial /mar'su:piəl/
[اسم] حیوانِ کیسه‌دار (حیواناتی مانندِ کانگرو که کیسه‌ای جلوی بدنشان دارند و نوزادانِ خود را در آن حمل می‌کنند)

marvellous /'marvələs/
= **marvelous**

marvelous /'marvələs/
[صفت] فوق‌العاده، عالی، محشر
His books are marvelous.
کتابهایش محشرند.

mask

mask /mask/ [اسم] ماسک
He wore a mask over his face.
به صورتش ماسک زده بود.

mast

mast /mast/ [اسم] دَکَلِ کشتی، دَکَل

mat /mat/ [اسم] پادَری، قالیچه
I was standing on the mat.
روی پادَری ایستاده بودم.

match /mach/
۱. [اسم] مسابقه
When is the match?
مسابقه کِی است؟
۲. [اسم] چوب کبریت؛ کبریت
Give me the box of matches!
قوطی کبریت را بده به من! قوطی کبریت را به من بدهید!
۳. [فعل] جور کردن، جُفت و جور کردن
Can you match them?
می‌توانی جورشان کنی؟ می‌توانید آنها را با هم جُفت‌وجور کنید؟

material /mə'tiriəl/
۱. [اسم] مادّه
Wood and iron are materials.
چوب و آهن هر دو مادّه هستند. چوب و آهن از مواد هستند.
۲. [اسم] پارچه
It's made of a thick material.
از پارچهٔ ضخیمی درست شده است.

math /math/ [اسم] ریاضی، ریاضیّات
He is good at math.
ریاضی‌اش خوب است.

mathematics /mathə'mat-iks/ [اسم] ریاضی، ریاضیّات
Do you have mathematics today?
امروز ریاضی داری؟ امروز ریاضیّات دارید؟

a = اَ　 ɑ = آ　 ʌ = آ (با دهانِ نیمه‌باز)　 ə = آ (با دهانِ نیمه‌بسته)　 e = اِ　 i = ای (کوتاه)
i: = ای (کشیده)　 o = اُ (تا حدودی کشیده)　 ō = و (در کلمهٔ موج)　 u = او (کوتاه)　 u: = او (کشیده)　 ey = اِی

maths /maths/ = **math**

matron /'meytrən/

[اسم] (در بیمارستان) سرپرستار

matter /'matər/ [اسم] مادّه

Everything is made of matter.

همه چیز از مادّه درست شده است.

همه چیز از مادّه ساخته شده است.

What's the matter?

موضوع چی است؟ جریان چی است؟

mattress /'matris/

[اسم] تُشَک، دُشَک

He's lying on the mattress.

روی دشک دراز کشیده است.

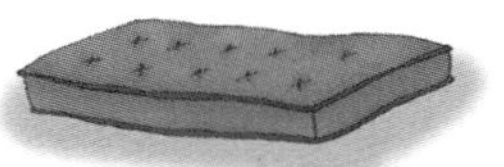

mattress

May /mey/ [اسم] مِه، ماهِ مِه

(پنجمین ماهِ سالِ میلادی، از یازدهمِ اردیبهشت تا دهمِ خرداد؛ این ماه سی و یک روز دارد.)

may /mey/

۱. [فعلِ کمکی] امکان داشتن، ممکن بودن

What he says may be true.

امکان دارد حرفش راست باشد.

May I help you?

می‌توانم کمکت کنم؟ می‌توانم کمکتان کنم؟

۲. [فعلِ کمکی] اجازه داشتن، توانستن

You may go now.

حالا می‌توانی بروی. حالا می‌توانید بروید.

May I? اجازه هست؟ اجازه؟

maybe /'meybi:/ [قید] شاید، ممکن است، احتمال دارد

mayn't /'meyənt/

(صورتِ کوتاه شدهٔ منفیِ فعلِ **may**)

mayor /'meyər/ [اسم] شهردار

Who is the mayor now?

الان شهردار چه کسی است؟ الان کی شهردار است؟

me /mi/ [ضمیر] من، ــَـم

Don't hit me! من را نزن! نزنم! من را نزنید! نزنیدم!

Give it to me! آن را بده به من! آن را به من بدهید!

meadow /'medō/ [اسم] علفزار

They played in the meadow.

در علفزار بازی کردند.

meadow

meal /mi:l/ [اسم] غذا، وعدهٔ غذا

Don't eat between meals!

بینِ وعده‌های غذا چیزی نخورا! از این وعده تا وعدهٔ دیگر چیزی نخورید!

may	صورتِ مثبت
may not	صورتِ منفی
mayn't	صورتِ کوتاه شدهٔ منفی

mean /mi:n/

۱. [فعل] معنی داشتن، معنی دادن

What does this word mean?

این کلمه چه معنی‌ای دارد؟ معنیِ این کلمه چیست؟

۲. [صفت] خسیس

He is very mean.

خیلی خسیس است.

means /mi:nz/ [اسم] وسیله، راه

We tried all possible means.

تمامِ راههای ممکن را آزمایش کردیم.

meant /ment/

(زمانِ گذشته و صورتِ مفعولیِ فعلِ بی‌قاعدهٔ ***mean***)

measles

measles /'mi:zəlz/

[اسم] سرخک

He has got measles.

سرخک گرفته است.

measure /'mežər/

[فعل] اندازه‌گیری کردن، اندازه گرفتن

He measured its length.

طولش را اندازه گرفت.

meat /mi:t/ [اسم] گوشت

medal /'medl/ [اسم] مدال، نشان

He wore all his medals.

تمامِ مدالهایش را به سینه زده بود.

medal

medicine /'medisən/

[اسم] دارو، دوا

Has he taken his medicine?

دوایش را خورده است؟

meet /mi:t/ [فعل] ملاقات کردن، دیدن

Have you met her father?

پدرش را دیده‌ای؟ با پدرش ملاقات کرده‌اید؟

melon /'melən/ ۱. [اسم] خربزه

۲. [اسم] هندوانه

melt /melt/ [فعل] ذوب شدن، آب شدن

The ice melted in the sun.

یخ در آفتاب ذوب شد. یخ زیرِ نورِ خورشید آب شد.

member /'membər/ [اسم] عضو

I'm a member of the club.

من عضوِ آن باشگاه هستم.

memory /'meməri/

۱. [اسم] حافظه

He has a good memory.

حافظهٔ خوبی دارد.

۲. [اسم] خاطره، یاد

I'll never forget his memory.

هیچ‌وقت خاطره‌اش را فراموش نمی‌کنم.

men /men/ (جمعِ بی‌قاعدهٔ ***man***)

mend /mend/ [فعل] تعمیر کردن، درست کردن

a = آ　ɑ = آ　ʌ = آ (با دهانِ نیمه‌باز)　ə = آ (با دهانِ نیمه‌بسته)　e = اِ　i = ای (کوتاه)

i: = ای (کشیده)　o = اُ (تا حدودی کشیده)　ō = و (در کلمهٔ موج)　u = او (کوتاه)　u: = او (کشیده)　ey = اِی

Who mended the ‌ ‌ ‌ ‌ιo?
کی رادیو را تعمیـ ‌ٕرد؟

menu /'menyu:/ [اسم] مِنو، لیستِ غذا
*What's **on the menu** tonight?*
امشب منو جی است؟

mercury /'mərkyuri/
[اسم] جیـوه (فلزّی نقره‌ای‌ر گ که در ساختنِ دماسنج از آن استفاده می‌شود)

mess /mes/
[اسم] ریـخـت و پـاش؛ آشغالها
Clean up this mess!
این آشغالها را تمیز کن! این ریخت و پاش را تمیز کنید!

message /'mesij/ [اسم] پیغام
Did you get my message?
پـیغامِ مـن را گـرفتی؟ پـیغامِ مـن را دریافت کردید؟

met /met/
(زمانِ گذشته و صورتِ مفعولیِ فعلِ بی‌قاعدهٔ *meet*)

metal /'metl/ [اسم] فلز
Iron is a metal. آهن فلز است.

meteor /'mi:tiər/ [اسم] شهاب

meteor

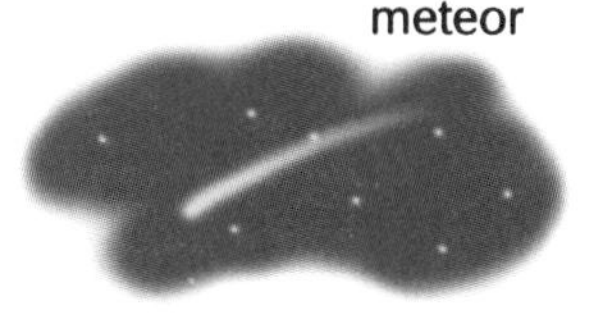

meter[1] /'mi:tər/ [اسم] کنتور
He examined the meter.
کنتور را آزمایش کرد.

meter[2] /'mi:tər/ [اسم] متر
(یکی از واحدهای اندازه‌گیریِ طول؛ هر متر برابرِ صد سانتیمتر است.)

metre /'mi:tər/ = **meter**[2]

mice /mays/
(جمعِ بی‌قاعدهٔ ***mouse***)

microphone /'maykrəfōn/
[اسم] میکروفُن

microscope /'maykrəskōp/
[اسم] میکروسکپ

microscope

microwave /'maykrəweyv/
[اسم] مایکروویو، میکروفِر (اجاقی که با استفاده از امواجِ کوتاهِ برق کار می‌کند و غذاها را بسیار سریع می‌پزد)

mid /mid/ [صفت] نیمهٔ، وسطِ، اواسطِ

midday /mid'dey/ [اسم] ظهر، وسطِ روز، ساعتِ دوازده
At midday the sun is hot.
ظهر آفتاب داغ است. آفتابِ وسطِ روز داغ است.

middle /'midl/ [اسم] وسط
That's me in the middle.
آن که وسط است من هستم.

midnight /'midnayt/
[اسم] نصفِ شب، نیمه شب
I go to bed at midnight.
من نصفِ شب می‌خوابم.

might[1] /mayt/ [اسم] قدرت، زور، نیرو
I pushed with all my might.
با تمامِ قدرت هُل دادم.

might[2] /mayt/
(زمانِ گذشتهٔ فعلِ ***may***)

mightn't /'maytənt/
(صورتِ کوتاه شدهٔ منفیِ فعلِ ***might***)

mild /mayld/ ۱. [صفت] آرام
He is a mild man. مردِ آرامی است.
۲. [صفت] ملایم
We had a mild winter.
زمستانِ ملایمی داشتیم.

mile /mayl/ [اسم] مایل، میل
(یکی از واحدهای اندازه‌گیریِ طول؛ هر مایل برابرِ ۱۶۰۹ متر است.)

milk /milk/ [اسم] شیر
I bought a bottle of milk.
یک شیشه شیر خریدم.

mill /mil/ ۱. [اسم] آسیا، آسیاب
۲. [اسم] کارخانه

million /'milyən/ [اسم] میلیون
10 million people live here.
ده میلیون نفر اینجا زندگی می‌کنند.

mince /mins/
۱. [اسم] گوشتِ چرخ کرده
A kilo of mince, please!
لطفاً یک کیلو گوشتِ چرخ کرده! یک کیلو گوشتِ چرخ‌کرده می‌خواهم!
۲. [فعل] (در موردِ گوشت) چرخ کردن
The butcher minced the beef.
قصّاب گوشتِ گوساله را چرخ کرد.

mincemeat /'minsmi:t/
۱. [اسم] مایهٔ پـای (سیب و کشمش و ادویه که در وسطِ پای می‌گذارند)
۲. [اسم] گوشتِ چرخ کرده

mind /maynd/ ۱. [اسم] ذهن
*I can't **make up my mind**.*
نمی‌توانم تصمیم بگیرم.
۲. [فعل] مواظبِ (چیزی) بودن، مراقبِ (چیزی) بودن
Mind your head!
مواظبِ سرت باش! مراقبِ سرتان باشید!
Never mind! بی‌خیالش! عیب ندارد!
۳. [فعل] از (کسی یا چیزی) مواظبت کردن، از (کسی یا چیزی) نگهداری کردن
My sister minds the baby.
خواهرم از بچّه نگهداری می‌کند.

mine[1] /mayn/ [ضمیر] مالِ من، ـِ من، ـَم
She is a friend of mine.
دوستِ من است. دوستم است.
It's mine. مالِ من است.

mine[2] /mayn/ [اسم] معدن
He works in the mine.
در معدن کار می‌کند.

صورتِ مثبت	***might***
صورتِ منفی	***might not***
صورتِ کوتاه شدهٔ منفی	***mightn't***

mineral /ˈminərəl/
[اسم] مادّهٔ معدنی، کانی
Salt is a mineral.
نمک مادّهٔ معدنی است.

minister /ˈministər/
۱. [اسم] وزیر
۲. [اسم] کشیش

minor /ˈmaynər/ ۱. [اسم] صغیر
(به اشخاصی که زیرِ سنِّ قانونی هستند صغیر می‌گویند. سنِّ قانونی در خیلی از کشورها ۱۸ سال است.)
۲. [صفت] جزئی
It's a minor change.
این تغییر جزئی است.

mint /mint/ ۱. [اسم] نعنا
۲. [اسم] آب‌نباتِ نعنایی
۳. [اسم] ضرّابخانه (محلّی که در آن سکّه ضرب می‌کنند)

minus /ˈmaynəs/
۱. [حرفِ اضافه] منهای
Six minus two is four.
شش منهای دو می‌شود چهار.
۲. [اسم] علامتِ منها، علامتِ تفریق، علامتِ -

minute[1] /ˈminit/ [اسم] دقیقه
It's ten minutes past ten.
ساعت ده و ده دقیقه است. ده دقیقه از ساعتِ ده گذشته است.

minute[2] /mayˈnu:t/
[صفت] ریز، کوچک
Her handwriting is minute.
خطّش ریز است.

miracle /ˈmirəkəl/ [اسم] معجزه
It's a miracle. معجزه است.
معجزه شد.

mirage /ˈmiraž/ [اسم] سراب

mirror /ˈmirər/ [اسم] آینه
He looked in the mirror.
در آینه نگاه کرد.

misbehave /misbiˈheyv/
[فعل] شیطانی کردن

mischief /ˈmischif/
[اسم] شیطانی، شیطنت
Keep out of mischief!
شیطانی نکن! شیطنت نکنید! شیطانی موقوف!

miser /ˈmayzər/
[اسم] آدمِ خسیس، آدمِ کِنِس
The old man is a miser.
پیرمرد خسیس است. پیرمرد از آن آدمهای کنس است.

miserable /ˈmizrəbəl/
[صفت] بدبخت، بیچاره
They felt miserable.
احساس می‌کردند بدبخت هستند. احساسِ بیچارگی می‌کردند.

misery /ˈmizəri/ [اسم] بدبختی، بیچارگی

mix /miks/ [فعل] مخلوط کردن، قاطی کردن
Mix the flour and butter!
آرد و کره را مخلوط کن! آرد و کره را مخلوط کنید!

mixture /'mikschər/
[اسم] مخلوط
Put the mixture in the oven!
آن مخلوط را بگذار توی فر! آن مخلوط را در فر بگذارید!

moan /mōn/ ۱. [اسم] ناله
۲. [فعل] نِق زدن، غُرغُر کردن
۳. [فعل] ناله کردن
The sick child moaned.
بچّهٔ مریض ناله کرد.

modern /'mɑdərn/
[صفت] مدرن
Do you like modern theater?
تئاترِ مدرن را دوست داری؟ از تئاترِ مدرن خوشتان می‌آید؟

Mohammed /mə'hamәd/
[اسم] محمّد(ص)، حضرتِ محمّد(ص)

moist /moyst/ [صفت] نمدار، نمناک، مرطوب
The rain kept the soil moist.
باران خاک را مرطوب نگه داشت.

moisture /'moyschər/
[اسم] رطوبت، نم

mole /mōl/ ۱. [اسم] خال

miss /mis/
۱. [فعل] از دست دادن، به (چیزی) نرسیدن، از (چیزی) جا ماندن
I missed the bus today.
امروز به اتوبوس نرسیدم. امروز از اتوبوس جا ماندم.
۲. [فعل] ندیدن
He missed the exit.
خروجی را ندید.
۳. [فعل] نزدن
She missed the target.
به هدف نزد.
۴. [فعل] برای (کسی) دلتنگ شدن
I miss my brother.
برای برادرم دلتنگ شده‌ام. دلم برای برادرم تنگ شده است.

Miss /mis/ [اسم] دوشیزه، خانمِ
Miss White دوشیزه وایت، خانمِ وایت

missile /'misəl, 'misɑyl/
۱. [اسم] موشک
۲. [اسم] پَرانه (هر چیزی که می‌شود آن را پرتاب کرد)

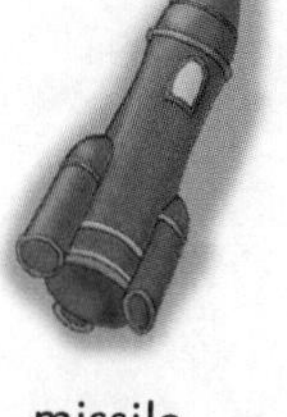
missile

mist /mist/ [اسم] مِه
Can you drive in the mist?
می‌توانی توی مه رانندگی کنی؟ می‌توانید در مه رانندگی کنید؟

mistake /mi'steyk/
[اسم] اشتباه، غلط
He made many mistakes.
اشتباههای زیادی کرد. خیلی اشتباه کرد.

ای (کوتاه) = i   اِ = e   آ (با دهانِ نیمه‌بسته) = ə   آ (با دهانِ نیمه‌باز) = ʌ   آ = ɑ   اَ = a
اِی = ey   او (کشیده) = u: او (کوتاه) = u   و (در کلمهٔ موج) = ō   اُ (تا حدودی کشیده) = o   ای (کشیده) = i:

He has a mole on his cheek.

روی گونه‌اش خال دارد.

۲. [اسم] موشِ‌کور

Moles live under the ground.

موشِ‌کور زیرِ زمین زندگی می‌کند.

mole

mom /mɑm/ [اسم] مامان

I went home with my mom.

با مامانم رفتم خانه.

moment /'mōmənt/

[اسم] لحظه

I'm back in a moment.

یک لحظهٔ دیگر برمی‌گردم.

mommy /'mɑmi/ [اسم] مامان

Mommy, I'm thirsty!

مامان، تشنه‌ام است!

monastery /'mɑnəsteri/

[اسم] صومعه (محلّی که کشیشها در آن زندگی می‌کنند)

Monday /'mʌndey/

[اسم] دوشنبه

I'm here on Mondays.

من دوشنبه‌ها اینجا هستم.

money /'mʌni/ [اسم] پول

Have you any money?

هیچ پول داری؟ هیچ پول دارید؟

mongrel /'mʌngrəl/

[اسم] سگِ دورگه

monkey /'mʌnki/ [اسم] میمون

Monkeys climb trees.

میمون از درخت بالا می‌رود.

monkey

month /mʌnth/ [اسم] ماه

He came home last month.

ماهِ گذشته آمد خانه.

moon /mu:n/ [اسم] ماه، کُرهٔ ماه

There's no moon tonight.

امشب ماه دیده نمی‌شود. امشب ماه در نیامده است.

moor /mur/ [اسم] بوته‌زار

We walked in the moors.

در بوته‌زارها قدم زدیم.

moose /mu:s/

[اسم] گوزنِ آمریکایی (نوعی گوزن با شاخهای پهن که در آمریکا زندگی می‌کند)

moose

mop /mɑp/ [اسم] زمین‌شور

That mop is not clean.

آن زمین‌شور تمیز نیست.

اگر صفتی از سه بخش بیشتر باشد، برای ساختنِ صورتِ تفضیلیِ آن، ***more*** قبل از صفت قرار می‌گیرد.
more interesting

اگر صفتی از سه بخش بیشتر باشد، برای ساختنِ صورتِ عالیِ آن، ***(the) most*** قبل از صفت قرار می‌گیرد.
the most interesting book

more /mor/ ۱. [صفت] بیشتر، زیادتر
I did more work than him.
من بیشتر از او کار کردم.
*I'll tell you **once more**.*
یک بارِ دیگر بهت می‌گویم. یک مرتبهٔ دیگر بهتان می‌گویم.
۲. [قید] ـ تر (نشانهٔ صفتِ تفضیلی؛ جلوی صفتهایی که از سه بخش بیشترند قرار می‌گیرد)
more beautiful زیباتر، خوشگلتر

morning /'morning/
۱. [اسم] صبح
I was late this morning.
امروز صبح دیرم شده بود.
Good morning!
(هنگامِ سلام یا خداحافظی) صبح به خیر! صبح شما به خیر!
۲. [عبارتِ تعجّبی] صبح به خیر!

mortar /'mortər/ [اسم] ملات
(ماده‌ای که از مخلوط کردنِ سیمان و شن و آب درست می‌کنند و برای چسباندنِ آجرها به هم به کار می‌برند)

Moses /'mōziz/
[اسم] موسی، حضرتِ موسی

Moslem /'mɑzlim/ = **Muslim**

mosque /mɑsk/ [اسم] مسجد
He went to the mosque to pray.
برای نمازخواندن به مسجد رفت.

mosquito

mosquito /məs'ki:tō/
[اسم] پشه

moss /mɑs/ [اسم] خزه
The rock was covered in moss.
صخره از خزه پوشیده شده بود.

most /mōst/ ۱. [صفت] بیشترین، زیادترین (صورتِ عالیِ صفتهای ***many*** و ***much***)
I made the most mistakes.
بیشترین اشتباه را من داشتم. من از همه بیشتر اشتباه داشتم.
۲. [صفت] بیشترِ، اکثرِ
Most children like ice cream.
بیشترِ بچّه‌ها بستنی دوست دارند.
۳. [قید] خیلی
She's most kind.
خیلی مهربان است.
۴. [قید] ـ ترین (نشانهٔ صفتِ عالی؛ جلوی صفتهایی که از سه بخش بیشترند قرار می‌گیرد)
the most beautiful girl
زیباترین دختر، خوشگلترین دختر

moth /mɑth/ [اسم] بید
(حشره‌ای که لباسها را سوراخ می‌کند)

mother /'mʌdhər/ [اسم] مادر، مامان
She helped her mother.
به مادرش کمک کرد.

motor /'mōtər/ [اسم] موتور

motorbike /'mōtərbɑyk/
= **motorcycle**

motorcycle /'mōtərsɑykəl/
[اسم] موتورسیکلت، موتور

His motorcycle is new.

موتورسیکلتش نو است.

motorway /ˈmōtərwey/

[اسم] آزادراه، اتوبان

mountain /ˈmaontn/

[اسم] کوه

This mountain is very high.

این کوه خیلی بلند است. این کوه خیلی مرتفع است.

mouse /maos/ [اسم] موش

We have mice in the kitchen.

آشپزخانهٔ ما موش دارد. توی آشپزخانه موش داریم.

moustache /ˈmʌstash/

= **mustache**

mouth /maoth/ [اسم] دهان، دهن

The baby's mouth was open.

دهانِ بچّه باز بود.

move /mu:v/

۱. [فعل] حرکت کردن، تکان خوردن

Don't move! تکان نخور! تکان نخورید!

۲. [فعل] حرکت دادن، جابه‌جا کردن

Can you move your car?

می‌شود ماشینت را جابه‌جا کنی؟ ممکن است ماشین‌تان را حرکت دهید؟

movement /ˈmu:vmənt/

[اسم] حرکت

Its movement was slow.

حرکتش کند بود.

mow /mō/ [فعل] زدن، کوتاه کردن

It's time to mow the lawn.

وقتش است که چمن را بزنیم.

mown /mōn/

(صورتِ مفعولیِ فعلِ ***mow***)

Mr. /ˈmistər/ [اسم] آقای

Mr. Tom Brown آقای تام براون

Mrs. /ˈmisiz/ [اسم] خانمِ، سرکار خانمِ

Mrs. Jones خانمِ جونز

much /mʌch/ ۱. [صفت] خیلی، بسیار، بسیاری، زیادی

There isn't much time.

وقتِ زیادی نمانده است. خیلی وقت نداریم.

۲. [قید] خیلی

She is much fatter than me.

خیلی از من چاقتر است.

Thank you very much!

خیلی متشکّرم! بسیار ممنونم! سپاسگزارم!

mud /mʌd/ [اسم] گِل

They played in the mud.

توی گِل بازی کردند.

muddle /ˈmʌdl/ [اسم] آشفتگی، به‌هم ریختگی

صورتِ مفعولیِ فعلِ ***mow*** به دو شکل است:
mowed, mown

صفتِ ***much*** پیش از اسمهای غیرِ قابل شمارش قرار می‌گیرد. اگر اسمی قابل شمارش باشد از صفتِ ***more*** استفاده می‌شود.
He took much sugar.
He has many books.

mud

mug

mug /mʌg/ [اسم] فنجانِ بزرگ، لیوانِ دسته‌دار

I drank a mug of tea.

یک فنجانِ بزرگ چای خوردم.

multiply /'mʌltiplαy/

[فعل] ضرب کردن، درهم ضرب کردن

Multiply 3 by 4!

۳ را در ۴ ضرب کن! ۳ و ۴ را در هم ضرب کنید!

mum /mʌm/ [اسم] مامان

My mum goes to work.

مامانم سرِ کار می‌رود.

mummy /'mʌmi/ [اسم] مامان

Mummy, I'm hungry!

مامان، من گرسنه‌ام! مامان، من گشنه‌ام!

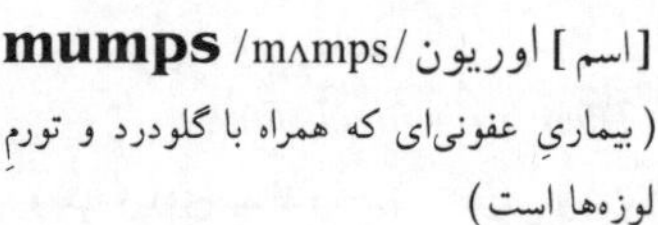

mumps

mumps /mʌmps/ [اسم] اوریون

(بیماریِ عفونی‌ای که همراه با گلودرد و تورمِ لوزه‌ها است)

murder /'mərdər/

[فعل] به قتل رساندن، کشتن

He murdered six people.

شش نفر را به قتل رساند.

murderer /'mərdərər/

[اسم] قاتل، جنایتکار، جانی، آدمکش

He is a cruel murderer.

یک آدمکشِ سنگدل است.

muscle

muscle /'mʌsəl/

[اسم] ماهیچه، عضله

museum /myu'zi:əm/

[اسم] موزه

This town has two museums.

این شهر دو تا موزه دارد. در این شهر دو تا موزه هست.

museum

mushroom /'mʌshrum/

[اسم] قارچ

mushroom

music /'myu:zik/

[اسم] موسیقی، موزیک

I like all kinds of music.

من همه جور موسیقی را دوست دارم.
من از همه نوع موسیقی خوشم می‌آید.

musket /'mʌskit/ [اسم] شَمخال

(نوعی تفنگِ قدیمی که گلوله‌های سرب پرتاب می‌کرد)

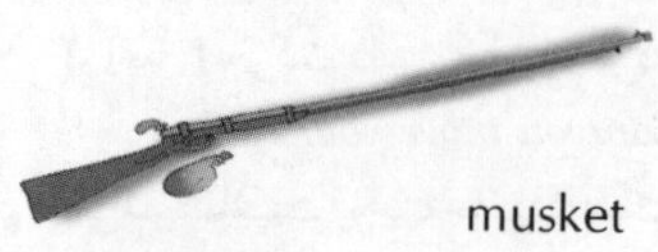

musket

Muslim /'mʌzlim/ [اسم] مسلمان

Most Iranians are Muslims.

اکثرِ ایرانیها مسلمان هستند.

a = اَ ɑ = آ ʌ = آ (با دهانِ نیمه‌باز) ə = آ (با دهانِ نیمه‌بسته) e = اِ i = ای (کوتاه)

ey = اِی u: = او (کشیده) u = او (کوتاه) ō = و (در کلمهٔ موج) o = اُ (تا حدودی کشیده) i: = ای (کشیده)

must /məst, mʌst/

[فعلِ کمکی] باید، بایست، بایستی، می‌بایست

You must tell me. باید بهم بگویی.

بایستی به من بگویید.

mustache /ˈmʌstash/

[اسم] سبیل

mustache

mustard /ˈmʌstərd/

[اسم] خردل

Dad bought a jar of mustard.

بابا یک شیشه خردل خرید.

mustn't /ˈmʌsənt/

(صورتِ کوتاه شدهٔ منفیِ فعلِ ***must***)

my /may/ [صفت] ـِ من، ـَم

My mother is a teacher.

مادرم معلّم است. مادرِ من معلّم است.

myself /mayˈself/

[ضمیر] خودم، خودِ من

I made the cake myself.

خودم کیک را درست کردم. خودِ من کیک را درست کردم.

*I go to school **by myself**.*

من تنها می‌روم مدرسه. من خودم تنهایی می‌روم مدرسه.

mystery /ˈmistri/

۱. [اسم] معمّا، راز

It's still a mystery.

هنوز معمّا است.

۲. [اسم] داستانِ معمّایی

فعلِ ***must*** صورتِ گذشته و آینده ندارد. برای گذشته از ***had to*** و برای آینده از ***will have to*** استفاده می‌شود.

I must go. باید بروم.

I had to go.

باید می‌رفتم.

I will have to go today.

باید امروز بروم.

❊

must صورتِ مثبت

must not صورتِ منفی

صورتِ کوتاه شدهٔ منفی ***mustn't***

N,n

native /'neytiv/ ۱. [اسم] اهل، بومی

He is a native of Iran.

اهلِ ایران است.

۲. [صفت] (در موردِ کشور یا سرزمین) محلِ تولّد، مادری

My native country is Iran.

ایران سرزمینِ مادریِ من است. کشورِ محلِ تولّدِ من ایران است. من در ایران به دنیا آمده‌ام.

natural /'nachrəl/

[صفت] طبیعی

It's natural. طبیعی است.

nature /'neychər/ [اسم] طبیعت

They love nature.

عاشقِ طبیعت هستند.

naughty /'nɑti/

[صفت] (در موردِ بچّه) شیطان، تُخس، شَر

Don't be a naughty boy!

شیطانی نکن! شیطانی موقوف!

navigate /'navigeyt/

[فعل] (در موردِ هواپیما یا کشتی) هدایت کردن

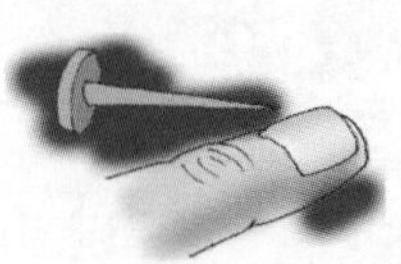

nail

nail /neyl/ ۱. [اسم] میخ

He handed me the bag of nails.

کیسهٔ میخها را به من داد.

۲. [اسم] ناخن

We have a nail on each finger.

هر انگشتِ ما یک ناخن دارد.

name /neym/ [اسم] اسم، نام

What's your name?

اسمت چی است؟ اسم شما چیست؟

narrow /'narō/ [صفت] باریک

This street is very narrow.

این خیابان خیلی باریک است.

nasty /'nasti/ ۱. [صفت] بد؛ کثیف

Flies are nasty. مگس کثیف است.

۲. [صفت] ناخوشایند، نامطبوع، بد

This place has a nasty smell.

اینجا بوی بدی می‌آید.

nation /'neyshən/ [اسم] ملّت

national /'nashnəl/ [صفت] ملّی

I play for the national team.

من در تیمِ ملّی بازی می‌کنم.

ای (کوتاه) = i إ = e آ (با دهانِ نیمه‌بسته) = ə آ (با دهانِ نیمه‌باز) = ʌ آ = ɑ اَ = a

اِی = ey او (کشیده) = u: او (کوتاه) = u و (در کلمهٔ موج) = ō اُ (تا حدودی کشیده) = o ای (کشیده) = i:

He navigated the airplane.

هواپیما را هدایت کرد.

navy /'neyvi/

۱. [اسم] نیروی دریایی (با حرفِ بزرگ هم نوشته می‌شود)

My father's in the Navy.

پدرِ من در نیروی دریایی کار می‌کند.

۲. [صفت] سُرمه‌ای، سُرمه‌ای‌رنگ

She's wearing a navy skirt.

دامنِ سرمه‌ای‌رنگی پوشیده است.

navy blue /neyvi 'blu:/

۱. [صفت] سُرمه‌ای، سُرمه‌ای‌رنگ

۲. [اسم] رنگِ سُرمه‌ای، سُرمه‌ای

near /nir/ [صفت] نزدیک

The club is near my school.

باشگاه نزدیکِ مدرسه‌ام است.

nearly /'nirli/ [قید] تقریباً، حدوداً

I'm nearly as tall as her.

قدِّ من تقریباً به بلنديِ اوست.

neat /ni:t/ ۱. [صفت] مرتّب، منظّم، تر و تمیز

His clothes were neat.

لباسهایش تر و تمیز بود.

۲. [صفت] عالی، محشر

necessary /'nesəseri/

[صفت] لازم، واجب

Is it necessary to water plants?

آیا آبیاريِ گیاهان واجب است؟ لازم است که به گیاهان آب بدهیم؟

neck /nek/ [اسم] گردن

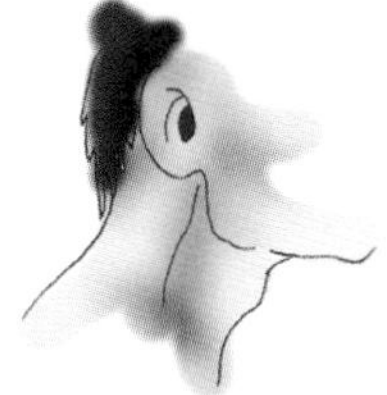

neck

necklace /'neklis/

[اسم] گردنبند

She's wearing a necklace.

گردنبند گردنش کرده است.

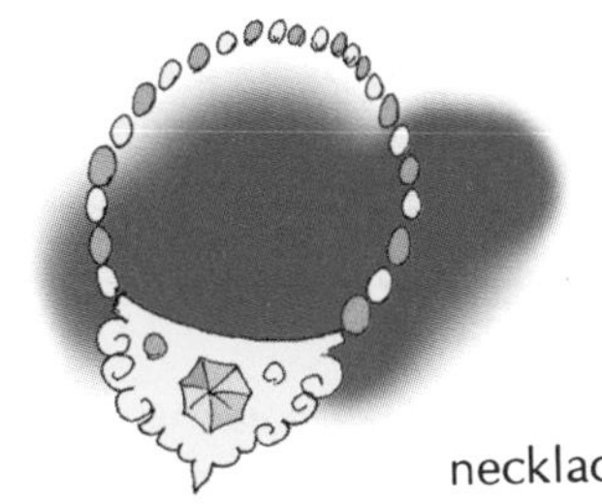

necklace

need /ni:d/

[فعل] احتیاج داشتن، نیاز داشتن، لازم داشتن، خواستن

Do you need anything?

چیزی لازم داری؟ چیزی می‌خواهید؟

needle /'ni:dl/ ۱. [اسم] سوزن

I got a needle and sewed it up.

یک سوزن برداشتم و دوختمش.

۲. [اسم] میلِ بافتنی، میل؛ قلاب

I bought two knitting needles.

دوتا میلِ بافتنی خریدم. یک جفت قلاب خریدم.

۳. [اسم] برگِ سوزنی

negative /'negətiv/

۱. [اسم] نگاتیو (در عکّاسی، فیلمی که از روی آن عکسها را چاپ می‌کنند)

۲. [صفت] منفی

He gave us a negative answer.

جوابِ منفی بهمان داد.

neighbor /'neybər/

[اسم] همسایه

She talked to her neighbor.

با همسایه‌اش حرف زد.

neighbour /'neybər/

= neighbor

neither /'ni:dhər, 'naydhər/

[حرفِ ربط] نه (هنگامِ مقایسهٔ دو مورد یا بیشتر که هیچ‌کدامشان حقیقت ندارند یا ممکن نیستند)

It's ***neither*** *red* ***nor*** *orange.*

نه قرمز است نه نارنجی.

nephew /'nefyu:/

[اسم] (در موردِ پسر) برادرزاده، پسرِ برادر؛ خواهرزاده، پسرِ خواهر

nervous /'nərvəs/

۱. [صفت] نگران، ناراحت

I'm nervous about my exams.

نگرانِ امتحانهایم هستم.

۲. [صفت] عصبی

She's a nervous child.

بچهٔ عصبی‌ای است.

nest /nest/ [اسم] لانه

The bird is sitting in the nest.

پرنده در لانه نشسته است.

nest

net /net/ [اسم] تور

The bride wore a white net.

عروس تورِ سفیدی به سر داشت.

net

never /'nevər/ [قید] هیچ‌وقت، هرگز، هیچ‌گاه

Never cross the road carelessly!

هیچ‌وقت بی‌دقّت از خیابان رد نشو!

هرگز با بی‌احتیاطی از خیابان نگذرید!

new /nu:, nyu:/ [صفت] جدید، تازه، نو

He wants a new bicycle.

یک دوچرخهٔ نو می‌خواهد.

news /nu:z, nyu:z/ [اسم] خبر، خبرها، اخبار

I've some good news!

خبرهای خوبی دارم!

newspaper /'nu:zpeypər, 'nyu:speypər/ [اسم] روزنامه

He's reading the newspaper.

دارد روزنامه می‌خواند.

newspape

newt /nu:t, nyu:t/

[اسم] سمندرِ آبی (جانوری شبیهِ مارمولک با پاهای کوتاه و دمِ بلند که در آب و خشکی زندگی می‌کند)

newt

next /nekst/ ۱. [صفت] بعد، آینده، دیگر

I'll go to America next year.

سالِ دیگر به آمریکا می‌روم.

۲. [صفت] بعدی

Next one, please! نفرِ بعدی، لطفاً!

۳. [صفت] پهلویی، بغلی

He went to the next room.

رفت اتاقِ پهلویی.

***Next time** I'll visit them.*

دفعهٔ دیگر می‌روم و می‌بینمشان. دفعهٔ دیگر به دیدنشان خواهم رفت.

*She sat **next to** her brother.*

پهلوی برادرش نشست.

nib /nib/ [اسم] نوکِ قلم

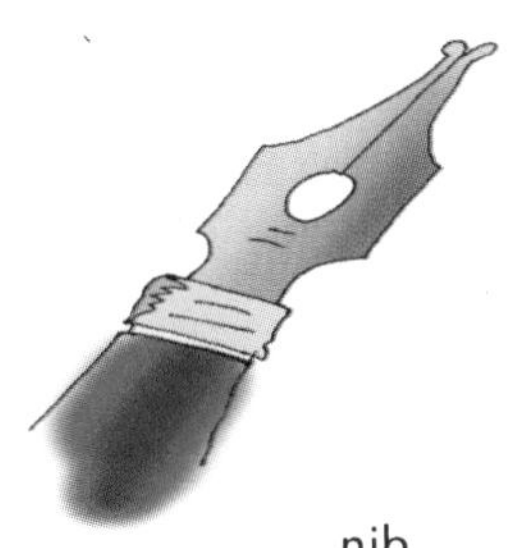
nib

nibble /'nibəl/

[فعل] ذرّه ذرّه خوردن، ریزه ریزه خوردن

He nibbled a piece of bread.

یک تکّه نان را ذرّه ذرّه خورد.

nice /nays/ ۱. [صفت] خوب، قشنگ

That's a nice dress.

لباسِ قشنگی است.

۲. [صفت] مهربان، خوب

He's a nice man. مردِ خوبی است.

۳. [صفت] خوب، مطبوع

It's a nice day today.

امروز چه هوای خوبی است. امروز چه روز مطبوعی است.

Nice to see you!

از دیدنت خوشحال شدم! از دیدنتان خوشحال شدم!

nickname /'nikneym/

[اسم] اسمِ خودمانی، لقب

What's your nickname?

اسمِ خودمانی‌ات چی است؟ اسمِ خودمانیِ شما چی است؟

niece /ni:s/

[اسم] (در موردِ دختر) برادرزاده، دخترِ برادر؛ خواهرزاده، دخترِ خواهر

night /nayt/ [اسم] شب

You can see the moon at night.

شب ماه دیده می‌شود.

Good night!

(فقط هنگامِ خواب) شب به خیر! شب خوش! شب‌تان به خیر!

nibble

nightingale

nightingale /'naytingeyl/
[اسم] بُلبُل

nightmare /'naytmer/
[اسم] کابوس، خوابِ بد
She had a nightmare.
خوابِ بدی دید. کابوس دید.

nimble /'nimbəl/
۱. [صفت] فِرز، تند و تیز، چابک
۲. [صفت] تیزهوش، تیز

nine /nayn/ ۱. [اسم] نُه، عددِ نُه، شمارهٔ نُه
۲. [صفت] نُه تا، نُه

nineteen /nayn'ti:n/
۱. [اسم] نوزده، عددِ نوزده، شمارهٔ نوزده
۲. [صفت] نوزده تا، نوزده

ninety /'naynti/ ۱. [اسم] نود، عددِ نود، شمارهٔ نود
۲. [صفت] نود تا، نود

no /nō/ ۱. [عبارتِ تعجّبی] نه، خیر، نه خیر
"Do you speak English?"
–"No!"
«انگلیسی بلدی؟» ــ«نه!» «انگلیسی بلدید؟» ــ«نه‌خیر!»
۲. [صفت] هیچ
I have no time. هیچ وقت ندارم.

noble /'nōbəl/ ۱. [صفت] شریف، بزرگوار
He's a noble man.
مردِ شریفی است.
۲. [اسم] اشراف‌زاده، نجیب‌زاده

nobody /'nōbadi/
[ضمیر] هیچ‌کس، هیچ‌کسی، کسی
Nobody is in the classroom.
هیچ‌کس توی کلاس نیست. کسی توی کلاس نیست.

nocturnal /nak'tərnl/
[صفت] (در موردِ حیوان) شب‌رو؛ شب پرواز
Leopards are nocturnal.
پلنگها شب‌رو هستند. پلنگ شب‌رو است.

noise /noyz/ [اسم] صدا، سروصدا
Don't make so much noise!
این‌قدر سروصدا نکن! این‌قدر صدا نکنید!

none /nʌn/ ۱. [ضمیر] هیچ‌چیز، هیچی
An old car is better than none.
یک ماشینِ قدیمی از هیچی بهتر است.
۲. [ضمیر] هیچ‌کدام، هیچ‌یک
None of my friends came.
هیچ‌کدام از دوستانم نیامدند.

nonsense /'nansens/
[اسم] مزخرف، چرت و پرت، چرند، شِرّ و وِر
It's all nonsense.
همه‌اش چرت و پرت است.

a = اَ ɑ = آ ʌ = آ (با دهانِ نیمه‌باز) ə = آ (با دهانِ نیمه‌بسته) e = اِ i = ای (کوتاه)
i: = ای (کشیده) o = اُ (تا حدودی کشیده) ō = و (در کلمهٔ موج) u = او (کوتاه) u: = او (کشیده) ey = اِی

non-stick /nɑn'stik/
[صفت] (در موردِ قابلمه و دیگ) نچسب، تفلون

noon /nu:n/ [اسم] ظهر
The library closes at noon.
کتابخانه ظهر می‌بندد.

no one /'nō wʌn/
[ضمیر] هیچ‌کس، هیچ‌کسی، کسی
No one answered.
هیچ‌کس جواب نداد.

noose /nu:s/ [اسم] حلقهٔ طناب

nor /nor/ [حرفِ ربط] نه
(هنگامِ مقایسهٔ دو مورد یا بیشتر که هیچ‌کدامشان حقیقت ندارند یا ممکن نیستند)
*It's **neither** cold **nor** warm.*
نه گرم است نه سرد.

normal /'normәl/
[صفت] عادی، معمولی
She has a normal life.
زندگیِ معمولی‌ای دارد.

north /north/ ۱.[اسم] شمال
۲.[صفت] شمالی، ـِ شمال
the North Pole قطبِ شمال

northern /'nordhәrn/
[صفت] شمالی، ـِ شمال
northern Europe اروپای شمالی؛ شمالِ اروپا

nose /nōz/ ۱. [اسم] دماغ، بینی
Her nose is red.
دماغش سرخ شده است.
۲. [اسم] حسِّ بویایی، شامّه

nosebleed /'nōzbli:d/
[اسم] خون‌دماغ

nosey /'nōzi/ = **nosy**

nostril /'nɑstril/
[اسم] سوراخِ دماغ، سوراخِ بینی

nostril

nosy /'nōzi/ [صفت] فضول
He's nosy. فضول است.

not /nɑt/ ۱. [قید] نه
(برای منفی کردنِ کلمه یا عبارت)
"Can we go to the park?"
– "Not today."
«می‌شود برویم پارک؟» ـ«امروز نه.»
Not at all! قابل ندارد!
۲. [قید] نـ ـ (برای منفی کردنِ فعل)
The shops were not open.
مغازه‌ها باز نبودند.
I did not play tennis yesterday.
من دیروز تنیس بازی نکردم.

not	صورتِ کامل
-n't	صورتِ کوتاه شده

note /nōt/ ۱. [اسم] یادداشت
I made a note of that.
آن را یادداشت کردم.
۲. [اسم] اسکناس
She took out a note.
یک اسکناس درآورد.
۳. [اسم] نُتِ موسیقی، نُت
None of us can read a note.
هیچ کدام از ما نمی‌توانیم نُت بخوانیم.

notebook

notebook /'nōtbuk/
[اسم] دفتر، دفترچه
He put his notebook in his bag.
دفترش را توی کیفش گذاشت.

nothing /'nʌthing/
[ضمیر] هیچ‌چیز، هیچی، چیزی
There is nothing in the box.
هیچی توی جعبه نیست. چیزی توی جعبه نیست.

notice /'nōtis/ ۱. [اسم] آگهی، اطّلاعیّه، اعلان
What does the notice say?
روی آن اطّلاعیّه چه نوشته شده است؟
۲. [فعل] متوجّه شدن، فهمیدن
I noticed that she was tired.
متوجّه شدم که خسته است.

nought /nɑt/ [اسم] صفر، عددِ صفر

noun /nɑon/
[اسم] (در دستورِ زبان) اسم

اسم کلمه‌ای است که با آن شخص، حیوان یا چیزی را می‌نامیم، مثلِ:
girl, dog, table, Iran

novel /'nɑvəl/ ۱. [اسم] رُمان (داستانِ بلندی که موضوع و شخصیتهای آن واقعی نیستند)
۲. [صفت] نو، جدید، بکر
That's a novel idea.
فکرِ نویی است. فکرِ بکری است.

November /nō'vembər/
[اسم] نوامبر، ماهِ نوامبر (یازدهمین ماهِ سالِ میلادی، از دهمِ آبان تا نهمِ آذر؛ این ماه سی روز دارد.)

now /nɑo/
[قید] حالا، همین حالا، اکنون، هم‌اکنون، الان، در حالِ حاضر
Don't go now! الان نرو! الان نروید!
*I'll be there **just now**.*
همین الان می‌آیم.

nowhere /'nōwer/
[قید] هیچ‌جا، هیچ‌کجا، جایی
I have nowhere to live.
هیچ‌جایی برای زندگی ندارم.

nude /nu:d, nyu:d/
[صفت] لخت، برهنه

nuisance /'nu:səns, 'nyu:səns/
[اسم] مزاحم
Stop making a nuisance of yourself! این‌قدر مزاحم نشو!

numb /nʌm/ [صفت] بی‌حس
My fingers are numb.
انگشتهایم بی‌حس شده‌اند.

number /'nʌmbər/ [اسم] عدد؛ شماره؛ نمره
What's her telephone number?
شماره تلفنش چند است؟

nun /nʌn/ [اسم] راهبه (زنِ روحانیِ مسیحی)

nun

nut

nut /nʌt/ ۱. [اسم] هسته، مغزِ هسته (گردو و بادام و میوه‌هایی مشابه که مغزِ آنها درونِ یک غلافِ چوبی است)
۲. [اسم] مُهره (وسیله‌ای که به پیچ بسته می‌شود)

nylon /ˈnaylɑn/ [اسم] نایلون
The shirt is made of nylon.
آن پیراهن نایلون است.

nurse /nərs/ [اسم] پرستار
A nurse works in a hospital.
پرستار در بیمارستان کار می‌کند.

nursery /ˈnərsəri/
۱. [اسم] اتاقِ بچّه‌ها
۲. [اسم] مهدِکودک
۳. [اسم] خزانه، قلمستان (محلّی برای پرورش و فروشِ گیاهان و درختان)

O,o

oak /ōk/ [اسم] درختِ بلوط، بلوط
An oak is a large tree.
بلوط درختِ بزرگی است.

oar

oar /or/ [اسم] پارو

oases /ō'eysi:z/
(جمعِ بی‌قاعدهٔ ***oasis***)

oasis

oasis /ō'eysis/ [اسم] واحه
(قسمتی از کویر که به خاطرِ داشتنِ آب، پر درخت و حاصلخیز است)

obey /ə'bey/
[فعل] از (کسی یا چیزی) اطاعت کردن
Soldiers must obey orders.
سربازان باید از دستورات اطاعت کنند.

object /'ɑbjikt/ [اسم] چیز، شیء، جسم
What's that red object?
آن شیءِ قرمزرنگ چیست؟

ocean /'ōshən/ [اسم] اقیانوس
the Atlantic Ocean اقیانوسِ اطلس
the Pacific Ocean اقیانوسِ آرام

o'clock /ə'klɑk/
[قید] (در گفتنِ وقت) ساعت
It's three o'clock. ساعت سه است.

October /ɑk'tōbər/ [اسم] اُکتُبر، ماهِ اُکتُبر (دهمین ماهِ سالِ میلادی، از نهمِ مهر تا نهمِ آبان؛ این ماه سی و یک روز دارد.)

octopus /'ɑktəpəs/
[اسم] هشت‌پا، اُختاپوس (جانوری دریایی با بدنِ نرم و گرد و هشت پای دراز)

octopus

odd /ɑd/ ۱. [صفت] عجیب، غریب، عجیب و غریب، غیرِعادی
An odd thing happened.
اتّفاقِ عجیبی افتاد.
۲. [صفت] (در موردِ کفش و جوراب و چیزهای مشابه) لنگه به لنگه، تا به تا

---

a = اَ ɑ = آ ʌ = آ (با دهانِ نیمه‌باز) ə = آ (با دهانِ نیمه‌بسته) e = اِ i = ای (کوتاه)
ey = اِی u: = او (کشیده) u = او (کوتاه) ō = ـُو (در کلمهٔ موج) o = اُ (تا حدودی کشیده) i: = ای (کشیده)

He's wearing odd socks.

جورابهایش لنگه به لنگه است.

۳. [صفت] (در موردِ عدد) فرد

Seven is an odd number.

هفت یک عددِ فرد است.

odor /'ōdər/ [اسم] بو

This flower has little odor.

این گل بوی کمی دارد.

odour /'ōdər/ = **odor**

of /əv, ɑv/ ۱. [حرفِ اضافه] ـِ، ی، ـهٔ

The color of her dress is blue.

رنگِ لباسش آبی است.

۲. [حرفِ اضافه] از؛ متعلّق بـه، (گـاهی بدونِ معادل در فارسی)

This is one of his finest works.

این یکی از زیباترین کارهای اوست.

He drank a cup of coffee.

یک فنجان قهوه خورد.

۳. [حرفِ اضافه] (برای نشان دادنِ وقت) به، مانده به

It's a quarter of 7.

ساعت یک ربع به ۷ است.

of course /əv 'kors/ [قید] البتّه

Of course she may come.

البتّه که می‌تواند بیاید.

off /ɑf/ [صفت] خاموش

The radio is off.

رادیو خاموش است.

He **had** the day **off**.

امروز را تعطیل کرد.

offer /'ɑfər/ ۱. [فعل] تعارف کردن

She offered me some cake.

بهم کمی کیک تعارف کرد.

۲. [فعل] پیشنهاد کردن

He offered to tidy the room.

پیشنهاد کرد اتاق را تمیز کند.

office /'ɑfis/ ۱. [اسم] اداره

۲. [اسم] اتاق، دفتر، دفترِ کار

۳. [اسم] مطب

officer /'ɑfisər/

[اسم] (در ارتش یا پلیس) افسر

often /'ɑfən/ [قید] اغلب، بیشترِ وقتها

She's often late for school.

اغلب مدرسه‌اش دیر می‌شود.

ogre /'ōgər/

[اسم] (در داستانها) غولِ آدم‌خوار، دیو

oh /ō/ [عبارتِ تعجّبی] اُه، اِ

"I don't like the new teacher."

– "Oh, I think she's nice."

«من از معلّمِ جدید خوشم نمی‌آید.»

ـ «اِ، من فکر می‌کنم خوب است.»

oil /oyl/ ۱. [اسم] روغن

We cook food with oil.

با روغن غذا می‌پزیم. غذا را با روغن می‌پزیم.

۲. [اسم] نفت

ointment /'oyntmənt/

[اسم] پُماد

officer

کلمهٔ **off** همراهِ بعضی فعلها می‌آید و معنیِ جدیدی به آنها می‌دهد.

take off درآوردن

get off پیاده شدن

ointment

OK /ō'key/ = **okay**

okay /ō'key/

۱. [عبارتِ تعجّبی] خُب

Okay, any questions?

خُب، سؤالی نیست؟ خُب، سؤالی دارید؟

۲. [عبارتِ تعجّبی] باشه، آره، قبول

"Can I go out?" – "Okay."

«می‌توانم بروم بیرون؟» ــ «آره.»

old /ōld/ ۱. [صفت] پیر

My grandmother is very old.

مادربزرگم خیلی پیر است.

۲. [صفت] کهنه، قدیمی

She was wearing her old shoes.

کفشهای کهنه‌اش را پوشیده بود.

olive /'ɑliv/ [اسم] زیتون

Olives are either black or green.

زیتون یا سیاه است یا سبز.

olive

بعضی مواردِ استفاده از حرفِ اضافهٔ ***on*** :

در روزِ — on Monday

ماه و روز پشتِ سرِهم — on August 2

اسمِ خیابان — on Sand Road

on /ɑn/ ۱. [حرفِ اضافه] روی

The plate is on the table.

بشقاب روی میز است.

۲. [حرفِ اضافه] در

The answer is on page 20.

جواب در صفحهٔ ۲۰ است.

کلمهٔ ***on*** همراهِ بعضی فعلها می‌آید و معنیِ جدیدی به آنها می‌دهد.

پوشیدن — put on

سوار شدن — get on

۳. [حرفِ اضافه] دربارهٔ، در موردِ

He read a book on Iran.

کتابی دربارهٔ ایران خواند.

۴. [صفت] روشن

The television is on.

تلویزیون روشن است.

once /wʌns/ ۱. [قید] یک بار

She only missed her bus once.

فقط یک بار از اتوبوسش جا ماند.

۲. [قید] زمانی، روزی

Once there were fields here.

زمانی اینجا مزرعه بود.

Go to bed ***at once!***

همین الان برو توی رختخواب! فوراً بروید بخوابید!

Once upon a time...

(در شروعِ قصّه) روزی روزگاری...، یکی بود یکی نبود...

one /wʌn/ ۱. [اسم] یک، عددِ یک، شمارهٔ یک

۲. [صفت] یک عدد، یک

one another /wʌn 'ənʌdhər/

[ضمیر] همدیگر، یکدیگر، هم

They're talking to one another.

دارند با همدیگر صحبت می‌کنند.

onion /'ʌnyən/ [اسم] پیاز

I like onion soup.

من سوپِ پیاز دوست دارم.

onion

ای (کوتاه) = i   e = اِ   آ (با دهانِ نیمه‌بسته) = ə   آ (با دهانِ نیمه‌باز) = ʌ   ɑ = آ   a = اَ

اِی = ey   او (کشیده) = u: او (کوتاه) = u   ـُو (در کلمهٔ موج) = ō   اُ (تا حدودی کشیده) = o   ای (کشیده) = i:

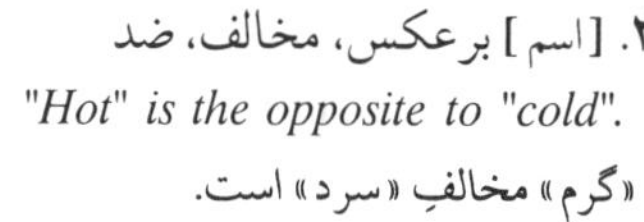

only /'ōnli/ ۱. [قید] فقط، تنها

He's only interested in football.

فقط به فوتبال علاقه‌مند است.

۲. [صفت] (در موردِ بچّه) تک، بی‌خواهر و برادر

*He is **an only child**.*

تک فرزند است. خواهر و برادر ندارد.

open /'ōpən/ ۱. [فعل] باز کردن

Open all the windows!

تمام پنجره‌ها را باز کن! همهٔ پنجره‌ها را باز کنید!

۲. [صفت] باز

The window is open.

پنجره باز است.

open

opening /'ōpəning/

[اسم] سوراخ، شکاف

opera /'ɑprə/ [اسم] اُپرا

(نمایشنامه‌ای است که به صورتِ آوازی اجرا می‌شود)

opposite /'ɑpəzit/

۱. [حرفِ اضافه] رو به روی

She sat opposite me.

رو به روی من نشست.

۲. [اسم] برعکس، مخالف، ضد

"Hot" is the opposite to "cold".

«گرم» مخالفِ «سرد» است.

or /ər, or/ [حرفِ ربط] یا

Is it a boy or a girl?

دختر است یا پسر؟

*It's **either** orange **or** red.*

یا نارنجی است یا قرمز.

orange /'ɑrinj/

۱. [صفت] نارنجی، نارنجی‌رنگ

۲. [اسم] رنگِ نارنجی، نارنجی

۳. [اسم] پرتقال

An orange has an orange skin.

پوستِ پرتقال نارنجی است.

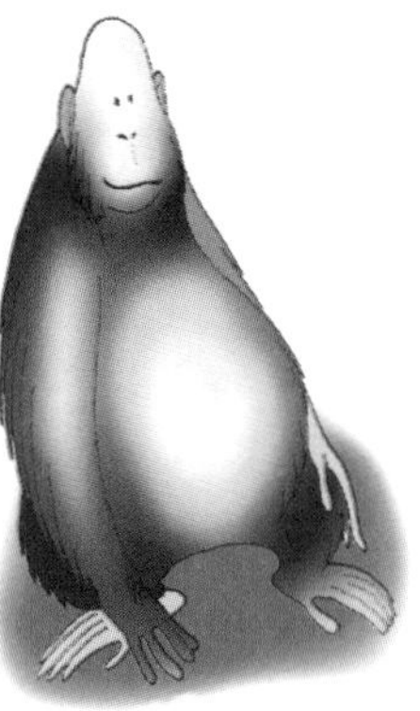

orang-utan

orang-utan /orang ə'tan/

[اسم] اورانگ اوتان (جانوری است از میمونهای آدم‌نما که بدنِ بزرگ و دستهای دراز دارد و در جنگلهای استوایی زندگی می‌کند)

orbit /'orbit/ [اسم] مدار

(مسیرِ حرکتِ منحنی شکل در فضا؛ مثلاً مسیرِ حرکتِ یک سیّاره به دورِ خورشید)

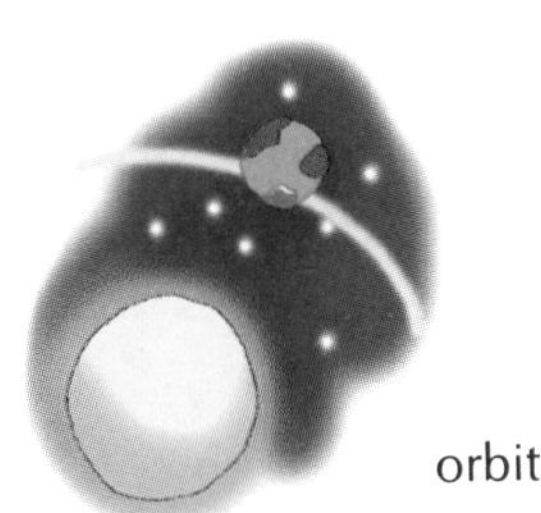

orbit

orchard /'orchərd/ [اسم] باغ، باغِ میوه

orchestra /'orkistrə/
[اسم] اُرکستر (گروهِ بزرگی از نوازندگانِ سازهای مختلفِ موسیقی که به همراهیِ هم و به سرپرستیِ رهبرِ ارکستر قطعه‌ای را می‌نوازند)

order /'ordər/ ۱. [اسم] ترتیب
*The numbers are **in order**.*
آن عددها به ترتیب هستند.
*The phone is **out of order**.*
تلفن خراب است. تلفن کار نمی‌کند.
۲. [اسم] دستور، فرمان
What was his order?
دستورش چی بود؟
۳. [فعل] سفارش دادن
She ordered fish and chips.
ماهی و سیب‌زمینی سرخ کرده سفارش داد.
۴. [فعل] دستوردادن، فرمان دادن
She ordered them to be silent.
بهشان دستور داد ساکت باشند.

ordinary /'ordəneri/
[صفت] عادی، معمولی
Today was an ordinary day.
امروز یک روزِ عادی بود.

ore /or/ [اسم] سنگِ معدن

organ

organ /'orgən/ ۱. [اسم] اندام
The eye is the organ of sight.
چشم اندامِ حسِّ بینایی است.
۲. [اسم] اُرگ (نوعی سازِ موسیقی شبیهِ پیانو)

organisation /orgəni'zey-shən/ = **organization**

organise /'orgənɑyz/
= **organize**

organization /orgəni'zey-shən/ [اسم] سازمان

organize /'orgənɑyz/
[فعل] ترتیب دادن
Who will organize the picnic?
چه کسی پیک‌نیک را ترتیب می‌دهد؟

ornament /'ornəmənt/
[اسم] چیزِ زینتی
I've ornaments in my house.
در منزلم چیزهای زینتی دارم.

orphan /'orfən/ [اسم] یتیم
He is a war orphan.
در جنگ یتیم شده است.

ostrich /'ɑstrich/
[اسم] شترمرغ (بزرگترین پرندهٔ جهان است ولی قدرتِ پرواز ندارد)

ostrich

other /'ʌdhər/ [صفت] دیگر
She played with other children.
با بچّه‌های دیگر بازی کرد.
I saw him the other day.
همین چند روز پیش دیدمش.
She visited me every other day.
یک روز در میان به دیدنم آمد.

otherwise /'ʌdhərwayz/
[قید] در غیرِ این صورت، وگرنه
You have to go now, otherwise you'll miss your bus.
باید الان بروی وگرنه به اتوبوست نمی‌رسی. باید الان بروید وگرنه از اتوبوستان جا می‌مانید.

otter /'atər/ [اسم] سمورِ آبی
(جانوری است بازیگوش با پوستِ قهوه‌ای و دمِ بلند که در کنارِ آب زندگی می‌کند)

ouch /aoch/
[عبارتِ تعجّبی] (بیانگرِ درد) آخ، وای

ought to /'at tə/
[فعلِ کمکی] باید، بایست، بایستی، می‌بایست
I ought to go now. باید الان بروم.
She oughtn't to sleep late.
نباید دیر بخوابد.

oughtn't to /'atnt tə/
(صورتِ کوتاه شدهٔ منفیِ فعلِ ***ought to***)

our /aor/ [صفت] ـِ ما، ـِ مان
Our teacher is young.
معلّمِمان جوان است.

ours /aorz/ [ضمیر] مالِ ما، ـِ ما، ـِ مان
This house is ours.
این خانه‌مان است. این خانهٔ ماست.

ourselves /aor'selvz/
[ضمیر] خودمان، خودِ ما
We built the house ourselves.
آن خانه را خودمان ساختیم.

out /aot/ [قید] بیرون
He ran out. دوید بیرون.

outside /aot'sayd/
۱. [اسم] (در موردِ ساختمان) نما، نمای ساختمان
I don't like the outside.
از نمای آن خوشم نمی‌آید.
۲. [قید] بیرون
Let's go outside and play!
بیا برویم بیرون بازی کنیم! بیایید برویم بیرون بازی کنیم!

oval /'ōvəl/ [اسم] بیضی

oven /'ʌvən/ [اسم] فِر
(قسمتِ دردارِ اجاق که برای پختنِ پیتزا و کیک و غیره از آن استفاده می‌شود)
She put the cake in the oven.
کیک را در فِر گذاشت.

oven

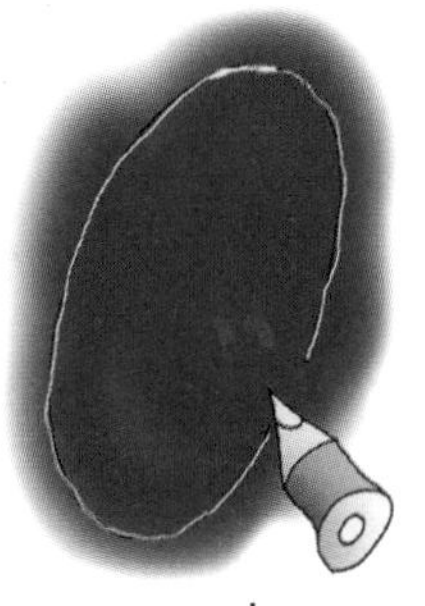
oval

ought to صورتِ مثبت
صورتِ منفی
ought not to
صورتِ کوتاه شدهٔ منفی
oughtn't to

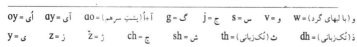

oy = اُی　ay = آی　ao = آ+اُ (پشتِ سرهم)　g = گ　j = ج　s = س　v = و　w = و (با لبهای گرد)
y = ی　z = ز　ž = ژ　ch = چ　sh = ش　th = ث (نُک‌زبانی)　dh = ذ (نُک‌زبانی)

over /'ōvər/ [حرفِ اضافه] روی، بالای

A lamp hung over the table.

چراغی بالای میز آویزان بود.

It's ***over there.*** آنجا است.

overboard /'ōvərbord/

[قید] بیرون از کشتی، توی دریا

Someone fell overboard.

یک کسی افتاد بیرون از کشتی. یکی توی دریا افتاد.

overseas /'ōvərsi:z/

[قید] از یک کشورِ خارجی؛ به یک کشورِ خارجی، به خارج؛ در خارج

She is going to work overseas.

برای کار به خارج می‌رود.

overtake /'ōvərteyk/

[فعل] از (کسی یا چیزی) جلو زدن، از (کسی یا چیزی) سبقت گرفتن

It's dangerous to overtake here.

اینجا سبقت گرفتن خطرناک است.

overtaken /'ōvərteykən/

(صورتِ مفعولیِ فعلِ بی‌قاعدهٔ ***overtake***)

overtook /'ōvərtuk/

(زمانِ گذشتهٔ فعلِ بی‌قاعدهٔ ***overtake***)

owe /ō/ [فعل] بدهکار بودن، قرض داشتن

I owe my brother 20 dollars.

بیست دلار به برادرم بدهکار هستم.

owl /ɑol/ [اسم] جغد، بوف

Owls have large eyes.

چشمهای جغد بزرگ است. جغد چشمهای بزرگی دارد.

owl

own /ōn/

۱. [فعل] مالکِ (چیزی) بودن، صاحبِ (چیزی) بودن، داشتن

He owns a large factory.

صاحبِ کارخانهٔ بزرگی است. کارخانهٔ بزرگی دارد.

۲. [صفت] خود، شخصِ خود

It was her own idea.

ایدهٔ خودش بود.

I was ***on my own.*** تنها بودم.

She is ***on her own.*** تنها است.

own up /ōn 'ʌp/

[فعل] اعتراف کردن، گناهِ (چیزی) را به گردن گرفتن

Who owned up to breaking it?

کی گناهِ شکستنِ آن را به گردن گرفت؟

چه کسی به شکستنِ آن اعتراف کرد؟

ox /ɑks/ [اسم] گاوِ نر

ox

oxen /'ɑksən/ (جمعِ بی‌قاعدهٔ *ox*)

oxygen /'ɑksijən/ [اسم] اکسیژن

We need oxygen to live.

برای زندگی به اکسیژن نیاز داریم.

oyster /'oystər/ [اسم] صدف، صدفِ خوراکی

oyster

P,p

pack /pak/ ۱. [اسم] ساک

She had a huge pack.

ساکِ خیلی بزرگی داشت.

۲. [اسم] (در موردِ ورقِ بازی) دست

۳. [اسم] (در موردِ حیواناتِ وحشی) دسته

۴. [فعل] وسایلِ (خود) را جمع کردن؛ چمدانِ (خود) را بستن

I haven't packed yet.

هنوز وسایلِ خودم را جمع نکرده‌ام.

package /ˈpakij/

[اسم] بستهٔ کوچک، بسته، پاکت

He brought me a package.

بسته‌ای برایم آورد.

package

pad /pad/ ۱. [اسم] دفترچه، دستهٔ کاغذ

۲. [اسم] (برای موشک) سکّوی پرتاب

paddle /ˈpadl/ ۱. [اسم] پارو

۲. [فعل] آب‌بازی کردن

The boys paddled in the sea.

پسرها توی دریا آب‌بازی کردند.

padlock /ˈpadlɑk/ [اسم] قفل

He opened the padlock.

قفل را باز کرد.

padlock

page /peyj/

[اسم] (در کتاب، مجلّه، روزنامه) صفحه

Look at the next page!

به صفحهٔ بعد نگاه کن! صفحهٔ بعد را نگاه کنید!

pageant /ˈpajənt/

[اسم] نمایشِ تاریخی (نمایشی که معمولاً در فضای باز اجرا می‌کنند و در موردِ مسائلِ تاریخی است)

pagoda /pəˈgōdə/ [اسم] معبد

(ساختمانِ محلِّ عبادتِ بوداییان در کشورهای آسیای جنوبِ شرقی)

pagoda

paid /peyd/
(زمانِ گذشته و صورتِ مفعولیِ فعلِ بی‌قاعدهٔ *pay*)

pain /peyn/ [اسم] درد
*She **is in pain**.* درد دارد.
I have a pain in my back.
پشتم درد می‌کند.

painful /'peynfəl/
[صفت] دردناک، پُردرد
He had a painful disease.
بیماریِ پُردردی داشت.
My leg is still painful.
پایم هنوز درد می‌کند.

paint /peynt/ ۱. [اسم] رنگ
The paint is still wet.
رنگ هنوز خیس است.
۲. [فعل] رنگ کردن، رنگ زدن، نقّاشی کردن
He painted the walls.
دیوارها را رنگ کرد.

painting /'peynting/
[اسم] نقّاشی
I don't like his paintings.
از نقّاشیهایش خوشم نمی‌آید.

pair /per/ [اسم] جفت
I need a new pair of shoes.
یک جفت کفشِ نو لازم دارم.
a pair of scissors یک قیچی

pajamas /pə'jaməz/
[اسم] پیژامه

palace /'palis/ [اسم] قصر، کاخ
The Queen lives in this palace.
ملکه در این قصر زندگی می‌کند.

palm /pɑm/
۱. [اسم] (در موردِ دست) کف
۲. [اسم] درختِ نخل (درختی است گرمسیری که برگهایش از ساقهٔ اصلی می‌رویند)

palm

panda /'pandə/ [اسم] پاندا
(جانوری است شبیهِ خرس با بدنِ سیاه و سفید که در جنگلهای چین زندگی می‌کند)

panda

panic /'panik/ ۱. [اسم] وحشت
*I **got into a panic**.* وحشت کردم.
۲. [فعل] وحشت کردن، به وحشت افتادن
The horses panicked.
اسبها وحشت کردند. اسبها به وحشت افتادند.
Don't panic! نترس!
وحشت نکن! آرام باشید!

اگر حرفِ آخرِ فعلی **c** باشد، در زمانِ گذشته و صورتهای فاعلی و مفعولی **c** به ***ck*** تبدیل می شود.
panic, panicking, panicked

pant /pant/ [فعل] نفس‌نفس زدن، هِن‌هِن کردن
She was panting after running.
بعد از دویدن نفس‌نفس می‌زد.

panther

panther /'panthər/

[اسم] پلنگ؛ پلنگِ سیاه

panties /'pantiz/

[اسم] (برای دخترها و خانم‌ها) شورت

pantomime /'pantəmaym/

۱. [اسم] نمایشِ شبِ کریسمس (نمایشی است خنده‌دار همراه با رقص و آواز که در شبِ کریسمس برای بچّه‌ها اجرا می‌کنند)

۲. [اسم] پانتومیم (نمایشی است صامت که در آن فقط از حرکات استفاده می‌شود)

pantry /'pantri/

۱. [اسم] (در خانه) انبارِ موادِّ غذایی، انباری، صندوق‌خانه

۲. [اسم] (در هتل) انبارِ ظروف

pants /pants/ [اسم] شلوار

He was wearing blue pants.

شلوارِ آبی پوشیده بود.

pantyhose /'pantihōz/

[اسم] جوراب شلواری

paper /'peypər/ ۱. [اسم] کاغذ

I need a piece of paper.

یک تکّه کاغذ لازم دارم.

۲. [اسم] روزنامه

He is reading the paper.

دارد روزنامه می‌خواند.

parachute /'parəshu:t/

[اسم] چترِ نجات

He landed by parachute.

با چترِ نجات فرود آمد.

parachute

parade /pə'reyd/ [اسم] رژه

There is a parade of players.

بازیکنان رژه می‌روند.

paragraph /'parəgraf/

[اسم] پاراگراف

She wrote two paragraphs.

دو پاراگراف نوشت.

parallel /'parəlel/ [صفت] موازی

The two lines are parallel.

آن دو خط موازی هستند.

*The road **runs parallel** to the beach.*

جادّه با ساحلِ دریا موازی است.

parcel /'parsəl/ [اسم] بسته

He opened the parcel.

بسته را باز کرد.

parchment /'parchmənt/

[اسم] پوست (پوستِ گوسفند و بز که در قدیم به جای کاغذ از آن استفاده می‌شد)

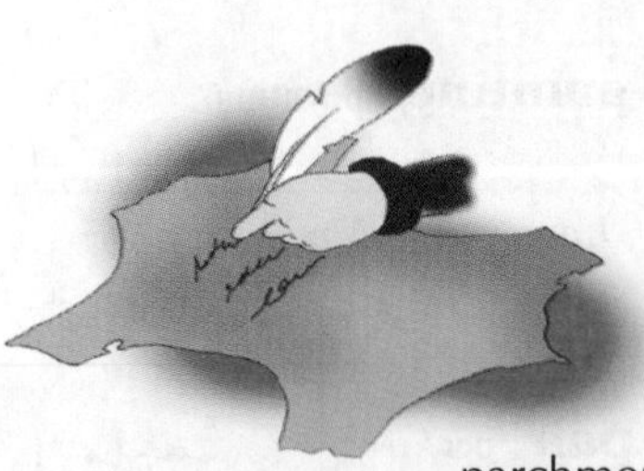

parchment

parent /'perənt/ [اسم] پدر، مادر، ولی

parents پدر و مادر، اولیا

park /park/ ۱. [اسم] پارک

a = اَ ɑ = آ ʌ = آ (با دهانِ نیمه‌باز) ə = آ (با دهانِ نیمه‌بسته) e = اِ i = ای (کوتاه)

i: = ای (کشیده) o = اُ (تا حدودی کشیده) ō = و (در کلمهٔ موج) u = او (کوتاه) u: = او (کشیده) ey = اِی

People are walking in the park.

مردم در پارک قدم می‌زنند.

۲. [فعل] پارک کردن

I couldn't park my car.

نتوانستم ماشینم را پارک کنم.

parliament /'parlәmәnt/

۱. [اسم] مجلس، مجلسِ شورا، پارلمان

۲. [اسم] نمایندگانِ مجلس، مجلس

parrot /'parәt/ [اسم] طوطی

parrot

part /part/ [اسم] قسمت، بخش

I only saw the first part.

من فقط قسمتِ اوّل را دیدم.

particular /'pәrtikyulәr/

[صفت] به خصوص، خاص

I like this particular color.

من این رنگِ به خصوص را دوست دارم.

party /'parti/ [اسم] مهمانی، پارتی

We're having a party today.

امروز مهمانی داریم.

pass /pas/ ۱. [اسم] گذر

(به راهِ باریکِ میانِ دو رشته کوه می‌گویند)

۲. [فعل] گذشتن، رد شدن

We passed each other.

از کنارِ همدیگر رد شدیم.

۳. [فعل] دادن

Pass the salt, please!

لطفاً نمک را بده! لطفاً نمک را بدهید!

۴. [فعل] (در موردِ امتحان) قبول شدن

Do you think you'll pass?

فکر می‌کنی قبول بشوی؟ فکر می‌کنید قبول می‌شوید؟

passage /'pasij/ [اسم] راهرو

passenger /'pasinjәr/

[اسم] مسافر

The passengers were tired.

مسافرها خسته بودند.

passport /'pasport/

[اسم] پاسپورت، گذرنامه

You must show your passport.

باید پاسپورتت را نشان بدهی. باید گذرنامه‌تان را نشان بدهید.

past /past/ ۱. [اسم] گذشته، گذشته‌ها

You must forget the past.

باید گذشته را فراموش کنی. باید گذشته‌ها را از یاد ببرید.

۲. [حرفِ اضافه] بعد از، پس از

It's just past the garage.

درست بعد از گاراژ است.

۳. [حرفِ اضافه] گذشته

It's ten past two.

ده دقیقه از دو گذشته است. ساعت دو و ده دقیقه است.

past tense زمانِ گذشته

past participle اسمِ مفعول، صفتِ مفعولی، صورتِ مفعولی (قسمتِ سومِ فعل)

paste

paste /peyst/

۱. [اسم] چسبِ مایع

۲. [اسم] خمیر

۳. [فعل] چسباندن

They pasted stars to the paper.

به کاغذ ستاره چسباندند.

pastry /'peystri/

۱. [اسم] شیرینی

۲. [اسم] خمیرِ پای

pasture /'paschər/

۱. [اسم] چراگاه

Put the flock out to pasture!

گلّه را به چراگاه ببر! گلّه را ببرید به چراگاه!

۲. [فعل] به چرا بردن

اگر دو حرفِ آخرِ یک فعلِ یک بخشی به ترتیب صدادار و بی‌صدا باشند، در زمانِ گذشته و صورتهای فاعلی و مفعولی، حرفِ آخر تکرار می‌شود، به جز در موردِ ***w, x, y***.

pat, patting, patted

pat /pat/ [فعل] نوازش کردن، ناز کردن

The child patted the dog.

بچّه سگ را ناز کرد.

patch /pach/ [اسم] وصله

I'd patches on my clothes.

لباسهایم وصله داشت.

patch

path /path/ [اسم] راهِ باریک، راه

The path goes along the hill.

راه در امتدادِ تپّه کشیده شده است.

patient /'peyshənt/

۱. [اسم] بیمار، مریض

The doctor saw the patient.

دکتر مریض را دید.

۲. [صفت] صبور، باحوصله

I'm a patient woman.

من زنِ صبوری هستم.

patrol /pət'rōl/

[فعل] (در موردِ پلیس، نگهبان) گشت زدن

A policeman patrolled there.

یک پلیس آنجا گشت می‌زد.

pattern /'patərn/ [اسم] طرح، نقش و نگار

I like this pattern.

از این طرح خوشم می‌آید.

pavement /'peyvmənt/

[اسم] پیاده‌رو

He ran to the pavement.

دوید به طرفِ پیاده‌رو.

paw /pɑ/

[اسم] (در موردِ سگ و گربه) پنجه، چنگال

pay /pey/ ۱. [فعل] پول دادن

Don't pay them! بهشان پول نده!

به آنها پول ندهید!

۲. [فعل] پولِ (کسی یا چیزی) را دادن

Mom paid the driver.

مامان پولِ راننده را داد.

۳. [اسم] حقوق، دستمزد، مزد

pea /pi:/ [اسم] نخود

ای (کوتاه) = i   اِ = e   آ (با دهانِ نیمه‌بسته) = ə   آ (با دهانِ نیمه‌باز) = ʌ   آ = ɑ   اَ = a

ای = ey   او (کشیده) = u: او (کوتاه) = u   و (در کلمهٔ موج) = ō   اُ (تا حدودی کشیده) = o   ای (کشیده) = i:

peace /pi:s/ ۱. [اسم] آرامش

I need some peace.

من به آرامش نیاز دارم.

۲. [اسم] صلح

Everybody likes peace.

همه صلح را دوست دارند.

peach /pi:ch/ [اسم] هلو

She bought some peaches.

مقداری هلو خرید.

peacock /ˈpi:kɑk/

[اسم] طاووسِ نر

A peacock has a very large tail

طاووسِ نر دمِ بسیار بزرگی دارد. دمِ
طاووسِ نر خیلی بزرگ است.

peahen /ˈpi:hen/

[اسم] طاووسِ ماده

peak /pi:k/ ۱. [اسم] قلّه

The plane flew over the peaks.

هواپیما برفرازِ قلّه‌ها پرواز کرد.

۲. [اسم] (در کلاه) لبه، نقاب

peak time /ˈpi:k tɑym/

[اسم] وقتِ شلوغی؛ زمانِ مصرفِ بالا

peanut /ˈpi:nʌt/

[اسم] بادام‌زمینی

Children like peanuts.

بچّه‌ها بادام‌زمینی دوست دارند.

pear /per/ [اسم] گلابی

Mom bought a kilo of pears.

مامان یک کیلو گلابی خرید.

pearl /pərl/ [اسم] مروارید

She bought a pearl necklace.

یک گردنبندِ مروارید خرید.

peasant /ˈpeznt/

۱. [اسم] دهقان، کشاورز

۲. [اسم] رعیّت (کشاورزی که روی زمینِ دیگران کار می‌کند)

۳. [اسم] دهاتی

He's a real peasant!

خیلی دهاتی است!

pebble /ˈpebəl/ [اسم] ریگ، سنگریزه

peck /pek/

۱. [فعل] (در موردِ پرنده) نوک زدن

Sparrows pecked at them.

گنجشکها بهشان نوک زدند.

۲. [فعل] (در موردِ شخص) تندی بوسیدن

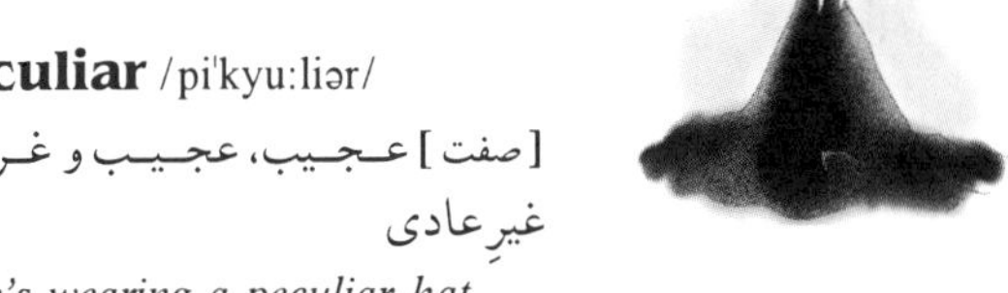

peculiar /piˈkyu:liər/

[صفت] عجیب، عجیب و غریب، غیرِعادی

She's wearing a peculiar hat.

کلاهِ عجیب و غریبی سرش گذاشته است.

oy = اُی ɑy = آی ɑo = (پشتِ سرهم) آ+اُ g = گ j = ج s = س v = و w = (با لبهای گرد) و

y = ی z = ز ž = ژ ch = چ sh = ش th = (نُک‌زبانی) ث dh = (نُک‌زبانی) ذ

pedal /ˈpedl/

[اسم] (در دوچرخه) رکاب، پدال

One of the pedals is broken.

یکی از پدالها شکسته است.

peel /pi:l/

۱. [اسم] (در موردِ میوه) پوست

۲. [فعل] پوستِ (چیزی) را کندن، پوست کردن، پوست گرفتن

He peeled the apples.

پوستِ سیبها را کند.

peep /pi:p/

[فعل] دزدکی نگاه کردن، یواشکی دید زدن

He peeped through the door.

دزدکی از لای در نگاه کرد.

peg /peg/

۱. [اسم] گیره، قلاب

۲. [اسم] گیرهٔ لباس، گیره

Hang your hat on the peg!

کلاهت را به گیره آویزان کن! کلاهتان را به گیرهٔ لباس آویزان کنید!

pelican /ˈpelikən/ [اسم] پلیکان

(پرنده‌ای است بزرگ و دریایی که نوکِ بزرگ و کیسه‌مانندی دارد)

pelican

pen /pen/ [اسم] قلم؛ خودکار؛ خودنویس

He usually writes with a pen.

معمولاً با خودکار می‌نویسد.

pencil /ˈpensəl/ [اسم] مداد

I found a pencil in her desk.

توی میز تحریرش یک مداد پیدا کردم.

pendulum /ˈpenjələm, ˈpendyuləm/

[اسم] (در ساعت دیواری) پاندول

pendulum

penguin /ˈpengwin/

[اسم] پنگوئن (پرنده‌ای است بزرگ به رنگِ سیاه و سفید که در اقیانوسِ منجمدِ جنوبی زندگی می‌کند)

penguin

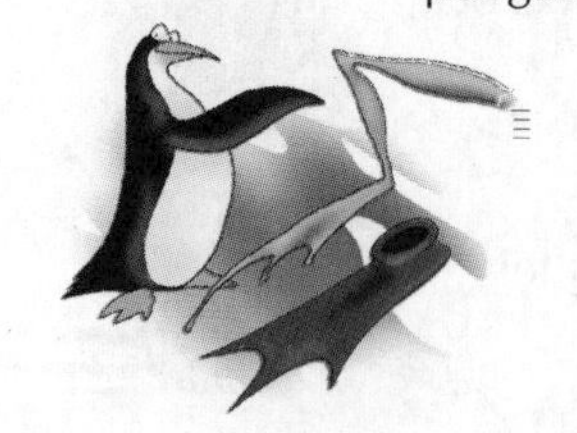

peninsula /pəˈninsələ, pəˈninsyulə/ [اسم] شبهِ جزیره

(بخشی از خشکی که سه طرفش را آب گرفته باشد، مثلِ شبهِ جزیرهٔ عربستان)

penknife /ˈpennɑyf/

[اسم] چاقوی جیبی، قلم‌تراش

penknives /ˈpennɑyvz/

(جمعِ *penknife*)

penmanship /'penmənship/

[اسم] خوشنویسی، خط

pentagon /'pentəgan/

[اسم] پنج‌ضلعی

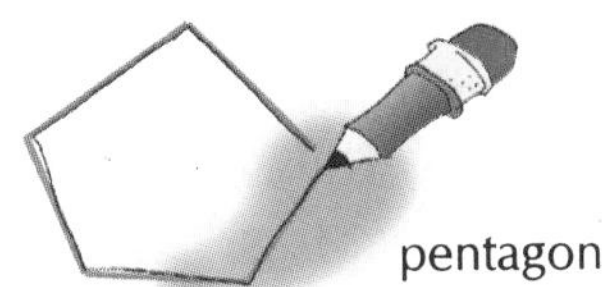
pentagon

people /'pi:pəl/ ۱. [اسم] مردم

۲. [اسم] اشخاص؛ افراد؛ آدم؛ نفر (جمعِ **person**)

Were there many people there?

افراد زیادی آنجا بودند؟

There were two people there.

دو نفر آنجا بودند.

pepper /'pepər/ [اسم] فلفل

Pass the pepper, please!

لطفاً فلفل را بده! لطفاً فلفل را بدهید!

peppermint /'pepərmint/

[اسم] نعناع

perch /pərch/

۱. [اسم] ماهیِ خاردارِ رودخانه

۲. [اسم] (برای پرنده) جای نشستن، چوب

perfect /'pərfikt/

۱. [صفت] کامل، بی‌عیب و نقص

His work was perfect.

کارش بی‌عیب و نقص بود.

۲. [صفت] عالی، بسیار خوب، خیلی‌خوب

Your English is perfect.

انگلیسیِ تو خیلی خوب است. انگلیسیِ شما عالی است.

perfectly /'pərfiktli/

[قید] کاملاً

It is perfectly clear.

کاملاً واضح است.

perform /pər'form/

۱. [فعل] (در موردِ تئاتر و غیره) اجرا کردن

۲. [فعل] (در موردِ کار) انجام دادن

۳. [فعل] (در موردِ هنرپیشه) بازی کردن

performance /pər'formәns/

۱. [اسم] (در موردِ تئاتر، کنسرت) اجرا، برنامه

The performance begins at 8.

برنامه ساعتِ ۸ شروع می‌شود.

۲. [اسم] (در موردِ ماشین) عملکرد، کار

The car's performance is bad.

عملکردِ آن ماشین بد است. آن ماشین بد کار می‌کند.

perch

performer /pər'formər/
[اسم] هنرپیشه؛ نوازنده؛ رقصنده؛ مجری

perfume /pər'fyu:m/
۱. [اسم] عطر
۲. [اسم] بوی خوش، بوی خوب، بوی عطر
The perfume filled the room.
بوی خوش اتاق را پر کرد.

perhaps /pər'haps/ [قید] شاید، ممکن است
"Is he coming?"
–"I don't know, perhaps."
«می‌آید؟» ـ «نمی‌دانم، شاید.»

period /'piriəd/ ۱. [اسم] دوره، مدّت
۲. [اسم] (در تاریخ) دوران، عهد، عصر
۳. [اسم] نقطه، علامتِ •
۴. [اسم] (در مدرسه) زنگ، ساعت

periscope /'periskōp/
[اسم] پریسکوپ، چشمِ زیردریایی (وسیله‌ای شاملِ تعدادی آینه و عدسی که داخلِ لوله‌ای زانودار قرار گرفته‌اند؛ از پریسکوپ برای دیدنِ اشیائی که دیدِ مستقیم ندارند استفاده می‌شود.)

periscope

permission /pər'mishən/
[اسم] اجازه
Who gave you permission?
کی بهت اجازه داد؟ چه کسی به شما اجازه داد؟

Persian /'peržən, 'pershən/
۱. [صفت] فارسی؛ ایرانی، ــِ ایران
Persian carpet فرشِ ایرانی
the Persian Gulf خلیجِ فارس
۲. [اسم] فارسی، زبانِ فارسی
We speak Persian.
ما فارسی صحبت می‌کنیم.
۳. [اسم] ایرانی
Many Persians live abroad.
ایرانیهای زیادی خارج زندگی می‌کنند.

person /'pərsən/ [اسم] شخص، فرد، آدم
He's just the person we need.
درست همان آدمی است که ما می‌خواهیم.

pet /pet/ [اسم] حیوانِ خانگی، حیوانِ اهلی، حیوانِ دست‌آموز
They have many pets.
حیواناتِ خانگیِ زیادی دارند.

petal /'petl/ [اسم] گلبرگ
That flower has five petals.
آن گل پنج گلبرگ دارد.

petrol /'petrəl/ [اسم] بنزین
I filled the car up with petrol.
باکِ ماشین را پر کردم. ماشین را بنزین زدم.

piano

piano /pi'anō/ [اسم] پیانو

She plays the piano. پیانو می‌زند.

pick /pik/ ۱. [فعل] انتخاب کردن، برگزیدن، دست‌چین کردن

He has to pick the best people.

باید بهترین افراد را انتخاب کند.

۲. [فعل] چیدن، جمع کردن

He picked some blackberries.

مقداری تمشک چید.

pick up /pik 'ʌp/

[فعل] برداشتن، از روی زمین برداشتن، بلند کردن

She picked up the can.

قوطی را از روی زمین برداشت.

pickles /'pikəlz/ [اسم] تُرشی

Dad bought a jar of pickles.

بابا یک شیشه ترشی خرید.

picnic /'piknik/ [اسم] پیک‌نیک

We went on a picnic yesterday.

دیروز پیک‌نیک رفتیم.

picture /'pikchər/

۱. [اسم] نقّاشی، تابلو

I don't like his pictures.

از تابلوهایش خوشم نمی‌آید.

۲. [اسم] عکس

She took a picture of the boy.

از آن پسر بچّه یک عکس گرفت.

۳. [اسم] فیلمِ سینمایی، فیلم

Have you seen the picture?

آن فیلم را دیده‌ای؟ آن فیلم را دیده‌اید؟

pheasant /'fezənt/

[اسم] قَرقاوُل (پرنده‌ای است با دمِ بلند و گوشتِ خوراکی)

pheasant

phone /fōn/ ۱. [اسم] تلفن

۲. [فعل] به (کسی) تلفن کردن، به (کسی) تلفن زدن، به (کسی) زنگ زدن

Did she phone you?

بهت زنگ زد؟ به شما تلفن کرد؟

photo /'fōtō/ [اسم] عکس

She took some photos.

چندتا عکس گرفت.

photo

photograph /'fōtəgraf/

[اسم] عکس

I took a photograph of him.

ازش یک عکس گرفتم.

physics /'fiziks/ [اسم] فیزیک

pie /pay/ [اسم] پای
(نوعی شیرینی که در آن میوه‌های پخته را وسطِ خمیری می‌گذارند و می‌پزند)

piece /pi:s/ ۱. [اسم] تکّه، قطعه
Do you want another piece?
یک تکّهٔ دیگر می‌خواهی؟ یک تکّهٔ دیگر می‌خواهید؟
۲. [اسم] (در بازیهایی مثلِ شطرنج) مهره
۳. [اسم] (در موسیقی) اثر، قطعه

pier /pir/ [اسم] اسکله
They walked along the pier.
در امتدادِ اسکله قدم زدند.

pig

pig /pıg/ [اسم] خوک
Pigs are usually pink.
خوکها معمولاً صورتی هستند.

pigeon /ˈpijin/ [اسم] کبوتر، کفتر
Pigeons live in towns.
کبوترها در شهر زندگی می‌کنند.

pike /payk/ [اسم] اردک ماهی
(نوعی ماهیِ بزرگِ رودخانه‌ای)

pile /payl/ ۱. [اسم] کُپّه، توده؛ دسته
۲. [اسم] یک خروار، یک عالمه
I've a pile of books to read.
یک عالمه کتاب دارم که بخوانم.

pill /pil/ [اسم] قرص
The doctor gave me a pill.
دکتر بهم قرص داد.

pillar /ˈpilər/
[اسم] (در ساختمان) ستون، پایه

pillow /ˈpilō/ [اسم] بالش
She put a pillow on her bed.
روی تختش بالش گذاشت.

pin /pin/ ۱. [اسم] سنجاق
۲. [اسم] گلِ سینه، سنجاق‌سینه

pinafore /ˈpinəfor/
۱. [اسم] پیش‌بند
۲. [اسم] سارافون (نوعی لباسِ دخترانه یا زنانهٔ بی‌آستین که روی بلوز می‌پوشند)

pinch /pınch/
۱. [اسم] (در موردِ نمک، فلفل) ذرّه، ریزه
Put a pinch of salt in the soup!
یک ذرّه نمک بریز توی سوپ! یک ریزه نمک توی سوپ بریزید!
۲. [فعل] نیشگون گرفتن
He pinched the child's cheek.
لُپِ بچّه را نیشگون گرفت.

pine /payn/ [اسم] درختِ کاج، کاج
Pines have thin sharp leaves.
درختِ کاج برگهای نازک و تیز دارد.

pine

a = اَ　ɑ = آ　ʌ = آ (با دهانِ نیمه‌باز)　ɔ = آ (با دهانِ نیمه‌بسته)　e = اِ　i = ای (کوتاه)
i: = ای (کشیده)　o = اُ (تا حدودی کشیده)　ō = و (در کلمهٔ موج)　u = او (کوتاه)　u: = او (کشیده)　ey = اِی

pineapple /ˈpaynapəl/
[اسم] آناناس
I like pineapple juice.
من آبِ آناناس دوست دارم.

pineapple

ping-pong /ˈping pang/
[اسم] پینگ‌پنگ
Ping-pong is popular here.
پینگ‌پنگ اینجا پرطرفدار است.

pink /pink/ ۱. [صفت] صورتی، صورتی‌رنگ
۲. [اسم] رنگِ صورتی، صورتی
I like pink.
من از رنگِ صورتی خوشم می‌آید.

pipe /payp/ ۱. [اسم] لوله
۲. [اسم] پیپ، چُپُق
He filled his pipe. پیپش را پر کرد.

pistol /ˈpistl/ [اسم] هفت‌تیر، تپانچه
He fired the pistol.
هفت‌تیر را شلیک کرد.

pit /pit/ ۱. [اسم] گودال، چاله
He dug a pit. یک چاله کند.
۲. [اسم] معدنِ زغال‌سنگ
He went down the pit.
رفت توی معدنِ زغال‌سنگ.

pitch /pich/
۱. [اسم] (در موردِ بازیهایی مثلِ فوتبال و هاکی) زمین، زمینِ بازی
۲. [فعل] (در موردِ چادر) زدن، برپا کردن
He pitched the tent in the yard.
توی حیاط چادر زد.

pity /ˈpiti/ [اسم] احساسِ تأسّف
*I feel **pity for** him.*
برایش متأسّف هستم.

pizza /ˈpi:tsə/ [اسم] پیتزا
Most children like pizza.
بیشترِ بچّه‌ها پیتزا دوست دارند.

pizza

place /pleys/ [اسم] جا، مکان، محل
Let's find a place to eat!
بیا جایی برای غذا خوردن پیدا کنیم!
بگذارید جایی برای غذا خوردن پیدا کنیم!
*Where did it **take place**?*
کجا اتّفاق افتاد؟

plaice /pleys/
[اسم] سفره ماهیِ اروپایی، ماهیِ کفشکِ اروپایی (نوعی ماهیِ پهنِ خوراکی)

plait /pleyt, plat/
۱. [فعل] (در موردِ مو) بافتن
She began to plait her hair.
شروع به بافتنِ موهایش کرد.
۲. [اسم] موی بافته

plasticine

plan /plan/ ۱. [اسم] نقشه
This is a plan of the building.
این نقشهٔ ساختمان است.
۲. [اسم] برنامه، نقشه
What are your plans?
نقشه‌ات چی است؟ برنامه‌تان چیست؟
۳. [فعل] برنامه‌ریزی کردن، ترتیب دادن
He had planned a party.
مهمانی‌ای ترتیب داده بود.
۴. [فعل] تصمیم داشتن، قصد داشتن
I plan to visit my uncle.
تصمیم دارم به دیدنِ عمویم بروم.
قصد دارم از عمویم دیدن کنم.

plane /pleyn/ [اسم] هواپیما
He always travels by plane.
همیشه با هواپیما مسافرت می‌کند.

planet /'planit/ [اسم] سیّاره
The Earth is a planet.
کرهٔ زمین یک سیّاره است.

plank /plank/ [اسم] الوار، تخته

plant /plant/ ۱. [اسم] گیاه
Plants need water and light.
گیاهان آب و نور می‌خواهند. گیاه احتیاج به آب و نور دارد.
۲. [فعل] کاشتن
We planted some tomatoes.
کمی گوجه‌فرنگی کاشتیم.

plastic /'plastik/ [اسم] پلاستیک
The bottle is made of plastic.
آن بطری از پلاستیک ساخته شده است.
آن بطری پلاستیکی است.

plasticine /'plastisi:n/
[اسم] خمیرِ بازی

plate /pleyt/ [اسم] بشقاب
She put some food in her plate.
مقداری غذا در بشقابش کشید.

platform /'platform/
[اسم] (در ایستگاهِ راه‌آهن) سکّو
She waited on platform 2.
روی سکّوی شمارهٔ ۲ منتظر شد.

play /pley/ ۱. [اسم] نمایشنامه
Who's written this play?
کی این نمایشنامه را نوشته است؟
۲. [اسم] بازی
I am tired of this play.
من از این بازی خسته شده‌ام.
۳. [فعل] بازی کردن
Children played on the beach.
بچّه‌ها در ساحل بازی کردند.

player /'pleyər/ [اسم] بازیکن
He is a football player.
بازیکنِ فوتبال است.

pleasant /'plezənt/
۱. [صفت] خوش‌برخورد، مؤدّب؛ مؤدّبانه؛ دوستانه
Try to be pleasant!
سعی کن خوش‌برخورد باشی! سعی کنید خوش‌برخورد باشید!
۲. [صفت] خوشایند، دلپذیر، مطبوع، خوب
What a pleasant weather!
چه هوای دلپذیری! چه هوای خوبی!

please /pli:z/

۱. [عبارتِ تعجّبی] لطفاً، خواهش می‌کنم، بی‌زحمت

Please give me your name!

لطفاً اسمت را به من بگو!   خواهش می‌کنم اسمتان را به من بگویید!

۲. [عبارتِ تعجّبی] حتماً، البتّه (هنگامِ جوابِ مثبت)

"Do you want a cup of tea?"
– "Yes, please."

«یک فنجان چای می‌خواهی؟»
ـ «آره، حتماً.»
«یک فنجان چای می‌خواهید؟»
ـ «بله، البتّه.»

۳. [عبارتِ تعجّبی] ببخشید، می‌بخشید

Please, I'm trying to work.

ببخشید، من دارم کار می‌کنم.

۴. [فعل] خوشحال کردن، خشنود کردن؛ راضی کردن

I'll do this to please you.

من این کار را می‌کنم که تو را خوشحال کنم.   من این کار را برای خشنودیِ شما می‌کنم.

pleasure /'pležər/ [اسم] لذّت

I take **pleasure in** *my work.*

من از کارم لذّت می‌برم.

plenty /'plenti/

۱. [ضمیر] مقدارِ زیادی؛ تعدادِ زیادی

We've got plenty of time.

وقتِ زیادی داریم.   خیلی وقت داریم.

۲. [قید] حسابی، خیلی

plimsoll /'plimsəl/

[اسم] کفشِ کتانی، کفشِ ورزشی

He's wearing white plimsolls.

کفشِ کتانیِ سفید پوشیده است.

plough /plɑo/ = **plow**

plow /plɑo/ [اسم] خیش، گاوآهن (وسیله‌ای است با تیغه‌های تیز که برای شخم‌زدنِ زمین پشتِ تراکتور یا اسب می‌بندند)

pluck /plʌk/

[فعل] (در موردِ سازهای زهی مثلِ گیتار) زدن، به صدا درآوردن؛ به (چیزی) زخمه زدن

plug /plʌg/ ۱. [اسم] توپی (وسیله‌ای پلاستیکی که برای جمع کردنِ آب در راه‌آبِ وان یا دستشویی می‌گذارند)

۲. [اسم] (در وسایلِ برقی) دوشاخه

I have to change the plug.

باید دوشاخه را عوض کنم.

plum /plʌm/ [اسم] آلو

A plum has a red skin.

پوستِ آلو قرمز است.

plunge /plʌnj/

[فعل] شیرجه زدن، شیرجه رفتن، پریدن

He plunged into the water.

شیرجه زد توی آب.   پرید توی آب.

plural /'plurəl/

[اسم] (در دستورِ زبان) جمع، صورتِ جمع

"Dogs" is the plural of "dog".

«سگها» جمعِ «سگ» است.

plimsolls

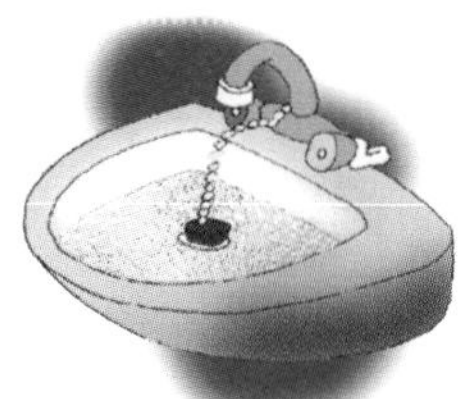

plug

جمعِ اسم یا باقاعده است یا بی‌قاعده. جمعِ باقاعده با اضافه کردنِ **s-** یا **es-** به آخرِ اسم ساخته می‌شود. جمعِ بی‌قاعده از هیچ قانونی پیروی نمی‌کند.

book, books
church, churches
mouse, mice

oy = اُی   ɑy = آی   ɑo = آ+اُ (پشتِ سرهم)   g = گ   j = ج   s = س   v = و   w = و (با لبهای گرد)
y = ی   z = ز   ž = ژ   ch = چ   sh = ش   th = ث (تُک‌زبانی)   dh = ذ (تُک‌زبانی)

pocket /ˈpakit/ [اسم] جیب
His hands are in his pockets.
دستهایش در جیبهایش است.

pod /pad/ [اسم] غلاف
(پوششی که روی نخود و لوبیا است)

poem /ˈpōim/ [اسم] شعر
The poet wrote many poems.
آن شاعر شعرهای زیادی نوشته است.

poet /ˈpōit/ [اسم] شاعر
Hafiz is a famous poet.
حافظ شاعرِ معروفی است.

poetry /ˈpōitri/ [اسم] شعر

point /poynt/ ۱. [اسم] نقطه، جا
۲. [اسم] (در موردِ سوزن، قلم) نوک
۳. [اسم] امتیاز
۴. [فعل] با انگشت اشاره کردن، اشاره کردن؛ نشان دادن
*He **pointed at** me.*
با انگشت به من اشاره کرد.
*He **pointed to** the door.*
در را نشان داد. به در اشاره کرد.

poison /ˈpoyzən/ [اسم] سم، زهر
Some plants have poison.
بعضی از گیاهان سمّی هستند.

poisonous /ˈpoyzənəs/ [صفت] سمّی
This mushroom is poisonous.
این قارچ سمّی است.

polar bear /ˈpōlər ber/ [اسم] خرسِ قطبی
Polar bears are white.
خرسِ قطبی سفیدرنگ است.

polar bear

pole /pōl/ [اسم] قطب
the North Pole قطبِ شمال
the South Pole قطبِ جنوب

police /pəˈli:s/ [اسم] ادارهٔ پلیس، پلیس

policeman /pəˈli:smən/ [اسم] (در موردِ مردها) پلیس

policemen /pəˈli:smən/ (جمعِ بی‌قاعدهٔ ***policeman***)

policewoman /pəˈli:swumən/ [اسم] (در موردِ زنها) پلیس

policewomen /pəˈli:swimin/ (جمعِ بی‌قاعدهٔ ***policewoman***)

polish /ˈpalish/
۱. [اسم] روغنِ جلا، پولیش، واکس
He put some polish on it.
رویش روغنِ جلا مالید. بهش پولیش زد.
۲. [فعل] واکس زدن، برق انداختن

polite /pə'layt/ [صفت] مؤدّب، باادب، باتربیت
He is very polite. خیلی مؤدّب است.

pollen /'palən/ [اسم] گَرده
(ذرّه‌های ریزی که روی پرچمِ گیاهانِ گلدار قرار دارد و بعد از گرده‌افشانی تبدیل به تخم می‌شود)

pollution /pə'lu:shən/
[اسم] آلودگی

polytechnic /pali'teknik/
[اسم] پُلی‌تکنیک (نوعی دانشکدهٔ فنّی)

polythene /'palithi:n/
[اسم] پُلی‌اِتیلن (نوعی پلاستیکِ خیلی نازک که در ساختنِ کیسه و چیزهای مشابه از آن استفاده می‌شود)

pond /pand/ [اسم] حوض؛ حوضچه
She sat near the pond.
نزدیکِ حوض نشست.

pony /'pōni/ [اسم] تاتو، اسبِ کوچک

pool /pu:l/ [اسم] استخر
Does the hotel have a pool?
آن هتل استخر دارد؟

poor /pur/ ۱. [صفت] فقیر، بیچاره، تهیدست
He's poor. فقیر است.
۲. [صفت] ضعیف؛ بد
He has poor eyesight.
بینایی‌اش ضعیف است.

popcorn /'papkorn/
[اسم] ذرّتِ بوداده، چُسِ‌فیل، پُف‌فیل

poppy /'papi/ [اسم] گُلِ خشخاش

poppy

popular /'papyulər/
۱. [صفت] محبوب
She is popular at school.
توی مدرسه محبوب است.
۲. [صفت] پرطرفدار
Football is very popular.
فوتبال خیلی پرطرفدار است.

popularly /'papyulərli/
[قید] به طورِ همگانی، در میانِ مردم

pork /pork/ [اسم] گوشتِ خوک
Muslims do not eat pork.
مسلمانان گوشتِ خوک نمی‌خورند.

porpoise /'porpəs/
[اسم] خـوکِ دریایـی، خـوک ماهـی
(جانوری دریایی شبیهِ دُلفین)

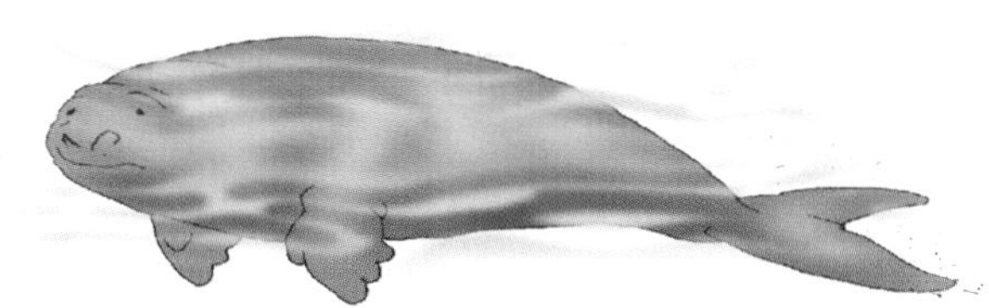

porpoise

porridge /'parij/ [اسم] حَلیم
Porridge is eaten hot.
حلیم را داغ می‌خورند.

oy = اُی ay = آی ao = آ+اُ(پشتِ سرهم) g = گ j = ج s = س v = و w = و (با لبهای گرد)
y = ی z = ز ž = ژ ch = چ sh = ش th = ث (تُک‌زبانی) dh = ذ (تُک‌زبانی)

port /port/ ۱. [اسم] شهرِ بندری؛ بندر

Hamburg is an important port.

هامبورگ بندرِ مهمّی است.

۲. [اسم] (در کشتی و هواپیما) طرفِ چپ، سمت چپ

They changed the port engine.

موتورِ سمتِ چپ را عوض کردند.

porthole /'porthōl/

[اسم] پنجرهٔ کشتی؛ پنجرهٔ هواپیما

A porthole is usually round.

پنجرهٔ کشتی معمولاً گرد است.

position /'pəzishən/

۱. [اسم] موقعیّت، وضعیّت، شرایط

I'm in no position to say no.

من در شرایطی نیستم که بگویم نه.

۲. [اسم] حالت، وضع

Sit in a comfortabe position!

حالتِ راحتی بنشین! به حالتِ راحتی بنشینید!

۳. [اسم] جا، محل، مکان

*The chair is **out of position.***

صندلی سرِ جایش نیست.

post /pōst/

۱. [اسم] نامه‌ها؛ بسته‌های پستی

۲. [اسم] تیر (میله‌ای چوبی یا فلزّی که در زمین فرو می‌کنند)

۳. [فعل] پست کردن، فرستادن

He posted my letters.

نامه‌های من را پست کرد.

postcard /'postkard/

[اسم] کارت پُستال

post code /'pōst kōd/

[اسم] کُدِ پستی

What's your post code?

کُدِ پستی‌ات چند است؟ کُدِ پستیِ شما چی است؟

poster /'pōstər/ [اسم] پوستر

poster

post office /'pōst afis/

[اسم] ادارهٔ پست، پستخانه

Is the post office open?

پستخانه باز است؟

potato /pə'teytō/

[اسم] سیب‌زمینی

We bought some potatoes.

مقداری سیب‌زمینی خریدیم.

pottery /'patəri/

[اسم] ظروفِ سفالی

pottery

pouch /paoch/ ۱. [اسم] کیف
۲. [اسم] (در حیواناتِ کیسه‌دار مثلِ کانگرو) کیسه

pouch

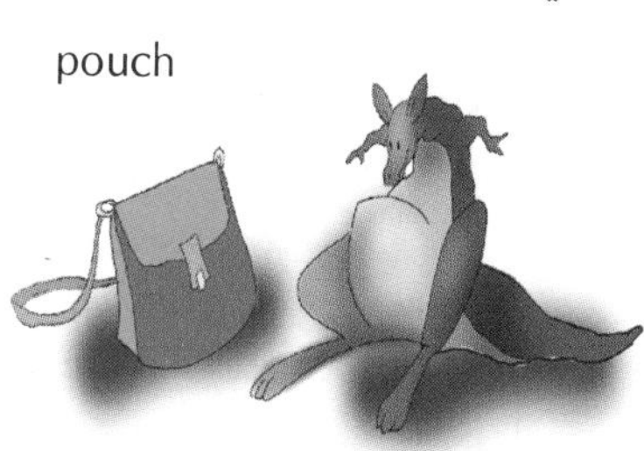

pound /paond/ ۱. [اسم] پوند، لیرهٔ استرلینگ (واحدِ پولِ بریتانیا معادلِ ۱۰۰ پنس)
۲. [اسم] پوند (یکی از واحدهای اندازه‌گیریِ وزن؛ هر پوند تقریباً ۴۵۴ گرم است.)
۳. [فعل] محکم به (چیزی) کوبیدن، به (چیزی) ضربه زدن
He pounded the door.
محکم به در کوبید.

pour /por/
۱. [فعل] (در موردِ مایعات) ریختن
He poured tea in the cup.
در فنجان چای ریخت.
۲. [فعل] برای (کسی) ریختن
He poured himself some tea.
برای خودش چای ریخت.

powder /'paodər/ [اسم] پودر
The snow was like powder.
برف مثلِ پودر بود.

power /'paor/ ۱. [اسم] قدرت، نیرو، توانایی
۲. [اسم] انرژی

practice /'praktis/
۱. [اسم] تمرین
He needs a little more practice.
تمرینِ بیشتری لازم دارد.
۲. [فعل] تمرین کردن
I should practice every day.
باید هر روز تمرین کنم.

pram /pram/ [اسم] کالسکهٔ بچّه
The mother pushed the pram.
مادر کالسکهٔ بچّه را هُل داد.

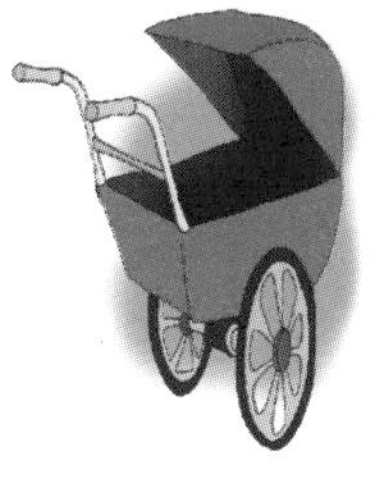

pram

prawn /pran/ [اسم] میگو

pray /prey/ ۱. [فعل] نمازخواندن
He prays every day.
هر روز نماز می‌خوانَد.
۲. [فعل] دعا کردن
We prayed for the sick man.
برای مردِ بیمار دعا کردیم.
۳. [فعل] آرزو کردن، خدا خدا کردن

prayer /prer/ ۱. [اسم] نماز
*He **said his** morning **prayers**.*
نمازِ صبحش را خواند.
۲. [اسم] دعا، نیایش

precious /'preshəs/
۱. [صفت] گران‌قیمت، گران‌بها، قیمتی
۲. [صفت] ارزشمند، پرارزش
Don't waste precious time!
وقتِ ارزشمند را تلف نکن! وقتِ پرارزش را تلف نکنید!
۳. [صفت] عزیز
This doll is precious to me.
این عروسک برای من عزیز است.

present participile اسم فاعل، صفتِ فاعلی، صورتِ فاعلی (صورتِ دارِ *-ing* فعل)

preserve /pri'zərv/

۱. [فعل] از (چیزی) حفاظت کردن، از (چیزی) محافظت کردن

The army preserved the planes.

ارتش از هواپیماها محافظت می‌کرد.

۲. [فعل] (در موردِ موادِ غذایی) نگهداری کردن

Preserve the fruit in syrup!

میوه‌ها را در شربت نگهداری کن! میوه‌ها را در شربت نگهداری کنید!

president /'prezidənt/

۱. [اسم] رئیس جمهور

Who is the President of Iran?

چه کسی رئیس جمهورِ ایران است؟

۲. [اسم] رئیس

I'm the president of the club.

من رئیسِ باشگاه هستم.

press /pres/

۱. [فعل] فشار دادن، چسباندن

I pressed my lips together.

لبهایم را روی هم فشار دادم.

۲. [فعل] اتو کردن، اتو زدن

He pressed his shirts.

پیراهنهایش را اتو کرد.

pretend /pri'tend/

[فعل] تظاهر کردن، وانمود کردن

Let's pretend to be doctors!

بیا وانمود کنیم دکتر هستیم! بیایید تظاهر کنیم دکتر هستیم!

precipice /'presipis/

[اسم] پرتگاه

prefer /pri'fər/

[فعل] ترجیح دادن

She prefers singing to dancing.

آواز خواندن را به رقصیدن ترجیح می‌دهد.

pregnant /'pregnənt/

[صفت] حامله، آبستن، باردار

prehistoric /pri:hi'starik/

[صفت] پیش از تاریخ

prehistoric animals

حیواناتِ پیش از تاریخ

prehistoric

preposition /prepə'zishən/

[اسم] (در دستورِ زبان) حرفِ اضافه

حرفِ اضافه مثلِ *in, on, of* پیش از اسم و ضمیر و غیره می‌آید و مفهومِ مکان، زمان، جهت، مالکیت و غیره را می‌رساند؛ مثلِ:
It is on the table.

present /'prezənt/

۱. [اسم] هدیه، کادو

۲. [اسم] حالِ حاضر، زمانِ حاضر

۳. [صفت] حاضر

Four people were present.

چهار نفر حاضر بودند.

present tense زمانِ حال

pretty /ˈpriti/

۱. [صفت] خوشگل، زیبا، قشنگ

That's a pretty girl.

دخترِ خوشگلی است.

۲. [قید] تقریباً، تاحدودی، نسبتاً

prevent /priˈvent/

[فعل] از (چیزی) جلوگیری کردن، جلوی (کسی یا چیزی) را گرفتن

He prevented me entering.

از ورودِ من جلوگیری کرد. جلوی ورودِ من را گرفت.

prey /prey/ [اسم] طعمه، شکار (جانورِ شکار شده)

Mice are the owl's prey.

موشها طعمهٔ جغد هستند. جغدها موش شکار می‌کنند.

price /prays/ [اسم] قیمت

The price was high.

قیمتش بالا بود.

prick /prik/

۱. [فعل] سوراخ کردن، سوراخ سوراخ کردن، در (چیزی) سوراخ درست کردن

Prick the sausages!

سوسیسها را سوراخ کن! سوسیسها را سوراخ کنید!

۲. [فعل] (در موردِ سوراخ) درست کردن

He pricked holes in his book.

سوراخهایی در کتابش درست کرد. کتابش را سوراخ‌سوراخ کرد.

primary school /ˈpraymeri sku:l/ [اسم] مدرسهٔ ابتدایی، دبستان

primrose /ˈprimrōz/

[اسم] گلِ پامچال

primrose

prince /prins/ [اسم] شاهزاده، پرنس، امیر

prince

princess /prinˈses/

[اسم] شاهزاده خانم، پرنسس

princess

print /print/

۱. [اسم] (در عکّاسی) عکس

۲. [اسم] اثرِ انگشت

۳. [اسم] جای پا

۴. [فعل] چاپ کردن

Press this key to print!

برای چاپ کردن این دکمه را فشار بده! برای چاپ این دکمه را فشار دهید!

۵. [فعل] (در خطِ لاتین) با حروفِ جدا نوشتن، با حروفِ کتابی نوشتن، جداجدا نوشتن

Please print your name!

لطفاً اسمت را با حروفِ جدا بنویس! لطفاً اسمتان را با حروفِ جدا بنویسید!

prison /ˈprizən/ [اسم] زندان

The thief is in prison.

دزد در زندان است. دزد زندانی است.

private /ˈprayvit/

۱. [صفت] اختصاصی

The rooms have a private bath.

اتاقها حمّامِ اختصاصی دارند.

۲. [صفت] خصوصی

What I told him was private.

چیزی که بهش گفتم خصوصی بود.

prize /prayz/ [اسم] جایزه

What was his prize?

جایزه‌اش چی بود؟

probably /ˈprabəbli/

[قید] احتمالاً

He is probably home.

احتمالاً خانه است.

problem /ˈprabləm/

۱. [اسم] مشکل، گرفتاری

What's her problem?

مشکلش چی است؟

۲. [اسم] (در ریاضی) مسئله

I gave them 20 problems.

بهشان ۲۰ تا مسئله دادم.

procession /prəˈseshən/

[اسم] رژه، راه‌پیمایی

program /ˈprōgram/

[اسم] برنامه

What's your program today?

امروز برنامه‌ات چی است؟ امروز برنامهٔ شما چی است؟

programme /ˈprōgram/

= program

project /ˈprajəkt/ [اسم] تحقیق

I did a project on pollution.

تحقیقی در موردِ آلودگی انجام دادم.

promise /ˈpramis/

۱. [فعل] به (کسی) قول دادن

You promised me to come.

بهم قول دادی بیایی. بهم قول دادید بیایید.

۲. [اسم] قول، وعده

That's a promise. قول می‌دهم.

prong /prang/

[اسم] (در موردِ چنگال) شاخه

prong

pronoun /ˈprōnaon/

[اسم] (در دستورِ زبان) ضمیر

ضمیر برای نامیدنِ کسی یا چیزی به جای اسم می‌آید، مثلِ:

he, it, mine

propeller /prəˈpelər/

۱. [اسم] (در کشتی) پروانه

۲. [اسم] (در هواپیما) ملخ

proper /ˈprapər/

۱. [صفت] صحیح، درست

It needs proper attention.

احتیاج به توجّهِ درست دارد. باید درست بهش توجّه شود.

Put it in its proper place!

بگذارش سرِ جایش. بگذاریدش سرِ جای درستش.

۲. [صفت] واقعی، درست و حسابی

She has got her first proper job.

اوّلین کارِ واقعی‌اش را پیدا کرده است.

properly /'prapərli/
[قید] به طورِ صحیح، به نحوِ درست، خوب، صحیح
Do your job properly!
کارت را صحیح انجام بده! کارتان را خوب انجام بدهید!

prophet /'prafit/ [اسم] پیامبر، پیغمبر

protect /prə'tekt/
[فعل] از (کسی یا چیزی) محافظت کردن
Protect your skin from the sun!
از پوستت در برابرِ نورِ آفتاب محافظت کن! از پوستتان در برابرِ نورِ آفتاب محافظت کنید!

proverb /'pravərb/
[اسم] ضرب‌المثل
"Half a loaf is better than none" is a proverb.
«کاچی به از هیچی» ضرب المثل است.

provide /prə'vayd/
[فعل] تأمین کردن، تهیّه کردن
Who provides food for them?
چه کسی برایشان غذا تأمین می‌کند؟

prune /pru:n/
۱. [اسم] آلوخشک
۲. [فعل] (در موردِ درخت یا گیاه) هَرَس کردن، شاخ و برگِ اضافیِ (چیزی) را زدن
We must prune the roses.
باید شاخ و برگِ اضافیِ گلهای رُز را بزنیم.

public /'pʌblik/ [صفت] عمومی، همگانی
It's a public place here.
اینجا یک مکان عمومی است.

pudding /'puding/
[اسم] پودینگ (نوعی دسر که با شیر و شکر و تخم‌مرغ درست می‌کنند)

puddle /'pʌdl/ [اسم] چالهٔ آب
There are puddles on the road.
در جادّه چالهٔ آب هست. جادّه پر از چالهٔ آب است.

puddle

pull /pul/ [فعل] کشیدن
You push and I'll pull.
تو هُل بده، من می‌کِشم. شما هُل بدهید، من می‌کِشم.

pump /pʌmp/ [اسم] پُمپ
The pump does not work.
پمپ کار نمی‌کند.

pumpkin /'pʌmpkin/
[اسم] کدوتنبل، کدوحلوایی

pumpkin

oy = اُی   ay = آی   ao = آ+اُ (پشتِ سرهم)   g = گ   j = ج   s = س   v = و   w = و (با لبهای گرد)
y = ی   z = ز   ž = ژ   ch = چ   sh = ش   th = ث (نُک‌زبانی)   dh = ذ (نُک‌زبانی)

punctuation /pʌnkchu'ey-shən/ [اسم] نقطه‌گذاری

punctuation mark /pʌnkchu'eyshən mɑrk/
[اسم] علامتِ نقطه‌گذاری (علامتهایی از قبیل ! , . ? " ")

puncture /'pʌnkchər/
[اسم] پنچری
I had a puncture. پنچر شده بودم.
ماشینم پنچر شده بود.

pupil /'pyu:pəl/
۱. [اسم] دانش‌آموز، شاگرد، محصّل
The pupils clapped.
دانش‌آموزان کف زدند.
۲. [اسم] (در چشم) مردمک
His pupils became smaller.
مردمکهایش کوچک شدند.

puppet /'pʌpit/
[اسم] عروسکِ خیمه‌شب‌بازی

puppet

puppy /'pʌpi/ [اسم] توله‌سگ
He was playing with the puppy.
داشت با توله‌سگ بازی می‌کرد.

puppy

purple /'pərpəl/
۱. [صفت] بنفش، بنفش‌رنگ
He's wearing a purple coat.
پالتوی بنفش‌رنگی پوشیده است.
۲. [اسم] رنگِ بنفش، بنفش

purpose /'pərpəs/
[اسم] منظور، مقصود؛ هدف
What's your purpose?
منظورت چی است؟ مقصودتان چی است؟
I think he did it ***on purpose.***
فکر می‌کنم از قصد این کار را کرد. فکر می‌کنم عمداً این کار را کرد.

push /push/ [فعل] هُل دادن
I want you all to push.
می‌خواهم همه‌تان هُل بدهید.

put /put/ [فعل] گذاشتن، قراردادن

Where did you put the keys?

کلیدها را کجا گذاشتی؟ کلیدها را کجا گذاشتید؟

put on /put 'an/ [فعل] پوشیدن

Put your coat on!

پالتویت را بپوش! پالتویتان را بپوشید!

puzzle /'pʌzəl/ ۱. [اسم] معمّا

She solved the puzzle.

معمّا را حل کرد.

۲. [اسم] (اسباب بازی) پازل، جورچین

pyjamas /pə'jaməz/

= **pajamas**

pyramid /'pirəmid/

[اسم] هِـرَم

pyramid

Q,q

quality /'kwaliti/ [اسم] کیفیّت
The quality is poor.
کیفیّتش بد است.

quantity /'kwantiti/
[اسم] مقدار؛ تعداد
I ate a huge quantity of food.
غذای زیادی خوردم.
He's a large quantity of guns.
تعدادِ زیادی تفنگ دارد.

quarrel /'kwarəl/
۱. [فعل] دعوا کردن، یکی به دو کردن
Stop quarreling! دعوا نکنید.
۲. [اسم] دعوا، جرّ و بحث
It's a family quarrel.
یک دعوای خانوادگی است.

quarry /'kwari/ ۱. [اسم] شکار
He lost his quarry in the fog.
شکارش را در مِه گم کرد.
۲. [اسم] معدنِ سنگ
He works in the chalk quarry.
در معدنِ سنگِ گچ کار می‌کند.

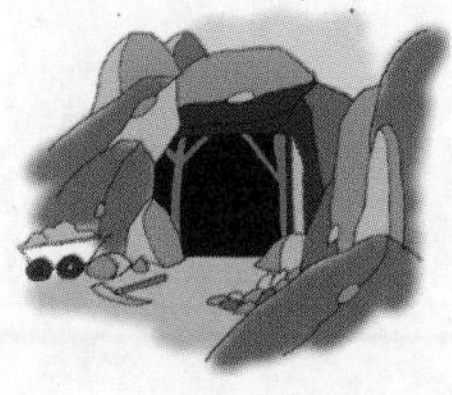
quarry

quarter /'kwartər/
۱. [اسم] یک چهارم
I walked a quarter of a mile.
یک چهارمِ مایل قدم زدم.
۲. [اسم] ربع
It's quarter to two.
ساعت یک ربع به دو است.

queen /kwi:n/ ۱. [اسم] ملکه
۲. [اسم] زنبورِ ملکه

queer /kwir/ [صفت] عجیب، عجیب و غریب
The orange tastes queer.
این پرتقال مزهٔ عجیبی دارد.

question /'kweschən/
[اسم] سؤال، پرسش
What's your question?
سؤالت چی است؟ سؤال شما چی است؟

question mark /'kweschən mark/
[اسم] علامتِ سؤال، علامتِ **?**

queue /kyu:/ [اسم] صف
She was in the queue.
توی صف ایستاده بود.

---

quick /kwik/ ۱. [صفت] تند، سریع

That was quick! چه تند! عجب سریع!

She had a quick breakfast.

یک صبحانهٔ سریع خورد. صبحانه‌اش را تند خورد.

۲. [صفت] باهوش، تیزهوش، زیرک

He's very quick.

خیلی باهوش است.

quickly /'kwikli/

[قید] به سرعت، سریع، تند

She speaks very quickly.

خیلی تند صحبت می‌کند.

quiet /'kwayət/ [صفت] ساکت، آرام

Be quiet! ساکت باش! حرف نزنید!

quietly /'kwayətli/

[قید] به آرامی، به آهستگی، یواش، آرام

He spoke very quietly.

خیلی یواش حرف می‌زد.

quilt /kwilt/ ۱. [اسم] لحاف

۲. [اسم] روتختی

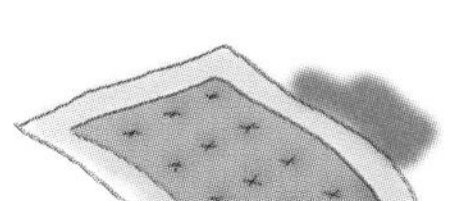

quilt

quite /kwayt/

۱. [قید] تاحدودی، نسبتاً

The restaurant was quite big.

رستوران نسبتاً بزرگ بود.

۲. [قید] کاملاً

Are you quite sure?

کاملاً مطمئنی؟ کاملاً مطمئن هستید؟

۳. [قید] خیلی، حسابی

quiz /kwiz/

۱. [اسم] (در رادیو و تلویزیون) مسابقه

He took part in the quiz.

در مسابقه شرکت کرد.

۲. [اسم] (در مدرسه) تست

We have a math quiz.

تستِ ریاضی داریم.

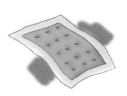

R,r

rabbit /ˈrabit/ [اسم] خرگوش

Rabbits have long ears.

گوشِ خرگوش دراز است.

rabid /ˈreybid/

[صفت] (در موردِ حیوان) هار

race /reys/ ۱. [اسم] مسابقه

They had a race. با هم مسابقه دادند.

۲. [اسم] نژاد

rack /rak/

[اسم] (در هواپیما، اتوبوس) تاقچه

She put her bag on the rack.

کیفش را روی تاقچه گذاشت.

racket /ˈrakit/ ۱. [اسم] راکت

۲. [اسم] سر و صدا، شلوغ بازی

radar /ˈreydɑr/ [اسم] رادار

(سیستمی برای پیدا کردنِ محلِّ کشتیها و هواپیماها با استفاده از امواجِ رادیویی)

Many ships have radar.

بسیاری از کشتیها رادار دارند.

radiator /ˈreydieytər/

[اسم] (در شوفاژ و اتومبیل) رادیاتور

radio /ˈreydiō/ [اسم] رادیو

He is listening to the radio.

دارد رادیو گوش می‌کند.

raft /raft/ [اسم] کَلَک

(قایقی چوبی که از به‌هم بستنِ چند تخته چوب درست می‌شود)

He built a raft. یک کلک ساخت.

raft

rag /rag/ ۱. [اسم] کهنه

She wiped the dirt with a rag.

گرد و خاک را با کهنه پاک کرد.

۲. [اسم] لباس کهنه

*I helped the old man **in rags**.*

به پیرمردی که لباس کهنه تنش بود کمک کردم.

rage /reyj/ [اسم] خشم، عصبانیّت

*She came out **in a rage**.*

با عصبانیّت خارج شد.

---

a = اَ   ɑ = آ   ʌ = آ (با دهانِ نیمه‌باز)   ə = آ (با دهانِ نیمه‌بسته)   e = اِ   i = ای (کوتاه)

i: = ای (کشیده)   o = اُ (تا حدودی کشیده)   ō = و (در کلمهٔ موج)   u = او (کوتاه)   u: = او (کشیده)   ey = اِی

ragged /'ragid/

۱. [صفت] (در موردِ لباس) کهنه؛ پاره

He was wearing a ragged coat.

یک پالتوی کهنه پوشیده بود.

۲. [صفت] ناصاف، کج و معوج

A ragged line of boys marched.

پسرها در یک صفِ کج و معوج رژه رفتند. صفِ کج و معوجی از پسرها رژه رفتند.

ragged

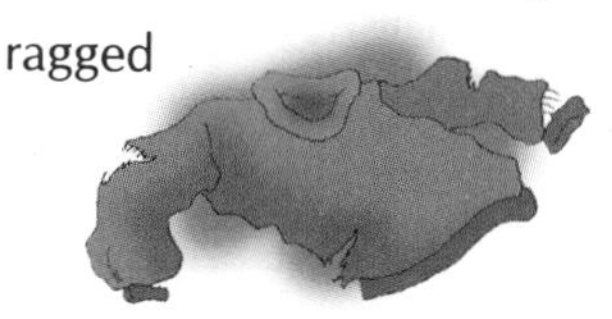

raid /reyd/ [اسم] حمله، شبیخون

rail /reyl/ ۱. [اسم] نرده

There's a rail round the yard.

دورِ حیاط نرده است.

۲. [اسم] (در راه‌آهن) ریل

Trains go on two rails.

قطار روی دو ریل حرکت می‌کند.

railing /'reyling/

[اسم] نرده، نردهٔ آهنی

railway /'reylwey/ [اسم] راه‌آهن

*I went to the **railway station**.*

رفتم ایستگاهِ راه‌آهن. به ایستگاهِ راه‌آهن رفتم.

rain /reyn/ ۱. [اسم] باران

Don't go out in the rain!

توی باران بیرون نرو! توی باران بیرون نروید!

۲. [فعل] باران آمدن، باران باریدن، باریدن

It's raining again.

دوباره دارد باران می‌آید. باز هم دارد باران می‌آید.

rainbow /'reynbō/

[اسم] رنگین‌کمان، قوس و قزح

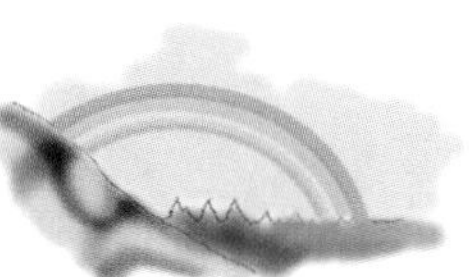

rainbow

raincoat /'reynkōt/

[اسم] بارانی

He was wearing a raincoat.

بارانی پوشیده بود.

raincoat

raise /reyz/ ۱. [فعل] بلند کردن، بالا بردن

Raise your arms!

دستهایت را بلند کن! دستهایتان را بالا ببرید!

*Don't **raise your voice** to me!*

صدایت را برای من بلند نکن! صدایتان را برای من بالا نبرید!

۲. [فعل] (در موردِ بچّه) بزرگ کردن

My aunt raised me.

خاله‌ام من را بزرگ کرده است. عمّه‌ام من را بزرگ کرده است.

rake /reyk/ [اسم] شن‌کش

The gardener took the rake.

باغبان شن‌کش را برداشت.

rake

ram /ram/

[فعل] (در موردِ اتومبیل) به (کسی یا چیزی) زدن، به (کسی یا چیزی) برخورد کردن

The car rammed me.

ماشین بهم زد.

Ramadan /ˈramədan/

[اسم] ماهِ رمضان، رمضان

Muslims fast during Ramadan.

مسلمانان در ماهِ رمضان روزه می‌گیرند.

ran /ran/

(زمانِ گذشتهٔ فعلِ بی‌قاعدهٔ ***run***)

ranch /ranch/ [اسم] مزرعه

He lives on a ranch.

در مزرعه زندگی می‌کند.

ranch

rang /rang/

(زمانِ گذشتهٔ فعلِ بی‌قاعدهٔ ***ring***)

range /reynj/

[اسم] (در موردِ کوه یا تپه) رشته

the Andes mountain range

رشته کوهِ آند

rapid /ˈrapid/ [صفت] سریع، تند

rapids /ˈrapidz/ [اسم] تُندآب

(بخشی از مسیرِ رودخانه که جریانِ آب در آن خیلی سریع است)

raspberry /ˈrazberi/

۱. [اسم] تمشک

She made some raspberry jam.

کمی مربّای تمشک درست کرد.

۲. [اسم] شیشکی

raspberry

He blew a raspberry.

شیشکی بست.

rat /rat/ [اسم] موش

Rats have long tails.

دمِ موش دراز است. موشها دمِ درازی دارند.

rather /ˈradhər/ [قید] تاحدودی، نسبتاً

It's rather cold today.

امروز هوا نسبتاً سرد است.

rattle /ˈratl/ ۱. [اسم] جغجغه

A rattle makes a noise.

جغجغه صدا می‌دهد.

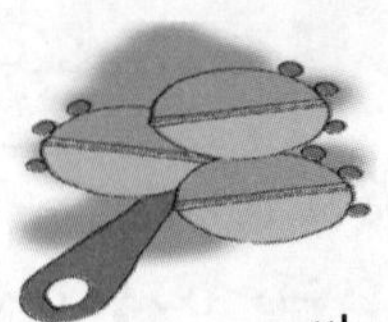

rattle

۲. [فعل] تَق‌تَق‌کنان خوردن، تَق‌تَق‌کنان برخورد کردن؛ تلق‌تلق‌کنان گذشتن

Rain rattled against the door.

باران تَق‌تَق‌کنان به در می‌خورد. باران به در می‌خورد و صدای تق‌تق می‌داد.

rattlesnake /ˈratlsneyk/

[اسم] مارِ زنگی

raven /ˈreyvən/ [اسم] کلاغ سیاه

Ravens have black feathers.

پرِ کلاغ سیاه مشکی است. کلاغ سیاه پرهای سیاهی دارد.

raw /rɑ/ [صفت] خام، نپخته

The carrots are still raw.

هویجها هنوز خام هستند.

ray /rey/ [اسم] (در موردِ نور) پرتو، شعاع، اشعّه

razor /'reyzər/

[اسم] تیغ ریش‌تراشی، تیغ؛ ریش‌تراش

He cut himself with a razor.

با تیغ خودش را برید.

razor

're /ər, r/ (صورتِ کوتاه شدهٔ فعلِ ***are***)

reach /ri:ch/

[فعل] به (جایی) رسیدن

The bus reached here at six.

اتوبوس ساعتِ شش به اینجا رسید.

Reach for the sky! دستها بالا!

read[1] /ri:d/ ۱. [فعل] خواندن

He is reading the newspaper.

دارد روزنامه می‌خوانَد.

Read the story aloud!

داستان را بلند بخوان! داستان را بلند بخوانید!

۲. [فعل] (در موردِ دماسنج، کنتور و غیره) نشان دادن

The thermometer read 46°F.

دماسنج ۴۶ درجهٔ فارنهایت را نشان می‌داد.

read[2] /red/

(زمانِ گذشته و صورتِ مفعولیِ فعلِ بی‌قاعدهٔ ***read***[1])

ready /'redi/ [صفت] حاضر، آماده

Are you ready? حاضری؟ آماده هستید؟

real /riəl/ ۱. [صفت] واقعی

She is a real princess.

یک پرنسسِ واقعی است.

۲. [صفت] اصل

Is that a real diamond?

آن الماس اصل است؟

reason /'ri:zən/ [اسم] دلیل، علّت

I had no reason for being late.

دلیلی برای دیر آمدن نداشتم.

receive /ri'si:v/

[فعل] دریافت کردن

I received his letter.

نامه‌اش را دریافت کردم.

receive

recipe /'resipi/

[اسم] دستورِ غذا، دستورِ تهیّهٔ غذا

Can I have the recipe, please?

می‌شود لطفاً دستورِ تهیّهٔ این غذا را به من بدهی؟ می‌شود خواهش کنم دستورِ این غذا را به من بدهید؟

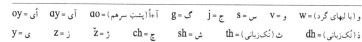

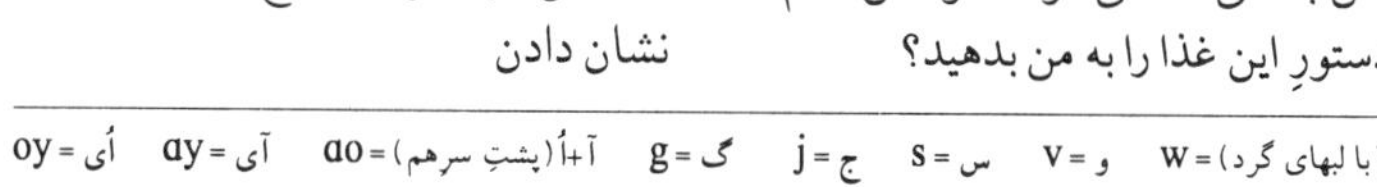

oy = اُی ɑy = آی ɑo = آ+اُ (پشتِ سرهم) g = گ j = ج s = س v = و w = و (با لبهای گرد)

y = ی z = ز ž = ژ ch = چ sh = ش th = ث (تُک‌زبانی) dh = ذ (تُک‌زبانی)

reflect /ri'flekt/

[فعل] منعکس کردن

White clothes reflect the heat.

لباسهای سفید گرما را منعکس می‌کنند.

refrigerator /ri'frijəreytər/

[اسم] یخچال

A refrigerator keeps food cold.

یخچال غذا را سرد نگه می‌دارد.

refuse /ri'fyu:z/

[فعل] به (کسی یا چیزی) جوابِ رد دادن، رد کردن

She won't refuse your help.

کمکت را رد نمی‌کند. کمکِ شما را رد نمی‌کند.

register /'rejistər/

۱. [اسم] صورتِ اسامی

۲. [فعل] ثبت کردن

We registered the baby's birth.

تولّدِ بچّه را ثبت کردیم.

regular /'regyulər/

۱. [صفت] عادی، معمولی

He is a regular teacher.

یک معلّم معمولی است.

۲. [صفت] دائمی، همیشگی

She's our regular customer.

مشتریِ دائمیِ ما است.

۳. [صفت] مرتّب، منظّم

His walking was regular.

راه رفتنش منظّم بود.

۴. [صفت] (در دستورِ زبان) باقاعده

The verb "dance" is regular.

فعلِ "dance" باقاعده است.

recite /ri'sayt/

[فعل] از حفظ خواندن، از بَر خواندن

I recited a poem to the class.

شعری را از بر برای کلاس خواندم.

record[1] /'rekərd/

۱. [اسم] صفحهٔ گرامافون، صفحه

He is listening to a record.

دارد صفحه گوش می‌کند.

۲. [اسم] (در مسابقه) رکورد

He holds the world record.

رکوردِ جهانی را در اختیار دارد.

record[2] /ri'kord/

[فعل] (در موردِ فیلم یا موسیقی) ضبط کردن

rectangle /'rektangəl/

[اسم] مستطیل

red /red/

۱. [صفت] قرمز، قرمزرنگ، سرخ

Her skirt was red.

دامنش قرمزرنگ بود.

۲. [اسم] رنگِ قرمز، قرمز، سرخ

reed /ri:d/

[اسم] (گیاه) نِی

reef /ri:f/

[اسم] صخرهٔ آبی

(تیغه‌ای سنگی که کفِ دریا قرار گرفته)

reel /ri:l/

[اسم] قرقره، ماسوره؛ حلقه، ریل

referee /refə'ri:/

[اسم] (در مسابقاتِ ورزشی) داور

اگر زمانِ گذشته و صورتِ مفعولی فعلی با اضافه کردن **ed-** درست شود، آن فعل باقاعده است. اسمهایی که صورتِ جمعشان با اضافه کردنِ **s-** یا **es-** ساخته می‌شود، باقاعده هستند.
اگر صورتِ تفضیلیِ صفتی با اضافه کردنِ **er-** و صورتِ عالیِ آن با اضافه کردنِ **est-** درست شود، آن صفت باقاعده است.

remain /ri'meyn/ [فعل] ماندن، باقی ماندن

She remained at home.

توی خانه ماند. ماند خانه.

remains /ri'meynz/

۱. [اسم] باقی‌مانده، ته‌مانده

I ate the remains of the meal.

باقی‌ماندهٔ غذا را خوردم.

۲. [اسم] جَسَد

remember /ri'membər/

[فعل] به یادآوردن، به خاطر آوردن

Do you remember me?

من را به یاد می‌آوری؟ من را یادت می‌آید؟ من را به خاطر می‌آورید؟

remote control /rimōt kən'trōl/

[اسم] کنترل از راهِ دور، ریموت کنترل (وسیله‌ای برای کنترلِ سیستمهای وسایلِ الکترونیکی از راهِ دور)

remote control

remove /ri'mu:v/

۱. [فعل] برداشتن، بردن

Please remove the dishes!

لطفاً ظرفها را بردار! لطفاً ظرفها را بردارید!

۲. [فعل] (در موردِ لباس) درآوردن

He removed his clothes.

لباسهایش را درآورد.

rent /rent/ [اسم] اجاره، پولِ اجاره

The rent for this house is high.

اجارهٔ این خانه زیاد است.

reign /reyn/ [اسم] سلطنت، دورانِ سلطنت

rein /reyn/

[اسم] (در موردِ اسب) افسار

Don't let go of the reins!

افسار را ول نکن! افسار را رها نکنید!

reindeer /'reyndir/

[اسم] گوزنِ شمالی (نوعی گوزنِ بزرگ با شاخهای پُرپشت که در مناطقِ سردسیرِ شمالیِ کُرهٔ زمین زندگی می‌کند)

reindeer

relative /'relətiv/

[اسم] خویشاوند، فامیل، قوم و خویش

He is a relative of mine.

فامیلم است. قوم و خویشِ من است.

relax /ri'laks/

۱. [فعل] آرام گرفتن، آرام شدن

Relax! آرام بگیر! آرام شو! آرام بگیرید!

۲. [فعل] استراحت کردن

I want to relax.

می‌خواهم استراحت کنم.

religion /ri'lijən/ [اسم] دین، مذهب

What's your religion?

از چه دینی پیروی می‌کنی؟ پیروِ کدام مذهب هستید؟

repair /ri'per/

[فعل] تعمیر کردن، درست کردن

He repaired my car.

ماشینِ من را تعمیر کرد.

repeat /ri'pi:t/

[فعل] تکرار کردن

I repeated my question

سؤالم را تکرار کردم.

reply /ri'play/

۱. [فعل] جواب دادن، پاسخ دادن

He didn't reply to my letter.

به نامهٔ من جواب نداد.

۲. [اسم] جواب، پاسخ

His reply was short.

جوابش کوتاه بود.

report /ri'port/ ۱. [اسم] گزارش

What was the police report?

گزارشِ پلیس چه بود؟

۲. [اسم] کارنامه

My son got a very good report.

کارنامهٔ پسرم خیلی خوب بود.

reptile

reptile /'reptl, 'reptayl/

[اسم] خزنده (گروهی از جانوران که خونسرد هستند، تخم‌گذارند و بدنشان از پوستِ شاخی‌شکل پوشیده شده است؛ خزندگان دست و پا ندارند یا دست و پای کوتاه دارند؛ مثلِ سوسمار، مار و تمساح)

rescue /'reskyu:/

[فعل] نجات دادن

Who rescued the children?

کی بچّه‌ها را نجات داد؟

reservoir /'rezərvwar/

[اسم] دریاچهٔ پشتِ سد

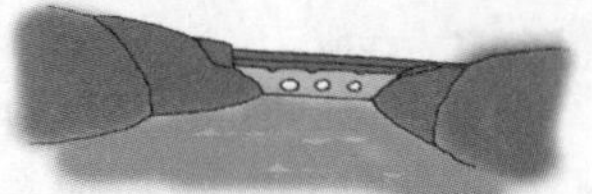

reservoir

rest /rest/ ۱. [اسم] بقیّه

I'll do the rest tomorrow.

بقیّه‌اش را فردا انجام می‌دهم.

۲. [فعل] استراحت کردن

If you are tired, sit and rest.

اگر خسته شده‌ای، بنشین و استراحت کن. اگر خسته هستید، بنشینید و استراحت کنید.

restaurant /'restrənt/

[اسم] رستوران

restaurant

retreat /ri'tri:t/

[فعل] عقب‌نشینی کردن

The army retreated.

ارتش عقب‌نشینی کرد.

return /ri'tərn/

۱. [فعل] برگشتن، بازگشتن

He returned to his country.

به کشورش برگشت.

۲. [فعل] برگرداندن، پس دادن

I must return this book.

باید این کتاب را برگردانم.

revolution /revə'lu:shən/

[اسم] انقلاب

revolver /ri'valvər/

[اسم] هفت‌تیر، تپانچه

He always carries a revolver.

همیشه هفت‌تیر همراهش است.

reward /ri'ward/ [اسم] جایزه

What is the reward?

جایزه‌اش چی است؟

rhino /'rayno̅/ = **rhinoceros**

rhinoceros /ray'nasərəs/

[اسم] کرگدن

rhinoceros

rhyme /raym/

[فعل] هم‌قافیه بودن

"House" rhymes with "mouse".

"house" و *"mouse"* هم‌قافیه هستند.

rhythm /'ridhəm/ [اسم] ریتم، ضرب، وزن

The rhythm was fast.

ریتمش تند بود.

rib /rib/ [اسم] (در بدن) دنده

ribbon /'ribən/ [اسم] روبان

She tied her hair with a ribbon.

موهایش را با روبان بست.

ribbon

rice /rays/ [اسم] برنج؛ پلو

She cooked some rice.

کمی پلو پخت.

rich /rich/ [صفت] ثروتمند، پولدار

His brother is rich.

برادرش ثروتمند است.

ridden /'ridn/

(سورتِ مفعولیِ فعلِ بی‌قاعده؛ ***ride***)

riddle /'ridl/ [اسم] معمّا، چیستان

I asked the girl a riddle.

از آن دختر یک معمّا پرسیدم.

ride /rayd/

۱. [فعل] (در موردِ دوچرخه یا اسب) راندن

He can ride a bicycle.

دوچرخه‌سواری بلد است.

۲. [فعل] سوارِ (چیزی) شدن، با (چیزی) رفتن، با (چیزی) آمدن

Have you ever ridden a train?

هیچ‌وقت سوارِ قطار شده‌ای؟ تا به حال با قطار رفته‌اید؟

right /rayt/ ۱. [صفت] راست

I write with my right hand.

من با دستِ راست می‌نویسم.

۲. [صفت] درست، صحیح

The right answer is 4.

جوابِ درست ۴ است.

rim /rim/ [اسم] لبه، دوره
The rim of the cup is broken.
لبهٔ فنجان شکسته است.

ring /ring/ ۱. [اسم] انگشتر؛ حلقه
She's wearing a ring.
انگشتر دستش کرده است.
۲. [اسم] صدای زنگ، زنگ
۳. [فعل] (در موردِ زنگ) زدن، به صدا درآوردن
I rang the bell. زنگ را زدم.
۴. [فعل] (در موردِ زنگ) خوردن، به صدا در آمدن
The school bell rang.
زنگِ مدرسه خورد.
۵. [فعل] به (کسی) تلفن کردن، به (کسی) زنگ زدن
I rang you yesterday.
دیروز بهت تلفن کردم. دیروز به شما تلفن کردم.

rip /rip/ [فعل] پاره کردن، جِر دادن
She ripped open the envelope.
پاکت را جِر داد و باز کرد.

ripe /rαyp/ [صفت] رسیده
The apples are ripe.
سیبها رسیده هستند.

ripple /'ripəl/
[اسم] موج، موجِ کوچک

rise /rαyz/ ۱. [فعل] بالا رفتن
House prices are going to rise.
قیمتِ خانه بالا می‌رود.
۲. [فعل] (در موردِ ماه و خورشید) درآمدن، طلوع کردن
The sun rises in the east.
خورشید از مشرق طلوع می‌کند.

risen /'rizən/
(صورتِ مفعولیِ فعلِ بی‌قاعدهٔ ***rise***)

risk /risk/ [اسم] خطر، ریسک
We have to ***take a risk.***
باید خطر کنیم. باید ریسک بکنیم.

river /'rivər/ [اسم] رودخانه
We swam in the river.
در رودخانه شنا کردیم.

river

road /rōd/ [اسم] جادّه
Cross the road! از جادّه رد شو! از جادّه رد شوید!

roar /ror/ [اسم] غرّش، نعره
The roar of the lion was high.
غرّشِ شیر بلند بود.

roast /rōst/ [فعل] برشته کردن، کباب کردن
He roasted the chicken.
جوجه را کباب کرد.

robin /'rαbin/ [اسم] سینه‌سرخ
(پرندهٔ کوچکِ قهوه‌ای‌رنگ با گردن و سینهٔ سرخ)

robot /'rōbat/ [اسم] روبات، آدم‌آهنی

Cars were built by robots.

آدم‌آهنی ماشینها را می‌ساخت.

robot

rock /rak/ ۱. [اسم] صخره، سنگ

۲. [اسم] موسیقیِ راک (نوعی موسیقیِ پرسر و صدای غربی که با گیتار و جاز می‌نوازند)

۳. [اسم] آب‌نبات سگاری، آب‌نباتِ دراز

۴. [فعل] تکان تکان خوردن

He rocked in the train.

در قطار تکان تکان می‌خورد.

۵. [فعل] تکان تکان دادن

She rocked the baby.

بچّه را تکان تکان می‌داد.

rocket /'rakit/ [اسم] موشک

rocky /'raki/ [صفت] سنگی

She drove up the rocky hill.

از تپّهٔ سنگی رفت بالا. تپّهٔ سنگی را با ماشین بالا رفت.

rod /rad/ ۱. [اسم] میله؛ چوب؛ عصا

۲. [اسم] (برای ماهیگیری) چوب

a fishing rod چوبِ ماهیگیری

rode /rōd/

(زمانِ گذشتهٔ فعلِ بی‌قاعدهٔ ***ride***)

rodent /'rōdənt/ [اسم] جونده

(پستاندارِ کوچکی که دندانهای جلوییِ تیز دارد؛ مثلِ موش، خرگوش و سنجاب)

roll /rōl/ ۱. [اسم] حلقه؛ توپ؛ رول

a rool of film حلقهٔ فیلم

a roll of cloth توپِ پارچه

a roll of paper رولِ کاغذ

۲. [اسم] نانِ ساندویچی؛ نانِ همبرگری

۳. [اسم] صورتِ اسامی، لیست

۴. [فعل] چرخیدن، غلتیدن، قِل خوردن

The ball rolled and rolled.

توپ چرخید و چرخید. توپ هِی چرخید.

roller /'rōlər/ ۱. [اسم] غلطک

۲. [اسم] (در آشپزخانه) وَردَنه

۳. [اسم] بیگودی

She put her hair in rollers.

به موهایش بیگودی بست. موهایش را بیگودی بست.

roof /ru:f/ [اسم] سقف، پشتِ بام

There is a bird on the roof.

یک پرنده روی سقف است.

rook /ruk/ [اسم] کلاغ سیاه

room /rum/ ۱. [اسم] اتاق

He's in the next room.

توی اتاقِ پهلویی است.

۲. [اسم] جا

There wasn't enough room.

جا به اندازهٔ کافی نبود.

rodent

rocket

rose

rub

root /ru:t/ [اسم] ریشه
This tree has long roots.
ریشهٔ این درخت دراز است.

rope /rōp/ [اسم] طناب
He tied it with a rope.
با یک تکّه طناب بستش.

rose[1] /rōz/ [اسم] گلِ رُز، گلِ سرخ
I pruned the roses.
گلهای رُز را هرس کردم.

rose[2] /rōz/
(زمانِ گذشتهٔ فعلِ بی‌قاعدهٔ ***rise***)

rot /rɑt/ [فعل] فاسد شدن، خراب شدن؛ گندیدن؛ پوسیدن
The fish rotted. ماهی فاسد شد.
ماهیها فاسد شدند.

rough /rʌf/ ۱. [صفت] ناهموار، ناصاف
This road is very rough.
این جادّه خیلی ناهموار است.
۲. [صفت] (در موردِ دریا) موج‌دار، توفانی
The sea is rough today.
امروز دریا توفانی است.

round /rɑond/ ۱. [صفت] گرد
The ball is round. توپ گرد است.
۲. [حرفِ اضافه] دورِ
The cat ran round the table.
گربه دورِ میز می‌دوید.

roundabout /ˈrɑondəbɑot/
۱. [اسم] چرخ و فلک
We rode on the roundabout.
سوارِ چرخ و فلک شدیم.
۲. [اسم] میدان
I went round the roundabout.
دورِ میدان چرخیدم. دورِ میدان گشتم.

row /rō/ ۱. [اسم] ردیف؛ صف
The children stood in a row.
بچّه‌ها صف بستند.
۲. [فعل] پارو زدن
They rowed very quickly.
خیلی سریع پارو زدند.

royal /ˈroyəl/ [صفت] سلطنتی، ـِ سلطنت
the royal family خانوادهٔ سلطنتی
the royal power قدرتِ سلطنت

rub /rʌb/ [فعل] مالیدن
He rubbed his eyes.
چشمهایش را مالید.

rubber /ˈrʌbər/
۱. [اسم] لاستیک
۲. [اسم] پاک‌کن، مداد پاک‌کن

rubbish /ˈrʌbish/
۱. [اسم] آشغال، آشغالها، زباله
Who collects the rubbish?
کی آشغالها را جمع می‌کند؟
۲. [اسم] چرند، مزخرف؛ آشغال
Don't talk such rubbish!
این قدر مزخرف نگو! این قدر چرند نگویید!

ruby /ˈru:bi/ [صفت] یاقوت

rude /ru:d/ [صفت] بی‌ادب، بی‌تربیت

That little boy is rude.

آن پسرِ کوچک بی‌تربیت است.

rugby /'rʌgbi/ [اسم] راگبی

(نوعی فوتبال که توپِ تخم‌مرغی شکل دارد)

rule /ru:l/

۱. [اسم] قانون، مقرّرات

What are the rules of hockey?

مقرّراتِ هاکی چی است؟

۲. [فعل] در (جایی) حکومت کردن، بر (جایی) فرمانروایی کردن، بر (جایی) حکمروایی کردن

Napoleon ruled France.

ناپلئون بر فرانسه حکمروایی می‌کرد.

۳. [فعل] با خط‌کش کشیدن

She ruled some lines.

با خط‌کش چند تا خط کشید.

ruler /'ru:lər/

۱. [اسم] فرمانروا، حاکم

۲. [اسم] خط‌کش

run /rʌn/

۱. [فعل] دویدن

The girl is running.

آن دختر دارد می‌دود.

۲. [فعل] (در موردِ قطار یا اتوبوس) حرکت کردن

The bus runs every 20 minutes.

اتوبوس هر ۲۰ دقیقه یک بار حرکت می‌کند.

۳. [فعل] (در موردِ شیرِ آب) باز بودن

The tap was running.

شیرِ آب باز بود.

rung[1] /rʌng/ [اسم] پلّهٔ نردبان

He put his foot on the rung.

پایش را روی پلّهٔ نردبان گذاشت.

rung[2] /rʌng/

(صورتِ مفعولیِ فعلِ بی‌قاعدهٔ ***ring***)

runner /'rʌnər/ [اسم] دونده

runway /'rʌnwey/

[اسم] باندِ فرودگاه، باند

rush /rʌsh/

۱. [فعل] باعجله رفتن

They rushed to the station.

با عجله به ایستگاه رفتند.

۲. [اسم] هجوم، حمله

*She **made a rush** for the door.*

هجوم برد به طرفِ در.

۳. [اسم] گیاهِ نی، علفِ حصیر

rust /rʌst/ [اسم] زنگ

(مادّهٔ قرمزرنگی که در اثرِ تماس با هوای مرطوب روی فلزّات تشکیل می‌شود)

rustle /'rʌsəl/

[اسم] صدایِ خِش‌خِش، خِش‌خِش

I heard a rustle.

صدای خش‌خشی شنیدم.

rut /rʌt/ [اسم] جای چرخ، ردِّ چرخ

The tractor ruts were deep.

ردِّ چرخهای تراکتور عمیق بود.

rye /ray/ [اسم] چاودار

(گیاهی شبیهِ گندم که در مناطقِ سردسیر می‌روید و از آن آردِ نان درست می‌کنند)

rung

rugby

rye

S,s

’s[1] /z, s/ ۱.(صورتِ کوتاه شدهٔ فعلِ *is*)
What’s her name?
اسمش چی است؟
۲.(صورتِ کوتاه شدهٔ فعلِ *has*)
He’s an old car.
ماشینش کهنه است.
۳.(صورتِ کوتاه شدهٔ فعلِ *does*)
What’s he need? چی لازم دارد؟

’s[2] /s/
(صورتِ کوتاه شدهٔ ضمیرِ *us* در *let’s*)
Let’s go out! بیا برویم بیرون!
بیایید برویم بیرون!

’s[3] /s, z, ɪz/
(نشان‌دهندهٔ حالتِ ملکیِ اسمها)
John’s shoes are brown.
کفشهایِ جان قهوه‌ای است.

در دستورِ زبان حالتِ ملکی نشان‌دهندهٔ مالکیت یا تعلّقِ اسمی به اسمِ دیگر است. برای نشان دادنِ حالتِ ملکی در اسمهای مفرد و اسمهای جمعی که حرفِ آخرشان **s** نیست از **’s** استفاده می‌شود.
the boy’s mother
the children’s toys
برای نشان دادنِ حالتِ ملکی در اسمی که حرفِ آخرش **s** است، تنها یک **’** بعد از آن قرار می‌گیرد.
the girls’ school

sack /sak/ [اسم] ساک، کیسه
He carried the sack of coal.
کیسهٔ زغال‌سنگ را آورد.

sad /sad/ ۱. [صفت] غمگین، ناراحت
I’m sad that he’s leaving.
از رفتنش ناراحت هستم.
۲. [صفت] ناراحت کننده، غم‌انگیز
That was a sad story.
داستانِ غم‌انگیزی بود.

saddle /ˈsadl/ [اسم] زین
He lifted the saddle.
زین را برداشت.

saddle

safari /səˈfɑri/
[اسم] سفرِ شکار، گشت و شکار
He went on safari in Africa.
در آفریقا به گشت و شکار رفت.

safari park /səˈfɑri pɑrk/
[اسم] پارکِ وحش

safari park

safe /seyf/ ۱. [اسم] گاوصندوق
She put her jewelry in the safe.
جواهراتش را در گاوصندوق گذاشت.
۲. [صفت] در امان، ایمن
You are safe here.
اینجا در امان هستی. اینجا در امان هستید.
۳. [صفت] بی‌خطر
These pills are safe.
این قرصها بی‌خطر هستند. اینِ قرصها بی‌خطر است.
۴. [صفت] مطمئن، امن
My money is in a safe place.
پولم جای مطمئنی است.

said /sed/
(زمانِ گذشته و صورتِ مفعولیِ فعلِ بی‌قاعدهٔ ***say***)

sail /seyl/ ۱. [اسم] بادبان
The yacht had white sails.
بادبانهای قایقِ بادبانی سفیدرنگ بودند.
قایقِ بادبانی بادبانهای سفیدی داشت.
۲. [اسم] (در آسیای بادی) پرّه
۳. [فعل] با کشتی رفتن، با قایق رفتن
We sailed to England.
با کشتی به انگلستان رفتیم.
۴. [فعل] قایق‌رانی کردن
He taught me how to sail.
بهم یاد داد چطور قایق‌رانی کنم.

sail

salad /ˈsaləd/ [اسم] سالاد
I haven't finished my salad.
سالادم را تمام نکرده‌ام.

salmon /ˈsamən/
[اسم] ماهیِ آزاد

salt /sɑlt/ [اسم] نمک
She put some salt in the soup.
توی سوپ کمی نمک ریخت.

salt

same /seym/ [صفت] همان، همین
He made the same mistake.
همان اشتباه را کرد. همان اشتباه را تکرار کرد.

sand /sand/ [اسم] شن، ماسه
The boys played in the sand.
پسربچّه‌ها توی ماسه بازی کردند.

sandal /ˈsandl/
[اسم] کفشِ صندل، کفشِ باز
She was wearing sandals.
کفشِ صندل پوشیده بود.

sandal

sandwich /ˈsandwich, ˈsanwich/ [اسم] ساندویچ
I've brought sandwiches today.
امروز ساندویچ آورده‌ام.

sang /sang/
(زمانِ گذشتهٔ فعلِ بی‌قاعدهٔ ***sing***)

sank /sank/
(زمانِ گذشتهٔ فعلِ بی‌قاعدهٔ ***sink***)

sap /sap/ [اسم] شیرهٔ گیاهی
(مایعی که موادِ غذایی را به جاهای مختلفِ گیاه می‌رساند)

sapling /'sapling/ [اسم] نهال
(به درختِ جوان می‌گویند)

sardine /sɑr'di:n/
[اسم] ماهیِ ساردین (نوعی ماهیِ ریز)

sat /sat/
(زمانِ گذشته و صورتِ مفعولیِ فعلِ بی‌قاعدهٔ *sit*)

satchel

satchel /'sachəl/
[اسم] کیفِ بندی، کیفِ دسته بلند؛ کیفِ مدرسه
Some children have satchels.
بعضی بچّه‌ها کیفِ دسته بلند دارند.

satellite

satellite /'satilɑyt/
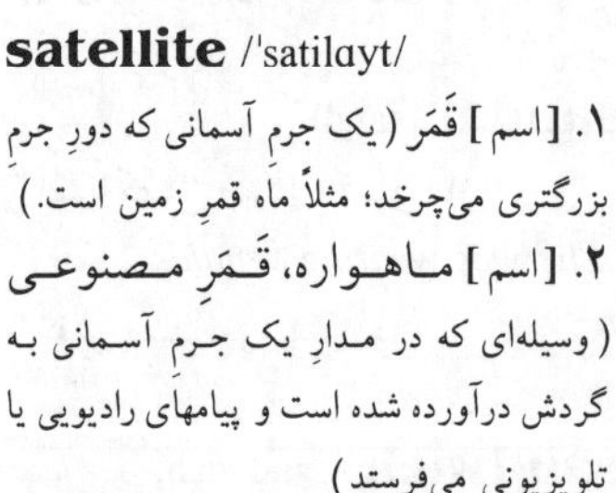
۱. [اسم] قَمَر (یک جرم آسمانی که دورِ جرمِ بزرگتری می‌چرخد؛ مثلاً ماه قمرِ زمین است.)
۲. [اسم] ماهواره، قَمَرِ مصنوعی (وسیله‌ای که در مدارِ یک جرمِ آسمانی به گردش درآورده شده است و پیامهای رادیویی یا تلویزیونی می‌فرستد)

Saturday /'satərdey/
[اسم] شنبه
Today is Saturday.
امروز شنبه است.

sauce /sɑs/ [اسم] سُس
The sauce was delicious.
آن سس خوشمزه بود.

saucepan /'sɑspan/
[اسم] قابلمه
I warmed it in the saucepan.
توی قابلمه گرمش کردم.

saucer /'sɑsər/ [اسم] نعلبکی
There is a saucer on the table.
روی میز یک نعلبکی هست. یک نعلبکی روی میز قرار دارد.

sausage /'sɑsij/
[اسم] سوسیس؛ کالباس

save /seyv/ ۱. [فعل] نجات دادن
He saved her from the fire.
از توی آتش نجاتش داد.
۲. [فعل] پس‌انداز کردن، جمع کردن
I save all my money.
من تمامِ پولم را پس‌انداز می‌کنم.

saw[1] /sɑ/ [اسم] اَرّه
He cut the wood with a saw.
چوب را با اَرّه برید.

saw
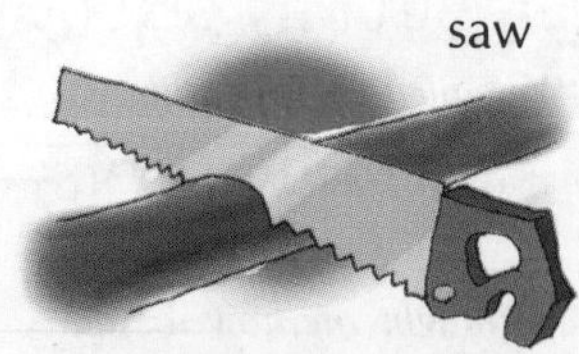

saw[2] /sɑ/
(زمانِ گذشتهٔ فعلِ بی‌قاعدهٔ *see*)

say /sey/ [فعل] گفتن
What did you say? چی گفتی؟ چی گفتید؟

---

a = اَ　ɑ = آ　ʌ = آ (با دهانِ نیمه‌باز)　ə = آ (با دهانِ نیمه‌بسته)　e = اِ　i = ای (کوتاه)

i: = ای (کشیده)　o = اُ (تا حدودی کشیده)　ō = و (در کلمهٔ موج)　u = او (کوتاه)　u: = او (کشیده)　ey = اِی

scarf /skarf/ ۱. [اسم] روسری، چارقد
۲. [اسم] شال گردن
۳. [اسم] دستمال گردن

scarves /skarvz/ (جمعِ *scarf*)

scatter /'skatər/
[فعل] پخش کردن، پخش و پلا کردن
She scattered all her books.
تمامِ کتابهایش را پخش و پلا کرد.

scene /si:n/ ۱. [اسم] محل، محلِّ وقوع، محلِّ حادثه
The police went to the scene.
پلیس به محلِّ حادثه رفت.
۲. [اسم] صحنه (در نمایشنامه هر پرده به چند بخش تقسیم می‌شود که به آن صحنه می‌گویند.)

scent /sent/
[اسم] بوی خوش، رایحه، عطر؛ بو

school /sku:l/ [اسم] مدرسه
Which school do you go to?
چه مدرسه‌ای می‌روی؟ کدام مدرسه می‌روید؟

science /'sayəns/ [اسم] علوم
Science's my favorite subject.
رشتهٔ موردِ علاقهٔ من علوم است.

scientist /'sayəntist/
[اسم] دانشمند
The scientist studied the fish.
آن دانشمند ماهیها را مطالعه می‌کرد.

*The students **said hello.***
دانش‌آموزان سلام کردند.
*He **says his prayers** every day.*
هر روز نماز می‌خوانَد.

scald /skald/
[فعل] (با مایع یا بخارِ داغ) سوزاندن
The coffee scalded my lips.
قهوه لبهایم را سوزاند.

scale /skeyl/
۱. [اسم] (در موسیقی) گام (هشت نُت که به ترتیب پشتِ هم قرار گرفته‌اند و نُتِ هشتم تکرارِ نُتِ اوّل است)
۲. [اسم] (در پوستِ ماهی یا مار) پولک

scales /skeylz/ [اسم] ترازو
I got the scales for her.
برایش ترازو آوردم.

scar /skar/ [اسم] جای زخم
There was a scar on his arm.
روی بازویش جای زخم بود.

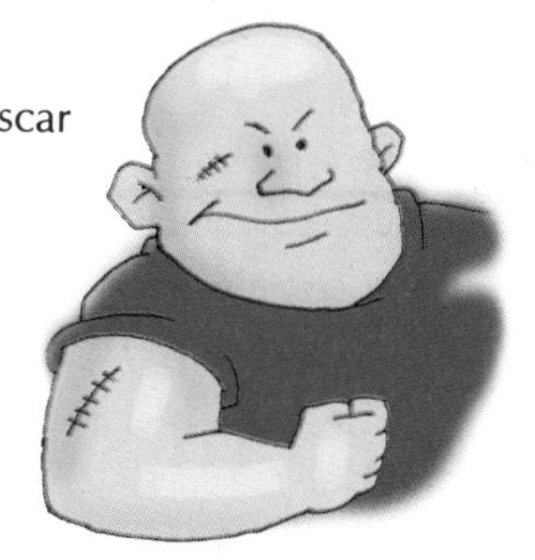

scare /sker/ [فعل] ترساندن
He is trying to scare you.
دارد سعی می‌کند بترساندت. دارد سعی می‌کند شما را بترساند.

و (با لبهای گرد) = w　و = v　س = s　ج = j　گ = g　آ+اُ (پشتِ سرهم) = ao　آی = ay　اُی = oy
ذ (تُک‌زبانی) = dh　ث (تُک‌زبانی) = th　ش = sh　چ = ch　ژ = ž　ز = z　ی = y

scissors /ˈsizərz/ [اسم] قیچی
*I took **a pair of scissors**.*
یک قیچی برداشتم.

scooter /ˈsku:tər/
۱. [اسم] موتورِ وِسپا (نوعی موتورسیکلتِ کوچک و سبک)
۲. [اسم] (اسباب‌بازی) روروَک

score /skor/ [اسم] امتیاز؛ نتیجه
What's the score in the game?
نتیجهٔ مسابقه چی است؟

scorpion

scorpion /ˈskorpiən/
[اسم] عقرب

scramble /ˈskrambəl/
[فعل] از (جایی) چهار دست و پا بالا رفتن، با زحمت از (جایی) بالا رفتن

scrap /skrap/
[اسم] (در موردِ کاغذ یا پارچه) تکّه، خرده
I wrote it on a scrap of paper.
آن را روی یک تکّه کاغذ نوشتم.

scrape /skreyp/ [فعل] تراشیدن
Scrape the carrots first!
اوّل هویجها را بتراش! اوّل هویجها را بتراشید!

scratch /skrach/
۱. [اسم] خراش
There's a scratch on the door.
در خراش برداشته است.
۲. [فعل] خط انداختن، به (چیزی) خط انداختن
He scratched his car.
ماشینش را خط انداخت.
۳. [فعل] چنگ زدن
The cat scratched his arm.
گربه دستش را چنگ زد.

scrawl /skrɑl/
[فعل] خرچنگ قورباغه نوشتن

scream /skri:m/
[فعل] جیغ زدن، فریاد کشیدن
The baby was screaming.
بچّه داشت فریاد می‌کشید.

screen /skri:n/
[اسم] (در تلویزیون و کامپیوتر) صفحه، صفحهٔ نمایش

screw /skru:/ ۱. [اسم] پیچ
He used some screws.
چند تا پیچ به کار برد.
۲. [فعل] پیچاندن، چرخاندن
*She **screwed up** the paper.*
کاغذ را مچاله کرد.

scribble /ˈskribəl/
۱. [فعل] تندتند نوشتن، تندی نوشتن
I scribbled his number.
شماره‌اش را تندی نوشتم.
۲. [فعل] خط‌خطی کردن
He scribbled on the desk.
میز تحریر را خط‌خطی کرد.

scrub /skrʌb/ [فعل] ساییدن
He scrubs the floor every day.
هر روز زمین را می‌سابد.

seat /si:t/ [اسم] صندلی، جای نشستن، جا

Our school bus has 45 seats.

اتوبوسِ مدرسهٔ ما ۴۵ صندلی دارد. اتوبوسِ مدرسهٔ ما جای نشستن برای ۴۵ نفر دارد.

seat belt /'si:t belt/

[اسم] (در ماشین یا هواپیما) کمربندِ ایمنی، کمربند

Fasten your seat belts!

کمربندهای خود را ببندید!

seaweed /'si:wi:d/

[اسم] جُلبَک (نوعی گیاهِ دریایی)

second /'sekənd/

۱. [اسم] ثانیه

Hold your breath for a second!

یک ثانیه نفست را نگه دار! نفسِ خود را برای یک ثانیه نگه دارید!

۲. [اسم] نفرِ دوم؛ دومین چیز

I came second in my class.

در کلاس نفرِ دوم شدم.

۳. [صفت] دومین، دومی، دوم

He is my second son.

پسرِ دومِ من است. دومین پسرِ من است.

secret /'si:krit/ ۱. [اسم] راز، سرّ

Don't tell anybody; it's a secret!

این یک راز است، به کسی نگو! به هیچ‌کس نگویید، این یک راز است!

۲. [صفت] مخفی، محرمانه

This is a secret letter.

این یک نامهٔ محرمانه است.

sculpture /'skʌlpchər/

[اسم] مجسّمه

It's an interesting sculpture.

مجسّمهٔ جالبی است.

sea /si:/ [اسم] دریا

They are swimming in the sea.

در دریا شنا می‌کنند.

seagull /'si:gʌl/

[اسم] مرغِ نوروزی (پرنده‌ای بزرگ که نزدیکِ دریا زندگی می‌کند)

seal /si:l/ ۱. [اسم] فُک، سیل (جانوری بزرگ که در دریا و خشکی زندگی می‌کند و از ماهیانِ دریا تغذیه می‌کند)

۲. [فعل] (در موردِ پاکت) چسباندن، بستن

Don't seal the envelope!

درِ پاکت را نبند! درِ پاکت را نچسبانید!

seal

search /sərch/ [فعل] گشتن، جستجو کردن

I searched for hours.

ساعتها گشتم.

season /'si:zən/ [اسم] فصل

Spring is my favorite season.

بهار فصلِ موردِ علاقهٔ من است.

seagull

see /si:/ [فعل] دیدن

She cannot see very well.

چشمهایش خیلی خوب نمی‌بیند.

See you later! به امیدِ دیدار!

seed /si:d/

[اسم] (در موردِ گیاه) دانه، تخم

Plant the seeds in spring!

دانه‌ها را در بهار بکار! دانه‌ها را در فصلِ بهار بکارید!

seem /si:m/ [فعل] به نظر رسیدن، به نظر آمدن

She seems happy today.

امروز خوشحال به نظر می‌رسد.

seen /si:n/

(صورتِ مفعولیِ فعلِ بی‌قاعدهٔ ***see***)

seesaw /'si:sɑ/ [اسم] الاکلنگ

There's a seesaw in the park.

توی پارک یک الاکلنگ هست.

selfish /'selfish/

[صفت] ازخودراضی، خودخواه

You are so selfish.

خیلی ازخودراضی هستی. خیلی خودخواه هستید.

sell /sel/ [فعل] فروختن

She wants to sell her car.

می‌خواهد ماشینش را بفروشد.

semi-colon /'semikōlən/

[اسم] علامتِ نقطه ویرگول، علامتِ ;

send /send/ [فعل] فرستادن

I sent him a birthday card.

کارتِ تبریکِ تولّد برایش فرستادم.

senior /'si:niər/

۱. [اسم] دانش‌آموزِ سالِ آخر، دانش‌آموزِ ارشد؛ دانشجوی سالِ آخر، سالِ آخری

She is a senior this year.

امسال دانش‌آموزِ سالِ آخر است. امسال دانشجوی سالِ آخر است. امسال سالِ آخری است.

۲. [صفت] ارشد، رده بالا

He's a senior officer.

افسرِ ارشد است.

sense /sens/ ۱. [اسم] حس

I've a good sense of smell.

حسِّ بویاییِ من قوی است. شامّهٔ من قوی است.

۲. [اسم] شعور، عقل

He's more money than sense.

پولش بیشتر از عقلش است.

Does it make sense?

معنی‌اش روشن است؟ معنی می‌دهد؟

sensible /'sensibəl/

۱. [صفت] عاقلانه

That's a sensible idea.

فکرِ عاقلانه‌ای است.

۲. [صفت] عاقل، فهمیده، باشعور

She's a sensible girl.

دخترِ باشعوری است.

serve /sərv/

۱. [فعل] خدمت کردن

He serves in the army.

در ارتش خدمت می‌کند.

۲. [فعل] (در موردِ خوراکی) سرو کردن

She serves food in a restaurant.

در رستوران غذا سرو می‌کند.

۳. [فعل] کارکردن

She serves in a supermarket.

توی سوپرمارکت کار می‌کند.

۴. [فعل] (در فروشگاه برای کمک به مشتری) راه انداختن، به (کسی) کمک کردن

Are you being served?

کمک احتیاج ندارید؟ می‌توانم کمکی بهتان بکنم؟

۵. [فعل] (در ورزش) سرو زدن، سرویس زدن

Who serves? چه کسی سرو می‌زند؟

set /set/

۱. [اسم] مجموعه

۲. [اسم] تلویزیون

۳. [اسم] رادیو

settee /se'ti:/ [اسم] کاناپه

seven /'sevən/ ۱. [اسم] هفت، عددِ هفت، شمارهٔ هفت

۲. [صفت] هفت‌تا، هفت

seventeen /sevən'ti:n/

۱. [اسم] هفده، عددِ هفده، شمارهٔ هفده

۲. [صفت] هفده‌تا، هفده

seventy /'sevənti/

۱. [اسم] هفتاد، عددِ هفتاد، شمارهٔ هفتاد

۲. [صفت] هفتادتا، هفتاد

sent /sent/

(زمانِ گذشته و صورتِ مفعولیِ فعلِ بی‌قاعدهٔ *send*)

sentence /'sentəns/

[اسم] جمله

separate /'sepərit/

[صفت] جدا، جداگانه

They have separate bedrooms.

اتاق‌خوابهایشان جدا است.

September /sep'tembər/

[اسم] سپتامبر، ماهِ سپتامبر (نهمین ماهِ سالِ میلادی، از دهمِ شهریور تا هشتمِ مهر؛ این ماه سی روز دارد.)

sequin /'si:kwin/

[اسم] (برای تزیینِ لباس) پولک

series /'siri:z/

۱. [اسم] مجموعه، سِری

۲. [اسم] (در رادیو و تلویزیون) سریال

serious /'siriəs/ ۱. [صفت] مهم، پراهمیّت

This is a serious problem.

این مسئلهٔ مهمّی است.

۲. [صفت] جدّی

He's serious. جدّی است.

seriously /'siriəsli/

[قید] به طورِ جدّی، جدّی، جدّاً، سخت

She was seriously ill.

سخت بیمار بود.

جمله از گروهی از کلمات که معنیِ کاملی دارند تشکیل می‌شود. در نوشتهٔ انگلیسی جمله با حرفِ بزرگ شروع می‌شود و با یکی از علامتهای نقطه‌گذاری به پایان می‌رسد.
I read a book.

serious

و (با لبهای گرد) = w و = v س = s ج = j گ = g آ+اُ (پشتِ سرهم) = ao آی = ay اُی = oy

ذ (نُک‌زبانی) = dh ث (نُک‌زبانی) = th ش = sh چ = ch ژ = ž ز = z ی = y

shaken /'sheykən/
(صورتِ مفعولیِ فعلِ بی‌قاعدهٔ ***shake***)

shall /shəl, shal/
۱. [فعلِ کمکی] خواهم (بیانگرِ زمانِ آینده، برای اوّل شخصِ مفرد)
I shall go. خواهم رفت. می‌روم.
۲. [فعلِ کمکی] خواهیم (بیانگرِ زمانِ آینده، برای اوّل شخصِ جمع)
We shall wait. صبر خواهیم کرد. صبر می‌کنیم.
۳. [فعلِ کمکی] باید، بایستی، بایست، می‌بایست
You shall study hard.
باید حسابی درس بخوانی. بایستی حسابی درس بخوانید.

shallow /'shalō/
[صفت] کم‌عمق
The river is shallow.
رودخانه کم‌عمق است.

shame /sheym/
[اسم] احساسِ شرم، احساسِ خجالت
Shame on you! خجالت بکش! خجالت بکشید!

shampoo /sham'pu:/
[اسم] شامپو
Who's taken my shampoo?
چه کسی شامپوی من را برداشته است؟

shan't /shant/
(صورتِ کوتاه شدهٔ منفیِ فعلِ ***shall***)

shape /sheyp/ [اسم] شکل

several /'sevrəl/ [صفت] متعدّد، گوناگون، فراوان، زیاد، چندین
He has several friends.
دوستانِ زیادی دارد.

sew /sō/ [فعل] خیّاطی کردن، دوخت و دوز کردن؛ دوختن
What's she sewing? چی می‌دوزد؟

sewn /sōn/
(صورتِ مفعولیِ فعلِ بی‌قاعدهٔ ***sew***)

sex /seks/ [اسم] جنسیّت، جنس
(موجوداتِ زنده به دو گروهِ ماده و نر تقسیم می‌شوند که به آن جنس می‌گویند.)

shade /sheyd/ ۱. [اسم] سایه
He sat in the shade of a tree.
زیرِ سایهٔ درختی نشست.
۲. [اسم] سایبان

shadow /'shadō/ [اسم] سایه
His shadow is long.
سایه‌اش دراز است.

shake /sheyk/
۱. [فعل] تکان دادن
Shake the bottle well!
بطری را خوب تکان بده! بطری را خوب تکان دهید!
۲. [فعل] تکان خوردن، لرزیدن
His hands were shaking.
دستهایش می‌لرزیدند.
***I shook hands** with the teacher.*
با معلّم دست دادم.
۳. [اسم] تکان، جنبش

صورتِ مفعولیِ فعلِ **sew** به دو شکل است:
sewed , sewn

صورتِ کامل	***shall***
صورتِ کوتاه شده	***'ll***
صورتِ منفی	***shall not***
صورتِ کوتاه شدهٔ منفی	***shan't***

sharpener /'sharpənər/
[اسم] مدادتراش، تراش
Do you have a sharpener?
تراش داری؟ مدادتراش دارید؟

sharply /'sharpli/ [قید] تند، یکهو، به طورِ ناگهانی

shave /sheyv/
[فعل] ریش‌تراشیدن
He shaves every morning.
هر روز صبح ریش می‌تراشد.

shave

she /shi, shi:/
[ضمیر] (در موردِ دختر یا زن) او، وی
She is a teacher. معلّم است.
او معلّم است.

shed /shed/ [اسم] انبار
He put the tools in the shed.
لوازم را توی انبار گذاشت.

sheep /shi:p/ [اسم] گوسفند

sheet /shi:t/ ۱. [اسم] ملافه
She changed the sheets.
ملافه‌ها را عوض کرد.
۲. [اسم] (در موردِ کاغذ یا مقوّا) ورق، برگ
Take a clean sheet of paper!
یک ورقِ تمیزِ کاغذ بردار! یک برگ کاغذِ تمیز بردارید!

shelf /shelf/ [اسم] طبقه، قفسه؛ تاقچه
I put the teapot on the shelf.
قوری را روی تاقچه گذاشتم.

What shape is the table?
میز چه شکلی است؟

share /sher/
۱. [فعل] در (چیزی) شریک بودن
I share a bedroom with her.
من در اتاق‌خواب با او شریک هستم. اتاق‌خوابِ من و او شریکی است.
۲. [فعل] از (چیزی) شریکی استفاده کردن
You must share the books.
باید از کتابها شریکی استفاده کنید.
۳. [فعل] قسمت کردن
He shared his food.
غذایش را قسمت کرد.
۴. [اسم] سهم، قسمت
I gave him my share.
سهمم را به او دادم.

shark /shark/ [اسم] کوسه

shark

sharp /sharp/ ۱. [صفت] تیز
The knife isn't sharp.
چاقو تیز نیست.
۲. [صفت] نوک‌تیز، تیز
The pencil is sharp.
مداد تیز است. مداد نوک‌تیز است. نوکِ مداد تیز است.

shiny /'shayni/ [صفت] برّاق

ship /ship/ [اسم] کشتی

They went by ship. با کشتی رفتند.

shirt /shərt/ [اسم] پیراهنِ مردانه، پیراهن

He always wears white shirts.

همیشه پیراهنِ سفید می‌پوشد.

shiver /'shivər/ [فعل] لرزیدن

They shivered in the cold.

از سرما می‌لرزیدند.

shock /shak/ [اسم] شوک، ضربه

His death was a shock to me.

مرگش برای من ضربه بود.

shoe /shu:/ [اسم] کفش

He wore a pair of white shoes.

یک جفت کفشِ سفید پوشیده بود.

shone /shōn, shan/

(زمانِ گذشته و صورتِ مفعولیِ فعلِ بی‌قاعدهٔ *shine*[1])

shook /shuk/

(زمانِ گذشتهٔ فعلِ بی‌قاعدهٔ *shake*)

shoot /shu:t/ ۱. [اسم] جوانه

۲. [فعل] شلیک کردن

Don't shoot! شلیک نکن!

شلیک نکنید!

۳. [فعل] شوت کردن، شوت زدن

Who is shooting?

کی دارد شوت می‌زند؟

shell /shel/

۱. [اسم] (در موردِ تخمِ‌مرغ یا گردو) پوست

۲. [اسم] (در موردِ حیوانات) صدف

۳. [فعل] از پوست درآوردن، مغز کردن

She is shelling peas.

دارد نخودها را از پوست درمی‌آورد.

shellfish /'shelfish/

[اسم] صدف‌داران (جانورانِ کوچکِ دریایی که بدنشان در صدف قرار دارد)

shelter

shelter /'sheltər/ [اسم] سرپناه، پناهگاه

They need food and shelter.

غذا و سرپناه احتیاج دارند.

shelves /shelvz/ (جمعِ *shelf*)

Shia /'shi:ə/ [اسم] شیعه

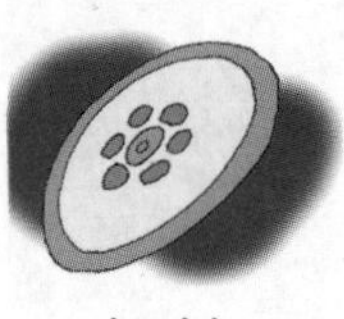

shield

shield /shi:ld/ [اسم] سِپَر

Soldiers had shields.

سربازها سِپَر داشتند.

shine[1] /shayn/

۱. [فعل] (در موردِ خورشید) درخشیدن

The sun is shining.

خورشید می‌درخشد.

۲. [فعل] برق زدن

His shoes shone.

کفشهایش برق می‌زد.

shine[2] /shayn/

[فعل] برق انداختن

He shined his shoes.

کفش‌هایش را برق انداخت.

---

a = اَ　ɑ = آ　ʌ = آ (با دهانِ نیمه‌باز)　ɔ = آ (با دهانِ نیمه‌بسته)　e = اِ　i = ای (کوتاه)

i: = ای (کشیده)　o = اُ (تا حدودی کشیده)　ō = و (در کلمهٔ موج)　u = او (کوتاه)　u: = او (کشیده)　ey = اِی

shop /shɑp/ [اسم] فروشگاه، مغازه

Is the shop open? مغازه باز است؟

shopper /ˈshɑpər/

[اسم] خریدار، مشتری

The shop was full of shoppers.

مغازه پر از مشتری بود.

shore /shor/ [اسم] ساحل

We swam towards the shore.

به طرفِ ساحل شنا کردیم.

short /short/ ۱. [صفت] کم

He stayed for a short time.

مدّتِ کمی ماند. کم ماند.

۲. [صفت] قدکوتاه

He's short and fat.

قدکوتاه و چاق است.

۳. [صفت] کوتاه

She was wearing a short skirt.

دامنِ کوتاهی پوشیده بود.

shorts /shorts/

[اسم] شلوارکوتاه، شورت

He wore his tennis shorts.

شورتِ تنیسش را پوشید.

shorts

shot /shɑt/

(زمانِ گذشته و صورتِ مفعولیِ فعلِ بی‌قاعدهٔ ***shoot***)

should /shəd, shud/

۱. (زمانِ گذشتهٔ فعلِ ***shall***)

۲. [فعلِ کمکی] باید، بایستی، بایست، می‌بایست؛ مجبور بودن

You should go. باید بروی.

بایستی بروید.

should	صورتِ کامل
'd	صورتِ کوتاه شده
should not	صورتِ منفی
shouldn't	صورتِ کوتاه شدهٔ منفی

shoulder /ˈshōldər/

[اسم] شانه

He carried it on his shoulder.

روی شانه‌اش حملش کرد.

shoulder

shouldn't /ˈshudnt/

(صورتِ کوتاه شدهٔ منفیِ فعلِ ***should***)

shout /shɑot/ ۱. [اسم] فریاد

۲. [فعل] فریاد زدن، داد زدن

Don't shout, I'm not deaf!

فریاد نزن، من که کر نیستم! داد نزنید، کر که نیستم!

show /shō/ ۱. [اسم] نمایش، شو

۲. [اسم] نمایشگاه

۳. [فعل] نشان دادن

She showed me her homework.

مشقش را به من نشان داد.

shower /ˈshɑoər/ [اسم] دوش

He took a shower. دوش گرفت.

shown /shōn/

(صورتِ مفعولیِ فعلِ بی‌قاعدهٔ ***show***)

shrimp

shrine

shriek /shri:k/ [فعل] جیغ زدن، جیغ کشیدن

She shrieked with pain.

از درد جیغ کشید.

shrimp /shrimp/ [اسم] میگو

shrine /shrayn/ ۱. [اسم] مرقد
۲. [اسم] مقبره، آرامگاه

shut /shʌt/ ۱. [فعل] بستن

Shut the door, please!

لطفاً در را ببند! لطفاً در را ببندید!

۲. [صفت] بسته

The door is shut. در بسته است.

shy /shay/ [صفت] خجالتی

At 15, I was very shy.

من در ۱۵ سالگی خیلی خجالتی بودم.

sick /sik/ [صفت] مریض، بیمار، ناخوش

Is he sick? مریض است؟

side /sayd/ ۱. [اسم] طرف، دست، سمت

Walk on the left side!

سمتِ چپ راه برو! طرفِ چپ قدم بزنید!

۲. [اسم] ضلع

This triangle has equal sides.

این مثلث ضلعهای مساوی دارد.
ضلعهای این مثلث با هم مساوی است.

۳. [اسم] کنار

The side of the river is clean.

کنارِ رودخانه تمیز است.

۴. [اسم] دامنه

What's in the side of the hill?

در دامنهٔ تپه چی هست؟

۵. [اسم] رو، طرف

Write on both sides!

هر دو طرف را بنویس! هر دو رو را بنویسید!

۶. [اسم] (در ورزش) تیم

He plays for the English side.

در تیمِ انگلیس بازی می‌کند.

sideboard /'saydbord/ [اسم] بوفه، قفسهٔ ظرف

sigh /say/ [فعل] آه کشیدن

She sighed. آه کشید.

sight /sayt/ [اسم] بینایی، حسِّ بینایی

sign /sayn/ ۱. [اسم] علامت؛ تابلو
۲. [فعل] امضا کردن

He signed the papers.

کاغذها را امضا کرد.

silence /'sayləns/ [اسم] سکوت

They worked in silence.

در سکوت کار کردند.

silent /'saylənt/ ۱. [صفت] ساکت

The students were silent.

شاگردان ساکت بودند.

۲. [صفت] کم‌حرف

She was a silent girl.

دخترِ کم‌حرفی بود.

silk /silk/ [اسم] ابریشم

Her dress is made of silk.

لباسش از ابریشم درست شده است.

لباسش ابریشمی است.

silkworm /'silkwərm/

[اسم] کرمِ ابریشم

silkworm

sill /sil/ [اسم] لبهٔ پنجره، هرّهٔ پنجره

silly /'sili/ [صفت] احمق، نفهم

He's a silly boy. پسرِ احمقی است.

silver /'silvər/ [اسم] نقره

The box was made of silver.

جعبه از نقره درست شده بود.

similar /'similər/ [صفت] مشابه، شبیه به هم، مثلِ هم

Their handwritings are similar.

دستخطّشان به هم شبیه است.

simple /'simpəl/ [صفت] ساده، آسان

The question was very simple.

سؤال خیلی ساده بود.

since /sins/ ۱. [حرفِ ربط] از، از تاریخ

We've been friends since 1995.

از ۱۹۹۵ با هم دوست هستیم.

۲. [حرفِ ربط] از آنجایی که، چون

Since I'm sick I'll stay home.

چون مریض هستم خانه می‌مانم.

sing /sing/

۱. [فعل] آواز خواندن، خواندن

She sang a song. آواز خواند.

آوازی خواند.

۲. [فعل] (در موردِ پرندگان) چهچهه زدن

The birds were singing.

پرنده‌ها چهچهه می‌زدند.

single /'singəl/ ۱. [صفت] تک، تکی، تنها

They won by a single point.

تنها با یک امتیاز برنده شدند.

۲. [صفت] مجرّد

Is she single? مجرّد است؟

singular /'singyulər/

[صفت] (در دستورِ زبان) مفرد، صورتِ مفرد

The singular of "oxen" is "ox".

"ox" صورتِ مفردِ "oxen" است.

صورتِ مفردِ یک اسم یا یک فعل، تنها در موردِ یک شخص یا یک چیز صحبت می‌کند.

sink /sink/

۱. [اسم] (در آشپزخانه) سینک، ظرفشویی

۲. [فعل] غرق شدن، فرو رفتن

Two boats sank that night.

آن شب دوتا قایق غرق شدند.

۳. [فعل] (در موردِ خورشید) غروب کردن

sip /sip/

[فعل] (در موردِ نوشیدنی) ذرّه‌ذرّه خوردن، مزه‌مزه کردن

She was sipping her coffee.

قهوه‌اش را مزه‌مزه می‌کرد.

sir /sər/ [اسم] آقا، قربان

Yes, sir! بله آقا! بله قربان!

siren /'saɪrən/ [اسم] آژیر، آژیرِ خطر
Police cars have sirens.
ماشینهای پلیس آژیر دارند. ماشینِ پلیس آژیر دارد.

sister /'sistər/ [اسم] خواهر
He has two sisters.
دو تا خواهر دارد.

sit /sit/ [فعل] نشستن
She is sitting on a chair.
روی صندلی نشسته است.

sit down /sit 'daon/
[فعل] نشستن
She sat down on the bed.
روی تخت نشست.
Sit down! بنشین! بفرمایید!

sitting room /'siting rum/
[اسم] اتاقِ نشیمن

six /siks/ ۱. [اسم] شش، عددِ شش، شمارهٔ شش
۲. [صفت] شش تا، شش

sixteen /siks'ti:n/
۱. [اسم] شانزده، عددِ شانزده، شمارهٔ شانزده
۲. [صفت] شانزده تا، شانزده

sixty /'siksti/ ۱. [اسم] شصت، عددِ شصت، شمارهٔ شصت
۲. [صفت] شصت تا، شصت

size /sayz/ [اسم] اندازه، سایز
What size are those shoes?
آن کفشها چه سایزی هستند؟

skate[1] /skeyt/ [اسم] سپرماهی، سفره ماهی (نوعی ماهیِ خوراکیِ پهن)

skate[2] /skeyt/
۱. [اسم] کفشِ اسکیت
۲. [اسم] کفشِ پاتیناژ

skateboard /'skeytbord/
[اسم] تخته اسکیت، اسکیتبورد

skateboard

skeleton /'skelitən/
[اسم] اسکلت

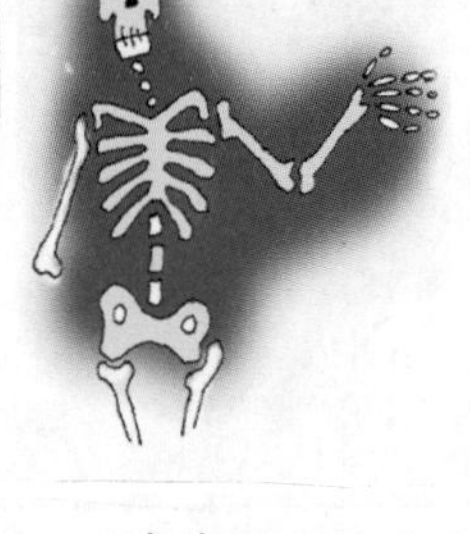
skeleton

ski /ski:/ ۱. [اسم] چوب‌اسکی
۲. [اسم] اسکی کردن
He goes skiing every winter.
هر زمستان می‌رود اسکی.

skis
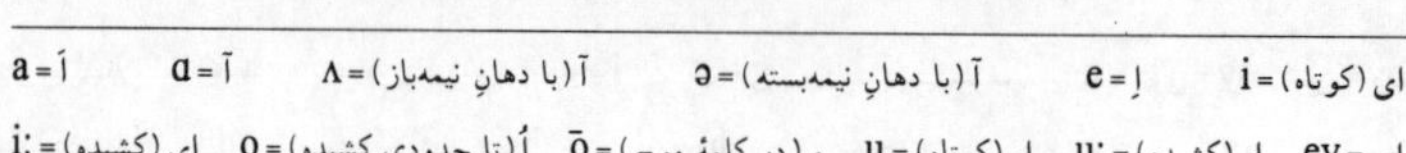

skid /skid/ [فعل] سُرخوردن، لیزخوردن

The car skidded on the snow.

ماشین در برف لیز خورد.

skid

skilful /'skilfəl/ = **skillful**

skill /skil/ [اسم] مهارت

Most games need a lot of skill.

بیشترِ بازیها به مهارتِ زیادی احتیاج دارند.

skillful /'skilfəl/ [صفت] ماهر

He is a skillful player.

بازیکنِ ماهری است.

skin /skin/ [اسم] پوست

Babies have soft skin.

پوستِ نوزادان نرم است.

skip /skip/ ۱. [فعل] پریدن، جست و خیز کردن، ورجه وورجه کردن

She skipped along beside her.

کنارِ او ورجه‌وورجه می‌کرد.

۲. [فعل] طناب‌بازی کردن

The girls skipped at school.

دخترها توی مدرسه طناب‌بازی کردند.

skirt /skərt/ [اسم] دامن

Her skirt was long. دامنش بلند بود.

skull /skʌl/ [اسم] جمجمه

skull

sky /skay/ [اسم] آسمان

The sky turned dark.

آسمان تیره شد.

skyscraper /'skayskreypər/ [اسم] آسمان‌خراش (ساختمانِ بسیار بلند)

slam /slam/ [فعل] (در موردِ در) محکم به هم زدن، قایم به هم کوبیدن

She slammed the door.

در را محکم به هم زد.

slate /sleyt/ [اسم] سنگِ لوح (نوعی سنگِ دگرگونی شده که به آسانی ورقه‌ورقه می‌شود و در ساختنِ شیروانی به کار می‌رود)

sled /sled/ [اسم] سورتمه

sled

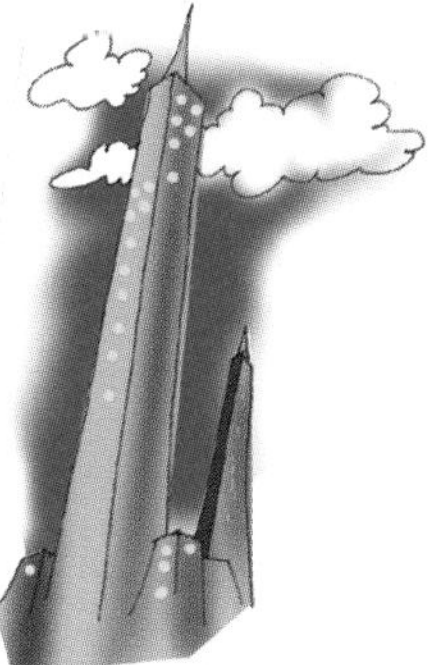

skyscraper

sledge /slej/ = **sled**

sleep /sli:p/ ۱. [فعل] خوابیدن
I sleep on my back.
من به پشت می‌خوابم. من روی پشتم می‌خوابم.
۲. [اسم] خواب
Get some sleep! یک کم بخواب! کمی بخوابید!
*He **went to sleep**.* خوابش برد.

sleet /sli:t/ [اسم] برف و باران، برفابه

sleeve /sli:v/ [اسم] آستین
His sleeves were short.
آستینهایش کوتاه بودند.

slept /slept/
(زمانِ گذشته و صورتِ مفعولیِ فعلِ بی‌قاعدهٔ *sleep*)

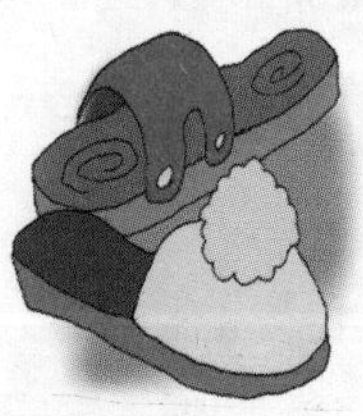
slippers

slice /slays/ [اسم] بُرش، قاچ، تکّه
I had a slice of cake.
یک برش کیک خوردم. یک تکّه کیک خوردم.

slid /slid/
(زمانِ گذشته و صورتِ مفعولیِ فعلِ بی‌قاعدهٔ *slide*)

slide /slayd/ ۱. [اسم] اسلاید
Do you want to see my slides?
می‌خواهی اسلایدهایم را ببینی؟ مایلید اسلایدهایم را ببینید؟
۲. [اسم] سُرسُره
The boy slid down the slide.
پسره سُرخورد از سرسره آمد پایین.
۳. [فعل] سُر خوردن
They were sliding on the ice.
روی یخ سُر می‌خوردند.

slight /slayt/ [صفت] مختصر، کم، جزئی، کوچک؛ بی‌اهمّیّت
I have a slight headache.
سردردِ مختصری دارم. سرم یک کمی درد می‌کند.

slim /slim/ [صفت] لاغر؛ باریک
She has a slim waist.
کمرش باریک است.

slip /slip/ ۱. [اسم] اشتباهِ کوچک
I think I have made some slips.
فکر می‌کنم اشتباهاتِ کوچک کرده‌ام.
۲. [فعل] لیزخوردن، سُرخوردن
He slipped and fell down.
لیز خورد و افتاد زمین.

slipper /'slipər/
[اسم] دمپایی، سرپایی
Where are my slippers?
دمپاییِ من کجاست؟ دمپایی‌های من کجاست؟

slope /slōp/ [اسم] شیب
She was walking up the slope.
داشت از شیب بالا می‌رفت. داشت پیاده از شیب بالا می‌رفت.

slot /slat/ [اسم] سوراخ، شکاف

Put some coins in the slot!

چندتا پولِ خُرد توی شکاف بکن!
چندتا سکّه در آن سوراخ بیندازید!

slow /slō/ [صفت] یواش، کند، آهسته

The train is very slow.

قطار خیلی کند می‌رود.

My watch **is slow.**

ساعتم عقب است. ساعتم عقب می‌ماند.

The clock is 5 minutes slow.

آن ساعت پنج دقیقه عقب است.

slowly /'slōli/

۱. [قید] به آهستگی، به کُندی، به آرامی، آهسته، یواش

She slowly opened the door.

به آرامی در را باز کرد. در را یواش باز کرد.

۲. [قید] کم‌کم، به تدریج

Slowly, it improved.

کم‌کم بهتر شد.

smack /smak/

[فعل] به (کسی) سیلی زدن

She smacked him. بهش سیلی زد.

small /smɑl/ [صفت] کوچک

He goes to a small school.

به مدرسهٔ کوچکی می‌رود. در مدرسهٔ کوچکی درس می‌خواند.

smash /smash/

[فعل] خرد شدن، تکّه‌تکّه شدن، شکستن

The plate smashed.

بشقاب خرد شد.

smell /smel/ ۱. [فعل] بو کردن، بوییدن

She smelled the flowers.

گلها را بو کرد.

۲. [اسم] بویایی، حسّ بویایی، شامّه

The mole finds food by smell.

موشِ کور از طریقِ حسّ بویایی غذا پیدا می‌کند.

۳. [اسم] بو

I don't like its smell.

از بویش خوشم نمی‌آید.

smelt /smelt/

(زمانِ گذشته و صورتِ مفعولیِ فعلِ بی‌قاعدهٔ *smell*)

زمانِ گذشته و صورتِ مفعولیِ فعلِ **smell** به دو شکل است:
smelled , smelt

smile /smɑyl/

۱. [فعل] لبخند زدن

She smiled at us. به ما لبخند زد.

۲. [اسم] لبخند

smoke /smōk/ ۱. [اسم] دود

The room was full of smoke.

اتاق پر از دود بود.

۲. [فعل] دود کردن

The fire is smoking a lot.

آتش دارد خیلی دود می‌کند.

۳. [فعل] سیگار کشیدن

I don't smoke. من سیگار نمی‌کشم.

smoke

smoking /'smōking/

[اسم] سیگار کشیدن

Smoking is bad for your health.

سیگارکشیدن برای سلامتی‌ات بد است. سیگارکشیدن برای سلامتیِ شما مضر است.

smooth /smu:dh/

۱. [صفت] نرم

Her skin is so smooth.

پوستش خیلی نرم است.

۲. [صفت] یکدست

The dough is not smooth.

خمیر یکدست نیست.

۳. [صفت] راحت

It was a smooth journey.

مسافرتِ راحتی بود.

۴. [فعل] صاف کردن

smuggler /'smʌglər/

[اسم] قاچاقچی

They caught the smuggler.

قاچاقچی را گرفتند.

snack /snak/

[اسم] غذای کوچک، حاضری

I had a snack. حاضری خوردم.

یک غذای کوچک خوردم.

snail

snail /sneyl/ [اسم] حلزون

Snails have shells.

حلزون صدف دارد.

snake

snake /sneyk/ [اسم] مار

Some snakes are dangerous.

بعضی از مارها خطرناک هستند.

snap /snap/ ۱. [اسم] عکس

He showed me his snaps.

عکسهایش را بهم نشان داد.

۲. [فعل] شکستن

I snapped the branch.

شاخه را شکستم.

snatch /snach/ [فعل] قاپیدن، قاپ زدن

The thief snatched my bag.

دزد کیفم را قاپید.

sneeze /sni:z/

[فعل] عطسه کردن

He sneezed a lot. خیلی عطسه کرد.

sniff /snif/ [فعل] فین‌فین کردن

Stop sniffing! این‌قدر فین‌فین نکن!

این‌قدر فین‌فین نکنید!

snore /snor/

[فعل] خُر و پُف کردن، خُرخُر کردن

He snores at night.

شبها خُر و پُف می‌کند.

snorkel /'snorkəl/

[اسم] (در غوّاصی) لولهٔ تنفس

snorkel

snow /snō/ ۱. [اسم] برف

They were playing in the snow.

توی برف بازی می‌کردند.

۲. [فعل] برف آمدن، برف باریدن

It sometimes snows here.

گاهی اینجا برف می‌بارد.

snowman /'snōman/

[اسم] آدم‌برفی

Let's make a snowman!

بیا یک آدم‌برفی بسازیم! بیایید آدم‌برفی بسازیم!

snowmen /'snōmən/

(جمعِ بی‌قاعدهٔ **snowman**)

so /sō/ ۱. [قید] آن‌قدر، این‌قدر؛ خیلی

I'd never seen so many cars.

هیچ وقت این قدر ماشین ندیده بودم.

This box is so big.

این جعبه خیلی بزرگ است.

۲. [قید] همان‌طور، همان‌جور؛ (گاهی بدونِ معادل در فارسی)

He told me to go and I did so.

بهم گفت بروم، من هم همان‌طور رفتار کردم. بهم گفت بروم، من هم همان کار را کردم. بهم گفت بروم، من هم رفتم.

"Are you coming too?" –"I don't think so."

«تو هم می‌آیی؟» ـ«فکر نمی‌کنم.» «شما هم می‌آیید؟» ـ«فکر نمی‌کنم.»

۳. [قید] هم، هم همین‌طور

"I need a drink." –"So do I."

«من یک نوشیدنی می‌خواهم.» ـ«من هم.» «من یک نوشیدنی میل دارم.» ـ«من هم همین‌طور.»

۴. [حرفِ ربط] بنابراین، پس، به همین علّت، به همین دلیل، در نتیجه

I was tired so I stayed at home.

خسته بودم به همین علّت در خانه ماندم.

So what? خُب که چه؟ حالا که چه؟ مگه حالا چی شده؟

soak /sōk/ [فعل] خیس کردن، تر کردن

The rain soaked my clothes.

باران لباسهایم را خیس کرد.

soaked /sōkt/

[صفت] خیسِ خیس، کاملاً خیس

soap /sōp/ [اسم] صابون

Where's the soap?

صابون کجاست؟

soccer /'sɑkər/ [اسم] فوتبال

We watched the soccer match.

مسابقهٔ فوتبال را تماشا کردیم.

sock /sɑk/ [اسم] جوراب، جورابِ کوتاه، جورابِ ساق‌کوتاه

Where are your socks?

جورابت کجاست؟ جورابهایتان کجاست؟

sofa /'sōfə/ [اسم] کاناپه

He was lying on the sofa.

روی کاناپه دراز کشیده بود.

soft /sɑft/ ۱. [صفت] نرم

My pillow is soft.

بالشِ من نرم است.

۲. [صفت] (در موردِ صدا) ملایم، آرام؛ آهسته، یواش

Her voice is very soft.

صدایش خیلی آرام است.

This music is soft.

این موسیقی ملایم است.

۳. [صفت] (در موردِ رنگ یا نور) ملایم

The room was a soft pink.

اتاق رنگِ صورتیِ ملایمی داشت.

soil /soyl/ ۱. [اسم] خاک

۲. [فعل] کثیف کردن، آلوده کردن

I don't want to soil my hands.

من نمی‌خواهم دستهایم را کثیف کنم.

sold /sōld/

(زمانِ گذشته و صورتِ مفعولیِ فعلِ بی‌قاعدهٔ *sell*)

soldier

soldier /'sōljər/ [اسم] سرباز

Soldiers work in the army.

سربازها در ارتش کار می‌کنند.

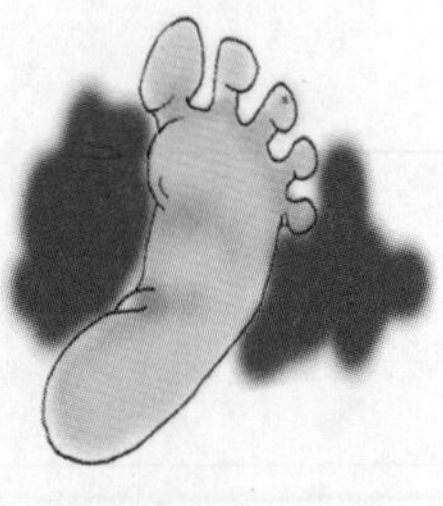

sole

sole[1] /sōl/

۱. [اسم] (در موردِ پا) کَف

The soles of his feet were dirty.

کفِ پاهایش کثیف بود.

۲. [اسم] (در موردِ کفش و جوراب) کف، زیر

sole[2] /sōl/ [اسم] کَفشَک ماهی (نوعی ماهیِ پهنِ خوراکی)

solid /sɑlid/ [اسم] جامد

Is it solid or liquid?

جامد است یا مایع؟

solve /sɑlv/ [فعل] حل کردن

Can you solve this problem?

می‌توانی این مسئله را حل کنی؟

می‌توانید این مسئله را حل کنید؟

some /səm, sʌm/

۱. [صفت] مقداری، تعدادی، چندتا، کمی

He gave me some apples.

چند تا سیب بهم داد.

۲. [صفت] بعضی، برخی، بعضی از

Some students are absent.

بعضی از شاگردان غایب هستند.

۳. [صفت] یک ـــ ی، ـــ ی

There must be some reason.

باید یک دلیلی داشته باشد.

somebody /'sʌmbɑdi/

[ضمیر] کسی، شخصی، یک کسی

Somebody told me this.

کسی این را بهم گفت.

somehow /'sʌmhɑo/

[قید] یک جوری، یک طوری، به یک نحوی

We will get it back somehow.

یک جوری آن را پس می‌گیریم.

someone /'sʌmwʌn/

[ضمیر] کسی، شخصی، یک کسی

Will someone help me, please?

می‌شود لطفاً یک کسی به من کمک کند؟

a = اَ ɑ = آ ʌ = آ (با دهانِ نیمه‌باز) ə = (با دهانِ نیمه‌بسته) e = اِ i = ای (کوتاه)

i: = ای (کشیده) o = اُ (تا حدودی کشیده) ō = و (در کلمهٔ موج) u = او (کوتاه) u: = او (کشیده) ey = اِی

something /'sʌmthing/
[ضمیر] چیزی، یک چیزی
There's something in my eye.
یک چیزی توی چشمم است.

sometimes /'sʌmtaymz/
[قید] بعضی وقتها، گاهی، بعضی اوقات، گهگاه
Sometimes I stay up late.
بعضی وقتها تا دیروقت بیدار می‌مانم.

somewhere /'sʌmwer/
[قید] یک جایی، جایی
I'm going somewhere.
دارم می‌روم یک جایی.

son /sʌn/ [اسم] پسر، فرزندِ پسر
I have two sons. من دو تا پسر دارم.

song /saŋg/ [اسم] آواز، آهنگ
She sang a song. آوازی خواند.

soon /su:n/ [قید] به زودی، خیلی زود
It will soon be dark.
به زودی هوا تاریک می‌شود.

soot /sut/ [اسم] دوده

sore /sor/ [صفت] دردناک
Her throat was sore.
گلویش درد می‌کرد.

sorry /'sari/ ۱. [صفت] متأسّف
I'm sorry! متأسّفم! ببخشید!
۲. [صفت] ناراحت، غمگین
I was sorry to leave my job.
از اینکه کارم را ترک می‌کردم ناراحت بودم.
Sorry? چی گفتی؟
ببخشید چی گفتید؟

sort /sort/ ۱. [اسم] نوع، جور
A parrot is a sort of bird.
طوطی یک جور پرنده است.
۲. [فعل] دسته‌بندی کردن، تقسیم‌بندی کردن
We sorted the children.
بچّه‌ها را دسته‌بندی کردیم.

sound /saond/ [اسم] صدا
The sound of music was loud.
صدای موسیقی بلند بود.

soup /su:p/ [اسم] سوپ
Will you have some soup?
یک کمی سوپ می‌خوری؟ کمی سوپ میل می‌کنید؟

sour /saor/ ۱. [صفت] ترش، ترش‌مزه
This apple is sour.
این سیب ترش است.
۲. [صفت] (در موردِ شیر) ترشیده، فاسدشده
The milk has turned sour.
شیر ترشیده است. شیر فاسد شده است.

south /saoth/ ۱. [اسم] جنوب
۲. [صفت] جنوبی، ـِ جنوب
the South Pole قطبِ جنوب

southern /ˈsʌdhərn/

[صفت] جنوبی، ــِ جنوب

southern Europe اروپای جنوبی؛ جنوبِ اروپا

sow /sō/ [فعل] کاشتن

Sow the seeds in March!

دانه‌ها را در ماهِ مارس بکار! دانه‌ها را در مارس بکارید!

sown /sōn/

(صورتِ مفعولیِ فعلِ بی‌قاعده؛ ***sow***)

space /speys/ ۱. [اسم] فضا

Who traveled in space first?

اوّلین بار چه کسی به فضا رفت؟

۲. [اسم] جا

There is no space for a bed.

جایی برای تخت نیست.

spaceship

spaceship /ˈspeysship/

[اسم] سفینهٔ فضایی، فضاپیما

spade /speyd/ [اسم] بیل

He took his bucket and spade.

سطل و بیلش را برداشت.

spark /spɑrk/ [اسم] جرقّه

sparkle /ˈspɑrkəl/

[فعل] درخشیدن، برق زدن

Her jewels sparkled.

جواهراتش برق می‌زدند.

sparrow /ˈsparō/

[اسم] گنجشک

spade

Sparrows are brown.

گنجشک قهوه‌ای‌رنگ است. رنگِ گنجشک قهوه‌ای است.

speak /spi:k/

۱. [فعل] حرف زدن، صحبت کردن

I want to speak to the teacher.

من می‌خواهم با معلّم صحبت کنم.

۲. [فعل] (در موردِ زبانِ خارجی) بلد بودن

Do you speak English?

انگلیسی بلد هستی؟ انگلیسی بلدید؟

speaker /ˈspi:kər/

۱. [اسم] سخنران

Who is the speaker tonight?

سخنرانِ امشب چه کسی است؟

۲. [اسم] گوینده

I wanted to see the speaker.

می‌خواستم گوینده را ببینم.

۳. [اسم] (در رادیو، ضبطِ صوت و غیره) بلندگو

spear /spir/ [اسم] نیزه

He threw the spear.

نیزه را پرتاب کرد.

spear

special /ˈspeshəl/

۱. [صفت] به خصوص، ویژه، استثنایی

Tomorrow is a special day.

فردا روزِ به خصوصی است.

۲. [صفت] مخصوص

It's a special gardening tool.

این وسیله مخصوصِ باغبانی است.

speck /spek/

[اسم] (در موردِ گرد و غبار یـا دوده) ذرّه، ریزه

speech /spi:ch/ ۱. [اسم] گفتار

*People need **freedom of speech**.*

مردم آزادیِ گفتار می‌خواهند.

۲. [اسم] سخنرانی، نطق

His speech was interesting.

سخنرانی‌اش جالب بود.

speed /spi:d/ [اسم] سرعت

The speed of the car was high.

سرعتِ ماشین زیاد بود.

spell /spel/ ۱. [اسم] طلسم

The kiss broke the spell.

بوسه طلسم را شکست.

۲. [فعل] هجی کردن

How do you spell your name?

اسمت را چطور هجی می‌کنی؟ اسمتان را چگونه هجی می‌کنید؟

spelt /spelt/

(زمانِ گذشته و صورتِ مفعولیِ فعلِ بی‌قاعدهٔ ***spell***)

spend /spend/

۱. [فعل] خرج کردن

He spent 40 dollars.

چهل دلار خرج کرد.

۲. [فعل] صرفِ (چیزی) کردن

I spent two hours reading.

دوساعت صرفِ مطالعه کردم.

۳. [فعل] گذراندن

I spent two hours with him.

دو ساعت با او گذرانـدم. دو ساعت باهاش بودم.

spent /spent/

(زمانِ گذشته و صورتِ مفعولیِ فعلِ بی‌قاعدهٔ ***spend***)

sphere /sfir/ [اسم] کُره، گوی

It's not a perfect sphere.

به شکلِ یک کرهٔ کامل نیست.

spider /'spaydər/

[اسم] عنکبوت

A spider has eight thin legs.

عنکبوت هشت پای باریک دارد.

spider

spiderweb /'spaydərweb/

[اسم] تارعنکبوت

spike /spayk/

[اسم] میلهٔ نوک‌تیز، سیخ

spin /spin/ ۱. [فعل] چرخیدن

She spun faster and faster.

تندتر و تندتر چرخید.

۲. [فعل] (در موردِ نخ و پشم) ریسیدن

The wool is spun into thread.

پشم را می‌ریسند و از آن نخ می‌سازند.

۳. [فعل] (در موردِ تارعنکبوت) تنیدن

The spider spun a web.

عنکبوت تار عنکبوت تنید. عـنکبوت تار عنکبوت درست کرد.

زمـانِ گـذشته و صـورتِ مفعولیِ فعل ***spell*** دو شکل دارد:

spelled , spelt

oy = اُی ay = آی ao = آ+اُ (پشتِ سرهم) g = گ j = ج s = س v = و w = و (با لبهای گرد)

y = ی z = ز ž = ژ ch = چ sh = ش th = ث (تُک‌زبانی) dh = ذ (تُک‌زبانی)

spine /spaɪn/

[اسم] ستونِ مهره‌ها، ستونِ فقرات

splash /splash/

۱. [فعل] (در موردِ آب) پاشیدن

He splashed cold water on it.

رویش آبِ سرد پاشید. بهش آبِ سرد پاشید.

۲. [اسم] صدای شلپ، صدای شاتالاپ (صدای افتادنِ چیزی در آب)

There was a splash.

صدای شلپی آمد.

splendid /'splendid/

[صفت] عالی، باشکوه

That's a splendid house.

خانهٔ باشکوهی است.

split /split/ ۱. [فعل] پاره کردن

He split his trousers.

شلوارش را پاره کرد.

۲. [فعل] پاره شدن، شکافتن، از هم شکافتن

His trousers split.

شلوارش پاره شد. شلوارش شکافت.

۳. [فعل] تقسیم شدن، تکّه شدن

The board had split in two.

تخته چوب به دو قسمت تقسیم شده بود.

زمانِ گذشته و صورتِ مفعولیِ فعل **spoil** به دو شکل است:

spoiled* , *spoilt

spoil /spoyl/

۱. [فعل] خراب کردن، ضایع کردن

The rain spoiled our picnic.

باران پیک‌نیکِ ما را خراب کرد.

۲. [فعل] لوس کردن

His mother has spoiled him.

مادرش لوسش کرده است.

spoilt /spoylt/

(زمانِ گذشته و صورتِ مفعولیِ فعلِ بی‌قاعدهٔ ***spoil***)

spoke[1] /spōk/

[اسم] (در موردِ چرخ) پَرّه

spoke[2] /spōk/

(زمانِ گذشتهٔ فعلِ بی‌قاعدهٔ ***speak***)

spoken /'spōkən/

(صورتِ مفعولیِ فعلِ بی‌قاعدهٔ ***speak***)

sponge /spʌnj/ [اسم] اسفنج

(یکی از جانورانِ نرم‌تنِ دریایی)

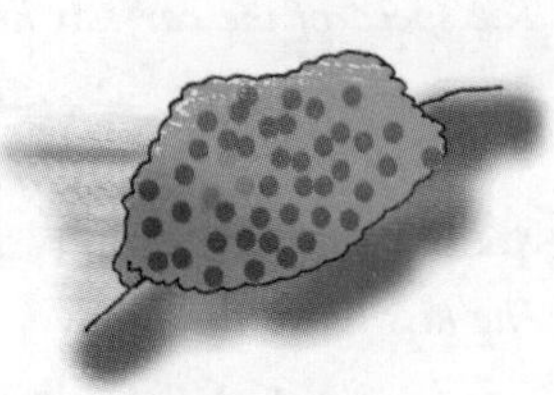

sponge

spoon /spu:n/ [اسم] قاشق

I ate ice cream with a spoon.

با قاشق بستنی خوردم. بستنی را با قاشق خوردم.

sport /sport/ [اسم] ورزش

What's your favorite sport?

ورزشِ موردِ علاقه‌ات چی است؟

ورزشِ محبوبتان چیست؟

spot /spɑt/ ۱. [اسم] خال

۲. [اسم] جا، نقطه

This is a nice spot for a picnic.

این جای خوبی برای پیک‌نیک است.

spout /spaot/

[اسم] (روی قوری و کتری) لوله

spray /sprey/ [اسم] اسپری

Where's the spray?

اسپری کجاست؟

spread /spred/

۱. [فعل] پَهن کردن

I spread my socks out to dry.

جوراب‌هایم را پهن کردم که خشک شوند.

۲. [فعل] مالیدن

I spread butter on the bread.

روی نان کره مالیدم.

۳. [فعل] باز کردن، از هم باز کردن

She spread her arms.

دستهایش را از هم باز کرد.

spring /spring/ ۱. [اسم] بهار، فصلِ بهار

Spring comes after winter.

بعد از زمستان فصلِ بهار می‌آید.

۲. [اسم] فنر

Don't break the springs!

فنرها را نشکن! فنرها را نشکنید!

۳. [اسم] چشمه

There are springs in this island.

این جزیره چشمه دارد. چشمه‌هایی در این جزیره هست.

sprint /sprint/ [اسم] دوِ سرعت

He made a sprint. با سرعت دوید.

sprout /spraot/

۱. [اسم] کلمِ دگمه‌ای، کلمِ بروکسل

۲. [فعل] جوانه زدن، سبز شدن

The seeds began to sprout.

دانه‌ها شروع به سبز شدن کردند. دانه‌ها جوانه زدند.

sprout

spun /spʌn/

(زمانِ گذشته و صورتِ مفعولیِ فعلِ بی‌قاعدهٔ ***spin***)

spy /spay/ ۱. [اسم] جاسوس

He is an American spy.

جاسوسِ آمریکا است.

۲. [فعل] دیدن، متوجّهِ (کسی یا چیزی) شدن

I suddenly spied my friend.

یکهو دوستم را دیدم.

square /skwer/ ۱. [اسم] مربّع، چهارگوش

Draw a square! یک مربّع بکش! یک مربّع بکشید!

۲. [اسم] میدان

He lives near that square.

نزدیکِ آن میدان زندگی می‌کند. خانه‌اش نزدیکِ آن میدان است.

squash /skwash/

۱. [اسم] اسکواش (ورزشِ دونفرهٔ داخلِ سالن که در آن بازیکنان توپِ لاستیکی‌ای را با راکت به دیواره‌های سالن می‌کوبند)

۲. [اسم] شربتِ میوه

۳. [فعل] له کردن

She squashed the tomatoes.

گوجه‌فرنگیها را له کرد.

squash

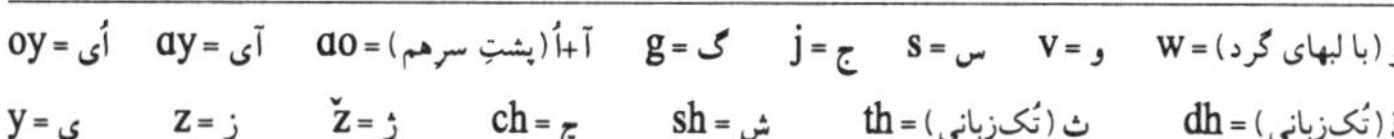

و (با لبهای گرد) = w   و = v   س = s   ج = j   گ = g   آ+اُ (پشتِ سرهم) = ao   آی = ay   اُی = oy

ذ (نُک‌زبانی) = dh   ث (نُک‌زبانی) = th   ش = sh   چ = ch   ژ = ž   ز = z   ی = y

squeeze /skwi:z/

[فعل] فشار دادن

I squeezed his hand.

دستش را فشار دادم.

squirrel /'skwərəl/

[اسم] سنجاب

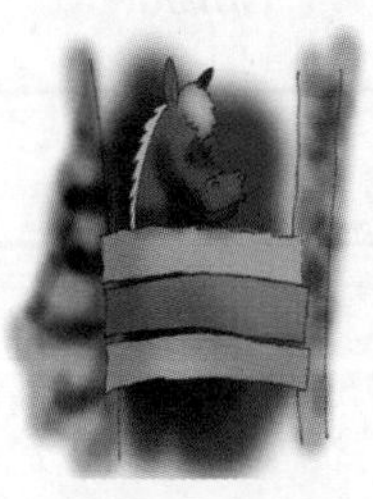
stable

stable /'steybəl/ [اسم] اصطبل

The horse is in the stable.

اسب در اصطبل است.

stack /stak/ [اسم] دسته

There's a stack of books here.

یک دسته کتاب اینجاست.

stadium /'steydiəm/

[اسم] استادیوم

The baseball stadium was full.

استادیومِ بیس‌بال پر بود.

stage /steyj/

[اسم] (در تئاتر) صحنه، سِن

He was on the stage.

روی صحنه بود. روی سِن بود.

stagecoach /'steyjkōch/

[اسم] دلیجان

stain /steyn/ [اسم] لکّه، لک

There's a stain on my dress.

لباسم لک شده است. یک لکّه روی لباسم هست.

staircase /'sterkeys/

[اسم] راه‌پلّه، پلّکان

The house has a big staircase.

راه‌پلّهٔ آن خانه بزرگ است.

stairs /sterz/ [اسم] پلّه‌ها، پلّکان

He came down the stairs.

از پلّه‌ها آمد پایین.

stale /steyl/ [صفت] کهنه، مانده؛ بیات

The bread has gone stale.

نان کهنه شده است.

stalk /stɑk/ [اسم] ساقه

stamp /stamp/ ۱. [اسم] تمبر

Put a stamp on the envelope!

یک تمبر به پاکت بزن! به پاکت یک تمبر بزنید!

۲. [فعل] (در موردِ پا) به زمین کوبیدن

The child stamped her foot.

بچّه پا به زمین می‌کوبید. بچّه پایش را به زمین می‌کوبید.

stand /stand/

۱. [اسم] جایگاهِ تماشاچیان

۲. [فعل] ایستادن، وایستادن

We had to stand.

مجبور شدیم بایستیم.

stand up /stand 'ʌp/

[فعل] ایستادن، وایستادن، بلند شدن

Everyone stood up.

همه بلند شدند. همه ایستادند.

stapler /'steyplər/

[اسم] ماشینِ دوخت، منگنه

star /star/ [اسم] ستاره
Stars twinkled in the sky.
ستاره‌ها در آسمان چشمک می‌زدند.

star

stare /ster/ [فعل] خیره شدن، زل زدن
Stop staring at me!
این‌قدر به من زل نزن! این‌قدر به من زل نزنید!

starling /'starling/ [اسم] سار
(نوعی پرنده با پرهای سبز و سیاه که در دسته‌های بزرگ پرواز می‌کند)

starling

start /start/
۱. [فعل] شروع کردن، آغاز کردن
Have you started that book?
آن کتاب را شروع کرده‌ای؟ آن کتاب را شروع کرده‌اید؟
۲. [فعل] شروع شدن، آغاز شدن
The race started. مسابقه شروع شد.
۳. [فعل] (در موردِ ماشین) روشن کردن
He started the car.
ماشین را روشن کرد.

startle /'startl/ [فعل] ترساندن
You startled me! من را ترساندی!
من را ترساندید!

starve /starv/
[فعل] گرسنگی کشیدن؛ از گرسنگی مردن
Many people starved.
اشخاصِ زیادی از گرسنگی مردند.
مردمِ زیادی گرسنگی کشیدند.

station /'steyshən/
[اسم] ایستگاه
Where is the bus station?
ایستگاهِ اتوبوس کجاست؟

statue /'stachu:/
[اسم] مجسّمه
He made a statue of a man.
مجسّمهٔ یک مرد را ساخت.

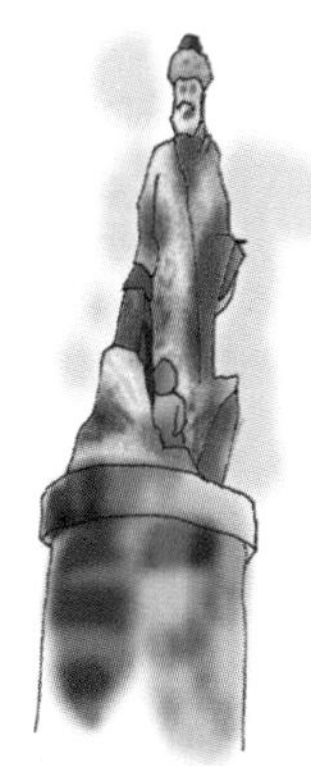
statue

stay /stey/ ۱. [فعل] ماندن
Yesterday, I stayed at home.
من دیروز خانه ماندم.
۲. [فعل] اقامت کردن، ماندن
I stayed there for two nights.
دو شب آنجا ماندم.

stay up /stey 'ʌp/
[فعل] بیدار ماندن
I stayed up late.
تا دیروقت بیدار ماندم.

steady /'stedi/ [صفت] محکم
This ladder is not steady.
این نردبان محکم نیست.

steal /sti:l/ [فعل] دزدیدن، به سرقت بردن
A thief has stolen my car.
دزدی ماشینِ من را به سرقت برده است.

steam /sti:m/ [اسم] بخار
Steam came out of the kettle.
از کتری بخار در می‌آمد.

steel /sti:l/ [اسم] فولاد
(فلزِ بسیار سختی که به آسانی شکل می‌گیرد و از آهن و کربن ساخته شده است)

steep /sti:p/ [صفت] پُرشیب، با شیبِ تند
The hill is very steep.
تپّه خیلی پُرشیب است.

steer /stir/
[فعل] (در موردِ ماشین، قایق و غیره) راندن، هدایت کردن
He steered the ship.
قایق را هدایت کرد.

stem /stem/ [اسم] ساقه
He cut the stem with a knife.
ساقه را با کارد برید.

step /step/ ۱. [اسم] قَدَم
He took a step towards me.
یک قدم به طرفِ من برداشت.
۲. [اسم] پلّه
He was sitting on the top step.
روی پلّهٔ بالایی نشسته بود.

stepfather /'stepfadhər/
[اسم] ناپدری، پدرخوانده

stepmother /'stepmʌdhər/
[اسم] نامادری، مادرخوانده

stick /stik/ ۱. [اسم] چوب؛ چوب‌دستی، عصا
۲. [اسم] تکّه، قطعه
۳. [فعل] (در موردِ سنجاق یا پونز) زدن، فرو کردن
I stuck some pins in the map.
چند تا سنجاق توی نقشه فرو کردم.
چند تا سنجاق به نقشه زدم.
۴. [فعل] چسباندن
He is sticking his photos.
دارد عکسهایش را می‌چسباند.
۵. [فعل] (در موردِ در یا کشو) گیر کردن
This door keeps sticking.
این در همه‌اش گیر می‌کند.

stiff /stif/ [صفت] سفت
She took a stiff cupboard.
یک مقوّای سفت برداشت.

stile /stayl/
[اسم] (درموردِ پرچین) پلّکان

still /stil/ ۱. [صفت] آرام، بی‌حرکت
Keep still! آرام باش! حرکت نکنید!
۲. [قید] هنوز

Do you still play tennis?

هنوز تنیس بازی می‌کنی؟ هنوز تنیس بازی می‌کنید؟

sting /sting/ [اسم] نیش

The bee has a sting.

زنبور نیش دارد.

sting

stir /stər/ [فعل] هم‌زدن، به هم زدن

She stirred her coffee.

قهوه‌اش را هم زد.

stitch /stich/ [فعل] دوختن

Can you stitch this button?

می‌توانی این دکمه را بدوزی؟ می‌شود این دکمه را بدوزید؟

stocking /'stɑking/

[اسم] جورابِ بلند، جورابِ ساق‌بلند

She was wearing red stockings.

جورابِ ساق‌بلندِ قرمز پوشیده بود.

stole /stōl/

(زمانِ گذشتهٔ فعلِ بی‌قاعدهٔ ***steal***)

stolen /'stōlən/

(صورتِ مفعولیِ فعلِ بی‌قاعدهٔ ***steal***)

stomach /'stʌmək/

۱. [اسم] معده

*Don't swim **on a full stomach!***

با معدهٔ پر شنا نکن! با معدهٔ پر شنا نکنید!

۲. [اسم] شکم، دل

My stomach aches. دلم درد می‌کند.

۳. [اسم] اشتها

stomachache /'stʌmək-eyk/ [اسم] دل درد

stone /stōn/ ۱. [اسم] سنگ

The house is built of stone.

آن خانه از سنگ درست شده است.

۲. [اسم] سنگِ قیمتی، جواهر؛ نگین

Her ring has five small stones.

انگشترش پنج تا نگینِ کوچک داشت.

۳. [اسم] هسته

Peaches have stones.

هلو هسته دارد.

stood /stud/

(زمانِ گذشته و صورتِ مفعولیِ فعلِ بی‌قاعدهٔ ***stand***)

stool /stu:l/ [اسم] چهارپایه؛ سه‌پایه

stool

stop /stɑp/

۱. [فعل] متوقّف کردن، نگه‌داشتن

He stopped his car.

ماشینش را متوقّف کرد.

۲. [فعل] متوقّف شدن، ایستادن

The bus stopped at the station.

اتوبوس در ایستگاه متوقّف شد.

stork

store /stor/ ۱. [اسم] فروشگاه
۲. [فعل] ذخیره کردن، انبار کردن
They stored food for winter.
برای زمستان غذا ذخیره کردند.

stork /stork/ [اسم] لک‌لک
A stork has a long beak.
منقارِ لک‌لک دراز است.

storm /storm/ [اسم] توفان
There's a heavy storm today.
امروز توفانِ سختی شده است.

story /'stori/ [اسم] داستان، قصّه
I told him a story.
یک قصّه برایش گفتم.

straight /streyt/
[صفت] مستقیم، صاف، راست
This line is straight.
این خط صاف است.

strange /streynj/
۱. [صفت] عجیب، عجیب و غریب
That's a strange noise.
صدای عجیبی می‌آید.
That's strange. خیلی عجیب است.
I feel strange. حالم بد است.
۲. [صفت] ناآشنا، غریب
She lives in a strange city.
در یک شهرِ غریب زندگی می‌کند.

stranger /'streynjər/
[اسم] غریبه
Our dog barks at strangers.
سگِ ما به غریبه‌ها پارس می‌کند.

straw /stra/ ۱. [اسم] کاه
۲. [اسم] (برای نوشیدن) نِی

strawberry /'straberi/
[اسم] توت‌فرنگی

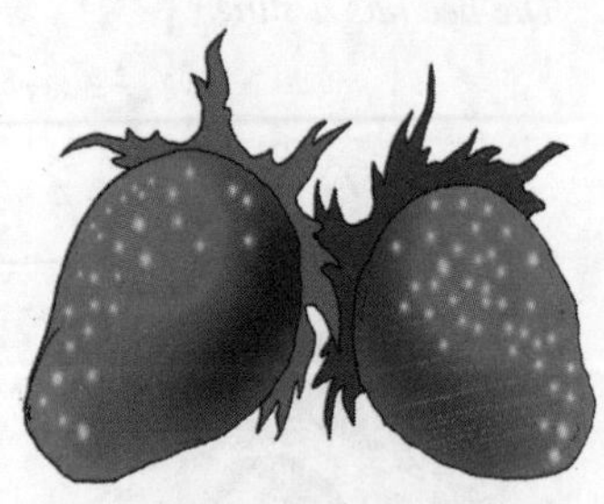
strawberry

stream /stri:m/ [اسم] جویبار، نهر
We waded across the stream.
شلپ‌شلپ‌کنان از عرضِ جویبار گذشتیم.

street /stri:t/ [اسم] خیابان
I crossed the street.
از خیابان رد شدم.

strength /strength/
۱. [اسم] قدرت، نیرو، زور
She has great strength.
زورش زیاد است. قدرتِ زیادی دارد.
۲. [اسم] (در موردِ باد یا جریان آب) شدّت
The wind had great strength.
شدّتِ باد زیاد بود. باد شدّتِ زیادی داشت.

stretch /strech/ ۱. [اسم] قطعه، تکّه
۲. [فعل] کشیدن، دراز کردن

She stretched her arms.

دستهایش را دراز کرد.

stride /strayd/ [اسم] قدمِ بلند

stride

strike /strayk/ ۱. [فعل] زدن

He struck the table. زد به میز.

۲. [فعل] (در موردِ ساعت) به صدا درآمدن، اعلام‌کردن

The clock struck one.

ساعتِ دیواری، ساعتِ یک را اعلام کرد. ساعت یک بار به صدا درآمد.

۳. [فعل] (در موردِ کبریت) روشن کردن

He struck a match.

یک کبریت روشن کرد.

string /string/ [اسم] نخ، بند

The key is hanging on a string.

کلید از یک نخ آویزان است. کلید به یک نخ آویزان است.

stroke /strōk/

[فعل] نوازش‌کردن، نازکردن

She stroked the cat.

گربه را نوازش کرد.

strong /strang/

۱. [صفت] قوی، نیرومند

He is very strong. خیلی قوی است.

۲. [صفت] محکم

The chair isn't strong enough.

صندلی به اندازهٔ کافی محکم نیست.

struck /strʌk/

(زمانِ گذشته و صورتِ مفعولیِ فعلِ بی‌قاعدهٔ *strike*)

stubborn /'stʌbərn/

[صفت] لجباز، لجوج، یک‌دنده

He is a stubborn boy.

پسرِ لجبازی است.

stuck /stʌk/

(زمانِ گذشته و صورتِ مفعولیِ فعلِ بی‌قاعدهٔ *stick*)

student /'stu:dənt, 'styu:dənt/

۱. [اسم] دانش‌آموز، شاگرد، محصّل

Are you a student?

تو دانش‌آموز هستی؟ شما دانش‌آموزید؟

۲. [اسم] دانشجو

He is a history student.

دانشجوی تاریخ است.

۳. [اسم] (در آموزشگاهها) کارآموز

study /'stʌdi/

۱. [اسم] اتاقِ مطالعه

۲. [فعل] یادگرفتن، خواندن

I studied English for 3 years.

من سه سال انگلیسی خواندم.

۳. [فعل] مطالعه کردن

She is studying the map.

دارد نقشه را مطالعه می‌کند.

۴. [فعل] درس خواندن

I can't study here.

من اینجا نمی‌توانم درس بخوانم.

strong

stroke

stumble /'stʌmbəl/

۱. [فعل] سِکَنْدَری خوردن

She stumbled and fell down.

سکندری خورد و افتاد زمین.

۲. [فعل] (در صحبت کردن) تپق زدن، گیر کردن

stupid /'stu:pid, 'styu:pid/

۱. [صفت] احمق، بی‌شعور، خر

He is so stupid. خیلی احمق است.

۲. [صفت] احمقانه

He made a stupid mistake.

اشتباهِ احمقانه‌ای کرد.

subject /'sʌbjikt/

۱. [اسم] رشتهٔ تحصیلی، رشته

Art is my favorite subject.

رشتهٔ مورد علاقهٔ من هنر است.

۲. [اسم] موضوع، موضوعِ حرف، موضوعِ بحث

She changed the subject.

موضوع را عوض کرد.

submarine /'sʌbməri:n/

[اسم] زیردریایی

They are in a submarine.

توی زیردریایی هستند. سوارِ زیردریایی هستند.

subtract /səb'trakt/

[فعل] تفریق‌کردن، کم‌کردن

Subtract 10 from 30!

ده تا از سی کم‌کن! ده را از سی کم‌کنید!

subway

subway /'sʌbwey/

[اسم] زیرگذرِ عابرِ پیاده، زیرگذر

Use the subway!

از زیرگذر استفاده کن! از زیرگذرِ عابرِ پیاده رد شوید!

success /sək'ses/

[اسم] موفّقیّت، پیروزی

Her success surprised us.

موفّقیّتش ما را شگفت‌زده کرد.

such /sʌch/

۱. [صفت] مثلِ، مانندِ، نظیرِ

You can buy many things here, such as eggs and potatoes.

اینجا چیزهای زیادی می‌توانی بخری، مثلِ تخم‌مرغ و سیب‌زمینی. چیزهای زیادی می‌توانید اینجا بخرید، نظیرِ تخم‌مرغ و سیب‌زمینی.

۲. [صفت] این‌چنین، چنین

In such a case, see a doctor.

در چنین موردی پیشِ دکتر برو. در این چنین موردی پیشِ دکتر بروید.

suck /sʌk/

[فعل] مکیدن، به (چیزی) مک‌زدن

The baby sucked the bottle.

بچّه به شیشه مک می‌زد.

suck

sudden /'sʌdn/ [صفت] ناگهانی
The change was very sudden.
تغییر خیلی ناگهانی بود.

suddenly /'sʌdnli/
[قید] ناگهان، یک‌دفعه، یکهو
Suddenly, she opened the door.
ناگهان در را باز کرد.

sugar /'shugər/ ۱. [اسم] شکر
Do you take sugar?
شکر می‌خواهی؟ شکر می‌خورید؟
۲. [اسم] قند
Don't take too much sugar!
خیلی قند نخور! زیادی قند نخورید!

sugar

suit /su:t/ ۱. [اسم] کت و شلوار
۲. [اسم] کت و دامن
۳. [فعل] به (کسی) آمدن
This color suits you.
این رنگ بهت می‌آید. این رنگ به شما می‌آید.

suitable /'su:təbəl/
[صفت] مناسب
It's not suitable for school.
این مناسبِ مدرسه نیست. برای مدرسه مناسب نیست.

sultana /sʌl'tanə/
[اسم] کشمشِ بی‌دانه

sum /sʌm/ ۱. [اسم] مبلغ
He has a large sum of money.
مبلغ زیادی پول دارد. پولِ زیادی دارد. خیلی پول دارد.
۲. [اسم] (در ریاضیّات) مسئله
*I must **do my sums**.*
باید حسابهایم را بکنم.

summer /'sʌmər/
[اسم] تابستان، فصلِ تابستان
It's hot in summer.
در تابستان هوا بسیار گرم است.

sun /sʌn/ ۱. [اسم] خورشید
The sun rises in the east.
خورشید از مشرق طلوع می‌کند.
۲. [اسم] آفتاب، نورِ آفتاب
He sat in the sun.
توی آفتاب نشست.

Sunday /'sʌndey/ [اسم] یکشنبه
Last Sunday we went out.
یکشنبهٔ گذشته رفتیم بیرون.

sunflower /'sʌnflaoər/
[اسم] گلِ آفتاب‌گردان

sunflower

sung /sʌng/
(صورتِ مفعولیِ فعلِ بی‌قاعدهٔ ***sing***)

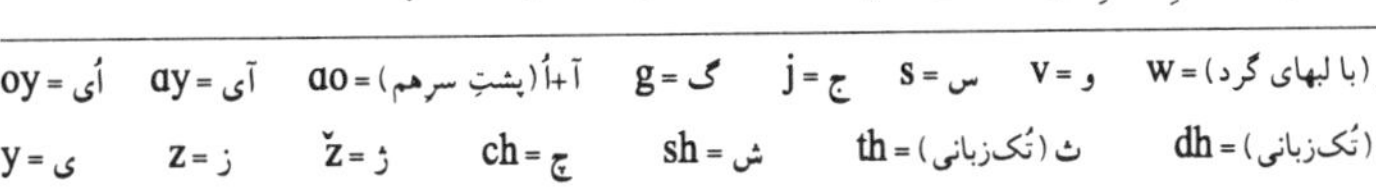

oy = اُی ay = آی ao = آ+اُ (پشتِ سرهم) g = گ j = ج s = س v = و w = و (با لبهای گرد)
y = ی z = ز ž = ژ ch = چ sh = ش th = ث (تُک‌زبانی) dh = ذ (تُک‌زبانی)

صفتِ عالی نشان می‌دهد که اسمی ویژگیِ موردِ نظر را در مقایسه بیشتر از سایرِ اسمها دارد. برای ساختنِ صفتِ عالی به آخرِ صفتِ اصلی ***-est*** اضافه می‌شود.
calm + est → calmest
اگر صفتی از سه بخش بیشتر باشد، ***(the) most*** قبل از صفت قرار می‌گیرد.
the most interesting book
صورتِ عالی بعضی از صفتها بی‌قاعده است.
good, best

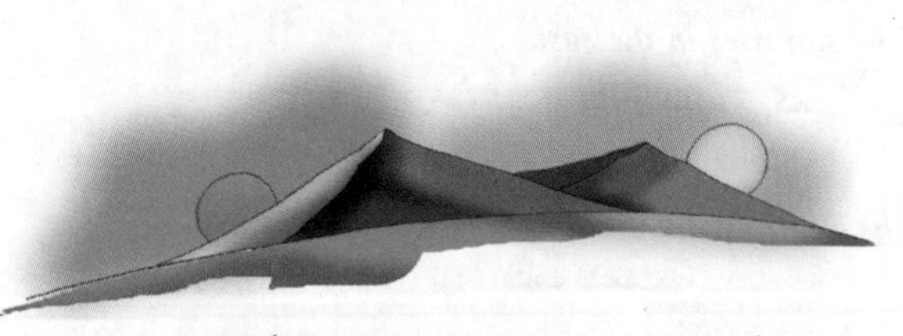
sunset sunrise

sunk /sʌnk/
(صورتِ مفعولیِ فعلِ بی‌قاعدهٔ ***sink***)

sunlight /'sʌnlɑyt/
[اسم] آفتاب، نورِ آفتاب
That flower needs sunlight.
آن گل به نورِ آفتاب احتیاج دارد.

Sunni /'suni/
[اسم] سنّی، اهلِ سنّت
He is a Sunni. سنّی است.

sunny /'sʌni/ [صفت] آفتابی
It's warm and sunny.
هوا گرم و آفتابی است.

sunrise /'sʌnrɑyz/
[اسم] طلوع، طلوعِ خورشید

sunset /'sʌnset/ [اسم] غروب، غروبِ آفتاب

superlative /su'pərlətiv/
[صفت] (در موردِ صفت) عالی

supermarket /'su:pər-mɑrkit/ [اسم] سوپرمارکت

supersonic /su:pər'sɑnik/
[صفت] مافوقِ صوت، فراصوتی
That's a supersonic aircraft.
آن یک هواپیمای مافوقِ صوت است.
آن هواپیما مافوقِ صوت است.

supper /'sʌpər/ [اسم] شام
What's for supper?
شام چی داریم؟

supply /sə'plɑy/
[فعل] تأمین‌کردن
The school supplies our books.
مدرسه کتابهای ما را تأمین می‌کند.

support /sə'port/
۱. [فعل] نگه داشتن؛ تحمّلِ (چیزی) را داشتن
The cushions supported him.
کوسنها نگهش داشته بودند.
It can support heavy cars.
تحمّلِ ماشینهای سنگین را دارد.
۲. [فعل] طرفدارِ (کسی یا چیزی) بودن
He supports Arsenal.
او طرفدارِ تیم آرسنال است.

sure /shur, shor/ [صفت] مطمئن
Are you sure? مطمئن هستی؟
مطمئنید؟

surf /sərf/ [اسم] موج

surf

surface /'sərfis/ [اسم] سطح

Its surface is rough.

سطحش ناهموار است.

surgery /'sərjəri/

۱. [اسم] جرّاحی

۲. [اسم] مطب

surprise /sər'prayz/

۱. [اسم] چیزِ غیرِ منتظره، حادثهٔ تعجّب‌آور

۲. [فعل] متعجّب کردن، شگفت‌زده کردن

The news surprised me.

این اخبار من را متعجّب کرد.

surrender /sə'rendər/

[فعل] تسلیم‌شدن

The enemy surrendered.

دشمن تسلیم شد.

swallow /'swalō/

۱. [اسم] پرستو

۲. [فعل] قورت دادن

She swallowed the apple.

سیب را قورت داد.

swallow

swam /swam/

(زمانِ گذشتهٔ فعلِ بی‌قاعدهٔ ***swim***)

swamp /swamp/ [اسم] باتلاق، زمینِ باتلاقی

swan /swan/ [اسم] قو

swarm /swarm/

[اسم] (در موردِ حشرات و زنبورها) دسته، گروه

sweat /swet/ ۱. [اسم] عرق

I wiped my sweat.

عرقم را پاک کردم.

۲. [فعل] عرق کردن

sweater /'swetər/ [اسم] پُلیور، پلووِر، بلوزِ پشمی

sweep /swi:p/

۱. [اسم] بخاری پاک‌کن

۲. [فعل] جارو کردن، جارو زدن

She swept the carpet.

قالی را جارو کرد.

sweet /swi:t/ ۱. [صفت] شیرین

۲. [اسم] آب‌نبات؛ تافی

۳. [اسم] دِسِر

۴. [اسم] (در خطاب) عزیزم

sweet and sour /swi:t ən 'saor/ [صفت] ترش و شیرین

swell /swel/ [فعل] ورم کردن، باد کردن

Her ankle swelled.

قوزکِ پایش ورم کرد.

swept /swept/

(زمانِ گذشته و صورتِ مفعولیِ فعلِ بی‌قاعدهٔ ***sweep***)

swan

sweater

swerve /swərv/

[فعل] تغییرِ جهت دادن

He swerved not to hit the dog.

تغییرِ جهت داد که به سگ نخورد.

swift /swift/ ۱. [اسم] بادخورَک (نوعی پرندهٔ تیزپرواز شبیهِ پرستو)

۲. [صفت] سریع، فوری

She gave me a swift reply.

فوری بهم جواب داد.

swim /swim/ ۱. [فعل] شنا کردن

He swam in the river.

در رودخانه شنا کرد.

۲. [اسم] شنا

Let's go for a swim!

بیا برویم شنا! بیایید برویم شنا!

swimmer /'swimər/

[اسم] شناگر

She's a good swimmer.

شناگرِ خوبی است.

swimming /'swiming/

[اسم] شنا

I like swimming.

من شنا دوست دارم.

swimming pool /'swiming pul/ [اسم] استخر، استخرِ شنا

swine /swayn/ [اسم] خوک

swing /swing/ ۱. [اسم] تاب

Children played on the swings.

بچّه‌ها تاب‌بازی می‌کردند.

۲. [فعل] تاب خوردن

The girl swung higher.

دختره تاب خورد و بالاتر رفت.

switch /swich/ [اسم] سویچ، کلیدِ برق

I pressed the switch.

سویچ را فشار دادم.

switch off /swich 'ɑf/

[فعل] (در موردِ رادیو، تلویزیون، چراغ و غیره) خاموش کردن

He switched off the radio.

رادیو را خاموش کرد.

switch on /swich 'ɑn/

[فعل] (در موردِ رادیو، تلویزیون، چراغ و غیره) روشن کردن

She switched on the television.

تلویزیون را روشن کرد.

swollen /'swōlən/

(صورتِ مفعولیِ فعلِ بی‌قاعدهٔ ***swell***)

sword /sord/ [اسم] شمشیر

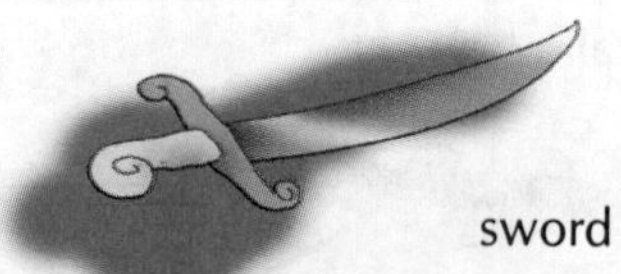

sword

swordfish /'sordfish/

[اسم] شمشیرماهی (نوعی ماهیِ عظیم با فکِ شبیهِ شمشیر)

swum /swʌm/

(صورتِ مفعولیِ فعلِ بی‌قاعدهٔ ***swim***)

swung /swʌng/
(زمانِ گذشته و صورتِ مفعولیِ فعلِ بی‌قاعدهٔ *swing*)

syllable /ˈsiləbəl/ [اسم] بخش
This word has 3 syllables.
این کلمه سه بخش دارد.

symbol /ˈsimbəl/ [اسم] علامت، سَمبُل
A cross is a symbol.
صلیب یک علامت است. ضربدر یک علامت است. به‌علاوه یک علامت است.

syrup /ˈsirəp/ [اسم] شربت
She gave me maple syrup.
بهم شربتِ افرا داد.

system /ˈsistəm/ [اسم] سیستم

T,t

table /ˈteybəl/ [اسم] میز
The box is under the table.
جعبه زیرِ میز است.

table tennis

table tennis /ˈteybəl tenis/
[اسم] پینگ‌پنگ، تنیسِ روی میز
We played table tennis.
پینگ‌پنگ بازی کردیم.

tadpole /ˈtadpōl/
[اسم] نوزادِ قورباغه

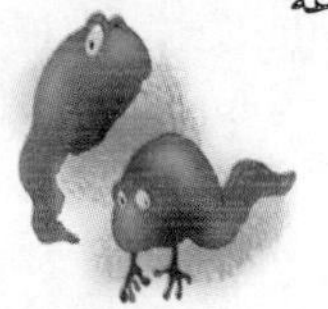
tadpole

tail /teyl/ ۱. [اسم] دُم
The dog had a long tail.
سگ دمِ درازی داشت. دمِ سگ دراز بود.
۲. [اسم] ته، دنباله
The tail of the kite was red.
دنبالهٔ بادبادک قرمزرنگ بود.

tailor /ˈteylər/ [اسم] خیّاط، مردانه دوز
His father is a famous tailor.
پدرش خیّاطِ معروفی است.

take /teyk/ ۱. [فعل] برداشتن
He took his umbrella.
چترش را برداشت.
۲. [فعل] گرفتن
He took his prize.
جایزه‌اش را گرفت.
Let's take a taxi! بیا تاکسی بگیریم!
بیایید سوارِ تاکسی بشویم!
۳. [فعل] بردن
Father took us to the zoo.
پدر ما را به باغِ‌وحش برد.
*I **took part in** the program.*
من در برنامه شرکت کردم.

taken /ˈteykən/
(صورتِ مفعولیِ فعلِ بی‌قاعدهٔ ***take***)

taken off /teykən ˈɑf/
(صورتِ مفعولیِ فعلِ بی‌قاعدهٔ ***take off***)

take off /teyk ˈɑf/
[فعل] درآوردن، کندن
He took off his coat.
پالتویش را درآورد. پالتویش را کند.

tale /teyl/ [اسم] قصّه، داستان، حکایت

---

a = اَ ɑ = آ ʌ = آ (با دهانِ نیمه‌باز) ə = آ (با دهانِ نیمه‌بسته) e = اِ i = ای (کوتاه)
i: = ای (کشیده) o = اُ (تا حدودی کشیده) ō = و (در کلمهٔ موج) u = او (کوتاه) u: = او (کشیده) ey = اِی

I read a tale about animals.

داستانی در موردِ حیوانات خواندم.

talk /tak/ [فعل] حرف زدن، صحبت کردن

My parrot can talk.

طوطیِ من می‌تواند حرف بزند.

tall /tal/ ۱. [صفت] قدبلند، بلندقد

My father is tall.

پدرِ من قدبلند است.

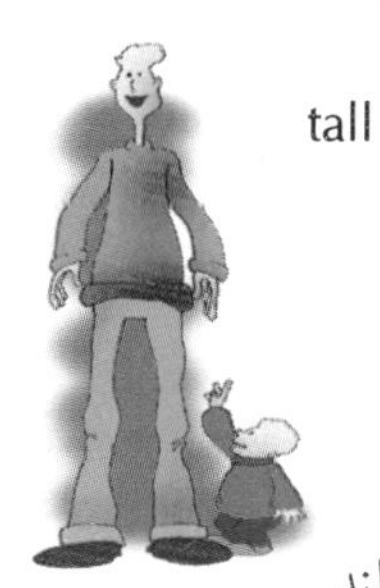

tall

۲. [صفت] بلند

That tall building is new.

آن ساختمانِ بلند جدید است.

tambourine /tambə'ri:n/ [اسم] دایره زنگی، داریه

tambourine

tame /teym/ [صفت] اهلی

My pigeons are tame.

کبوترهای من اهلی هستند.

tangerine /tanjə'ri:n/ [اسم] نارنگی

A tangerine is a sweet fruit.

نارنگی میوهٔ شیرینی است. نارنگی شیرین است.

tank /tank/ ۱. [اسم] مخزن، منبع

The hot water tank is leaking.

منبع آبِ داغ چکّه می‌کند.

۲. [اسم] تانک

A tank is a heavy vehicle.

تانک یک وسیلهٔ نقلیهٔ سنگین است.

tank

tanker /'tankər/ [اسم] تانکر

The tanker's for carrying oil.

آن تانکرِ حملِ نفت است.

tanker

tap /tap/ ۱. [اسم] شیر (وسیله‌ای که جریانِ آب یا گاز را در لوله کنترل می‌کند)

۲. [فعل] آهسته به (چیزی) زدن

Who's tapping at the window?

کی دارد آهسته به پنجره می‌زند؟

tap

tape /teyp/

۱. [اسم] (برای ضبطِ موسیقی یا فیلم) نوار

I have that film on tape.

من آن فیلم را روی نوار دارم.

۲. [اسم] بند، نوار

I tied the parcel with a tape.

بسته را با نوار بستم.

۳. [اسم] نوارچسب

He fastened it with tape.

با نوارچسب بستش. آن را با نوارچسب بست.

tar /tɑr/ [اسم] قیر

target /'tɑrgit/ [اسم] هدف

He fired at the target.

به طرفِ هدف شلیک کرد.

tart /tɑrt/ [اسم] شیرینیِ مربّایی؛ کیکِ مربّایی

Have another slice of tart!

یک تکّهٔ دیگر کیکِ مربّایی بخور! یک تکّهٔ دیگر کیکِ مربّایی میل کنید!

tart

tartan /'tɑrtn/

[اسم] پارچهٔ چهارخانهٔ اسکاتلندی

taste /teyst/ ۱. [اسم] چشایی، حسِّ چشایی

۲. [اسم] مزه، طعم

Sugar has a sweet taste.

شکر شیرین‌مزه است.

۳. [اسم] سلیقه

She has no taste in clothes.

در لباس هیچ سلیقه ندارد.

۴. [فعل] مزهٔ (چیزی) داشتن، مزهٔ (چیزی) دادن

This tart tastes sour.

این شیرینیِ مربّایی مزهٔ ترشی دارد. این کیکِ مربّایی ترش مزه است.

taught /tɑt/

(زمانِ گذشته و صورتِ مفعولیِ فعلِ بی‌قاعدهٔ ***teach***)

taxi /'taksi/ [اسم] تاکسی

I took a taxi. تاکسی گرفتم. سوارِ تاکسی شدم.

tea /ti:/ ۱. [اسم] چای

Shall I make tea?

چای درست بکنم؟ چای دم بکنم؟

۲. [اسم] عصرانه

We had tea at four o'clock.

ساعتِ چهار عصرانه خوردیم.

teach /ti:ch/

۱. [فعل] درس دادن، تدریس کردن

She teaches English.

انگلیسی درس می‌دهد.

۲. [فعل] یاد دادن

He taught me how to drive.

به من رانندگی یاد داد. بهم یاد داد چطور رانندگی کنم.

teacher /'ti:chər/ [اسم] معلّم، آموزگار

Is your teacher young?

معلّمت جوان است؟ آموزگارتان جوان است؟

team /ti:m/ [اسم] تیم

Which team do you play for?

در چه تیمی بازی می‌کنی؟ برای کدام تیم بازی می‌کنید؟

teapot /'ti:pɑt/ [اسم] قوری

Tea is made in a teapot.

در قوری چای درست می‌کنند. چای را در قوری دم می‌کنند.

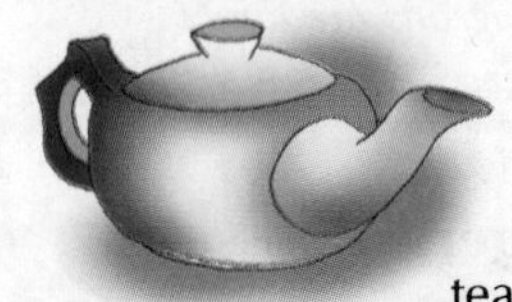

teapot

tear[1] /ter/ [فعل] پاره کردن، جِر دادن

He tore a sheet of paper.

یک ورق کاغذ پاره کرد.

tear[2] /tir/ [اسم] اشک، قطره‌اشک

A tear rolled down his cheek.

یک قطره اشک از گونه‌اش سرازیر شد.

teaspoon /'ti:spu:n/

[اسم] قاشق چای‌خوری

teenager /'ti:neyjər/

[اسم] نوجوان، تین‌ایجر (کسی که سنّش بینِ ۱۳ سال و ۱۹ سال است)

Teenagers like this film.

این فیلم را تین‌ایجرها می‌پسندند.

teeth /ti:th/ (جمعِ بی‌قاعدۀ *tooth*)

telephone /'telifōn/

۱. [اسم] تلفن

Where's the telephone?

تلفن کجاست؟

۲. [فعل] تلفن کردن، زنگ زدن

I telephoned him last night.

دیشب بهش تلفن کردم.

telescope /'teliskōp/

[اسم] تلسکوپ

telescope

television /'televižən/

[اسم] تلویزیون

tell /tel/ [فعل] گفتن

He told funny jokes.

جوکهای خنده‌داری گفت.

She's 3; she can't ***tell the time.***

سه سالش است، ساعت بلد نیست.

temper /'tempər/

۱. [اسم] اخلاق

He's in a bad temper today.

امروز اخلاقش بد است.

۲. [اسم] عصبانیّت

temperature /'tempərəchər/

[اسم] درجۀ حرارت، دما

The temperature dropped.

درجۀ حرارت افتاد.

The baby ***has a temperature.***

بچّه کوچولو تب دارد.

ten /ten/ ۱. [اسم] ده، عددِ ده، شمارۀ ده

۲. [صفت] ده تا، ده

tender /'tendər/

۱. [صفت] مهربان

She's a tender mother.

مادرِ مهربانی است.

۲. [صفت] نرم، لطیف

This meat is very tender.

این گوشت خیلی نرم است.

۳. [صفت] دردناک

My leg is still very tender.

پایم هنوز خیلی درد می‌کند.

television

tennis

tent

tennis /'tenis/ [اسم] تنیس
My son plays tennis.
پسرم تنیس بازی می‌کند.

tense /tens/
[اسم] (در دستورِ زبان) زمان
present tense زمانِ حال
past tense زمانِ گذشته

tent /tent/ [اسم] چادر
They live in a tent.
در چادر زندگی می‌کنند.

tepid /'tepid/ [صفت] ولرم
The water was tepid. آب ولرم بود.

term /tərm/
[اسم] (در مدرسه یا دانشگاه) ثلث؛ ترم
The summer term was short.
ترمِ تابستان کوتاه بود.

terrible /'teribəl/
۱. [صفت] مزخرف، بد، گند
What a terrible film!
چه فیلمِ مزخرفی!
۲. [صفت] وحشتناک، ترسناک
I heard terrible news.
خبرهای وحشتناکی شنیدم.

terrify /'terifɑy/
[فعل] به وحشت انداختن، ترساندن
His stories always terrify me.
داستانهایش همیشه مرا می‌ترسانَد.

terror /'terər/ [اسم] وحشت، ترس
She screamed with terror.
از وحشت فریاد کشید.

test /test/
۱. [اسم] امتحان
۲. [اسم] آزمایش
۳. [فعل] امتحان کردن، آزمایش کردن
I tested the engine.
موتور را آزمایش کردم.

than /dhən, dhan/
[حرفِ اضافه] از
She's wiser than her brother.
از برادرش عاقلتر است.

thank /thank/
[فعل] از (کسی) تشکّر کردن، از (کسی) سپاسگزاری کردن
I thanked him for his help.
از او برای کمکش تشکّر کردم. به خاطرِ کمکی که کرده بود از او سپاسگزاری کردم.
Thank you! متشکّرم! ممنون! مرسی!
Thanks! متشکّرم! ممنون! مرسی!
Thank God! خدا را شکر! شکرِ خدا!

that /dhat/
۱. [ضمیر] (در اشاره به دور یا به شخص، چیز یا موضوعی مشخّص) آن، (گاهی بدونِ معادل در فارسی)

a = اَ   ɑ = آ   ʌ = آ (با دهانِ نیمه‌باز)   ə = آ (با دهانِ نیمه‌بسته)   e = اِ   i = ای (کوتاه)
i: = ای (کشیده)   o = اُ (تا حدودی کشیده)   ō = و (در کلمهٔ موج)   u = او (کوتاه)   u: = او (کشیده)   ey = اِی

I often go to the theater.

من اغلب به تئاتر می‌روم.

۲. [اسم] هنرِ تئاتر، هنرِ نمایش

۳. [اسم] اتاقِ عمل

۴. [اسم] سالنِ سینما، سینما

theatre /'thiətər/ = **theater**

their /dhər/ [صفت] ـِ آنها، ـِ شان

They washed their hands.

دستهایشان را شستند.

Their house is big.

خانهٔ آنها بزرگ است.

theirs /dhərz/ [ضمیر] مالِ آنها، ـِ آنها، ـِ شان

We used theirs.

ما از مالِ آنها استفاده کردیم.

A friend of theirs plays well.

یکی از دوستانشان خوب بازی می‌کند.

them /dhəm/

[ضمیر] آنها، ـِ شان

I can't find them.

نمی‌توانم آنها را پیدا کنم.

I gave them my car.

ماشینم را به آنها دادم. ماشینم را بهشان دادم.

I went out with them.

با آنها بیرون رفتم.

themselves /dhəm'selvz/

[ضمیر] خودشان، خودِ آنها

They told me themselves.

خودشان بهم گفتند.

Who's that? کیست؟ کیه؟

What's that? چیست؟ چیه؟

That's right! درست است!

That was a good film.

فیلم خوبی بود.

۲. [صفت] (در اشاره به شخص، چیز یا محلّی در فاصلهٔ دور) آن

That box is bigger.

آن جعبه بزرگتر است.

۳. [حرفِ ربط] که

She said that she will come.

گفت که می‌آید.

thaw /thɑ/ [فعل] ذوب شدن، آب شدن

All the snow has thawed.

تمامِ برفها آب شده‌اند.

the /dhə, dhi/ [حرفِ تعریف] ـــ ه، آن، این، آن ـــ ی که، ـــ ی که، (گاهی بدونِ معادل در فارسی)

the boy پسره، آن پسر، آن پسری‌که، پسری که

A boy was sitting on a chair.

The boy was angry.

پسری روی صندلی نشسته بود. پسره عصبانی بود. یک پسری روی صندلی نشسته بود. آن پسر عصبانی بود.

The dog that you saw is tame.

سگی که دیدی اهلی است. آن سگی که دیدی اهلی است.

The sun shines in the sky.

خورشید در آسمان می‌درخشد.

theater /'thiətər/

۱. [اسم] تئاتر، سالنِ نمایش

حرفِ تعریفِ **the** پیش از اسم می‌آید و به این ترتیب نشان می‌دهد که آن اسم به شخص یا چیزِ مشخّص و معلومی اشاره می‌کند.

theater

then /dhen/ ۱. [قید] آن موقع، آن وقت، آن هنگام

It was then that I left school.

آن موقع بود که مدرسه را ترک کردم.

۲. [قید] بعد، سپس

Then he went to the cinema.

بعد رفت سینما.

there /dhər/ ۱. [قید] آنجا

Sit there and wait!

آنجا بنشین و منتظر شو! آنجا بنشینید و منتظر شوید!

۲. [قید] (همراهِ ***is, was, are, were***، بدونِ معادل در فارسی)

*There **is** a book on the shelf.*

روی تاقچه یک کتاب هست.

*There **are** many books here.*

کتابهای زیادی اینجا هست.

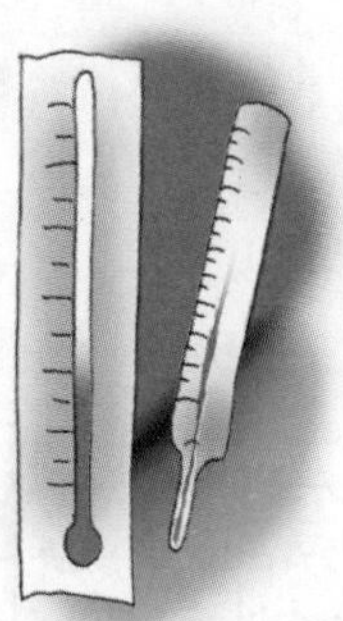

thermometer

thermometer /ˈthərmɑmi-tər/ [اسم] دماسنج

The thermometer reads 100°C.

دماسنج ۱۰۰ درجهٔ سلزیوس را نشان می‌دهد.

these /dhi:z/ ۱. [ضمیر] اینها (صورتِ جمعِ ***this***)

Are these mine?

اینها مالِ من هستند؟

۲. [صفت] این (صورتِ جمعِ ***this***)

These shoes are expensive.

این کفشها گران هستند.

they /dhey/ [ضمیر] آنها، آنان، ایشان

They are sisters. آنها خواهرند.

thick /thik/ ۱. [صفت] کُلُفت، ضخیم

I ate a thick slice of cake.

یک برشِ کلفتِ کیک خوردم.

۲. [صفت] پُرپُشت، انبوه

Her hair is thick.

موهایش پرپشت است.

۳. [صفت] (در موردِ مایعات و مِه و دود) غلیظ

He drove in the thick fog.

در مهِ غلیظ رانندگی کرد.

thimble /ˈthimbəl/ [اسم] انگشتانه

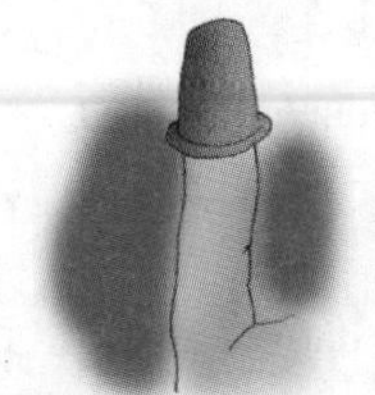

thimble

thin /thin/ ۱. [صفت] باریک، نازک

He has thin lips.

لبهای باریکی دارد. لبهایش باریک است.

۲. [صفت] لاغر

The boy is thin. آن پسره لاغر است.

thing /thing/ [اسم] چیز، شیء

What's that thing on the table?

آن شیء روی میز چی است؟

think /think/ ۱. [فعل] فکر کردن

Let me think! بگذار فکر کنم! بگذارید فکر کنم!

۲. [فعل] خیال کردن، تصوّر کردن، گمان کردن

ای (کوتاه) = i   اِ = e   آ (با دهانِ نیمه‌بسته) = ə   آ (با دهانِ نیمه‌باز) = ʌ   آ = ɑ   اَ = a

ای = ey   او (کشیده) = u: او (کوتاه) = u   و (در کلمهٔ موج) = ō   اُ (تا حدودی کشیده) = o   ای (کشیده) = i:

I think you are wrong.
خیال می‌کنم اشتباه کنی. گمان می‌کنم اشتباه می‌کنید.

third /tnərd/ [صفت] سومین، سوم
It's the third day of the week.
سومین روزِ هفته است. روزِ سومِ هفته است.

thirsty /'thərsti/ [صفت] تشنه
I'm thirsty. تشنه‌ام است. تشنه هستم.

thirteen /thər'ti:n/
۱. [اسم] سیزده، عددِ سیزده، شمارهٔ سیزده
۲. [صفت] سیزده تا، سیزده

thirty /'thərti/ ۱. [اسم] سی، عددِ سی، شمارهٔ سی
۲. [صفت] سی تا، سی

this /dhis/
۱. [ضمیر] (در اشاره به نزدیک) این
This is for you! این برای تو است! این برای شماست!
۲. [صفت] (در اشاره به شخص، چیز یا محّلی در نزدیکی) این
Look at this picture!
به این عکس نگاه کن! به این عکس نگاه کنید!
this morning امروز صبح
this afternoon امروز عصر؛ امروز بعد از ظهر
this evening امروز عصر؛ امشب

thistle /'thisəl/
[اسم] کنگرفرنگیِ وحشی (گیاهی وحشی با برگهای تیز و گلهای بنفش رنگ)

thorn /thorn/ [اسم] تیغ، خار
Roses have thorns. گل رُز تیغ دارد.

those /dhōz/ ۱. [ضمیر] آنها (صورتِ جمعِ **that**)
Where did you put those?
آنها را کجا گذاشتی؟ آنها را کجا گذاشتید؟
۲. [صفت] آن (صورتِ جمعِ **that**)
Those flowers are beautiful.
آن گلها قشنگ هستند.

thought /that/
۱. (زمانِ گذشته و صورتِ مفعولیِ فعلِ بی‌قاعدهٔ **think**)
۲. [اسم] فکر، ایده
That's a thought! چه فکرِ بکری!

thousand /'thaozənd/
۱. [اسم] هزار، عددِ هزار، شمارهٔ هزار
۲. [صفت] هزارتا، هزار

thread /thred/ [اسم] نَخ
I need a needle and thread.
سوزن و نخ لازم دارم. یک سوزن و نخ می‌خواهم.

three /thri:/ ۱. [اسم] سه، عددِ سه، شمارهٔ سه
۲. [صفت] سه تا، سه

threw /thru:/
(زمانِ گذشتهٔ فعلِ بی‌قاعدهٔ **throw**)

thistle

thrill /thril/ [اسم] هیجان؛ لذّت
I get a thrill out of dancing.
من از رقص لذّت می‌برم. رقصیدن برای من هیجان دارد.

throat /thrōt/ [اسم] گلو
I've got a sore throat.
گلویم درد می‌کند. گلودرد دارم.

through /thru:/
[حرفِ اضافه] از میانِ، از وسطِ، از، از لای
He came in through the flap.
از درِ بادبزنی آمد تو.

throw /thrō/ [فعل] پرت کردن، پرتاب کردن، انداختن
Throw the ball here!
توپ را بینداز اینجا! توپ را بیندازید اینجا!

thrown /thrōn/
(صورتِ مفعولیِ فعلِ بی‌قاعدهٔ ***throw***)

thrush /thrʌsh/ [اسم] توکا
(پرنده‌ای است با پشتِ قهوه‌ای‌رنگ و سینهٔ خالدار)

thumb /thʌm/
[اسم] شستِ دست

thumbtack /'thʌmtak/
[اسم] پونز
I fastened it with a thumbtack.
با پونز وصلش کردم. آن را با پونز وصل کردم.

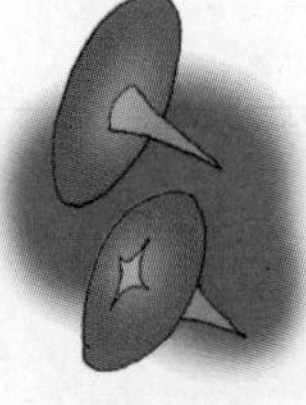
thumbtack

thunder /'thʌndər/ [اسم] رعد، آسمان غرنبه
There's thunder in the air.
انگار دارد آسمان غرنبه می‌شود.

Thursday /'thərzdey/
[اسم] پنجشنبه
Today is Thursday.
امروز پنجشنبه است.

tick /tik/
[اسم] علامتِ صحیح، علامتِ ✓

tick

ticket /'tikit/ [اسم] بلیت
Do you have a ticket?
بلیت داری؟ بلیت دارید؟

tickle /'tikəl/ ۱. [اسم] خارش
۲. [فعل] قلقلک دادن، قلقلک کردن
She tickled my nose.
دماغم را قلقلک داد.

tide /tɑyd/ [اسم] جزر و مد

tidy /'tɑydi/ ۱. [صفت] مرتّب، منظّم
He's a tidy boy. پسرِ مرتّبی است.
۲. [فعل] مرتّب کردن، جمع و جور کردن، تمیز کردن
Tidy your room!
اتاقت را مرتّب کن! اتاقتان را مرتّب کنید!

a = اَ ɑ = آ ʌ = آ (با دهانِ نیمه‌باز) ə = آ (با دهانِ نیمه‌بسته) e = اِ i = ای (کوتاه)
i: = ای (کشیده) o = اُ (تا حدودی کشیده) ō = و (در کلمهٔ موج) u = او (کوتاه) u: = او (کشیده) ey = اِی

tie /tay/ ۱. [اسم] کراوات
۲. [اسم] (در مسابقه) نتیجهٔ مساوی
The race ended in a tie.
مسابقه با نتیجهٔ مساوی به پایان رسید.
۳. [فعل] بستن، گره زدن
Tie the dog there!
سگ را آنجا ببند! سگ را آنجا ببندید!

tiger /'taygər/ [اسم] بَبر

tiger

tight /tayt/ ۱. [صفت] تنگ، چسبان
His clothes are very tight.
لباسهایش خیلی تنگ است.
۲. [صفت] سفت، محکم
She was holding her bag tight.
کیفش را محکم گرفته بود.

tights /tayts/
[اسم] جوراب شلواری

till /til/ [حرفِ اضافه] تا
Don't start till I arrive!
تا وقتی من نیامده‌ام شروع نکن! تا من نیامده‌ام شروع نکنید!

timber /'timbər/ [اسم] چوب، الوار

time /taym/ ۱. [اسم] زمان
۲. [اسم] وقت، موقع، ساعت
What time is it? ساعت چند است؟
What's the time?
ساعت چند است؟
*She came **on time**.*
به موقع آمد. سرِ وقت آمد.
۳. [اسم] دفعه، بار، مرتبه
This time you are wrong.
این دفعه تو اشتباه می‌کنی. این مرتبه شما اشتباه می‌کنید.

timid /'timid/ ۱. [صفت] خجالتی، کم‌رو .
۲. [صفت] ترسو، بزدل

tin /tin/ ۱. [اسم] قلع
(فلزّی سفیدرنگ که برای محافظتِ آهن به کار می‌رود)
۲. [اسم] قوطی کنسرو
She opened a tin of beans.
یک قوطی کنسروِ لوبیا باز کرد.
۳. [اسم] قوطی، قوطی فلزّی
۴. [اسم] (برای پختنِ کیک) قالب

tinkle /'tinkəl/
[فعل] جرینگ‌جرینگ کردن، جرینگ‌جرینگ صدا کردن
I could hear the bells tinkling.
می‌توانستم بشنوم که زنگها جرینگ‌جرینگ صدا می‌کنند. صدای جرینگ‌جرینگِ زنگها را می‌توانستم بشنوم.

tinsel /'tinsəl/ [اسم] زَرورَق، نوارِ زَرورَق، نوارِ زرق و بَرق‌دار

tin

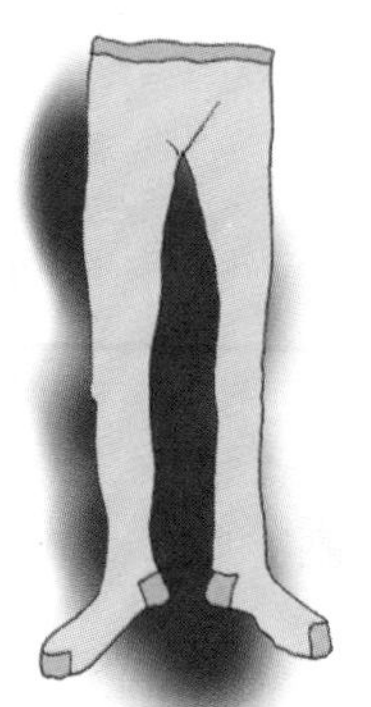
tights

tiny /'tɑyni/ [صفت] کوچک، کوچولو، ریز

She lives in a tiny house.

در خانهٔ کوچکی زندگی می‌کند.

tip /tip/ ۱. [اسم] سر، نوک

The tip of her nose was red.

سرِ دماغش سرخ بود.

۲. [فعل] چپه کردن، برگرداندن، وارونه کردن

She tipped her chair.

صندلیش را وارونه کرد.

۳. [فعل] ریختن

I tipped the flour in the bowl.

آرد را توی کاسه ریختم.

tiptoe /'tiptō/

[فعل] روی نوکِ پنجه رفتن، پاورچین پاورچین رفتن

He tiptoed into the kitchen.

پاورچین پاورچین رفت توی آشپزخانه.

tire /tɑyr/ [اسم] تایر، لاستیک

tired /'tɑyrd/ [صفت] خسته

I'm very tired. من خیلی خسته هستم.

tissue /'tishu:/

۱. [اسم] کاغذِ نازک

۲. [اسم] دستمال کاغذی

I bought a box of tissues.

یک جعبه دستمال کاغذی خریدم.

title /'tɑytl/

۱. [اسم] (در موردِ کتاب) اسم، عنوان

What's the title of the book?

اسم آن کتاب چی است؟

۲. [اسم] لقب (اسمی مثلِ آقا، خانم، استاد که جلوی اسمِ اصلیِ کسی می‌آید)

What's his title? لقبش چی است؟

to /tə, tu/ ۱. [حرفِ اضافه] به، مانده به؛ پیش از

The train leaves at ten to six.

قطار ده دقیقه مانده به شش حرکت می‌کند.

۲. [حرفِ اضافه] به طرفِ، به سمتِ، به

She goes to school by bus.

با اتوبوس به مدرسه می‌رود.

۳. [حرفِ اضافه] به

She gave a present to her son.

هدیه‌ای به پسرش داد.

۴. [حرفِ اضافه] پیشِ، نزدِ

He took his cat to the vet.

گربه‌اش را پیشِ دامپزشک برد.

نشانهٔ مصدر در انگلیسی **to** است. مصدرِ فعلهای زیر بدونِ **to** است:

can, could, may, might, ought to, must, will, would

toad /tōd/ [اسم] وَزَغ

(جانوری شبیهِ قورباغه که بیشتر در خشکی زندگی می‌کند)

toad

toadstool /'tōdstu:l/
[اسم] قارچِ چتریِ سمّی

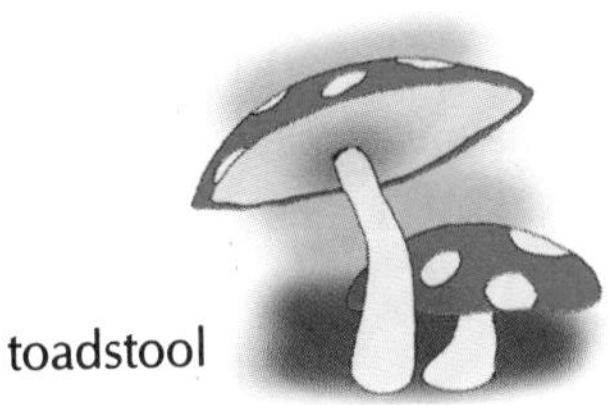
toadstool

toast /tōst/ [اسم] نانِ تُست؛ نانِ برشته
I put some jam on my toast.
کمی مربّا روی نانِ تُستم مالیدم.

today /tə'dey/ [قید] امروز
Today is Monday.
امروز دوشنبه است.

toddler /'tɑdlər/ [اسم] بچّهٔ نوپا
(بچّهٔ کوچکی که تازه راه‌رفتن یاد گرفته است)

toddler

toe /tō/ [اسم] انگشتِ پا
My toe is bleeding.
از انگشتِ پایم خون می‌آید.

toffee /'tɑfi/ [اسم] تافی، شکلات کِشی

together /tə'gədhər/
۱. [قید] باهم، با همدیگر
They sang together.
باهم آواز خواندند.
۲. [قید] به هم، روی هم
She pressed her lips together.
لبهایش را روی هم فشار داد.

toilet /'toylit/ [اسم] توالت، دستشویی
I need to go to the toilet.
باید بروم دستشویی. توالت دارم.

told /tōld/
(زمانِ گذشته و صورتِ مفعولیِ فعلِ بی‌قاعدهٔ *tell*)

tomato /tə'meytō, tə'mɑtō/
[اسم] گوجه‌فرنگی
I bought some tomatoes.
کمی گوجه‌فرنگی خریدم.

tomb /tu:m/ [اسم] آرامگاه، قبر

tomb

tomorrow /tə'mɑrō/ [قید] فردا
Tomorrow is Friday.
فردا جمعه است.

tongue /tʌng/ ۱. [اسم] زبان
He looked at my tongue.
زبانم را نگاه کرد.
۲. [اسم] (در موردِ کفش، پوتین، چکمه) زبانه (قسمتی از کفش که زیرِ بندها قرار می‌گیرد)

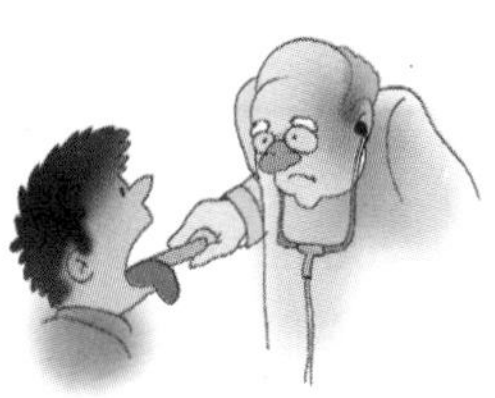
tongue

tonight /tə'nɑyt/ [قید] امشب
Tonight I'll go to the cinema.
امشب به سینما می‌روم.

toothbrush

toothpaste

tonne /tʌn/ [اسم] تُن
(یکی از واحدهای اندازه‌گیریِ وزن؛ هر تُن برابرِ هزار کیلوگرم است.)

too /tu:/ ۱. [قید] هم، نیز، همچنین
Can I come too?
من هم می‌توانم بیایم؟
۲. [قید] زیادی، بیش از حد؛ خیلی
This box is too big.
این جعبه زیادی بزرگ است. این جعبه بیش از حد بزرگ است.

took /tuk/
(زمانِ گذشتهٔ فعلِ بی‌قاعدهٔ ***take***)

took off /tuk 'ɑf/
(زمانِ گذشتهٔ فعلِ بی‌قاعدهٔ ***take off***)

tool /tu:l/ [اسم] ابزار، وسیله
A saw is a useful tool.
ارّه یک وسیلهٔ به درد بخور است.

tooth /tu:th/ [اسم] دندان
*The baby is **cutting a tooth**.*
بچّه کوچولو دارد دندان درمی‌آورد.

toothache /'tu:theyk/
[اسم] دندان درد
I have a toothache.
دندان درد دارم. دندانم درد می‌کند.

toothbrush /'tu:thbrʌsh/
[اسم] مسواک

toothpaste /'tu:thpeyst/
[اسم] خمیر دندان
I bought a tube of toothpaste.
یک لوله خمیر دندان خریدم.

top /tɑp/ ۱. [اسم] بالا
Put it in the top of the oven!
بگذارش بالایِ فر! آن را بالای فِر بگذارید!
۲. [اسم] در، سر
He put the top on the bottle.
درِ بطری را بست. سرِ بطری را گذاشت.
۳. [صفت] بالایی، بالا
They're in the top cupboard.
در قفسهٔ بالایی هستند.

torch /torch/ [اسم] چراغ قوّه
He took his torch.
چراغ قوّه‌اش را برداشت.

torch

tore /tor/
(زمانِ گذشتهٔ فعلِ بی‌قاعدهٔ ***tear***[1])

torn /torn/
(صورتِ مفعولیِ فعلِ بی‌قاعدهٔ ***tear***[1])

tortoise /'tortəs/
[اسم] لاک پشت

tortoise

a = اَ   ɑ = آ   ʌ = آ (با دهانِ نیمه‌باز)   ə = آ (با دهانِ نیمه‌بسته)   e = اِ   i = ای (کوتاه)
i: = ای (کشیده)   o = اُ (تا حدودی کشیده)   ō = و (در کلمهٔ موج)   u = او (کوتاه)   u: = او (کشیده)   ey = اِی

Tuesday /'tu:zdey, 'tyu:zdey/
[اسم] سه‌شنبه
Tomorrow is Tuesday.
فردا سه‌شنبه است.

tug /tʌg/ ۱. [اسم] قایقِ یَدَک‌کش، یَدَک‌کش
۲. [فعل] کشیدن
I tugged his ear. گوشش را کشیدم.

tulip /'tu:lip, 'tyu:lip/
[اسم] گلِ لاله

tulip

tumble /'tʌmbəl/ [فعل] افتادن، پرت شدن، سکندری خوردن
She tumbled down. افتاد زمین. سکندری خورد.

tuna /'tu:nə/ [اسم] ماهیِ تُن
She bought a tin of tuna.
یک قوطی کنسروِ ماهیِ تُن خرید.

tune /tu:n, tyu:n/ [اسم] آهنگ
He was whistling a tune.
آهنگی را با سوت می‌زد.

tunnel /'tʌnl/ [اسم] تونل
The train went into a tunnel.
قطار واردِ تونل شد. قطار توی تونل رفت.

turban /'tərbən/ [اسم] عمّامه
He was wearing a turban.
عمّامه سرش گذاشته بود.

turkey /'tərki/ [اسم] بوقلمون

turkey

turn /tərn/ ۱. [فعل] چرخاندن، برگرداندن، گرداندن
Turn the vase! گلدان را بچرخان! گلدان را بگردانید!
۲. [فعل] تبدیل شدن
The prince turned into a frog.
شاهزاده به قورباغه تبدیل شد.
۳. [فعل] تبدیل کردن
Heat turns ice to water.
گرما یخ را به آب تبدیل می‌کند.
۴. [فعل] شدن
The leaves turned yellow.
برگها زرد شدند.
۵. [فعل] پیچیدن
Turn left! بپیچ به چپ! به چپ بپیچید!
۶. [اسم] نوبت
It's your turn. نوبتِ تو است. نوبتِ شما است.

turnip /'tərnip/ [اسم] شلغم

turnip

turn off /tərn 'af/ ۱. [فعل] بستن
Turn off the water! آب را ببند! آب را ببندید!
۲. [فعل] (در موردِ گاز) قطع کردن
۳. [فعل] خاموش کردن
Turn off the radio!
رادیو را خاموش کن! رادیو را خاموش کنید!

turn on /tərn ˈɑn/

۱. [فعل] باز کردن

Turn on the water! آب را باز کن!

آب را باز کنید!

۲. [فعل] (در موردِ گاز) وصل کردن

۳. [فعل] روشن کردن

Turn on the television!

تلویزیون را روشن کن! تلویزیون را روشن کنید!

turntable /ˈtərnteybəl/

[اسم] گرامافون، گرام

turtle /ˈtərtl/

۱. [اسم] لاک‌پشتِ دریایی

A turtle is a large reptile.

لاک‌پشتِ دریایی خزندهٔ بزرگی است.

۲. [اسم] لاک‌پشت، سنگ‌پشت

turtle-neck /ˈtərtl nek/

[اسم] بلوزِ یقه‌اسکی

tusk /tʌsk/

[اسم] (در موردِ فیل) عاج

tusk

TV /ti: ˈvi:/ [اسم] تلویزیون

We bought a new TV.

یک تلویزیونِ جدید خریدیم.

tweezers /ˈtwi:zərz/

۱. [اسم] موچین

۲. [اسم] اَنبُرِ کوچک، پنس

twelve /twelv/ ۱. [اسم] دوازده، عددِ دوازده، شمارهٔ دوازده

۲. [صفت] دوازده تا، دوازده

twenty /ˈtwenti/ ۱. [اسم] بیست، عددِ بیست، شمارهٔ بیست

۲. [صفت] بیست تا، بیست

twig /twig/ [اسم] شاخهٔ کوچک سرشاخه، ترکه

twilight /ˈtwɑylɑyt/

۱. [اسم] سپیده‌دَم، بامداد

۲. [اسم] غروب، شبانگاه

I went for a walk at twilight.

غروب رفتم پیاده‌روی.

twilight

twine /twɑyn/ [اسم] نخِ چندلا، نخِ قند

twinkle /ˈtwinkəl/

[فعل] (در موردِ ستاره) چشمک زدن، سوسو زدن، برق زدن

twins /twinz/ [اسم] دوقلو

twirl /twərl/

۱. [فعل] چرخاندن، پیچاندن، تاب‌دادن

۲. [فعل] چرخیدن، پیچیدن، تاب خوردن

twist /twist/ [فعل] چرخاندن

She twisted her body.

بدنش را چرخاند.

twitter /'twitər/

۱. [فعل] (در موردِ پرنده) جیک‌جیک کردن

۲. [فعل] یک بند حرف زدن، یکریز حرف زدن، وِرّ و وِرّ کردن

two /tu:/ ۱. [اسم] دو، عددِ دو، شمارهٔ دو

۲. [صفت] دو تا، دو

type /tayp/ ۱. [اسم] نوع، جور

What type of people work here?

چه جور آدمهایی اینجا کار می‌کنند؟

۲. [فعل] تایپ کردن، ماشین کردن

She typed her letter.

نامه‌اش را تایپ کرد.

typewriter /'tayprayter/

[اسم] ماشین‌تحریر، ماشینِ تایپ

typewriter

typhoon /tay'fu:n/

[اسم] توفانِ شدید، توفند

typical /'tıpıkl/ [صفت] نمونه، نمونهٔ واقعی

Typical! طبقِ معمول!

tyre /tayr/ = **tire**

U,u

umbrella

umpire

ugly /ˈʌgli/ [صفت] زشت، بدترکیب، بی‌ریخت

That picture is ugly.

آن عکس زشت است.

umbrella /ʌmˈbrelə/ [اسم] چتر

Put your umbrella up!

چترت را باز کن! چترتان را باز کنید!

umpire /ˈʌmpɑyr/

۱. [اسم] (در ورزش) داور

۲. [فعل] داوری کردن

unable /ʌnˈeybəl/

[صفت] ناتوان، عاجز

I was unable to talk to him.

نتوانستم باهاش صحبت کنم.

uncle /ˈʌnkəl/ ۱. [اسم] دایی؛ عمو

My uncle is young.

داییِ من جوان است. عمویم جوان است.

۲. [اسم] شوهرخاله؛ شوهرعمّه

Where's your uncle?

شوهرخاله‌ات کجاست؟ شوهر عمّه‌تان کجاست؟

uncomfortable /ʌnˈkʌmfərtəbəl, ʌnˈkʌmftəbəl/

۱. [صفت] ناراحت‌کننده

It's an uncomfortable fact.

واقعیّتِ ناراحت‌کننده‌ای است.

۲. [صفت] ناراحت

This chair is uncomfortable.

این صندلی ناراحت است. این صندلی راحت نیست.

unconscious /ʌnˈkɑnshəs/

[صفت] بیهوش

The girl was unconscious.

دختر بیهوش شده بود.

under /ˈʌndər/ [حرفِ اضافه] زیرِ

The cat is under the chair.

گربه زیرِ صندلی است.

undercarriage /ˈʌndərkarij/ [اسم] (در هواپیما) ارّابهٔ فرود (قسمتی از هواپیما که چرخها در آن قرار دارد)

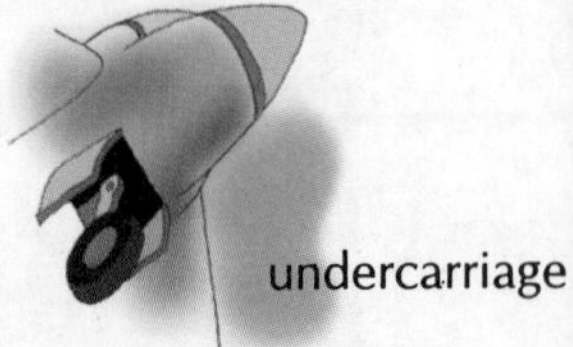
undercarriage

a = اَ　ɑ = آ　ʌ = آ (با دهانِ نیمه‌باز)　ə = آ (با دهانِ نیمه‌بسته)　e = اِ　i = ای (کوتاه)

i: = ای (کشیده)　o = اُ (تا حدودی کشیده)　ō = و (در کلمهٔ موج)　u = او (کوتاه)　u: = او (کشیده)　ey = اِی

underground[1] /'ʌndər-graond/ [قید] زیرِ زمین

It's buried underground.

آن را زیرِ زمین چال کرده‌اند.

underground[2] /'ʌndər-graond/ [اسم] مترو

understand /ʌndər'stand/

[فعل] فهمیدن، درک کردن

I didn't understand. من نفهمیدم.

understood /ʌndər'stud/

(زمانِ گذشته و صورتِ مفعولیِ فعلِ بی‌قاعدۀ ***understand***)

underwear /'ʌndərwer/

[اسم] لباسِ زیر، زیرپیراهنی، زیرپوش

undid /ʌn'did/

(زمانِ گذشتۀ فعلِ بی‌قاعدۀ ***undo***)

undo /ʌn'du:/ [فعل] باز کردن

She undid the parcel.

بسته را باز کرد.

undone /ʌn'dʌn/

(صورتِ مفعولیِ فعلِ بی‌قاعدۀ ***undo***)

undress /ʌn'dres/

[فعل] لخت شدن

She undressed. لخت شد.

uneven /ʌn'i:vən/

[صفت] ناهموار، ناصاف

The road was very uneven.

جادّه خیلی ناصاف بود.

unexpected /ʌnik'spektid/

[صفت] غیرِ منتظره، پیش‌بینی نشده

Her speech was unexpected.

سخنرانی‌اش غیرِمنتظره بود.

unhappy /ʌn'hapi/

[صفت] ناراحت، غمگین

Why are you so unhappy?

چرا این‌قدر ناراحتی؟ چرا این‌قدر غمگین هستید؟

unicorn /'yu:nikorn/

[اسم] اسبِ شاخدار، تک‌شاخ (موجودی افسانه‌ای که شاخِ بزرگی وسطِ سرش دارد)

uniform /'yu:niform/

[اسم] اونیفورم، لباسِ فرم

She wore her school uniform.

اونیفورمِ مدرسه‌اش را پوشید.

unit /'yu:nit/

[اسم] واحدِ اندازه‌گیری

The second is a unit of time.

ثانیه یکی از واحدهای اندازه‌گیریِ زمان است.

universe /'yu:nivərs/

[اسم] جهان، دنیا، عالَم

university /yu:ni'vərsiti/

[اسم] دانشگاه

She wants to go to university.

دوست دارد به دانشگاه برود.

unicorn

uniform

unkind /ʌn'kaynd/

[صفت] نامهربان

Her husband is very unkind.

شوهرش خیلی نامهربان است.

unload /ʌn'lōd/

[فعل] تخلیه کردن، خالی کردن

The driver unloaded the lorry.

راننده کامیون را خالی کرد.

unlucky /ʌn'lʌki/

[صفت] بدشانس

He's very unlucky.

خیلی بدشانس است.

unnecessary /ʌn'nesəseri/

[صفت] غیرِ ضروری، غیرِ لازم

It's unnecessary. ضروری نیست.

غیرِضروری است.

unpleasant

unpleasant /ʌn'plezənt/

۱. [صفت] بی‌ادب، بی‌تربیت

Her son is very unpleasant.

پسرش خیلی بی‌ادب است.

۲. [صفت] ناخوشایند، نامطبوع، بد

It has an unpleasant smell.

بوی ناخوشایندی دارد. بوی بدی می‌دهد.

unselfish /ʌn'selfish/

[صفت] فداکار، از خود گذشته

His sister is an unselfish girl.

خواهرش دخترِ فداکاری است.

untidy /ʌn'taydi/

۱. [صفت] نامرتّب، نامنظّم

She's an untidy student.

دانش‌آموزِ نامرتّبی است.

۲. [صفت] به‌هم ریخته، ریخته پاشیده

The living room is very untidy.

اتاقِ نشیمن خیلی ریخته پاشیده است.

untidy

until /ʌn'til/ [حرفِ اضافه] تا

You must wait until tomorrow.

باید تا فردا صبر کنی. باید تا فردا منتظر شوید.

unusual /ʌn'yu:žuəl/

[صفت] غیرِعادی، عجیب

It has an unusual taste.

مزهٔ غیرعادی‌ای دارد. مزه‌اش عجیب است.

up /ʌp/ [قید] بالا، به طرفِ بالا

He went up the hill.

از تپّه بالا رفت.

upset /ʌp'set/

۱. [صفت] ناراحت

Are you upset? ناراحتی؟

ناراحت هستید؟

۲. [فعل] برگرداندن، چپه کردن

He upset a tin of paint.

یک قوطی رنگ را برگرداند.

upset

upside down /ʌpsayd 'daon/ [صفت] وارونه، چپه، سر و ته

I **turned** my bag **upside down**.

کیفم را چپه کردم.

upstairs /ʌp'sterz/

[قید] طبقهٔ بالا

Their room is upstairs.

اتاقشان طبقهٔ بالاست.

urgent /'ərjənt/ [صفت] فوری

It's an urgent message.

یک پیغامِ فوری است.

us /ʌs/ [ضمیر] ما، ـــ مان

The house is too big for us.

خانه برای ما زیادی بزرگ است. خانه برایمان بیش از حد بزرگ است.

US /yu: 'es/ [اسم] آمریکا

USA /yu: es 'ey/ [اسم] آمریکا

She lives in the USA.

در آمریکا زندگی می‌کند.

use /yu:z/

۱. [فعل] از (چیزی) استفاده کردن، به کار بردن

I used his pen.

از خودکارِ او استفاده کردم.

۲. [فعل] مصرف کردن

Who's used all my shampoo?

کی تمامِ شامپوی من را مصرف کرده است؟

used to /'yu:st tə/

[فعلِ کمکی] (بیانگرِ تکرار در گذشته) می‌ـ

I used to live in London.

در لندن زندگی می‌کردم.

useful /'yu:sfəl/ [صفت] مفید، به درد بخور

It's a useful book.

کتابِ به درد بخوری است.

useless /'yu:slis/

[صفت] بی‌فایده، به درد نخور

This information is useless.

این اطّلاعات به درد نخور است.

usual /'yu:žuəl/ [صفت] معمول، همیشگی

I will see her at the usual time.

وقتِ همیشگی می‌بینمش.

He is late, **as usual.**

طبقِ معمول دیر کرد.

usually /'yu:žuəli/ [قید] معمولاً

He usually gets up at seven.

معمولاً ساعتِ هفت از خواب بیدار می‌شود.

صورتِ مثبت ***used to***
صورتِ منفی ***used not to***
صورتِ کوتاه شدهٔ منفی ***didn't used to, usedn't to***

upside down

oy = اُی ay = آی ao = آ+اُ (پشتِ سرهم) g = گ j = ج s = س v = و w = و (با لبهای گرد)
y = ی z = ز ž = ژ ch = چ sh = ش th = ث (تُک‌زبانی) dh = ذ (تُک‌زبانی)

V,v

vaccination /vaksi'neyshən/
[اسم] واکسیناسیون، مایه کوبی

vacuum cleaner /'vak-yum kli:nər/
[اسم] جاروبرقی

valley /'vali/ [اسم] درّه
The village is in a valley.
آن دهکده در درّه‌ای قرار دارد.

valuable /'valyubəl/
۱. [صفت] قیمتی، گران‌قیمت
It's a valuable jewel.
این جواهر قیمتی است.
۲. [صفت] پرارزش، ارزشمند
This book is very valuable.
این کتاب بسیار پرارزش است.

van /van/ [اسم] وانتِ سرپوشیده، وانتِ استیشن؛ کامیونِ اتاق‌دار

van

vanish /'vanish/
[فعل] ناپدید شدن، غیب شدن
He vanished in the crowd.
توی جمعیّت غیب شد.

vase /veys, veyz/ [اسم] گلدان
He put the flowers in a vase.
گلها را در گلدان گذاشت.

vase

've /v, əv/
(صورتِ کوتاه شدهٔ زمانِ حالِ فعلِ ***have***)

vegetable /'vejtəbəl/
[اسم] گیاهِ‌خوراکی (شاملِ پیاز، سیب زمینی، نخود، لوبیا و غیره)
vegetables سبزیجات
He ate vegetables for lunch.
ناهار سبزیجات خورد.

vehicle /'vi:hikəl, 'vi:ikəl/
[اسم] وسیلهٔ نقلیّه

---

a = اَ   ɑ = آ   ʌ = آ (با دهانِ نیمه‌باز)   ə = آ (با دهانِ نیمه‌بسته)   e = اِ   i = ای (کوتاه)
i: = ای (کشیده)   o = اُ (تا حدودی کشیده)   ō = و (در کلمهٔ موج)   u = او (کوتاه)   u: = او (کشیده)   ey = اِی

motor vehicles
وسایلِ نقلیهٔ موتوری، وسایطِ نقلیهٔ موتوری

veil /veyl/ [اسم] روبنده؛ حجاب؛ مقنعه
She wore a veil. حجاب داشت. مقنعه پوشیده بود. روبنده بسته بود.

vein /veyn/ [اسم] سیاهرگ
(یکی از رگهایی که خون را به قلب می‌برد)

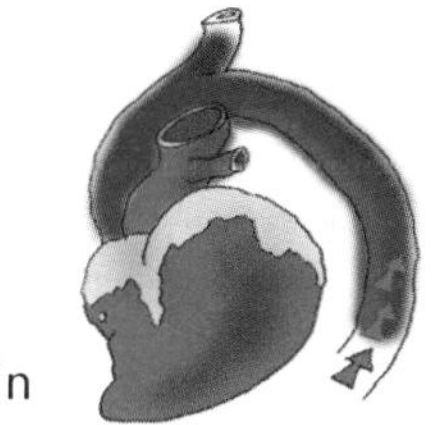
vein

velvet /'velvit/
[اسم] (پارچه) مخمل

verb /vərb/
[اسم] (در دستورِ زبان) فعل
auxiliary verb فعلِ کمکی
regular verb فعلِ باقاعده
irregular verb فعلِ بی‌قاعده

vertical /'vərtikəl/
۱. [صفت] عمودی، قائم
A vertical line divides it.
یک خطِ عمودی آن را به دو قسمت می‌کند.
۲. [اسم] خطِ قائم، خطِ عمودی

very /'veri/ [قید] خیلی، بسیار، حسابی
It's very cold. خیلی سرد است. هوا حسابی سرد است.
"Do you like it?"
–"Very much so."
«ازش خوشت می آید؟» ـ «تا دلت بخواهد.» «از آن خوشتان می‌آید؟» ـ «چه جور هم.»
very well بسیارخوب
very much خیلی، خیلی‌زیاد

vest /vest/ ۱. [اسم] زیرپیراهنی، زیرپوش
۲. [اسم] جلیقه

vet /vet/ [اسم] دامپزشک
She took her dog to the vet.
سگش را پیشِ دامپزشک برد.

vet

victory /'viktəri/ [اسم] پیروزی، موفّقیّت
It was a victory for our team.
موفّقیّتی برای تیمِ ما بود. برای تیمِ ما پیروزی محسوب می‌شد.

فعل جزءِ اصلیِ جمله است و انجام دادنِ کاری یا روی دادنِ حالتی را نشان می‌دهد.

video /'vidiō/ [اسم] ویدئو، دستگاهِ ویدئو
Turn off the video!
ویدئو را خاموش کن! دستگاهِ ویدئو را خاموش کنید!

video game /'vidiō geym/
[اسم] بازیِ کامپیوتری، گِیم

view /vyu:/ ۱. [اسم] منظره
۲. [اسم] نظر، عقیده
In my view... به عقیدهٔ من...

vile /vayl/

[صفت] (در موردِ بو) بسیار بد

village /'vilij/ [اسم] دهکده، ده، روستا

My uncle lives in a village.

عمویم در روستا زندگی می‌کند. دایی‌ام در دهکده‌ای زندگی می‌کند.

villain /'vilən/ ۱. [اسم] آدمِ شرّ، آدمِ شرور

۲. [اسم] (در داستان یا فیلم) شخصیتِ بد، شخصیتِ منفی

vine /vayn/ ۱. [اسم] گیاهِ رونده

۲. [اسم] درختِ مو

vine

vinegar /'vinigər/ [اسم] سرکه

violent /'vayələnt/

۱. [صفت] شدید؛ تند

I have a violent toothache.

دندان دردِ شدیدی دارم.

There was a violent wind.

بادِ تندی می‌آمد.

۲. [صفت] خشن؛ خشونت‌آمیز

He is a violent man.

مردِ خشنی است.

His violent act surprised me.

کارِ خشونت‌آمیزش من را به تعجّب انداخت.

violet

violet /'vayəlit/

۱. [صفت] بنفش، بنفش‌رنگ

۲. [اسم] رنگِ بنفش، بنفش

۳. [اسم] (گل) بنفشه

violin /vayə'lin/ [اسم] ویولُن

(نوعی سازِ موسیقی که چهار سیم دارد و با کشیدنِ آرشه روی سیمها آن را می‌نوازند)

violin

visit /'vizit/

۱. [فعل] از (کسی یا چیزی) دیدن کردن، به دیدنِ (کسی یا چیزی) رفتن، به دیدنِ (کسی یا چیزی) آمدن، به ملاقاتِ (کسی) رفتن، ملاقات کردن

She visited us in the spring.

بهار از ما دیدن کرد. در بهار به دیدنِ ما آمد.

۲. [اسم] دیدار، ملاقات، دیدن

*She **paid** me **a visit**.*

به دیدنِ من آمد.

visor /'vayzər/

[اسم] (روی کلاهِ ایمنی یا کلاه‌خود) نقاب

The visor protects the eyes.

نقابِ کلاهِ ایمنی از چشمها محافظت می‌کند.

vitamin /'vaytəmin, 'vitəmin/

[اسم] ویتامین

vocabulary /və'kabyuləri/

[اسم] گنجینهٔ لغات، واژگان

His vocabulary is weak.

گنجینهٔ لغاتش ضعیف است.

voice /voys/ [اسم] صدا

I could not hear his voice.

صدایش را نمی‌شنیدم. نمی‌توانستم صدایش را بشنوم.

volcano /val'keynō/

[اسم] کوهِ آتشفشان

volleyball /'valibal/

[اسم] والیبال

They are playing volleyball.

دارند والیبال بازی می‌کنند.

volume /'valyu:m/

۱. [اسم] کتاب؛ جلد

He took a large volume.

کتابِ بزرگی برداشت.

۲. [اسم] حجم

What's its volume?

حجمش چقدر است؟

۳. [اسم] شدّتِ صدا، صدا

Turn the volume down!

صدایش را کم کن! صدایش را کم کنید!

vomit /'vamit/

[فعل] استفراغ کردن

vowel /'vaoəl/

[اسم] حرفِ صدادار

voyage /'voyij/ [اسم] سفر؛ سفرِ دریایی؛ سفرِ فضایی

vulture /'vʌlchər/

[اسم] لاشخور، کرکس (پرنده‌ای بزرگ که از بدنِ حیواناتِ مرده تغذیه می‌کند)

حروفِ صدادار در انگلیسی عبارتند از:
a, e, i, o, u

vulture

oy = اُی ay = آی ao = آ+اُ (پشتِ سرهم) g = گ j = ج s = س v = و w = و (با لبهای گرد)
y = ی z = ز ž = ژ ch = چ sh = ش th = ث (تُک‌زبانی) dh = ذ (تُک‌زبانی)

W,w

wait /weyt/ [فعل] منتظر شدن، صبر کردن
He waited for his friend.
منتظرِ دوستش شد. برای دوستش صبر کرد.

wake /weyk/ ۱. [اسم] ردِّ قایق
۲. [فعل] بیدار شدن، از خواب بیدار شدن، پا شدن
He wakes at 6 o'clock.
ساعتِ شش بیدار می‌شود.
۳. [فعل] بیدار کردن، از خواب بیدار کردن
Try not to wake the baby!
سعی کن بچّه را بیدار نکنی! سعی کنید بچّه را از خواب بیدار نکنید!

wake up /weyk 'ʌp/
۱. [فعل] بیدار شدن، از خواب بیدار شدن، پا شدن
He woke up at eleven.
ساعتِ یازده پا شد.
۲. [فعل] بیدار کردن، از خواب بیدار کردن؛ سرِحال کردن
A shower will wake you up.
یک دوش سرِحالت می‌کند. یک دوش از خواب بیدارتان می‌کند.

wade /weyd/
[فعل] (از آب) شلپ شلپ کنان گذشتن، شلپ شلپ کنان رد شدن، با مکافات رد شدن
He waded across the lake.
شلپ شلپ کنان از دریاچه گذشت.

wafer /'weyfər/ [اسم] ویفر (نوعی بیسکوئیت)

wafer

wage /weyj/ [اسم] دستمزد، مزد
His wage is high.
دستمزدش بالاست.

wagon /'wagən/ ۱. [اسم] گاری
Two horses pulled the wagon.
دو تا اسب گاری را می‌کشیدند.
۲. [اسم] (در قطار) واگن

waist /weyst/ [اسم] کَمَر
She had a belt round her waist.
کمربندی به کمرش بسته بود.

waistcoat

waistcoat /'weskət, 'weyskōt/
[اسم] جلیقه
It is in his waistcoat pocket.
توی جیبِ جلیقه‌اش است.

walk /wak/ ۱. [فعل] پیاده رفتن
He walked to school.
پیاده به مدرسه رفت.
۲. [فعل] قدم زدن، راه رفتن
Walk faster! تندتر راه برو!
تندتر راه بروید!
۳. [اسم] پیاده‌روی، قدم‌زنی، گردشِ پیاده
We went for a walk.
رفتیم پیاده‌روی.

walking /'waking/
[اسم] پیاده‌روی، قدم‌زنی، راه‌رفتن، گردشِ پیاده
He went walking. رفت پیاده‌روی.

wall /wal/ ۱. [اسم] دیوار
Hang the picture on the wall!
عکس را بزن به دیوار! عکس را به دیوار بزنید!
۲. [اسم] سد، مانع

wallet /'walit/ [اسم] کیفِ پول
The money is in my wallet.
پول توی کیفِ پولم است.

wallet

walrus /'walrəs/
[اسم] فیلِ دریایی (جانوری دریایی که در مناطقِ قطبی زندگی می‌کند و دو عاجِ بزرگ و سبیلی پرپشت دارد)

walrus

wander /'wandər/
[فعل] گشتن، پرسه زدن، ول گشتن
I wandered around the shop.
دورِ فروشگاه پرسه زدم.

want /want/ [فعل] خواستن، دوست داشتن
She wants to go abroad.
می‌خواهد برود خارج. دوست دارد برود خارج.

war /war/ [اسم] جنگ
He'd fought in two wars.
در دو جنگ جنگیده است. در دو جنگ شرکت داشته است.

wardrobe /'wardrōb/
[اسم] گنجه، کمد
A dress hung in her wardrobe.
لباسی در گنجه‌اش آویزان بود.

warehouse /'werhaos/
[اسم] انبار

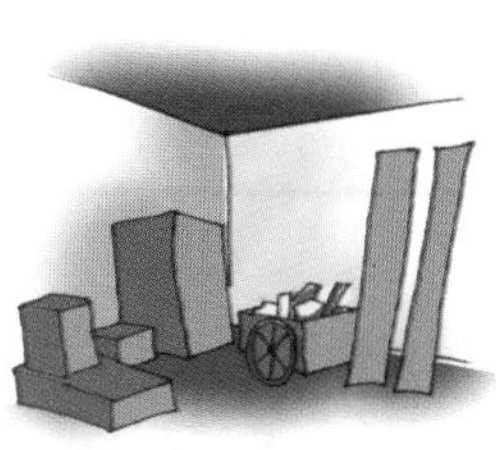
warehouse

warm /warm/ ۱. [صفت] گرم
The weather is warm today.
امروز هوا گرم است.
۲. [فعل] گرم کردن، حرارت دادن
Come and warm yourself!
بیا و خودت را گرم کن!
۳. [فعل] گرم شدن

warn /warn/ [فعل] هشدار دادن، به (کسی) اعلام خطر کردن

She warned the children.

به بچّه‌ها هشدار داد.

was /wəz, waz/

(اوّل شخص و سوم شخصِ مفردِ زمانِ گذشتهٔ فعلِ ***be***)

wash /wash/ [فعل] شستن

First wash your hands!

اوّل دستهایت را بشوی! اوّل دستهایتان را بشویید!

washer /ˈwashər/ [اسم] واشِر

(حلقهٔ کوچکی از جنسِ فلز یا لاستیک که سوراخی در وسط دارد و برایِ آب‌بندی به کار می‌رود)

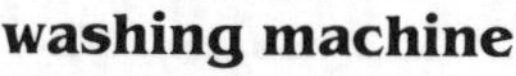

washing machine /ˈwashing məshi:n/

[اسم] ماشینِ لباسشویی

wasn't /ˈwaznt/

(صورتِ کوتاه شدهٔ منفیِ فعلِ ***was***)

wasp /wasp/ [اسم] زنبور

A wasp is black and yellow.

زنبور سیاه و زرد است.

waste /weyst/

۱. [فعل] تلف کردن، هدر دادن، حرام کردن

Don't waste your time!

وقتت را تلف نکن! وقتتان را هدر ندهید!

۲. [اسم] زباله، آشغال

۳. [اسم] اتلاف، هدر کردن، تلف کردن

It's a waste of time.

اتلافِ وقت است. وقت تلف کردن است.

watch /wach/ ۱. [اسم] ساعت، ساعتِ مچی

He wound his watch.

ساعتش را کوک کرد.

۲. [فعل] تماشا کردن

She watched us playing.

بازیِ ما را تماشا کرد.

*Who will **keep watch**?*

چه کسی نگهبانی می‌دهد؟

watch

water /ˈwatər/ ۱. [اسم] آب

Fish live in the water.

ماهی در آب زندگی می‌کند. ماهیها در آب زندگی می‌کنند.

۲. [فعل] آبیاری کردن، به (چیزی) آب دادن

She watered the flowers.

به گلها آب داد.

waterfall /ˈwatərfal/

[اسم] آبشار

waterfall

صورتِ کامل	***was***
صورتِ منفی	***was not***
صورتِ کوتاه شدهٔ منفی	***wasn't***

washing machine

wasp

a = اَ　a = آ　ʌ = (آ (با دهانِ نیمه‌باز)　ə = (آ (با دهانِ نیمه‌بسته)　e = اِ　i = (ای (کوتاه)

i: = (ای (کشیده)　o = (اُ (تا حدودی کشیده)　ō = (و (در کلمهٔ موج)　u = (او (کوتاه)　u: = (او (کشیده)　ey = اِی

watering can /'watəring kan/ [اسم] آب‌پاش

waterproof /'watərpru:f/ [صفت] ضدِّ آب

He wore waterproof pants.

شلوارِ ضدِّ آب پوشید.

wave /weyv/ ۱. [اسم] موج

There are waves on the sea.

دریا موج دارد.

۲. [اسم] (در مو) تاب، پیچ و تاب

Her hair has natural waves.

موهایش پیچ و تابِ طبیعی دارد. مویش به طورِ طبیعی تاب دارد.

۳. [فعل] تکان خوردن

Flags waved in the wind.

پرچمها در باد تکان می‌خوردند.

۴. [فعل] دست تکان دادن

He waved to us.

برایمان دست تکان داد.

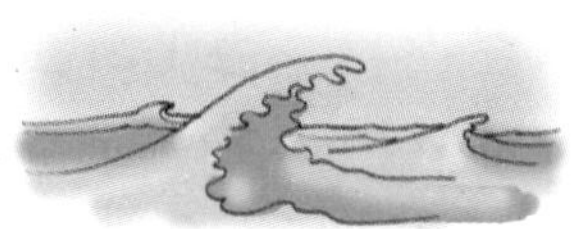

wave

wax /waks/ ۱. [اسم] موم

۲. [اسم] پارافین (مادّهٔ سفت و براقی که از روغن یا چربی به دست می‌آید و در ساختنِ شمع و واکس از آن استفاده می‌شود)

۳. [اسم] جرمِ گوش

way /wey/ ۱. [اسم] راه، روش، شیوه، طرز

It's a new way of teaching.

این یک روشِ جدیدِ تدریس است.

I like the way he talks.

از طرزِ حرف زدنش خوشم می‌آید.

۲. [اسم] راه، جهت

What's the way to the station?

از کدام راه به ایستگاه می‌روند؟ راهِ ایستگاه از کدام طرف است؟

۳. [اسم] راه، مسافت

It's a long way to school.

تا مدرسه راهِ زیادی است.

***On the way** home I saw him.*

او را در راهِ خانه دیدم. در راهِ خانه دیدمش.

*The truck was **in my way**.*

کامیون سرِ راهم بود. کامیون راهم را بسته بود.

*I did the work **in my own way**.*

من آن کار را به روشِ خودم انجام دادم.

۴. [اسم] خیابان؛ جادّه، راه

we /wi, wi:/ [ضمیر] ما

We will visit our friends.

ما به ملاقاتِ دوستانمان خواهیم رفت. به ملاقات دوستانمان خواهیم رفت.

weak /wi:k/ ۱. [صفت] ضعیف

She is very weak after the flu.

بعد از سرماخوردگی خیلی ضعیف شده است.

۲. [صفت] (در موردِ چای یا قهوه) رقیق، کم‌رنگ

wealth /welth/ [اسم] ثروت

Does wealth bring happiness?

آیا پول خوشبختی می‌آورد؟

wax

weapon

weapon /ˈwepən/ [اسم] سلاح، اسلحه

They were carrying weapons.

اسلحه حمل می‌کردند. سلاح داشتند.

wear /wer/ ۱. [اسم] کهنگی، فرسودگی

My shoes showed signs of wear.

علایم کهنگی در کفشهایم پیدا شده بود.

۲. [فعل] پوشیدن، تن‌کردن

He was wearing red trousers.

شلوارِ قرمز پوشیده بود.

My batteries ***have worn out.***

باتریهایم تمام شده‌اند.

weary /ˈwiri/ [صفت] خسته، هلاک

He felt weary. خسته بود.

احساسِ خستگی می‌کرد.

weasel /ˈwi:zəl/ [اسم] خز

(جانوری وحشی شبیهِ موش باریک و بلند که پرندگان و موشها را شکار می‌کند)

weasel

weather /ˈwedhər/ [اسم] هوا، آب و هوا، وضعِ هوا

The weather is very cold.

هوا خیلی سرد است.

weave /wi:v/ [فعل] بافتن

What's she weaving?

دارد چه می‌بافد؟

weave

web /web/ ۱. [اسم] تارعنکبوت

۲. [اسم] (لای پنجهٔ اردک یا مرغابی) پرده

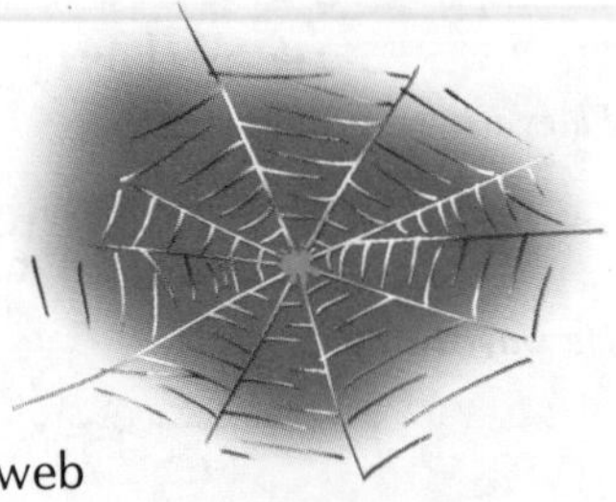
web

Wednesday /ˈwenzdey/ [اسم] چهارشنبه

See you on Wednesday!

چهارشنبه می‌بینمت! تا چهارشنبه! چهارشنبه می‌بینمتان!

weed /wi:d/ [اسم] علفِ هرز

She pulled up the weeds.

علفهای هرز را درآورد. علفهای هرز را کشید.

week /wi:k/ [اسم] هفته

There are 7 days in the week.

هر هفته هفت روز دارد.

weekend /'wi:kend/
[اسم] آخرِ هفته، تعطیلاتِ آخرِ هفته

weigh /wey/
۱. [فعل] وزن داشتن
The chicken weighed one kilo.
جوجه یک کیلو وزن داشت. وزنِ جوجه یک کیلو بود.
۲. [فعل] وزن کردن
The doctor weighed the baby.
دکتر بچّه را وزن کرد.

weight /weyt/ [اسم] وزن
What's your weight?
وزنت چقدر است؟ چند کیلویی؟ وزنتان چقدر است؟

welcome /'welkəm/
[فعل] به (کسی) خوش‌آمد گفتن
He welcomed the President.
به رئیس‌جمهور خوش‌آمد گفت.
You are welcome!
(در پاسخ به تشکرِ کسی) خواهش می‌کنم! قابلی ندارد! اختیار دارید!

well /wel/ ۱. [اسم] چاه
They get water from a well.
از چاه آب می‌آورند. آبِ خود را از چاه تأمین می‌کنند.
۲. [قید] خوب، به خوبی
Did you sleep well?
خوب خوابیدی؟ خوب خوابیدید؟
۳. [صفت] خوب، خوش، سالم، سلامت، سرِحال
Are you well? خوبی؟ خوشی؟ سلامت هستید؟

wellington /'welingtən/
[اسم] چکمهٔ لاستیکی

went /went/
(زمانِ گذشتهٔ فعلِ بی‌قاعدهٔ ***go***)

were /wər/
(دوم شخصِ مفرد، اوّل و دوم و سوم شخصِ جمعِ زمانِ گذشتهٔ فعلِ ***be***)

weren't /'wərnt/
(صورتِ کوتاه شدهٔ منفیِ فعلِ ***were***)

west /west/ [اسم] غرب، مغرب
The wind blew from the west.
باد از غرب می‌آمد.

western /'westərn/
[صفت] غربی، ـِ غرب، ـِ مغرب
western Europe اروپای غربی؛ غربِ اروپا

wet /wet/ ۱. [صفت] خیس، تر
Her hair was wet.
موهایش خیس بود.
۲. [صفت] بارانی
It's a wet day today.
امروز هوا بارانی است.

well

wellingtons

صورتِ کامل **were**
صورتِ منفی **were not**
صورتِ کوتاه شدهٔ منفی **weren't**

oy = اُی ay = آی ao = آ+اُ(پشتِ سرهم) g = گ j = ج s = س v = و w = و(با لبهای گرد)
y = ی z = ز ž = ژ ch = چ sh = ش th = ث(نُک‌زبانی) dh = ذ(نُک‌زبانی)

whale

whale /weyl/ [اسم] نهنگ

(پستاندارِ عظیمِ دریایی که از راهِ سوراخی که روی سر دارد تنفس می‌کند)

what /wat/ ۱. [ضمیر] چی، چه، چه چیز؛ چه کار

What did you buy? چی خریدی؟ چه چیزی خریدید؟

۲. [صفت] چه، عجب

What a hot day! چه روزِ گرمی!

What for? چرا؟ برای چی؟

wheat /wi:t/ [اسم] گندم

She made some wheat flour.

مقداری آردِ گندم درست کرد.

wheel /wi:l/ [اسم] چرخ

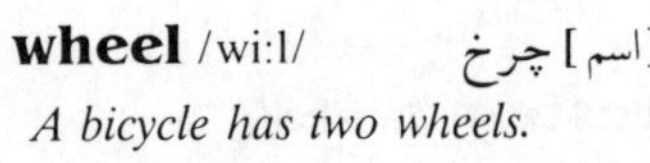

A bicycle has two wheels.

دوچرخه دو تا چرخ دارد.

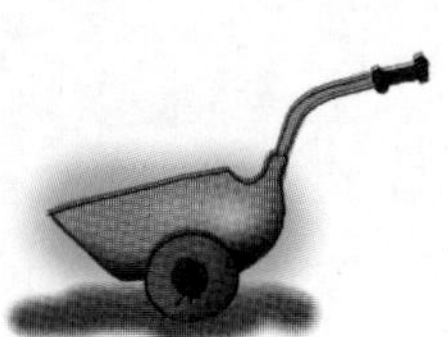

wheelbarrow

wheelbarrow /'wi:lbarō/ [اسم] فورقون، چرخ‌دستی

when /wen/ ۱. [قید] کِی، چه موقع، چه وقت

When will she arrive?

چه موقع می‌رسد؟

۲. [حرفِ ربط] وقتی، زمانی که، وقتی که، موقعی که، هنگامی که

I lived here when I was a child.

وقتی بچّه بودم اینجا زندگی می‌کردم.

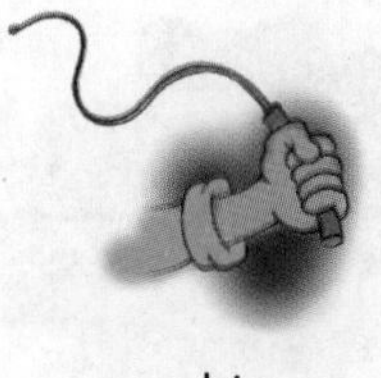

whip

where /wer/ ۱. [قید] کجا

Where are the plates?

بشقابها کجا هستند؟

۲. [حرفِ ربط] جایی که، آنجا که

Put it where we can all see it!

بگذارش جایی که همگی بتوانیم ببینیمش! بگذاریدش جایی که همگی بتوانیم ببینیم!

which /wich/ ۱. [صفت] کدام، چه

Which way is quicker?

کدام راه سریعتر است؟

۲. [حرفِ ربط] که

This is the book which the teacher gave me yesterday.

این کتابی است که دیروز معلّم به من داد.

while /wayl/ [حرفِ ربط] وقتی‌که، موقعی‌که، همان موقع که، در حینِ

They ate their dinner while they watched television.

همان موقع که تلویزیون تماشا می‌کردند شامشان را هم خوردند. در حینِ تماشای تلویزیون شامشان را هم خوردند.

whine /wayn/

۱. [فعل] ناله کردن، آه و ناله کردن

The dog was whining in pain.

سگ از درد آه و ناله می‌کرد.

۲. [فعل] نِق زدن، غُر زدن

Why are you whining?

چرا نِق می‌زنی؟ چرا غُر می‌زنید؟

whip /wip/ ۱. [اسم] شلاق

۲. [فعل] (در موردِ خامه، تخم‌مرغ) هم زدن، زدن

She whipped the cream.

خامه را زد.

---

a = اَ ɑ = آ ʌ = آ (با دهانِ نیمه‌باز) ə = آ (با دهانِ نیمه‌بسته) e = اِ i = ای (کوتاه)

i: = ای (کشیده) o = اُ (تا حدودی کشیده) ō = و (در کلمهٔ موج) u = او (کوتاه) u: = او (کشیده) ey = اِی

whirlwind /'wərlwind/
[اسم] گِردباد

whisker /'wiskər/
[اسم] (در موردِ گربه و موش) سبیل

whiskers

whisper /'wispər/
[فعل] پچ‌پچ کردن، درِ گوشی حرف زدن
What are you two whispering?
شما دوتا دارید چی پچ‌پچ می‌کنید؟

whistle /'wisəl/ ۱. [اسم] سوت
*He **gave a** long **whistle**.*
یک سوتِ بلند کشید.
۲. [فعل] سوت زدن
Who is whistling?
کی دارد سوت می‌زند؟
۳. [فعل] با سوت زدن
He's whistling a tune.
دارد آهنگی را با سوت می‌زند.

white /wayt/ ۱. [صفت] سفید، سفیدرنگ
۲. [اسم] رنگِ سفید، سفید

who /hu:/ ۱. [ضمیر] چه کسی، که، کی
Who is that man? آن مرد کیست؟
۲. [حرفِ ربط] که، که او
I know the man who lives here.
من مردی را که اینجا زندگی می‌کند می‌شناسم.

whole /hōl/ [صفت] تمام، کلِّ، همهٔ
I ate the whole bag of sweets.
تمامِ کیسهٔ آب‌نباتها را خوردم. کلِّ پاکتِ آب‌نباتها را خوردم.
*She **swallowed** the egg **whole**.*
تخمِ‌مرغ را درسته قورت داد.

why /way/ ۱. [قید] چرا، به چه دلیل، برای چه
Why are you late? چرا دیر آمدی؟
برای چه دیر کردید؟
۲. [حرفِ ربط] چرا، برای چه
I don't know why he's late.
نمی‌دانم چرا دیر کرده است.

wicked /'wikid/
۱. [صفت] بدجنس، شرور
۲. [صفت] بد، زشت
He had done nothing wicked.
کارِ بدی نکرده بود. کارِ زشتی نکرده بود.
۳. [صفت] عالی، محشر، درجه یک
That's a wicked bike.
آن دوچرخه محشر است.

و (با لبهای گرد) = w   و = v   س = s   ج = j   گ = g   آ+اُ (پشتِ سرهم) = ao   آی = ay   اُی = oy
ذ (تُک‌زبانی) = dh   ث (تُک‌زبانی) = th   ش = sh   چ = ch   ژ = ž   ز = z   ی = y

wide /wayd/ ۱. [صفت] پهن، عریض

The river is very wide.

رودخانه خیلی پهن است.

***How wide** is that table?*

عرضِ آن میز چقدر است؟

It's one meter wide.

عرضش یک متر است.

۲. [قید] کاملاً باز، بازِ باز

*I **opened** the window **wide**.*

پنجره را بازِ باز کردم.

wide

width /width/ ۱. [اسم] عرض، پهنا

۲. [اسم] (در موردِ استخر) عرض

I can swim a width.

من یک عرض را می‌توانم شنا کنم.

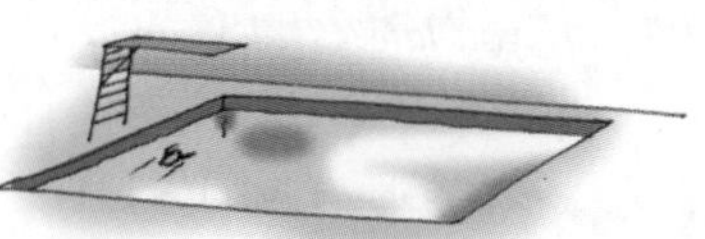

width

wife /wayf/ [اسم] همسر، زن

Where is his wife? زنش کجاست؟

wig /wig/ [اسم] کلاه‌گیس

He had a black wig.

کلاه‌گیسِ سیاهی سرش گذاشته بود.

wig

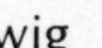

wild /wayld/

۱. [صفت] (در موردِ حیوان) وحشی

The film is about wild animals.

آن فیلم راجع به حیواناتِ وحشی است.

۲. [صفت] (در موردِ گیاه) خودرو، وحشی

These are wild roses.

این گلهای رُز وحشی هستند. اینها گلهای رُزِ وحشی هستند.

۳. [صفت] (در موردِ دریا، هوا) توفانی

It is a wild sea. دریا طوفانی است.

wildlife /'wayldlayf/

[اسم] حیاتِ وحش

will /wil/ [فعلِ کمکی] خواهم؛ خواهی؛ خواهد؛ خواهیم؛ خواهید؛ خواهند (بیانگرِ زمانِ آینده برای تمامِ اشخاص)

صورتِ کامل	***will***
صورتِ کوتاه شده	***'ll***
صورتِ منفی	***will not***
صورتِ کوتاه شدهٔ منفی	***won't***

When will you go?

چه موقع خواهی رفت؟ چه موقع می‌روی؟ کِی خواهید رفت؟ کِی می‌روید؟

willing /'wiling/ [صفت] مایل، مشتاق، حاضر

Are you willing to help?

حاضر به کمک هستی؟ مایل هستید کمک کنید؟

willow /'wilō/ [اسم] درختِ بید

willow

win /win/ [فعل] بُردن، برنده شدن

Who will win? کی می‌بَرد؟

چه کسی برنده می‌شود؟

wind[1] /wind/ [اسم] باد

The curtain moved in the wind.

باد پرده را تکان می‌داد. پرده در باد تکان می‌خورد.

wind[2] /waynd/

۱. [فعل] پیچ و تاب خوردن

The river winds.

رودخانه پیچ و تاب می‌خورد.

۲. [فعل] پیچاندن

Wind the wires around it!

سیمها را دورش بپیچان! سیمها را دورش بپیچانید!

۳. [فعل] (در موردِ ساعت) کوک کردن

Wind your watch!

ساعتت را کوک کن! ساعتتان را کوک کنید!

windmill /'windmil/

[اسم] آسیای بادی، آسیابِ بادی

windmill

window /'windō/ [اسم] پنجره

Open the window!

پنجره را باز کن! پنجره را باز کنید!

wing /wing/ [اسم] بال

Birds have wings.

پرندگان بال دارند.

wing

wink /wink/ ۱. [اسم] چشمک

*He **gave me a wink**.*

بهم چشمک زد.

۲. [فعل] چشمک زدن

He winked at me. بهم چشمک زد.

wink

winter /'wintər/ [اسم] زمستان، فصلِ زمستان

It was a cold winter.

زمستانِ سردی بود.

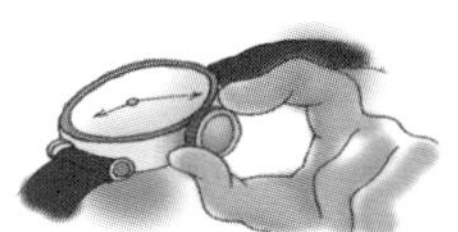

wind

wipe /wayp/ [فعل] پاک کردن، تمیز کردن

She wiped the table.

میز را تمیز کرد.

wire /wayr/ [اسم] سیم

The telephone wires were cut.

سیمهای تلفن قطع شده بود.

wise /wayz/ ۱. [صفت] عاقل

His mother is a wise woman.

مادرش زنِ عاقلی است.

۲. [صفت] عاقلانه

It's not wise. عاقلانه نیست.

زمـــانِ گـــذشتهٔ فـــعلِ **wake up** به دو شکل است:
waked up, woke up

❊

صـــورتِ مـــفعولیِ فـــعلِ **wake up** به دو شکل است:
waked up, woken up

زمانِ گذشتهٔ فعلِ **wake** به دو شکل است:
waked, woke

❊

صورتِ مفعولیِ فعلِ **wake** به دو شکل است:
waked, woken

wish /wish/ ۱. [فعل] آرزو کردن، آرزو داشتن که
I wish I could stay at home.
کاش می‌توانستم خانه بمانم.
۲. [فعل] خواستن، مایل بودن
I wish to see my son's teacher.
من می‌خواهم معلّمِ پسرم را ببینم.

with /widh, with/
۱. [حرفِ اضافه] با، به وسیلهٔ
I wrote with a pen.
با خودکار نوشتم.
۲. [حرفِ اضافه] همراه با، همراهِ، با
He came with a friend.
همراهِ دوستش آمد.
۳. [حرفِ اضافه] برعلیهِ، با
They fought with the enemy.
با دشمن جنگیدند.

without /widh'ɑot, with'ɑot/
[حرفِ اضافه] بدونِ، بی
Don't leave without me!
بدونِ من نرو! بی من نروید!

wives /wɑyvz/ (جمعِ ***wife***)

wobble /'wɑbəl/
[فعل] لَق خوردن، لَق زدن
Its wheel wobbled.
چرخش لق می‌خورد.

woke /wōk/
(زمانِ گذشتهٔ فعلِ بی‌قاعدهٔ ***wake***)

woken /'wōkən/
(صورتِ مفعولیِ فعلِ بی‌قاعدهٔ ***wake***)

woke up /wōk 'ʌp/
(زمانِ گذشتهٔ فعلِ بی‌قاعدهٔ ***wake up***)

woken up /wōkən 'ʌp/
(صورتِ مفعولیِ فعلِ بی‌قاعدهٔ ***wake up***)

wolf /wulf/ [اسم] گُرگ
A wolf looks like a dog.
گرگ شبیهِ سگ است.

wolf

wolves/wulvz/ (جمعِ ***wolf***)

woman /'wumən/ [اسم] زن
I am a woman. من زن هستم.

women /'wimin/
(جمعِ بی‌قاعدهٔ ***woman***)

won /wʌn/
(زمانِ گذشته و صورتِ مفعولیِ فعلِ بی‌قاعدهٔ ***win***)

wonder /'wʌndər/
۱. [اسم] تعجّب، شگفتی
They looked at it in wonder.
با تعجّب بهش نگاه می‌کردند.
۲. [فعل] تعجّب کردن
I wondered to hear her voice.
از شنیدنِ صدایش تعجّب کردم.
۳. [فعل] از خود پرسیدن، از خود سؤال کردن

I wondered where to go.

از خودم می‌پرسیدم کجا بروم.

wonderful /ˈwʌndərfəl/

[صفت] عالی

How wonderful! چه عالی!

We had a wonderful time.

خیلی بهمان خوش گذشت.

won't /wōnt/

(صورتِ کوتاه شدهٔ منفیِ فعلِ **will**)

wood /wud/ ۱. [اسم] چوب
۲. [اسم] بیشه، جنگل

wooden /ˈwudn/ [صفت] چوبی

Wooden benches are heavy.

نیمکتهای چوبی سنگین هستند.

woodpecker /ˈwudpekər/

[اسم] دارکوب (پرنده‌ای که با نوکِ درازِ خود تنهٔ درختان را سوراخ می‌کند و حشراتِ درونِ آن را می‌خورد)

wool /wul/ [اسم] پَشم

woolen /ˈwulən/ [صفت] پشمی

She wore woolen gloves.

دستکشِ پشمی پوشیده بود. دستکشِ پشمی دستش کرده بود.

woollen /ˈwulən/ = **woolen**

word /wərd/ [اسم] کلمه، لغت، واژه

I don't understand a word.

یک کلمه هم نمی‌فهمم. هیچی ازش سر در نمی‌آورم.

wore /wor/

(زمانِ گذشتهٔ فعلِ بی‌قاعدهٔ **wear**)

work /wərk/ ۱. [فعل] کارکردن

He works in a school.

در مدرسه کار می‌کند.

Our television does not work.

تلویزیونِ ما کار نمی‌کند.

۲. [اسم] کار

His work is interesting.

کارش جالب است.

worker /ˈwərkər/ [اسم] کارگر

He is a factory worker.

کارگرِ کارخانه است.

world /wərld/ [اسم] دنیا، جهان، گیتی

He traveled round the world.

دورِ دنیا سفر کرد.

worm /wərm/ [اسم] کِرم

worn /worn/

(صورتِ مفعولیِ فعلِ بی‌قاعدهٔ **wear**)

worry /ˈwʌri/ [فعل] نگران بودن
Don't worry! نگران نباش!
نگران نباشید!

worse /wərs/ [صفت] بدتر
(صورتِ تفضیلیِ **bad**)

worship /ˈwərship/
۱. [فعل] پرستیدن، پرستش کردن، ستایش کردن
We worship God.
ما خدا را پرستش می کنیم.
۲. [اسم] پرستش

worst /wərst/ [صفت] بدترین
(صورتِ عالیِ **bad**)

worth /wərth/ [اسم] ارزش
How much is the ring worth?
این انگشتر چقدر ارزش دارد؟
*That film **is worth** seeing.*
آن فیلم ارزشِ دیدن دارد.

would /wud/
(زمانِ گذشتهٔ فعلِ **will**)

صورتِ کامل	**would**
صورتِ کوتاه شده	**'d**
صورتِ منفی	**would not**
صورتِ کوتاه شدهٔ منفی	**wouldn't**

wouldn't /ˈwudnt/
(صورتِ کوتاه شدهٔ منفیِ فعلِ **would**)

wound[1] /wu:nd/ [اسم] زخم
I bandaged the wound.
زخم را پانسمان کردم.

wound[2] /waond/
(زمانِ گذشته و صورتِ مفعولیِ فعلِ بی‌قاعدهٔ **wind**[2])

wove /wōv/
(زمانِ گذشتهٔ فعلِ بی‌قاعدهٔ **weave**)

woven /ˈwōvən/
(صورتِ مفعولیِ فعلِ بی‌قاعدهٔ **weave**)

wrap /rap/ [فعل] بستن، بسته‌بندی کردن
He wrapped the book in paper.
کتاب را با کاغذ بست. کتاب را با کاغذ بسته بندی کرد.

wreck /rek/
۱. [اسم] لاشهٔ اتومبیل؛ لاشهٔ هواپیما؛ لاشهٔ کشتی
۲. [فعل] درب و داغون کردن، خرد و خاکشیر کردن
He wrecked the car.
ماشین را درب و داغون کرد.

wreck

wren /ren/ [اسم] الیکایی
(نوعی پرندهٔ بسیار کوچکِ قهوه‌ای رنگ)

wren

wrestle /'resəl/

[فعل] کُشتی گرفتن

They were wrestling in the yard.

توی حیاط کُشتی می‌گرفتند.

wrestle

wriggle /'rigəl/

[فعل] وول خوردن، وول زدن

Stop wriggling! این‌قدر وول نخور!

این‌قدر وول نزنید!

wrist /rist/ [اسم] مچ، مچِ دست

Her wrists are thin.

مچهایش باریک هستند.

write /rayt/ ۱. [فعل] نوشتن

She's writing a letter.

دارد نامه می‌نویسد.

۲. [فعل] چیزنوشتن

She writes for a magazine.

برای مجلّه چیز می‌نویسد.

writer /'raytər/ [اسم] نویسنده

She's a famous writer.

نویسندهٔ مشهوری است.

writing /'rayting/

۱. [اسم] نوشته

He tried to read the writing.

سعی کرد نوشته را بخواند.

۲. [اسم] دستخط، خط

His writing is beautiful.

خطّش زیباست.

written /'ritn/

(صورتِ مفعولیِ فعلِ بی‌قاعدهٔ ***write***)

wrong /rang/ ۱. [صفت] اشتباه، غلط

That's wrong. اشتباه است.

۲. [صفت] نادرست، بد

He had done nothing wrong.

هیچ کارِ بدی نکرده است.

۳. [صفت] (در موردِ پارچه) پشت

That's the wrong side of the cloth. آن پشتِ پارچه است.

۴. [صفت] (در موردِ لباس) پشت و رو

He is wearing the sweater the wrong way round.

پلیور را پشت و رو پوشیده است.

wrote /rōt/

(زمانِ گذشتهٔ فعلِ بی‌قاعدهٔ ***write***)

X,x

X-ray /ˈeks rey/

[اسم] اشعهٔ ایکس (اشعه‌ای که پزشکان برای عکس‌برداری از قسمتهای داخلیِ بدن و استخوانها موردِ استفاده قرار می‌دهند)

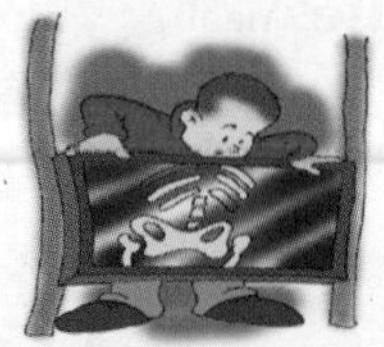

X-ray

xylophone /ˈzaylәfōn/

[اسم] گزیلوفون، زایلوفون (سازی که از ردیفِ تکّه‌های چوبی با اندازه‌های مختلف تشکیل شده است و ضربه زدن به هر کدام از این تکّه‌ها صدای متفاوتی ایجاد می‌کند)

Xerox /ˈzirɑks/

۱. [اسم] زیراکس

I made a Xerox of the letter.

از نامه یک زیراکس گرفتم. نامه را زیراکس کردم.

۲. [فعل] زیراکس کردن، از (چیزی) زیراکس گرفتن

She Xeroxed the notes.

یادداشتها را زیراکس کرد. از یادداشتها زیراکس گرفت.

Xmas /ˈeksmәs, ˈkrismәs/

[اسم] کریسمس، عیدِ نوئل (شبِ تولّدِ حضرتِ مسیح که بزرگترین عیدِ مسیحیان است)

xylophone

Y,y

yarn /yɑrn/ [اسم] کاموا

yawn /yɑn/

[فعل] خمیازه کشیدن

He yawned and yawned.

هِی خمیازه می‌کشید.

yacht /yɑt/ ۱. [اسم] قایقِ بادبانی

۲. [اسم] قایقِ تفریحی

yard /yɑrd/ [اسم] حیاط

They're playing in the yard.

توی حیاط بازی می‌کنند.

yawn

ای (کوتاه) = i　　اِ = e　　آ (با دهانِ نیمه‌بسته) = ә　　آ (با دهانِ نیمه‌باز) = ʌ　　آ = ɑ　　اَ = a

اِی = ey　　او (کشیده) = u:　　او (کوتاه) = u　　و (در کلمهٔ موج) = ō　　اُ (تا حدودی کشیده) = o　　ای (کشیده) = i:

yet /yet/ [قید] هنوز
The food is not ready yet.
غذا هنوز حاضر نیست.

yew /yu:/ [اسم] درختِ سرخ‌دار
(درختی با برگهای سبزِ تیره و عمرِ بسیار طولانی)

yoghurt /'yōgərt/ [اسم] ماست
Do you like yoghurt?
ماست دوست داری؟ ماست دوست دارید؟

yolk /yōk/ [اسم] زردهٔ تخم‌ِمرغ، زرده
The baby ate the egg yolk.
بچّه زردهٔ تخمِ‌مرغ را خورد.

yolk

you /yə, yu/ ۱. [ضمیر] تو
What did you say? تو چی گفتی؟ چی گفتی؟
۲. [ضمیر] شما
What do you think?
شما چی فکر می‌کنید؟ چی فکر می‌کنید؟

young /yʌng/ ۱. [صفت] جوان، کم سنّ و سال
She's young. جوان است.
He's 2 years younger than me.
دوسال از من کوچکتر است.
I am the youngest child.
من کوچکترین بچّه هستم.
۲. [صفت] (در موردِ لباس) جوانانه
۳. [صفت] بی‌تجربه، خام

year /yir/ [اسم] سال
I came here two years ago.
من دو سالِ پیش آمدم اینجا.
She's ten years old. ده سالش است.
in the year 1989 در سال ۱۹۸۹
this year امسال
last year پارسال
next year سالِ آینده، سالِ دیگر
the year after next دو سالِ دیگر، سالِ دیگر نه سال بعدش

yell /yel/ [فعل] فریاد کشیدن، داد زدن
Don't yell at me! سرِ من داد نزن! سرِ من داد نزنید!

yellow /'yelō/ ۱. [صفت] زرد، زردرنگ
۲. [اسم] رنگِ زرد، زرد

yelp /yelp/ [فعل] فریاد زدن، جیغ کشیدن
The boy yelped. پسره جیغ کشید.

yes /yes/ [عبارتِ تعجّبی] بله، آری، آره

yesterday /'yestərdey/
۱. [قید] دیروز
I played tennis yesterday.
دیروز تنیس بازی کردم.
۲. [اسم] دیروز
Yesterday was Sunday.
دیروز یکشنبه بود.
yesterday week هشت روزِ پیش، یک هفته پیش

your /yər, yor/ ۱. [صفت] ـِ تو، ـَ ت

Your dress is nice.

لباست قشنگ است. لباسِ تو قشنگ است.

۲. [صفت] ـِ شما، ـ تان

Where's your father?

پدرتان کجاست؟ پدرِ شما کجاست؟

yours /yorz/ ۱. [ضمیر] مالِ تو، ـِ تو، ـَ ت

My car isn't as old as yours.

ماشینِ من اندازهٔ مالِ تو کهنه نیست. ماشینِ من قدِّ ماشینِ تو قدیمی نیست.

۲. [ضمیر] مالِ شما، ـِ شما، ـ تان

A student of yours came here.

یکی از شاگردانتان آمد اینجا. یکی از شاگردانِ شما آمد اینجا.

yourself /yər'self/

[ضمیر] خودت، خودِ تو

You told me yourself.

تو خودت به من گفتی.

yourselves /yər'selvz/

[ضمیر] خودتان، خودِ شما

Try it out for yourselves!

خودتان امتحان کنید!

youth /yu:th/

۱. [اسم] پسرِ جوان؛ جوانک

۲. [اسم] جوانی

In his youth, he was active.

در جوانی فعّال بود.

yum-yum /yʌm'yʌm/

[عبارتِ تعجّبی] (در موردِ غذا) بَه‌بَه

Z,z

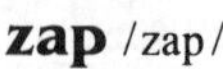

zap /zap/

[فعل] (در بازیهای کامپیوتری) از بین بردن، نابود کردن؛ کشتن؛ داغون کردن؛ خراب کردن

He zapped the planes.

هواپیماها را داغون کرد.

zappy /'zapi/ [صفت] پرتحرّک، پرشور، باحال

zeal /'zi:l/ [اسم] شور، اشتیاق

zebra

zebra /'zi:brə/ [اسم] گورِخر

A zebra is black and white.

گورِخر سیاه و سفید است.

zebra crossing /zi:brə 'krɑsing/

[اسم] (در خیابان) خط‌کشیِ عابرِ پیاده

zero /'zi:rō/ ۱. [اسم] صفر، عددِ صفر، شمارهٔ صفر

۲. [اسم] هیچ

zigzag /'zigzag/ [اسم] زیگزاگ، خطِّ شکسته

zinc /zink/ [اسم] روی
(فلزّی آبی‌رنگ که برای محافظت از اجسامِ آهنی به کار می‌رود)

zip /zip/ [اسم] زیپ
Your zip is done up.
زیپت بسته است. زیپتان بالا است.
His zip is undone.
زیپش باز است.
My zip is stuck.
زیپم گیر کرده است.

zip code /'zip kōd/
[اسم] کُدِ پستی
My zip code is 19178.
کُدِپستیِ من ۱۹۱۷۸ است.

zipper /'zipər/ = **zip**

zone /zōn/ [اسم] منطقه، ناحیه، نوار، کمربند
This is a no-parking zone.
در این منطقه توقّف ممنوع است.

zoo /zu:/ [اسم] باغِ‌وحش
We saw a lion at the zoo.
در باغ‌وحش یک شیر دیدیم. یک شیر توی باغِ‌وحش دیدیم.

zoo-keeper /'zu: ki:pər/
[اسم] مسئولِ باغِ‌وحش، مأمورِ باغِ‌وحش

zwieback /'zwaybak, 'zwi:bak/ [اسم] سوخاری، نانِ سوخاری

Appendices
پیوستها

VERBS
افعال

فعل verb	گذشته past	صورتِ مفعولی past participle	فعل verb	گذشته past	صورتِ مفعولی past participle
become	became	become	fly	flew	flown
begin	began	begun	forget	forgot	forgotton
bend	bent	bent	forgive	forgave	forgiven
bite	bit	bitten	freeze	froze	frozen
bleed	bled	bled	get	got	gotten
blow	blew	blown	get up	got up	gotten up
break	broke	broken	give	gave	given
bring	brought	brought	go	went	gone
build	built	built	grow	grew	grown
buy	bought	bought	hang	hung	hung
catch	caught	caught	have	had	had
choose	chose	chosen	hear	heard	heard
come	came	come	hide	hid	hidden
cost	cost	cost	hit	hit	hit
creep	crept	crept	hold	held	held
cut	cut	cut	hurt	hurt	hurt
dig	dug	dug	keep	kept	kept
do	did	done	know	knew	known
draw	drew	drawn	lay	laid	laid
drink	drank	drunk	lead	led	led
drive	drove	driven	lean	leaned,	leaned,
eat	ate	eaten		leant	leant
fall	fell	fallen	leap	leaped,	leaped,
feed	fed	fed		leapt	leapt
feel	felt	felt	learn	learned,	learned,
fight	fought	fought		learnt	learnt
find	found	found	leave	left	left

lend	lent	lent
let	let	let
lie [2]	lay	lain
light	lighted, lit	lighted, lit
lose	lost	lost
make	made	made
mean	meant	meant
meet	met	met
mow	mowed, mown	mowed, mown
overtake	overtook	overtaken
pay	paid	paid
put	put	put
put on	put on	put on
read	read	read
ride	rode	ridden
ring	rang	rung
rise	rose	risen
run	ran	run
say	said	said
see	saw	seen
sell	sold	sold
send	sent	sent
sew	sewed	sewed, sewn
shake	shook	shaken
shine [1]	shone	shone
shoot	shot	shot
show	showed	showed, shown
shut	shut	shut
sing	sang	sung
sink	sank	sunk
sit	sat	sat
sit down	sat down	sat down
sleep	slept	slept
slide	slid	slid
smell	smelled, smelt	smelled, smelt

sow	sowed	sown
speak	spoke	spoken
spell	spelled, spelt	spelled, spelt
spend	spent	spent
spin	spun	spun
split	split	split
spoil	spoiled, spoilt	spoiled, spoilt
spread	spread	spread
stand	stood	stood
stand up	stood up	stood up
steal	stole	stolen
stick	stuck	stuck
strike	struck	struck
sweep	swept	swept
swell	swelled	swelled, swollen
swim	swam	swum
swing	swung	swung
take	took	taken
take off	took off	taken off
teach	taught	taught
tear	tore	torn
tell	told	told
think	thought	thought
throw	threw	thrown
understand	understood	understood
undo	undid	undone
upset	upset	upset
wear	wore	worn
weave	wove	woven
win	won	won
wind	wound	wound
write	wrote	written

AUXILIARY VERBS
افعالِ کمکی

فعل verb	گذشته past	صورتِ مفعولی past participle
be	was, were	been
can	could	_____
do	did	done
have	had	had
may	might	_____
shall	should	_____
will	would	_____

ADJECTIVES
صفتها

صفت adjective	صورتِ تفضیلی comparative	صورتِ عالی superlative
bad	worse	worst
far	farther	farthest
good	better	best
little	less	least
many	more	most
much	more	most

NOUNS
اسمها

مفرد singular	جمع plural
aircraft	aircraft
antelope	antelope, antelopes
antenna	antennae
aquarium	aquariums, aquaria
cactus	cactuses, cacti
cod	cod
deer	deer
dice	dice
fireman	firemen
fish	fish, fishes
fisherman	fishermen
foot	feet
fruit	fruit, fruits
goose	geese
grandchild	grandchildren
haddock	haddock
hake	hake
hare	hare, hares
herring	herring, herrings
hippopotamus	hippopotamuses, hippopotami
hovercraft	hovercraft, hovercrafts
jellyfish	jellyfish
kiwi fruit	kiwi fruit, kiwi fruits
man	men

مفرد singular	جمع plural
means	means
moose	moose
mouse	mice
oasis	oases
ox	oxen
person	persons, people
pheasant	pheasant, pheasants
pike	pike, pikes
plaice	plaice
policeman	policemen
policewoman	policewomen
reindeer	reindeer
salmon	salmon
sheep	sheep
shellfish	shellfish
snowman	snowmen
sole [2]	sole, soles
swine	swine
swordfish	swordfish
tonne	tonne, tonnes
tooth	teeth
trout	trout, trouts
tuna	tuna
woman	women

فرهنگ معاصر
شماره ۱۵۴، خیابان دانشگاه، تهران ۱۳۱۴۷۶۴۶۶۸
تلفن: ۶۶۴۶۵۵۲۰ـ ۶۶۹۵۲۶۳۲ فکس: ۶۶۴۱۷۰۱۸
E-mail: info@farhangmoaser.com
Website: www.farhangmoaser.com

فرهنگ معاصر مدرسه انگلیسی ـ فارسی

نرگس انتخابی

حروف‌نگاری، طراحی و چاپ:

واحد کامپیوتر و چاپ فرهنگ معاصر

چاپ چهارم: ۱۳۸۸

فرهنگ معاصر

مدرسه

انگلیسی ـ فارسی

تدوین واحد پژوهش
نرگس انتخابی

فرهنگ معاصر
تهران ۱۳۸۸

انتخابی، نرگس ۱۳۳۹ -
فرهنگ معاصر مدرسه، انگلیسی ـ فارسی / مؤلف نرگس انتخابی؛
تدوین واحد پژوهش. ـ تهران: فرهنگ معاصر، ۱۳۸۲.
۱۶، ۳۰۰ ص.: مصور.
فهرستنویسی بر اساس اطلاعات فیپا.
چاپ چهارم: ۱۳۸۸
۱. زبان انگلیسی -- واژه‌نامه‌ها -- فارسی.
الف. فرهنگ معاصر. واحد پژوهش. ب. عنوان.
1.1. English Language - Dictionaries - Persian.

الف۲ف/PE۱۶۴۵ فا / ۴۲۳
کتابخانه ملی ایران ۳۸۵۶۱-۸۱م

شابک ۰ـ۸۰ـ۵۵۴۵ـ۹۶۴ـ۹۷۸ ISBN 978-964-5545-80-0